中国当代文艺学
话语建构丛书

吴子林 主编

脑工解放时代来临

人工智能文化生产工艺学批判

刘方喜 著

浙江工商大学出版社·杭州

图书在版编目（CIP）数据

脑工解放时代来临：人工智能文化生产工艺学批判 /
刘方喜著. — 杭州：浙江工商大学出版社，2022.10
（中国当代文艺学话语建构丛书 / 吴子林主编）
ISBN 978-7-5178-5104-2

Ⅰ.①脑… Ⅱ.①刘… Ⅲ.①人工智能—影响—文化
产业—研究—中国 Ⅳ.①G124

中国版本图书馆CIP数据核字（2022）第154028号

脑工解放时代来临：人工智能文化生产工艺学批判
NAOGONG JIEFANG SHIDAI LAILIN: RENGONG ZHINENG WENHUA SHENGCHAN GONGYI XUE PIPAN

刘方喜 著

出 品 人	鲍观明
策划编辑	任晓燕
责任编辑	唐　红
责任校对	何小玲　张春琴
封面设计	观止堂_未氓
责任印制	包建辉
出版发行	浙江工商大学出版社
	（杭州市教工路198号　邮政编码310012）
	（E-mail：zjgsupress@163.com）
	（网址：http://www.zjgsupress.com）
	电话：0571-88904980，88831806（传真）
排　　版	C点冰橘子
印　　刷	杭州宏雅印刷有限公司
开　　本	710 mm × 1000 mm　1/16
印　　张	23.25
字　　数	331千
版 印 次	2022年10月第1版　2022年10月第1次印刷
书　　号	ISBN 978-7-5178-5104-2
定　　价	98.00元

总　序

2016 年 5 月 17 日，习近平总书记在哲学社会科学工作座谈会上的讲话中指出：哲学社会科学是人们认识世界、改造世界的重要工具，是推动历史发展和社会进步的重要力量，其发展水平反映了一个民族的思维能力、精神品格、文明素质，体现了一个国家的综合国力和国际竞争力；哲学社会科学工作者要按照立足中国、借鉴国外，挖掘历史、把握当代，关怀人类、面向未来的思路，着力构建中国特色哲学社会科学，在指导思想、学科体系、学术体系、话语体系等方面充分体现中国特色、中国风格、中国气派。

2021 年 12 月 14 日，习近平总书记在中国文学艺术界联合会第十　次全国代表大会、中国作家协会第十次全国代表大会上的讲话中指出：衡量一个时代的文艺成就最终要看作品，衡量文学家、艺术家的人生价值也要看作品；广大文艺工作者要挖掘中华优秀传统文化的思想观念、人文精神、道德规范，把艺术创造力和中华文化价值融合起来，把中华美学精神和当代审美追求结合起来，激活中华文化生命力。

历史表明，社会大变革的时代一定是哲学社会科学大发展的时代。当前，世界出现"百年未有之大变局"，我们正经历着历史上最为宏大而深刻的社会变革与实践创新。这种前无古人的伟大实践，给理论创造提供了强大动力和广阔空间。这是一个需要理论且一定能够产生理论的时代，这是一个需要思想且一定能够产生思想的时代。

改革开放之初，当代中国文化曾有一种"文学主义"。文学在整体文化中居于主导地位，深度参与到文化之中，激动人心，滋润人心，维系人心；文学研究随之呈现出锐意进取、多元拓展的局面，取得了丰厚的学术积累与探索成果。进入 21 世纪，资本逻辑、技术理性、权力规则使人遁无可遁，一切被纳入一种千篇一律的"统一形式"之中，格式化、程序化的现实几乎冻结了应有的精神探索和想象力，既定的文化结构令人备感无奈、无如甚或无为。当从"文学的时代"进入"文化的时代"，文学在文化中的权重不断下降，在当代知识竞争格局中，文学研究囿于学科话语而一度处于被动状态，丧失了最基本的理论态度和批判意识。

当代著名作家铁凝说得好："文学是灯，或许它的光亮并不耀眼，但即使灯光如豆，若能照亮人心，照亮思想的表情，它就永远具备着打不倒的价值。而人心的诸多幽暗之处，是需要文学去点亮的。"[1]奔走在劳碌流离的命途，一切纷至沓来，千回百折，纠缠一生；顿挫、婉转、拖延、弥漫，刻画出一条浓酽的、悲欣交集的人生曲线。屏息凝听时代的脉动，真正的作家有本领把现实溶解为话语和熠熠生辉的形象，传达出一个民族最有活力的呼吸，表现出一个时代最本质的情绪；他们讲述人性中最生动的东西，打开曾经沉默的生活，显现这个世界内在的根本秩序，一种不可触犯事物的存在。

在当代中国文学研究领域里，文艺学一直居于执旗领军的地位，具备"预言"的功能与使命，直面现实并指向未来，深刻影响并引领着中国文学研究不断突破既有的格局。"追问乃思之虔诚。"（海德格尔语）与作家一样，当

---

[1] 铁凝：《代序：文学是灯——东西文学经典与我的文学经历》，《隐匿的大师》，译林出版社 2021 年版，第 5—6 页。

代文艺学研究者抓住文学的核心价值（追求"更高的心理现实"，即"知人心"），并力图用蕴含着深刻的历史逻辑、理论逻辑和实践逻辑的话语释放这一核心价值，用美的规律修正人们全部的生活方式，引导人们"知善恶""明是非""辨美丑"，帮助人们消除"鄙吝之心"，向往一种高远之境。

新世纪以降，文学创作、文学批评、文学传播乃至整个文学活动方式持续地发生广泛而深刻的嬗变；与之相应，审美经验、媒介生态、理论思维、知识增量等交相迭变，人文学术思想形态发生裂变、重组，各学科既有话语藩篱不断被拆除。"察势者明，趋势者智。"人们深刻体认到：中国作为一个拥有长期连续历史的巨大文化存在，其中的问题意识、思维方式、语言经验、话语模式需要重新发现与阐释，并且必须重新生成一种独立的、完整的、崭新的思想理论及其话语体系；这种话语体系是思想理论体系和知识体系的外在表现形式，与文化环境、传统习惯及社会制度等密切相关，具有深厚的历史积淀与现实根基。

习近平总书记提出，时代是出卷人。进入新时代，文艺学研究者扎根中华大地，勇立时代潮头，与时代同行，发时代先声，积极回应当代知识生产的新要求，通过跨学科领域的研究致力于新文科观念与实践，重构当前各个知识领域的学科意识与现实眼光，有效参与对人类命运共同体的思考，孜孜于文艺学的学科体系、学术体系和话语体系的探索与创构，呈现中国特色、中国风格、中国气派的学术贡献与话语表达，为国家的现代化建设提供强大的精神动力和智力支持。

理论的生命力在于创新。新领域的开辟，新学科的建立，新话语的生成，需要不同见解彼此有争议的砥砺。章太炎先生当年就慨叹孙诒让的学术之所以未能彰显于世，是因为没有人反对："自孙诒让以后，经典大衰。像他这样大有成就的古文学家，因为没有卓异的今文学家和他对抗，竟因此经典一落千丈，这是可叹的。我们更可知学术的进步是靠着争辩，双方反对愈激烈，收效方愈增大。"①本着真理出于争辩及促进学科发展的愿望与责任，遵循问题共享、方法共享、思想共享的学术原则，浙江工商大学出版社邀请本人编选、推出"中国当代文艺学话语建构丛书"。本丛书拟分人分批结集出版相关的代表性研究成果，收录各人具有典范性的、在学界产生较大影响的佳作，以凸显"一家之言"的戛戛独造，为中国当代文艺学话语体系的建构尽一绵薄之力。

"中国当代文艺学话语建构丛书"第一辑共6部著作：陈定家《一屏万卷：网络文学理论与媒介文化批评》、赵勇《走向批判诗学：理论与实践》、张永清《马克思主义批评理论的当代阐释》、刘方喜《脑工解放时代来临：人工智能文化生产工艺学批判》、吴子林《"毕达哥拉斯文体"：述学文体的革新与创造》和周兴陆《文士精神与文论传统》。6位作者都是当代文艺学研究领域的前沿工作者，思维活泼且笔力雄健，是该学科的中坚力量；6位作者的问题意识、理论观念、研究方法各自不同，学术个性十分鲜明，但他们有一个共同点，那就是基于对文艺学学科的热爱与执着，都在各自领域精耕细作数十年，自信、自主、自为、自强，创构了不无创造性的思想理论及其话语体系。

积小为大，积健为雄。上述6部著作的主题涉及马列文论、古代文论、西方文论、网络文学、人工智能和述学文体研究，几乎覆盖了文艺学研究的各个论域；这些著作反抗传统而又批判地继承传统、批判西方而又积极融入世界、干预现实而又持守文学本位；这些著作融思想与学术于一体，具有健全的历史和时间意识，并由此返归当下，有崭新的理论话语、价值体系、思维方式和文化逻辑，而汇入了新世纪的理论创造之中；这些著作都是穷数年之功潜心结撰而成的，可以说是文艺学这个学科不断发展和走向成熟的标志，是中西方学术研究交汇和碰撞的结果，也是文艺学这个学科思想生长、聚合而成的果实，更可能是将来理论创新性发展的努力方向。

---

① 章太炎：《国学概论》，中华书局2003年版，第33页。

　　此时此刻，春光绚丽，沿了山脉的走向，清风铺展而来，氤氲所及，万物蓬勃；飞翔的事物，燃烧的迷津，隐秘的想象，急骤的阵雨，或深不可测，或骤然浮现，或不惊不乍，或渐渐透亮，一切陌生而真切而鲜明……

　　是为序。

吴子林

2022 年 2 月 28 日

自　序

　　本书是我研究马克思的第五本专著，同时也是研究物联网、人工智能等新技术及其社会文化影响的第三本专著。我已有十几本书出版了，有两本书请师友作序，但从未为自己的书写过序，说实话不知道怎么写。好在看过不少古人写的颇有趣味的序跋，大抵信马由缰，那就按此无套路的套路信笔所至吧。

　　长期沉浸悠游于马克思著述中，越来越觉得马克思说的其实都是大白话，尽管有些表述或许比较抽象：《资本论》能成为工人大众的"圣经"，表明其传达的基本理念并不抽象难懂。我研究的马克思的系列专著在表述上确有抽象、晦涩之嫌，但自以为得出的基本结论并不是抽象难懂的。本书将讨论马克思所用的三个关键词：Maschinenarbeit、Handarbeit、Kopfarbeit。从已有中文翻译看，Maschinenarbeit 译作"机器劳动"，Handarbeit 或译作"体力劳动"，或译作"手工劳动"，我以后一译法为是。仿此，我把 Kopfarbeit 翻译为"脑工劳动"。这样翻译就把这三个关键词所暗含的"工具"脉络凸显出来了：Maschinenarbeit 是以机器（Maschine）为工具的劳动

（Arbeit），Handarbeit 是以人手（Hand）为工具的劳动，Kopfarbeit 则是以人脑（Kopf）为工具的劳动。马克思生产工艺学批判重点研究的就是生产劳动的"工具"尤其是"机器"。一般又把人的生产劳动分成"物质生产"与"精神生产"或"物质劳动"与"精神劳动"两种。由此来看，Handarbeit 就是指物质生产的"手工"方式，而 Maschinenarbeit 则是指物质生产的"机器"方式，Kopfarbeit 是指精神生产的"脑工"方式，而当今人工智能正在锻造精神生产的 Maschinenarbeit 方式即"机器"方式，或者说当今人工智能干的活儿就是精神生产的 Maschinenarbeit 方式。通过这三个关键词的逻辑链接，就可以把当今人工智能革命纳入马克思生产工艺学批判框架。这是本书的主要思路。我自以为这种思路还是比较清晰的，但从理论上加以解释、分析、论证却并非易事，所以，很难说本书已把这事儿说清楚了，先亮出基本思路和观点吧。

哲学家、艺术家、科学家等一干文化精英，一般不会把自己干的活儿与"劳动"联系在一起，实在要联系在一起也会被表述为"精神劳动"或"智力劳动"，而用"脑工劳动"这个词来描述此类活动，首先就有学界曾经常说的"祛魅"效果——这也是我把 Kopfarbeit 翻译为"脑工劳动"所想达到的效果之一。一方面，人脑作为智能生产工具，其生物性结构（神经元系统）在人与人之间的差别其实并不大，也没什么神秘的。据说，不管爱因斯坦本人的反对，爱因斯坦去世后，他的大脑还是被用作研究了，但研究结果却并未发现他的大脑结构有什么特异之处。再一基本事实是：现在每个人的大脑结构较之数千年前每个人的大脑结构并无大的变化（进化）。人类几千年来所取得的巨大的文明成就，总体上不是个人生物性大脑进化的产物。人的生物性大脑的个体性、历史性差别并不大。另一方面，"脑工劳动"也可以从字面上突出人发挥自身智力的精神劳动的生物性，以及与人工智能"机器劳动"的非生物性的不同：一是用生物性的人脑干的活儿，另一是用非生物性的机器（"机械大脑"）干的活儿。物质生产的"机器劳动"同时也是一种"大生产（大工业）"，而传统"手工劳动"则是一种"小生产"，使用物质劳动工具的手工技巧曾被小生产者大师傅当作"秘诀",而以蒸汽机为代表的现代机器第一次能量自动化革命,使这种"秘诀"再也无法存身,这或许可称作对手工劳动的"祛魅"——这种"祛魅"肯定曾令手工大师傅们非常沮丧。当今人工智能正在开启的以计算机为代表的现代机器第二次智能自动化革命,正在锻造精神生产的"机器劳动"方式,这也将是一种"大生产"方式(虽然与"大工业"不尽相同),而传统"脑工劳动"则相对而言也是一种"小生产";与手工劳动相比,脑工劳动更是被蒙上一层神秘的面纱,文化精神创造能力更是被脑工劳动的"小生产者"当作某种秘不可传的绝技或高妙神奇的天赋;但是,人工智能正在揭开这层神秘的面纱,文化精神创造活动也正在被"祛魅":本雅明所说的笼罩在艺术创造活动上的"光韵"将更彻底地消失,我们古人所谓的"无可奈何花落去""曾经沧海难为水,除却巫山不是云"等大抵可以描述此等状况和趋势。

作为具有所谓现代意识的文化精英,我们曾经对前现代社会的"小生产"方式和"小生产者"的保守的传统意识很不以为然;但是,今天,面对急速发展的人工智能,我们却似乎正在成为脑工劳动的"小生产者"——这无论如何都是件令人沮丧的事儿,与能量自动化机器曾令手工大师傅们沮丧似乎并无二致。文化精英主义也将越来越成为一种"保守的传统意识",如果精英们还愿意继续不保守的话,恐怕就只能放弃这种意识,而这也就意味着一种"自我扬弃"。而"放弃",有时恰恰意味着一种"解放"和"自由"。

体力、智力自由发挥人人所求,手工、脑工面前人人平等——

如果说"脑工劳动"是本书的一个核心关键词的话,那么,上面这句话就是本书的基本命题,而这是我结合当今人工智能革命,从马克思相关思想中概括出来的:在经济自由主义者看来,个人的生物性体力、智力是用来自由买卖的,并标榜这种似乎非强制性的买卖自由,为手工劳动、脑工劳动的"雇佣性"辩护;而在马克思看来,生物性体力、智力(人脑及智力是自然进化的产物)乃是每个人的自然禀赋,它们是用来自由"发挥"的,而不是用来自由"买卖"的,而雇佣性的手工劳动、脑工劳动恰恰会限制个人生物性体力、智力的自由发挥。这是马克思与一切经济自由主义者有关人性、人的需求的预设的重要分野。这是一方面；另一方面，马克思与一切空想主义者不同的是：强调实现这种自由又需要创造出社会客观条件——现代自动化机器就是这样的重要条件。能量自动化机器把每个人发挥生物性体力的手工劳动从不平等、不自由中解放出来，而当今人工智能自动化机器则将把每个人发挥生物性智力的脑工劳动从不平等、不自由中解放出来——前提是不让这些自动化机器被资本及其少数掌控者支配、垄断。这是本书的基本结论。这种解放将化解迄今为止人类发展历史中自由与平等的对立：平等而不自由，自由而不平等。在原始公有制条件下，人人平等，但人人不自由，可以说是一种"不自由的平等"；私有制开启了人类的"文明时代"，人开始获得自由，却是一种"不平等的自由"：可以不再从事物质劳动的极少数人获得自由，而终生从事物质劳动的绝大多数人则没有自由，与之相应的是精神脑工劳动与物质手工劳动之间的分工、分化、对立。少数人自由、大多数人不自由，可以说是私有制文明最突出的最大的不平等。现代资本主义及其自由主义理念，标榜人身、人格、形式、法律等意义上的个人自由与平等，这无疑是巨大的历史进步，但同时也为经济上的实际、结果的不平等辩护：如果经济上人人平等，就会使个人自由得不到保障。因此，经济自由主义所要坚持和维护的就是实际上的"不平等的自由"，依然没有摆脱私有制文明的基本对抗性。马克思没有抽象地标榜自由、平等，因而也没有抽象地批判不自由、不平等，而是在特定的历史条件尤其是特定的生产力水平下分析相关问题：他一直激烈地批判私有制文明的不平等，却强调私有制消灭原始公有制是一种历史进步；他指出，资本主义实际上的不平等的自由，在特定历史条件下产生而具有历史必然性，但历史条件变化了，尤其是当生产力高度发达时，这种不平等的自由又必然被消除。取代这种不平等的自由的将是"每个人的自由发展"，即每个人体力、智力的自由发展，而不再是少部分人的自由发展，而这也将是一种最大和最全面的平等，人类发展进程中的"不自由的平等"与"不平等的自由"将同时被扬弃，进而自由与平等的对立也终将被消除。当今人工智能革命更清晰地展示出了这种愿景。

当今国际学界一般不会否认人工智能可以"代替"人的智能，而且随着人工智能的进一步发展，这种"代替"程度还会不断提高。那么，被代替之后，人又该如何处置自身的生物性智能呢？或者说，人还能干吗？如果让我来回答的话，答案非常简单：该干吗还干吗。这样回答难免有些俗，于是我想到了《五灯会元》卷十七所记载的一段禅意颇浓的话："吉州青原惟信禅师，上堂：'老僧三十年前未参禅时，见山是山，见水是水。及至后来，亲见知识，有个入处，见山不是山，见水不是水。而今得个休歇处，依前见山只是山，见水只是水。大众，这三般见解，是同是别？有人缁素得出，许汝亲见老僧。'"如果你认为中西思想可以相通的话，就会发现禅师的这段话的基本结构，其实就是"肯定—否定—否定之否定"，而这也正是马克思从黑格尔那里继承下来的基本理论结构。而马克思分析手工劳动整体发展史时恰恰也采用了这种三段论结构：前资本主义手工劳动具有自由个性，资本主义机器劳动则使劳动者彻底丧失自由个性，而扬弃资本的支配后，劳动者的自由个性又会得以重建。脑工劳动也大抵如此。合而论之：在自动化机器出现之前，手工劳动是手工劳动，脑工劳动是脑工劳动（智者乐水）；自动化机器出现之后，手工劳动不再是手工劳动，脑工劳动不再是脑工劳动；而扬弃资本对自动化机器的支配之后，手工劳动依然只是手工劳动，脑工劳动依然只是脑工劳动。但已是从不平等、不自由中解放出来的手工劳动、脑工劳动：体力、智力自由发挥人人所求，手工、脑工面前人人平等。这种充分的自由、全面的平等有望得到实现。

当前有关人工智能社会文化影响的全球认知，总体上处于混乱状态。我在讨论这方面的问题时，常引用我们古人《周易·系辞》中的话："一阴一阳之谓道。继之者善也，成之者性也。仁者见之谓之仁，知者见之谓之知。百姓日用而不知，故君子之道鲜矣。显诸仁，藏诸用，鼓万物而不与圣人同忧，盛德大业至矣哉！富有之谓大业，日新之谓盛德，生生之谓易，成象之谓乾，效法之谓坤，极数知来之谓占，通变之谓事，阴阳不测之谓神……知几其神乎……几者，动之微，吉之先见者也。"人工智能其实一点儿也不神秘而"高大上"，它已通过智能手机等智能机器设备广泛渗透到日常生活之中，只是"百姓"日用而不知其"道"，而研究其"道"的理论界，又可谓仁者见仁、智者见智。这方面引发全球恐慌的一个想象是：未来超级智能机器人作为一种"新物种"将代替并消灭人类这种"旧物种"。但这种具有玄学或神秘主义色彩的想象未必靠谱，若停留于这种不靠谱的想象，则理论研究很难推进。

　　从发展程度看，目前已实现的弱或窄人工智能还处于"动之微"的"几"的状态，而构想中的强或通用人工智能还处于"不测"的"神"的状态，但人工智能越来越强大的发展大势不可阻挡，洞悉未来发展必然大势、"知几其神"应是理论研究者追求的境界。有关人工智能本身及其研发等方面的认知，相对可以做到"中性"，但一讨论或预测其社会文化影响，就难免受形形色色的意识形态的影响和干扰。在我看来，误导这方面的两种主要意识形态是经济自由主义和文化精英主义。经济自由主义的基本假设或预设是："资本"和"自由竞争"从来就有并将永世长存。如果这种假设可以一直成立的话，好莱坞科幻大片等所展现的那些人类未来灾难性情景确实有可能出现。但是这种经济自由主义的预设并不必然成立：社会达尔文主义所鼓吹的自由竞争未必有人性方面绝对的根基，其实只是一种特定的历史现象而已；"资本"是在特定历史阶段人类为自身发展创造出来的，它不是从来就有的，也绝不会永世长存，到了人类发展更高级的阶段，它必然会被消灭而退出历史舞台。这是马克思基于人类社会发展客观规律尤其是生产力发展规律所得出的科学的基本结论。人类今天不是非要在智能机器与非智能机器之间，或者在要不要进一步提升机器的智能上做出选择，而是要在"机器"与"资本"之间做出选择。经济自由主义意识形态竭力掩盖这一点。人工智能也正广泛渗透到文化精神生产领域，并正在锻造一种脑工劳动的"机器生产"和"大生产"方式，对传统脑工劳动的"小生产者"必然形成冲击，持文化精英主义立场的人士对此难免有本能的抵触情绪，但是，人工智能的进一步发展及其对人类社会文化生活的进一步改变，势不可挡。

《庄子·天地》有云："有机械者必有机事，有机事者必有机心。"这对认为"机械（技术、人工技巧等）败坏人心"的技术异化论是极好的概括，而这种技术异化论在当今人文知识分子中依然盛行，比如人文学界分析人工智能对社会文化的影响时，大多连篇累牍地征引海德格尔以及西方马克思主义的技术异化论或技术操控论等思想资源，当然庄子等的道家思想也是可资利用的资源。现代机器第一次能量自动化革命中就出现了打砸机器的"鲁德运动"，马克思对此有所分析，后来西方学者用"鲁德谬误"或"鲁德主义"概括对现代自动化机器的类似认知。直观地看，农民用锄头干活儿，不会感到自己受制于"锄头"这种工具，但在自动化机器流水线上的工人却会明显地感到受制于"机器"这种工具。这种感知经验绝对是真实的，但由此将这种受操控、受压制感归咎于"机器"却绝对是犯了经验主义的错误。马克思强调：威胁劳动者的绝非"机器"，而是"资本"。那么，问题就成为：在消灭资本之后的社会中，自动化机器就不再威胁、限制人了？是的！其实这方面的道理也非常简单：到了那样的社会，你还得在自动化机器流水线上干一些活儿，这是你的义务；但是你在流水上干活儿的时间会大大缩短，比如你一天只需在机器流水线上干一小时就会制造出数千双鞋，然后你回家用几小时手工为自己或亲友制造出一双鞋。这种情景很人间烟火，一点儿也不玄虚，一点儿也不乌托邦。回到现代资本主义社会的实际发展进程中看，19世纪，经过工人阶级艰苦卓绝的斗争，一周工作六天、一天工作八小时的工作制度才得以确立，而机器自动化技术经过百余年的发展，已绝非19世纪的自动化机器所能比了，但是，当今全球范围内所普遍实行的却是一周工作五天、一天工作八小时的工作制度（即使这样的工作制度也不断受到当今资本大鳄们的冲击）。这种工作时间与当今自动化机器的发达程度已严重不成比例！那你为什么还要工作这么长时间呢？道理也很简单：因为有人想通过你的工作或工作时间赚钱。

"文字"与"私有制"是推动人类告别野蛮时代而进入文明时代的两个重要因素。"文字"也可视作广义的"技术"即"智能技术"。一些人倾向于不是过分地抬高人类，就是过分地贬低人类。如果技术有害于人类，而人类还不断地发展技术，人类是不是显得过分愚蠢了？人类发展技术是为了征服自然从而摆脱自然对自身的束缚，而现实问题是：在私有制框架下，技术发展的成果却被少数非劳动者占有和垄断，如此这般，看上去技术就只是奴役、操控劳动者的手段了。许多技术异化论者就这么认为，但这绝非问题的全部。在当今对人工智能社会影响的全球认知格局中，经济自由主义者大多是技术乐观主义者，而文化精英主义者大多是技术悲观主义者，并且将当今世界的种种乱象归咎于技术异化、人工智能机器本身。这种认知就是一种更加精致的"鲁德主义"。而经济自由主义者是乐见这种认知盛行的，因为如此这般，智能自动化技术的绝大多数受损者就会把目光聚焦在"机器（技术）"上，斗争焦点被从"资本"上转移开了。经济自由主义者尤其是资本大鳄当然是乐见这种"鲁德主义"认知盛行的。在当今人工智能时代，如果说经济自由主义是一种意识形态迷魂汤的话，那么，作为一种更加精致的"鲁德主义"的文化精英主义就是一种意识形态麻醉剂。

越说越严肃了，换一种口气再唠叨几句。我经常半开玩笑地说："你不与汽车（机器能量自动化的产物）比速度，现在干吗要与人工智能（机器智能自动化的产物）比聪明？你为了与别人比智能而把智能芯片植入你的大脑，这与你为了与别人比体能而服用兴奋剂有何不同？"从现实现象看，AlphaGo打败了李世石、柯洁等一干人类围棋高手，似乎也并未影响普通人下围棋的乐趣；同样，微软人工智能"小冰"、清华大学人工智能"九歌"系统已经可以写出不错的诗歌，也并不必然影响你写诗的乐趣——如果你愿意写诗的话。于我自己而言，面对已经足够强大并且还将更加强大的人工智能，会继续安然地做一个追求平等和自由的脑工劳动者，"见山只是山，见水只是水"。再拉拉杂杂地唠叨下去，就不像"序言"，而像长篇大论了，就此打住。

是为序。

目　录

| 第一章 |

脑工解放：人工智能时代的机器生产工艺学命名

引　言

本书在与"Handarbeit（手工劳动）"和"Maschinenarbeit（机器劳动）"的对比中，把马克思所用的 Kopfarbeit 一词翻译为"脑工劳动"：马克思研究的能量自动化的"机器劳动"可以"代替"人的"手工劳动"，并把每个人的"手工劳动"从不平等、不自由中解放出来；而当今飞速发展的人工智能（Artificial Intelligence，简称 AI）自动化的"机器劳动"则可以"代替"人的"脑工劳动"，并将每个人的"脑工劳动"从不平等、不自由中解放出来。

体力、智力自由发挥人人所求，手工劳动、脑工劳动面前人人平等。这是马克思对人性的基本理解和信念，而当今 AI 有望使每个人实现这种自由和平等。人在"体力（体能）"上要弱于自然界许多其他动物，其不同于其他动物的优势在"智力（智能）"上。作为人的智能生产工具，文字符号、艺术符号、科学符号等"物"不会离开"人"而"自动"生产出智能产品，而现在急速发展的 AI 机器这种"物"却可以相对离开"人"而"自动"生产出智能产品。这似乎对智能生产活动中人的主体地位形成了挑战，堪称人类发展史的终极革命。国际学界一般用"奇点（Singularity）"等描述这场革命的终极性，本书则用"脑工解放"来描述 AI 正在开启的全新时代及其发展大势。

使每个人存在于自身生命体中的生物性体力、智力，在手工劳动、脑工劳动中充分自由发挥出来，这是马克思所揭示的每个人的人性需求。这种需求得到全面、充分满足的主体条件是每个人都成为"全面发展的个人"，客体条件是生产资料归每个人拥有的"劳动者的个人所有制"。不断发展的社会的物质和精神的生产力，就是为了创造出这两种条件，在此创造过程中必然会出现私有制，而"私有制只有在个人得到全面发展的条件下才能消灭，因为现存的交往形式和生产力是全面的，所以只有全面发展的个人才可能占有它们，即才可能使它们变成自己的自由的生活活动"[1]。当今 AI 机器就代表这种"全面"的生产力，只有"全面发展的个人"才能"占有"它们；而只有每个人都占有它们，每个人才能在"自己的自由的生活活动"中充分自由发挥、发展各自的体力、智力，进而才能成为"全面发展的个人"。这是当今 AI 革命初步昭示出的人类未来远景，而实现这美好远景的前提是：消灭私有制、消灭资本，把 AI 等极致技术从少数人的垄断中解放出来。

20 世纪控制论和 AI 研究专家诺伯特·维纳（Norbert Wiener）指出："一个巨大的计算机，无论是机械装置形式的或是电装置形式的，还是大脑本身，都要浪费掉大量功率……机械大脑不能像初期唯物论者所主张的'如同肝脏分泌胆汁'那样分泌出思想来，也不能认为它像肌肉发出动作那样能以能量的形式发出思想来。"[2]。人脑也被看作"计算机""机械大脑"，表明两者存在相通之处，当然，AI 计算机才是典型的"机械大脑"；而早在 19 世纪，恩格斯就已指出："终有一天我们可以用实验的方法把思维'归结'为脑子中的分

---

[1]《马克思恩格斯全集》第 3 卷，人民出版社 1960 年版，第 516 页。本书大量征引马克思、恩格斯相关原始文献，考虑到新的中文第二版《马克思恩格斯全集》至今尚未出版齐全，为保持所征引文献系统统一，本书引文均据已出版齐全的 50 卷中文第一版《马克思恩格斯全集》，同时参照德文版等。

[2] 维纳：《控制论》，郝季仁译，科学出版社 1963 年版，第 133 页。

子的和化学的运动。"①这堪称对当今 AI 运作机制的天才预测：AI 机器（机械大脑）就是根据人的大脑神经元系统的思维运动规律制造出的自动化的智能生产工具。AI 计算机大脑的机械性或"非生物性"与人的大脑的"生物性"之间的关系，就成为一个突出的问题，而如何处置人的生物性大脑及其生产出的生物性智能，如何看待人的生物性智力发挥的意义等，也就成为极其重大乃至终极性的哲学问题。与维纳"机械大脑"表述相关，马克思有"一般智力（通用智能）""社会大脑""社会智力""智力器官"等表述，根据这些表述，我们将当今 AI 定位为"自动社会机械大脑"。马克思对以蒸汽机为代表的现代机器第一次能量自动化革命有着非常系统、深入的探讨。国内外马克思主义研究对此尚未足够关注，而这些卓越思想对于当今 AI 时代智能哲学的建构具有极强的理论启发性。

在宽泛的意义上，可以把物质生产定位为"使用一定物质劳动工具、加工一定物质材料而形成一定物质产品的过程"，把精神生产定位为"使用一定精神劳动工具、加工一定精神材料（信息、数据等）而形成一定精神产品（文化、智能产品等）的过程"，而"生产工艺学"首先关注的是其中所使用的"劳动工具"，同时也关注"劳动的驱动力"。以此来看，物质生产就是使用物质劳动工具而以能量为驱动力的加工物质产品的活动，而精神生产则是使用精神劳动工具而以智能为驱动力的加工精神产品的活动；但是，人的物质生产劳动不同于其他动物活动的一个重要特性是：不仅以自身生物性能量即体力为驱动力，而且以智能（智力）为驱动力（当然，人的精神生产劳动也总要以一定的物质性能量为驱动力）。这一特性又尤其突出体现在人创造并使用劳动工具上，而劳动工具的创造和使用都需要一定智力（智能），或者说，人不同于其他动物的智力，就突出体现在对劳动工具的创造和使用上。因此，在创造并使用物质劳动工具的物质生产活动中，人的智力（智能）也在不断发展，但是，人的智力的直接发展又突出体现在对精神劳动工具如文

①《马克思恩格斯全集》第 20 卷，人民出版社 1971 年版，第 591 页。

字等符号的创造和使用上。

　　马克思生产工艺学的一个重要主题是揭示机器自动化引发人类生产劳动方式的现代化革命，把加工物质产品的物质生产劳动的现代化方式称作"机器生产""机器劳动"，与之相对的是传统的"手工生产""手工劳动"。现代机器第一次能量自动化革命产生的重要结果就是：物质生产劳动以非生物性的"机器"方式，"代替"生物性的"手工"方式。与"手工劳动（Handarbeit）"相对，马克思还使用了 Kopfarbeit 一词，现在通行的中文翻译中皆译作"脑力劳动"。中文"脑力"一词的字面意思，标示的是精神劳动的"驱动力"，而德文 Kopfarbeit 一词的字面意思强调的则是精神劳动的"工具"，即以人脑（Kopf）为工具的劳动（Arbeit）——比照"手工劳动［Handarbeit：以人手（Hand）为工具的劳动（Arbeit）］"，可将其译作"脑工劳动"。人类精神生产劳动即加工精神产品的现代化方式同样是"机器生产""机器劳动（Maschinenarbeit）"，这种精神生产方式的特性是"非生物性（机械性）"，与之相对，人类精神生产劳动的传统方式就可概括为生物性的"脑工劳动"。作为自动社会机械大脑的精神生产劳动的非生物性的"机器"方式，"代替"个人生物性的"脑工"方式，就将是当今以 AI 为代表的现代机器第二次智能自动化革命产生的重要结果和趋势。

　　资本所代表的"金钱文明"与"机器文明"，可谓现代化文明一体之两面。笔者把马克思研究现代自动化机器及其社会文化影响的理论思路概括为"生产工艺学批判"，其立足点是"机器/资本"二重性①。这种二重性恰恰与现代化文明的两个方面或文明的现代性的两个方面对应；而马克思生产工艺学批判的归结点则是"劳动"即个人生物性体力、智力发挥和发展活动的解放。资本时代是人超越自身身体生物性、身外自然性力量束缚的时代，或者说，资本就是一种超越人自身身体生物性、身外自然性束缚的力量，而资本

———————

① 这方面的详细分析参见刘方喜：《机器/资本二重性：物联网生产工艺学批判》，中国社会科学出版社 2021 年版。

又是通过创造自动化机器来超越外在自然对人的力量的束缚的。对个人生物性人身限制的超越，可谓资本所代表的"金钱文明"与"机器文明"重要的现代化成果：（1）一方面，"金钱文明"把不平等、不自由的社会关系从基于血缘等个人生物性的人身限制下解放出来，但并没有消灭不平等、不自由本身，而是代之以基于金钱的"非生物性"的不平等、不自由，但资本固有的内在对抗性，又将必然导致这种非生物性的不平等、不自由被扬弃。另一方面，资本同时也创造了现代化"机器文明"："劳动的社会将科学地对待自己的不断发展的再生产过程，对待自己的越来越丰富的再生产过程，从而，人不再从事那种可以让物来替人从事的劳动，——一旦到了那样的时候，资本的历史使命就完成了。"①这种"物"就是现代自动化机器。（2）"发展为自动化过程的劳动资料的生产力要以自然力服从于社会智力为前提"，马克思考察的现代机器第一次能量自动化革命，使自然力服从于"社会智力"而被人类征服，把社会"物质"生产力从个人生物性人身限制下的"手工"方式中解放出来，同时也把个人生物性体力发挥、发展的"手工劳动"从不平等、不自由中解放出来，开启了手工解放时代；其后，人类发展问题就越来越聚焦在社会"精神"生产力或"社会智力""智能"上，当今 AI 正在开启现代机器第二次智能自动化革命，"自动社会机械大脑"将把社会"精神"生产力从个人生物性人身（人脑）限制下的"脑工"方式中解放出来，同时也将把个人生物性智力发挥、发展的"脑工劳动"从不平等、不自由中解放出来，脑工解放时代正在来临。而这最终将带来人类劳动的全面解放。

　　但是，在资本框架下，"人（劳动者）不再从事那种可以让物（自动化机器）来替人从事的劳动"却导致劳动者失去了"劳动"的机会，从而也失去了获得"收入"的机会：第一次能量自动化革命造成大量主要出卖体力的蓝领劳动者的失业，而当今 AI 代表的现代机器第二次智能自动化革命将造成大量主要出卖智力的白领劳动者的失业——但这种后果不是由自动化机器本

①《马克思恩格斯全集》第 46 卷上册，人民出版社 1979 年版，第 287 页。

身造成的，而是由资本造成的。资本被消灭之后，"人（劳动者）不再从事那种可以让物（自动化机器）来替人从事的劳动"的情况依然存在，但是，"按需分配"使每个人不再依靠出卖自身的体力、智力而获得生活资料；更为重要的是，"让物（自动化机器）来替人从事的劳动"只是处在"必然王国"的不自由的劳动，每个人不再从事这种不自由的劳动并不意味着就不再劳动了，而是转到"自由王国"中去从事自由的劳动了，如此，每个人的生物性体力、智力就将得到全面平等而充分自由的发挥、发展。这就是《共产党宣言》"代替那存在着阶级和阶级对立的资产阶级旧社会的，将是这样一个联合体，在那里，每个人的自由发展是一切人的自由发展的条件"①所揭示的未来愿景。

现实的"每个人"总是个体性、生物性的存在，"每个人的自由发展"就是每个人生物性体力、智力的自由发展，而作为"联合体"的"社会"的物质、精神生产力的自由发展则以此为条件。在"存在着阶级和阶级对立的资产阶级旧社会"中，资本通过创造能量和智能自动化机器，使"社会"的物质生产力和"社会"的精神生产力即"社会智力"获得自由发展，但未能使每个人生物性体力、智力获得自由发展。在当今 AI 时代就表现为："资本"通过垄断非生物性的智能自动化机器而代表"社会智力"或"社会性"智能力量，并压制生物性的"个人智力"或"个人性智能力量"的自由发展；被资本支配的智能自动化"机器"则代表"非生物性"智能力量，并压制个人的"生物性智力"或"生物性智能力量"的自由发展。矛盾就聚焦在受资本垄断、支配的 AI 机器这种"自动社会机械大脑"及其自动生产出的"社会性""非生物性"智能力量，与"个人生物大脑"及其生产出的"个人性""生物性"智能力量的对立上，并且主要表现为后者受前者支配。而这种对立、支配产生的根源是资本以自身增殖为目的而不以个人生物性智能力量自由发展为目的；而消灭资本之后，"每个人的自由发展是一切人的自由发展的条件"，每个人生物性智能力量的自由发展成为目的本身，每个人发挥自

①《马克思恩格斯文集》第 2 卷，人民出版社 2009 年版，第 53 页。

身生物性智能的脑工劳动将获得自由解放。人的脑工劳动中存在的是"个人性""生物性"智能力量，脑工劳动解放意味着个人性、生物性智能力量的发挥从社会性、非生物性智能力量支配中解放出来——当今 AI 作为"自动社会机械大脑"正在把人发挥智力的脑工劳动从不平等、不自由中解放出来；而脑工和手工面前人人平等，也同时意味着人人社会关系的不平等性与不自由性被扬弃。

蒸汽机等引发了现代机器第一次能量自动化革命，使社会生产的"体力"器官发育成熟，从而使个人手工劳动得以解放；当今 AI 标志着以计算机等为代表的现代机器第二次智能自动化革命，正在生成的"自动社会机械大脑"标志着社会生产的"智力"器官或"社会智力"器官开始发育成熟，从而将使每个人的脑工劳动也得以解放。只有经历现代机器自动化的二次革命、社会人生产器官的二次发育、手工劳动与脑工劳动的二次解放，每个人的生物性体力、智力才能获得全面平等而充分自由的发挥和发展：体力、智力自由发挥人人所求，手工劳动、脑工劳动面前人人平等。当今 AI 革命正在开启这一美好愿景，而资本是这一美好愿景实现的现实的阻碍力量，经济自由主义和文化精英主义则是实现这一美好愿景的意识形态方面的阻碍力量，人类各种力量的斗争将越来越聚焦在 AI 这种终极性的"社会智力"上。面对这种必然性的发展大势、终极性的社会智力，资本终将退出历史舞台，经济自由主义和文化精英主义终将成为明日黄花。

第一节　何种"奇点"、如何来临：
人工智能革命的分析框架

美国学者雷·库兹韦尔（Ray Kurzweil）用"奇点临近"来描述当今 AI 正在开启的一个全新时代，而"奇点"论，也成为分析当今 AI 革命及其社会影响的重要框架。本书试图以马克思机器生产工艺学批判对此加以重构，同时也试图从 AI 奇点论来重构马克思机器生产工艺学批判，从而把对当今 AI

革命的分析纳入这一理论框架。

当前对 AI 及其社会文化影响的全球认知总体上处于混乱状态。在一般认知层面，科学认知 AI 及其社会文化影响，首先要超越与商业主义交织在一起的基于大众传媒逻辑的娱乐化信息的干扰。"乱花渐欲迷人眼"，AI 其实并不那么神秘，它已广泛进入百姓日用领域：很多人都在使用的智能手机及其美颜等软件，各类导航软件，百度、谷歌翻译软件，智能音箱，"抖音"，等等。AI 几乎无处不在，但"日用而不知"其"道"，且百姓之"知""见"又主要受各类大众传媒的影响。詹姆斯·巴拉特（James Barrat）采访了很多 AI 技术专家和理论家，由其撰写而成的一本书指出，"AI 技术有风险这一难以忽视的真相，跟技术期刊上常见的双核 3D 处理器、电容式触摸屏以及当前热门软件等话题比起来太不性感了"，"人工智能主题在娱乐行业里大受欢迎，妨碍了在不那么有趣的灾难风险范畴对它进行严肃的考量。几十年来，被人工智能（一般表现为人形机器人的形式，在最巧妙的手法里则表现为一盏闪烁的红灯）消灭，一直是热门电影、科幻小说和视频游戏的主菜"。[1] 我们在手机上总会收到诸多有关"黑科技"的报道，这类报道很"性感"而容易吸引眼球，而包括非专业的文人在内的许多人关于 AI 的认知，更多来自更加"有趣"而好玩的好莱坞科幻大片等。

此外，还有一类书，"尝试教导企业家朝着互联网趋势和消费者之间的深沟撒网，打捞上一桶桶的票子来"，"追求 AI 能带来利益，甚至说不定，有一天能带来叫人疯狂的利益"。[2] 关于 AI 的"风口""泡沫"的报道在大众传媒上也是铺天盖地的，这种刺激发财欲的信息也很抓人心。聪明的商人们充分利用大众媒介的传播规律，制造着一拨又一拨商业噱头，如 AlphaGo 打败人类围棋高手、"女"机器人索菲亚说要消灭人类等事件引起全球极大轰动，所

---

① 巴拉特：《我们最后的发明：人工智能与人类时代的终结》，闫佳译，电子工业出版社 2016 年版，第 23 页。

② 巴拉特：《我们最后的发明：人工智能与人类时代的终结》，闫佳译，电子工业出版社 2016 年版，第 28、261 页。

传达的信息虚虚实实、亦真亦假。

　　AI 也对文艺生产方式产生了实实在在的影响，这种影响同样主要以娱乐化商业噱头形式在大众传媒上呈现出来。微软 AI "小冰"已能够写现代诗，并且还出版了一本纸质的像模像样的诗集，出尽风头；清华大学也研发出了能写中国古体诗的 AI 系统"九歌"，在中央电视台《机智过人》节目中，现场观众把"九歌"写的古体诗误认为是"人"写的，通过了所谓的"图灵测试（The Turing Test）"。这也足够引起很多人的兴趣。巴拉特认为，在大众传媒上疯传的娱乐化信息，阻碍了对 AI 风险的"严肃的考量"。我认为，其实也妨碍了对 AI 所取得的实际成绩的严肃考量。在当前全球 AI 认知状况中，过分夸大 AI 价值的倾向与过分贬低其价值的倾向同时存在，并形成某种程度的二元对立。超越这种二元对立，排除与商业主义交织在一起的娱乐化信息的干扰，我们才会认识到，AI "小冰""九歌"等引发的是人类文艺生产方式尤其是文艺生产工具发展史上一场划时代的革命——尽管还处于"动之微""吉之先见"的"几"的状态，知"几"，首先当超越百姓之"日用而不知"并不被大众传媒片面信息所干扰。

　　另外，在学术理论层面，要科学地认知 AI 对文艺的实际影响，还需要超越所谓"人文主义"与"科学主义"的二元对立。可以"仁者见之谓之仁，知者见之谓之知"，但不能走向二元对立。而从当下实际状况看，颇类"知者（智者）"的基于科学主义逻辑的技术专家等关于 AI 的话语确实处于强势地位，更近"仁者"的哲学家、文艺创作及其理论研究者等人文知识分子也可做出一定回应，比如，我们可以引用严羽的话来批评宋诗"以文字为诗，以议论为诗，以才学为诗"的话语，来批评 AI "九歌"所"创作"出的古体诗，说其作品缺乏情感、灵魂，很难达到"羚羊挂角，无迹可求"的空灵境界，如此等等。不能说这种批评毫无道理，而且我也觉得这种充分调动传统思想资源的批评确实可以有所作为，但是不应忽视的历史事实是，被严羽批评的宋诗绝非毫无价值。事实上，中外诗歌发展史上大量存在的恰恰是这类作品，由此人们也就不能过分贬低甚至绝对否定"九歌"作品的价值。关于 AI 及其社会影响的"君子之道"，既不偏于"知者"，也不偏于"仁者"，而当在两者之间。

当然，文艺家们首先更需对自己面对机器威胁所产生的本能抵触情绪有所反思。西方哲学家笛卡儿说"我思故我在"，帕斯卡尔更是极富文学色彩地描述道：

> 人只不过是一根苇草，是自然界最脆弱的东西；但他是一根能思想的苇草。用不着整个宇宙都拿起武器来才能毁灭他；一口气、一滴水就足以致他死命了。然而，纵使宇宙毁灭了他，人却仍然要比致他于死命的东西更高贵得多；因为他知道自己要死亡，以及宇宙对他所具有的优势，而宇宙对此却是一无所知。
>
> 因而，我们全部的尊严就在于思想。[①]

而当今 AI 机器（计算机）似乎也可以"思想"了，人的"全部的尊严"正在被冒犯，并且，作为"思想的苇草"的人的生物性血肉之躯依然脆弱不堪，而 AI 机器人的钢铁之躯则牢不可破。这就不仅在冒犯人的尊严，而且还存在取而代之并威胁人的生命的可能。当然，除了"思想（哲学）"外，"艺术"也颇能体现人的尊严。电脑自动作画早已不是什么新鲜事儿，现在 AI 也可以作曲了；诗歌号称是文学皇冠上的明珠，而 AI "小冰""九歌"竟然也开始作诗了……人在文艺上的尊严正在被 AI 冒犯。对于冒犯，人产生抵触情绪，可以说是一种本能反应。对于闯入文艺创作领域的 AI，具有"生物智能"的文艺"生产主体"，目前的总体情绪反应大抵就是如此，从作家、艺术家们在媒体上发表的种种高论可略见一斑。在我看来，这大抵可视作一种更为精致的"鲁德谬误"。它产生于 19 世纪蓝领工人对"能量"自动化机器的本能反应，现在又以更精致的形式表现在对"智能"自动化机器即 AI 的反应

[①] 帕斯卡尔：《思想录》，何兆武译，商务印书馆 1985 年版，第 157—158 页。

之中。精英艺术家们出于自尊的一些说辞其实未必能成立，难道没有"情感"的冷冰冰的机器所生产出的所谓"艺术品"，也具有欣赏价值而能触动人的审美情感或引发人的心理的审美反应吗？但是，如果没有情感的"自然""生产"出的景物也能引发人的审美欣赏与美感，那机器创作的"艺术品"为什么就必然不能呢？AI机器可以模拟人的大脑神经或心理反应，基于此生产出的艺术品也能相应地引发人脑神经或心理的审美反应。这至少在技术上是可能的。出于人在思想和艺术上的自尊，人文学者、艺术家等可以嘲笑当前AI的思想或艺术创作能力，但是，AI还处于婴幼儿期，其自我学习能力、自我成长能力具有无限潜能——尽管在其成长过程中还需要人的帮助。

对未知事物产生恐惧，是人常有的另一种本能反应，这种恐惧与抵触情绪交织在一起，影响着我们对AI的科学认知。好莱坞电影工业早就充分且恶意地利用人的本能的恐惧和抵触情绪或潜意识，不断地生产出一部又一部智能机器人威胁乃至取代、毁灭人类的科幻大片，而大赚其钱；近年来，随着AI的爆炸性发展，有关智能机器AlphaGo、索菲亚等的商业噱头在全球大众媒体上疯传，进一步强化着全球大众对AI的恐惧和抵触情绪，进而也强化着对AI认知上的"鲁德谬误"。在大众传媒的鼓噪下，面对AI或真或假、或实或虚的威胁，全球大众先是忧心忡忡，然而也只能徒唤奈何，最后只能用宿命论来平复或麻醉这忡忡忧心。天不变，道亦不变，太阳底下没有新鲜事儿。面对全球这种认知状况，只有人文主义情怀，看来是不够的。

我们古人说"知几其神"，老黑格尔曾经说，密涅瓦的猫头鹰要等黄昏到来才会起飞。"知几"、理性反思、科学考察或许并不能彻底消除人的本能恐惧，但是，能在理性反思中揭示和预见AI威胁人的真正根源所在。理论研究大概也只能做到这点，而在这方面，国际学界分析AI及其社会文化影响的最具理论价值的范畴当数"奇点"。影响最大的奇点论当数库兹韦尔《奇点临近》一书，该书实际上从数学函数、物理学视界、生物学物种等方面描述了"奇点"，颇具方法论价值。我们首先借用这种"奇点"方法论范畴来分析马克思的相关论述。

一

借用库兹韦尔的数学函数奇点论，可以更清晰地揭示马克思类似"自由奇点""文化奇点"的相关论述。

库兹韦尔指出："'Singularity（奇点）'是一个英文单词，表示独特的事件以及种种奇异的影响。数学家用这个词来表示一个超越了任何限制的值，如除以一个越来越趋近于零的数，其结果将激增。例如，简单的函数 y=1/x 随着 x 的值趋近于零，其对应的函数（y）的值将激增。"[①] 马克思《资本论》第三卷最后部分实际上就描述了一种类似"奇点"的状态：

> 资本的文明面之一是，它榨取剩余劳动的方式和条件，同以前的奴隶制、农奴制等形式相比，都更有利于生产力的发展，有利于社会关系的发展，有利于更高级的新形态的各种要素的创造。因此，资本一方面会导致这样一个阶段，在这个阶段上，社会上的一部分人靠牺牲另一部分人来强制和垄断社会发展（包括这种发展的物质方面和精神方面的利益）的现象将会消灭；另一方面，这个阶段又会为这样一些关系创造出物质手段和萌芽，这些关系在一个更高级的社会形态内，使这种剩余劳动能够同一般物质劳动所占用的时间的较显著的缩短结合在一起……事实上，自由王国只是在由必需和外在目的规定要做的劳动终止的地方才开始；因而按照事物的本性来说，它存在于真正物质生产领域的彼岸……这个自然必然性的王国会随着人的发展而扩大……但是不管怎样，这个领域始终是一个必然王国。在这个必然王国的彼岸，作为目的本身的人类能力的发展，真正的自由王国，就开始了。但是，这个自由王国只有建立在必然王国的基础上，才能繁荣起来。工作日的缩短是根本条件。[②]

---

① 库兹韦尔：《奇点临近》，李庆诚等译，机械工业出版社 2011 年版，第 10 页。

② 《马克思恩格斯全集》第 23 卷，人民出版社 1972 年版，第 925—927 页。

马克思以上描述实际上暗含着这样的"函数"：（1）自由＝自由王国／必然王国；（2）自由劳动＝非物质劳动／物质劳动；（3）自由时间＝剩余劳动时间／必要劳动时间。"一般物质劳动""真正物质生产领域"始终是"必然王国"，体现了人的"自然必然性"，人可以不断超越这种自然必然性，但不可能彻底摆脱这种自然必然性，因此，人的自由发展或扩展就表现为自由王国与必然王国、非物质劳动与物质劳动之间比例的不断提高，物质劳动的必然王国可以"越来越趋近于零"，却不可能彻底等于零。这在时间上表现为：必要劳动时间、物质劳动时间可以"越来越趋近于零"，却不可能彻底等于零。但是，"趋近于零"却可以使自由时间的数值趋近于无限大、非物质劳动的自由王国的疆域无限扩展。此可谓"自由"之"奇点"。马克思在论述"资本主义社会和共产主义制度下的自由时间"时指出：在共产主义，"财富的尺度绝不再是劳动时间，而是可以自由支配的时间"，如此，自由时间的增长就不再会受限制，自由王国的疆域就会无限扩展，"自由奇点"就会来临；而在资本主义，"以劳动时间作为财富的尺度，这表明财富本身是建立在贫困的基础上的，而可以自由支配的时间是同剩余劳动时间相对立并且是由于这种对立而存在的"，而"直接的劳动时间本身不可能像从资产阶级经济学的观点出发所看到的那样永远同自由时间处于抽象对立中"。①这种"对立"表现为：资本主义阻碍将"剩余劳动时间"现实地转化为"自由时间"，因而也就成为自由王国无限扩展的障碍。正如当今 AI "技术奇点"的来临将有待克服一系列"技术瓶颈"，资本主义也是人类"自由奇点"来临有待克服的"制度瓶颈"。由此来看，借用当今 AI 时代"奇点"概念，我们可以更清晰地揭示出马克思的思路，而马克思以上论述可以说是《资本论》整体上的基本结论。因此，这种"自由奇点"论，对于我们理解马克思整体思想也很有助益。

马克思所描述的"自由的奇点"又与"文化的奇点"相关。恩格斯指出：

①《马克思恩格斯全集》第 46 卷下册，人民出版社 1980 年版，第 222、225 页。

"文化上的每一个进步，都是迈向自由的一步。"①而马克思是通过"自由时间"把"文化"与"自由"联系起来的："这种剩余劳动一方面是社会的自由时间的基础，而另一方面是整个社会发展和全部文化的物质基础。正是因为资本强迫社会的相当一部分人从事这种超过他们的直接需要的劳动，所以资本创造文化，执行一定的历史的社会的职能。"②因此，马克思以上所描述的"自由的奇点"，也可谓"文化的奇点"，而这种"文化奇点"可用"自由时间 = 剩余劳动时间 / 必要劳动时间"这个函数来描述，即为了获得越来越多的剩余价值，资本采用一切手段越来越延长剩余劳动时间、缩短必要劳动时间，这最终将导致必要劳动时间"越来越趋近于零"，而自由时间将趋近于无限大，以自由时间为物质基础的文化发展速度将激增。此即"文化奇点"，而这种"奇点"来临的前提条件是：克服资本主义制度瓶颈，消灭"社会上的一部分人靠牺牲另一部分人来强制和垄断社会发展（包括这种发展的物质方面和精神方面的利益）的现象"。这是传统研究所严重忽视的马克思文化理论的重要维度。

马克思指出，资本的"文明面"和"更有利于生产力的发展"的方面，主要体现在"它榨取剩余劳动的方式和条件"上，即以"相对剩余价值"的榨取为主。这就是《资本论》第一卷第四篇"相对剩余价值的生产"的主题，而该篇第十三章"机器和大工业"则实际上揭示了榨取相对剩余价值最有效的工艺方式是"自动的机器体系"："绝对剩余价值"是通过延长物质生产劳动时间来实现的，这必然受到劳动者身体的生物性限制；而所谓"相对剩余价值"的榨取则是通过缩短物质生产的"必要劳动时间"从而"相对地"延长"剩余劳动时间"来实现的，或者说是通过不断提高"剩余劳动时间 / 必要劳动时间"之间的比例来实现的，而"自动的机器体系"则是提高这种比例的最有效方式；由于不绝对地延长劳动时间，因此，这种机器自动化榨取方

---

① 《马克思恩格斯全集》第 20 卷，人民出版社 1971 年版，第 126 页。
② 《马克思恩格斯全集》第 47 卷，人民出版社 1979 年版，第 257 页。

式使剩余价值的增长受劳动者身体的生物性限制就相对较小。从物质生产内部来说，机器自动化的不断发展将不断提高"剩余劳动时间 / 必要劳动时间"的比例，必要劳动时间"越来越趋近于零"，则剩余劳动时间将趋近于无限大；从物质生产外部看，越来越多的剩余劳动时间及其创造的剩余价值从物质生产中游离出来，作为物质生产之外的"文化生产"的物质基础的"自由时间"必然随之越来越多，因此，机器自动化的不断发展也将不断提高"文化生产 / 物质生产"之间的比例，当物质生产领域"越来越趋近于零"时，文化生产疆域将趋近于无限大。此即"文化奇点"，也正是在能引发这种"文化奇点"来临的意义上，马克思说"资本创造文化，执行一定的历史的社会的职能"。这就是《资本论》所暗含的"生产工艺学批判"的基本思路，马克思对机器自动化的讨论可以说是为了揭示"文化奇点"或"自由奇点"来临的物质生产方面的工艺原因。

二

借用库兹韦尔生物学物种奇点论，可以进一步清晰地揭示马克思讨论现代机器自动化的生产工艺学批判的基本思路，进而有助于更清晰地揭示当今 AI 革命对精神生产力、人与机器关系、主体与客体关系等的巨大影响。

《奇点临近》一书的副标题是"人类超越生物性"，库兹韦尔指出："未来出现的智能将继续代表人类文明——人机文明。换句话说，未来的计算机便是人类——即便他们是非生物的。这将是进化的下一步：下一个高层次的模式转变。那时人类文明的大部分智能，最终将是非生物的。到了 21 世纪末，人机智能将比人类智能强人无数倍。"[1]这种分析借用了生物学的物种进化论，超级 AI 被视作不同于并高于人类生物性存在的"新物种"。"尽管大脑在很多方面具有极为优越的性能，但其仍有很多局限性"，"这将导致人类生理上处理新知识的能力远远跟不上人类知识的指数级增长速度"，"人类生物体 1.0 版本也是很脆弱的，他容易屈服于大量的错误模式"，"奇点将允许我

---

[1] 库兹韦尔：《奇点临近》，李庆诚等译，机械工业出版社 2011 年版，第 15 页。

们超越身体和大脑的限制"，"奇点将代表我们的生物思想与现代技术融合的定点，它将导致人类超越自身的生物局限性"，①如此将导致智能指数级、爆炸式增长。而马克思早在 19 世纪就指出：在动能自动化机器体系中，"使用劳动工具的技巧，也同劳动工具一起，从工人身上转到了机器上面。这使工具的效率从人类劳动力的人身限制下解放出来"②。马克思指出：在现代社会里，"货币不但绝不会使社会形式瓦解，反而是社会形式发展的条件和发展一切生产力即物质生产力和精神生产力的主动轮"③，而另一个"主动轮"是自动化机器。由此来看，如果说马克思描述了动能自动化机器将人类"物质生产力"从"人身限制"下解放出来的话，库兹韦尔所描述的 AI 奇点则是强调：在当今智能自动化机器体系中，智能或"思维的技巧"从人身上转到了机器上面，并使人类"精神生产力"也从"人身限制"下解放出来了。

　　AI 的革命性影响在于似乎使物理性的或非生物性的"机器"也正在成为"智能主体"，那么，这对人类这种生物性的"智能主体"将产生什么影响？库兹韦尔对此持乐观态度，而比尔·盖茨、霍金、马斯克等"一致认为人们在较长时期都对机器智能化和不断提升的能力抱有持续的紧张情绪，而且创造这些机器的人也担心它们有一天会替代自己"④。这也是当今关于 AI 的主流认知之一，而马克思早在 19 世纪就有相关的分析：在能量自动化机器体系中会出现两种不同的情况，或者"结合总体工人或社会劳动体是积极行动的主体，而机械自动机则是客体"。这"适用于机器的一切可能的大规模应用"，或者"自动机本身是主体，而工人只是作为有意识的器官与自动机的无意识的器官并列，而且和后者一同受中心动力的支配"。这"表明了机器的资本主义应用以及现代工厂制度的特征"⑤。在马克思看来，动能自动化机器成为

---

① 库兹韦尔：《奇点临近》，李庆诚等译，机械工业出版社 2011 年版，第 2 页。
② 《马克思恩格斯全集》第 23 卷，人民出版社 1972 年版，第 460 页。
③ 《马克思恩格斯全集》第 46 卷上册，人民出版社 1979 年版，第 173 页。
④ 希尔：《经济奇点：共享经济、创造性破坏与未来社会》，苏京春译，中信出版社 2017 年版，第 266 页。
⑤ 《马克思恩格斯全集》第 23 卷，人民出版社 1972 年版，第 459—460 页。

"主体"进而"替代"人（工人），不是由"机器"本身造成的，而是由机器的"资本主义应用"造成的。这同样适用于对当今作为智能自动化机器的 AI 的分析。

三

借助库兹韦尔物理学视界奇点论，可以使马克思生产工艺学批判所揭示的人类社会发展大势更清晰地展示出来，并有助于更科学地认知当今 AI 革命的社会影响。

在天体物理学上，"奇点"被用来描述"黑洞"。"约翰·冯·诺依曼第一次提出'奇点'，并将它描述为一种可以撕裂人类历史结构的能力"，库兹韦尔认为，"物理领域所感兴趣的，并不是实际的大小是否为零，而是一个有着和黑洞的奇点理论相似的事件视界（这甚至都不一定是黑洞了）。事件视界内的粒子和能源，如光，都是无法逃避的，因为重力太强大了。因此，从事件视界以外，我们肯定不能轻易看到视界内部"，此可谓物理学的"视界奇点"，"正如我们很难看到超出了黑洞的事件视界，我们也很难看到超越历史奇点的事件视界"，"正如我们从未实际进入黑洞中，但却能通过概念思考得到关于黑洞属性的结论。我们的思考足以洞察奇点的含义"。库兹韦尔自己试图讨论的可谓历史学的"视界奇点"："有人会说，至少在目前的认识水平上它（奇点）很难理解。正是出于这个原因，我们不能以看待过去的视野，去理解必须超越它的事物"，而"理解奇点，将有利于我们改变视角，去重新审视过去发生的事情的重要意义，以及未来发展的走向"。[①] 卡鲁姆·蔡斯（Calum Chace）也指出："自动化可能导致一个经济奇点。'奇点'一词源于数学和物理学，达到奇点状态时，一般规律将不再适用，对于事件视界一侧的人来说，另一侧的世界是无法知晓的。"[②] 这种事件视界论，对于科学地认知 AI 革命及其社会影响有重要启示。

---

① 库兹韦尔：《奇点临近》，李庆诚等译，机械工业出版社 2011 年版，第 10、286—287、15、1 页。
② 蔡斯：《人工智能革命》，张尧然译，机械工业出版社 2017 年版，"前言"第 XI 页。

　　关于 AI 革命及其社会影响的全球认知状况，采访了诸多 AI 技术专家和思想家的詹姆斯·巴拉特有较全面的概括。前文已对大众娱乐层面、商业主义层面的认知状况有所讨论，再看以下层面：

　　（1）在理论层面，类似库兹韦尔《奇点临近》这类的书，目标是"为超积极的未来奠定理论基础。如果那里真的发生了什么不好的事情，乐观的欢快喧嚣也会让你听不见它的声响"，这是技术乐观主义的认知。

　　（2）"大多数技术理论家和作家漏掉了不那么乐观的第三种视角"，巴拉特本人的论点是，"创造智能机器，接着又创造出比人类更聪明的机器，最终的结果不是它们融入我们的生活，而是它们征服了我们。在对 AGI（强人工智能）的追求过程中，研究人员会创造出一种比他们自己更强大的智能，而这种智能，是研究人员无法控制甚至无法充分理解的"，"技术思想家或许考虑过人工智能的不利之处，但认为无须对此太过担心。又或者，他们能理解，但认为自己没法去改变"。[1] 在巴拉特看来，AI 革命最终将导致"人类时代的终结"。

　　但是，还存在另外一种认知。这种认知认为 AI 革命所导致的不是"人类时代的终结"，而是"资本时代的终结"。如蔡斯《经济奇点》一书的副标题 "Artificial intelligence and the death of capitalism"，揭示了 AI 革命所形成的"技术奇点"还将导致"经济奇点"，进而导致"资本主义的灭亡"。[2] 再如乔治·扎卡达基斯（George Zarkadakis）《人类的终极命运：从旧石器时代到人工智能的未来》一书英文书名中有 "savior or destroyer"（救世主或毁灭者）字眼，而该书的基本结论是，AI 是资本主义的毁灭者或终结者，将导致"自由资本主义的终结"，资本正面临着自身的"终极命运"：

---

① 巴拉特：《我们最后的发明：人工智能与人类时代的终结》，闫佳译，电子工业出版社 2016 年版，第 27—28 页。

② 这方面的详细分析，参见刘方喜《技术、经济与社会奇点：人工智能革命与马克思工艺学批判重构》，《马克思主义与现实》2018 年第 6 期。

在我们如今生活的时代，冷战结束已经像是遥远过去的回声。自由资本主义的胜利，以 1989 年 11 月柏林墙的倒塌为标志，如今已遭到怀疑和挑战。2007 年爆发的大衰退显示无序的金融市场引发的泡沫可以拖垮全球经济。欧洲南部数百万人失业，两位数的失业率至少能让未来两代人的希望破灭……在如今全球的政治环境中，能处理海量数据的智能计算机给政府提供了一种全新的革命性的工具……"人工智能经济"会重写所有经济学教科书，这一经济领域重大的范式转换将会革命性地改变政府的地位和权力。换言之，未来一个由人工智能担任国内和国际经济指挥者的时代，意味着我们所知的经济自由和资本主义的终结。[①]

总体来说，蔡斯、扎卡达基斯以上认知在关于 AI 革命的全球认知格局中不占优势，而这种认识更接近马克思。马克思机器生产工艺学批判的重要思路是，现代科学技术通过锻造自动化机器体系，使资本主义彻底战胜封建主义并获得高速发展，而在进一步发展中，资本主义及其生产关系越来越成为障碍，高度发达的科技和机器体系必将导致资本主义灭亡并被共产主义替代。恩格斯指出："现代资本主义生产方式所造成的生产力和由它创立的财富分配制度，已经和这种生产方式本身发生激烈的矛盾，而且矛盾达到了这种程度，以至于如果要避免整个现代社会毁灭，就必须使生产方式和分配方式发生一个会消除一切阶级差别的变革。"[②] 当今 AI 造就了更先进的生产方式，释放出了更发达的生产力，与资本主义之间的矛盾更加尖锐了，"整个现代社会毁灭"的可能性更突出地呈现出来了。在当今 AI 研究中，许多怀疑技术乐观主义的西方理论家已经意识到这一点，但他们往往只把这种毁灭性的威胁归咎于 AI 机器本身而非其"资本主义应用"。在并非隐喻的意义上，可以说，作

①扎卡达基斯：《人类的终极命运：从旧石器时代到人工智能的未来》，陈朝译，中信出版社2017 年版，第 297 页。

②《马克思恩格斯文集》第 9 卷，人民出版社 1961 年版，第 165 页。

为人类自由王国无限扩展的"自由奇点"的共产主义，也是超越资本主义的另外一种"事件视界"，"对于事件视界一侧的人来说，另一侧的世界是无法知晓的"，同样，对于长期沉浸于资本主义世界或视界的人来说，共产主义是很难理解的，而"理解奇点，将有利于我们改变视角，去重新审视过去发生的事情的重要意义，以及未来发展的走向"。马克思立足未来共产主义"自由奇点"对资本主义的考察就是这种思路。因此，理解当今 AI 革命的社会影响，必须"改变视角"，尤其要超越资本主义建立在私有制基础上的意识形态的束缚，而重构马克思生产工艺学批判对此有重要助益。

第二节　机器生产、手工、脑工与自动社会机械大脑

库兹韦尔所谓"奇点"的含义之一是，AI 作为一种非生物性的机器智能，将全面超越已有的人类生物性智能。这表明，当今 AI 的出现和急速发展，使智能的社会非生物性与个人生物性的关系，成为一个突出的重要性问题。以上初步把物质生产现代化方式定位为"机器生产"，与之相对的传统方式则是"手工生产"；精神生产的现代化方式也可定位为"机器生产"，与之相对的传统方式则是"脑工生产"。非生物性与生物性，是人类生产劳动的现代方式与传统方式的重要区别。一般认为，现在即使超强的机器进行深度学习，依然处在 AI 的"弱人工智能"阶段，下一步发展方向是"强人工智能"或"通用人工智能"（Artificial General Intelligence，AGI）。马克思机器理论提到了"一般智力"（general intellect）即"通用智能"；马克思还用"社会大脑""人类的手创造出来的人类头脑的器官""有智力的器官"等来描述"机器"，颇接近维纳所说的"机械大脑"。以此可将未来 AGI 描述为"自动社会机械大脑"生成的"社会机械通用智能"，其与"个人生物大脑"生成的"个人生物智能"的关系，就成为当今智能哲学的基本问题。而马克思研究机器的生产工艺学批判，则对这种智能哲学建构具有重要启示。

一

首先从生产工艺学角度考察一下社会机械大脑与人脑的关系。库兹韦尔把 AI 的未来发展趋势描述为：当人类超越生物性时，AI 是一种"人工的"（artificial）智能，首先是相对"自然的"（natural）智能而言的；在 AI 出现之前，我们这个星球上的"智能"全都是"自然性""生物性"的，即皆是由自然进化而来的人的生物性大脑的产物；而当今 AI 则是一种"非自然性（人工性）""非生物性"的"机器（计算机）智能"。我们这个星球上前所未有的"非生物性"智能的出现，也正是"奇点"所标示的含义之一，而智能的"生物性"与"非生物性"及两者之间的关系，就成为当今 AI 时代智能哲学建构的基本问题，而在 AI 出现前这不是智能上的基本哲学问题。总体来看，考察"智能"有两种不同途径，或者说，对"智能"可以有两种不同的提问方式：（1）问智能是"什么"（what）。库兹韦尔等就按照这种提问和考察方式展开探讨，而这容易产生使"智能"成为脱离一切物质载体而成为某种神秘力量的认知倾向。（2）问智能是"怎样"（how）生产出来的。这就需要考察智能的"生产工具"——这就是马克思"生产工艺学"的考察方式。在当今 AI 时代，从这种"生产工艺学"角度对智能哲学加以建构，就会避免形形色色的神秘主义倾向。

控制论、AI 专家维纳所谓的"机械大脑"或"机器大脑"（人工大脑），可以说是对 AI"非生物性"生产工具极好的定位，与之相对，作为人的智能生产工具的人脑则可被称为"生物大脑"（维纳有将两者混同的倾向）。当今 AI 与传统的人的智能之间的关系，就体现为"机械（机器）大脑"与"生物大脑"或"人工大脑"与"自然大脑"的关系。马克思生产工艺学考察的是以"蒸汽机"为代表的"能量"自动化机器，而"计算机"则是当今"智能"自动化机器的代表，而现代机器的二次自动化革命，就可以成为给当今 AI 定位的重要历史脉络。马克思对"机器"的经典定义之一是"人类的手创造出来的人类头脑的器官"，并指出自动化机器包括"机械的器官"和"有智力的器官"，前者是机器的"能量（动力）系统"，后者则是机器的"智能（智力）系统"；而"机器的有智力的器官"就颇接近维纳所谓的"机械大脑"，不同处在于当今 AI"机械大脑"的运作具有"自动性"，马克思时代的"机器的有智力的器官"则不具有自动性。但是，马克思所考察的"机械的器官"作为动力系统的运作已具有"自动性"，这对于我们今天考察机器智能系统运作的"自动性"有重要的参照价值。再者，同为智能生产工具，传统的文字等符号系统不具有"自动性"，智能的"自动性"与"非自动性"及其两者之间的关系，也是当今 AI 时代智能哲学建构的另一基本问题。

此外，马克思还有"社会人的生产器官""社会大脑""社会智力"之说，以此来看，人脑就同时也是"单个人的生产器官"或"个人大脑"。由此，智能的"社会性"与"个人性"及两者之间的关系，就成为智能哲学的又一重要基本问题。人脑既是"生物性"的又是"个人性"的，两种特性是高度统一在一起的，与之相对，我们就可以对当今 AI 机器做一个清晰的定位——自动化的社会机械大脑。这种定位强调了"自动性""社会性""非生物性"三大特性的统一。

更为重要的是，马克思考察"机器"的着眼点是"人"，尤其是劳动者及其劳动，他把使用自动化运作的"机械的器官"的劳动称作"机器劳动"（Maschinenarbeit），而与之相对的则是"手工劳动"（Handarbeit），并揭示能量自动化机器的革命性意义就在于：把社会的物质生产力从人身生物性限制下解放出来，同时把每个人的生物性手工劳动从不平等、不自由中解放出来。马克思所说的主要是生产"物质产品"的"机器劳动"，与之相对，当今 AI 所代表的则是生产"精神产品"（智能产品、信息产品等）的"机器劳动"。我们可以用马克思所说的 Kopfarbeit 来与生产精神产品的"机器劳动"做比较，而在现有中文翻译中，Kopfarbeit 被翻译为"脑力劳动"，不能像"手工劳动"（Handarbeit）那样突出其"生物性工具"（以人的手为工具的劳动）的特点，为此，我们将其翻译为"脑工劳动"以突出其"生物性"（以人的生物性大脑为工具的劳动），由此就可以把当今 AI 所代表的智能自动化机器的革命性作用定位为：将把社会的精神生产力从人脑生物性限制下解放出来，同时把每个人的生物性的"脑工劳动"从不平等、不自由中解放出来。下面就对照相关原始德文文献，对此略做梳理和分析。

二

"自动社会机械大脑"的人工智能具有非生物性、社会性、自动性，下面对此略加辨析。当今 AI 也被称作"机器智能"，而马克思生产工艺学考察的就是"机器"，尤其是能量自动化机器，并且对"机器"与"智能"及两者关系有很多经典论述，对于今天智能哲学建构有重要启示。

我们首先来看《资本论》第一卷对"工艺学"的经典论述：

> 在他以前，最早大概在意大利，就已经有人使用机器纺纱了，虽然当时的机器还很不完善。如果有一部批判的工艺史，就会证明，18 世纪的任何发明，很少是属于某一个人的。可是直到现在还没有这样的著作。达尔文注意到自然工艺史，即注意到在动植物的生活中作为生产工具的动植物器官是怎样形成的。社会人的生产器官的形成史，即每一个特殊社会组织的物质基础的形成史，难道不值得同样注意吗？而且，这样一部历史不是更容易写出来吗？因为，如维科所说的那样，人类史同自然史的区别在于，人类史是我们自己创造的，而自然史不是我们自己创造的。工艺学会揭示出人对自然的能动关系，人的生活的直接生产过程，以及人的社会生活条件和由此产生的精神观念的直接生产过程。甚至所有抽掉这个物质基础的宗教史，都是非批判的。[①]

> Schon vor ihm wurden, wenn auch sehr unvollkommene, Maschinen zum Vorspinnen angewandt, wahrscheinlich zuerst in Italien Eine kritische Geschichte der Technologie würde überhaupt nachweisen, wie wenig irgendeine Erfindung des 18. Jahrhunderts einem einzelnen Individuum

---

① 《马克思恩格斯全集》第 23 卷，人民出版社 1972 年版，第 409—410 页。

gehört. Bisher existiert kein solches Werk. Darwin hat das Interesse auf die Geschichte der natürlichen Technologie gelenkt, d.h. auf die Bildung der Pflanzen- und Tierorgane als Produktionsinstrumente für das Leben der Pflanzen und Tiere. Verdient die Bildungsgeschichte der produktiven Organe des Gesellschaftsmenschen, der materiellen Basis jeder besondren Gesellschaftsorganisation, nicht gleiche Aufmerksamkeit? Und wäre sie nicht leichter zu liefern, da, wie Vico sagt, die Menschengeschichte sich dadurch von der Naturgeschichte unterscheidet, daß wir die eine gemacht und die andre nicht gemacht haben? Die Technologie enthüllt das aktive Verhalten des Menschen zur Natur, den unmittelbaren Produktionsprozeß seines Lebens, damit auch seiner gesellschaftlichen Lebensverhältnisse und der ihnen entquellenden geistigen Vorstellungen. Selbst alle Religionsgeschichte, die von dieser materiellen Basis abstrahiert, ist - unkritisch.[①]

（1）"工艺学"揭示或研究的是"人对自然的能动关系"，而这种能动关系又集中体现在"生产工具"上。（2）动物、植物的"器官"可视作"生产工具"，反之，人的"生产工具"也可视作人的"生产器官"。（3）动植物器官的进化、演变史作为"自然史"就是"自然工艺史"，而人的生产工具的发展、演变史作为"人类史"就是"人类工艺史"即"批判的工艺史"。（4）Produktionsprozeß 既可译作"生产过程"，也可译作"生产工艺"，因此，"工艺学"就是指"生产工艺学"，马克思强调"工艺史"或"工艺学"研究应是"批判的"（kritisch），而不应是"非批判的"（unkritisch）。由此，笔者将马克思的这种理论思路概括为"生产工艺学批判"（Critique of Production

---

① *KARL MARX FRIEDRICH ENGELS WERKE*, Band 23, BERLIN: DIETZ VERLAG, 1962, pp.392-393.

Technology），它与"政治经济学批判"（Critique of Political Economy）相对应且是其组成部分之一。（5）马克思生产工艺学批判研究的主要对象是现代"机器"，而机器及其技术的发明往往不属于"单个人"（Individuum），而属于"社会人"（Gesellschaftsmensch），由此，"机器"也就是非个人性的"社会人的生产器官"。与之相比，"手"等则是个人性与生物性极强的生产器官，农民使用的锄头离不开个人的手，虽然是非生物性的，但依然具有较强的个人性，而自动运转的现代机器则超越了这种个人性。

动植物的"器官"可视作其"生产工具"，那么，人的"器官"是否也是人的"生产工具"？《资本论》关于这方面的一段经典论述是：

> 劳动者直接掌握的东西，不是劳动对象，而是劳动资料（这里不谈采集果实之类的现成的生活资料，在这种场合，劳动者身上的器官是唯一的劳动资料）。这样，自然物本身就成为他的活动的器官，他把这种器官加到他身体的器官上，不顾圣经的训诫，延长了他的自然的肢体。[①]
>
> Der Gegenstand, dessen sich der Arbeiter unmittelbar bemächtigt - abgesehn von der Ergreifung fertiger Lebensmittel, der Früchte z.B., wobei seine eignen Leibesorgane allein als Arbeitsmittel dienen - ist nicht der Arbeitsgegenstand, sondern das Arbeitsmittel. So wird das Natürliche selbst zum Organ seiner Tätigkeit, ein Organ, das er seinen eignen Leibesorganen hinzufügt, seine natürliche Gestalt verlängernd, trotz der Bibel.[②]

存在于人的"自然的肢体"（natürliche Gestalt）上的"身体器官"

①《马克思恩格斯全集》第23卷，人民出版社1972年版，第203页。
② *KARL MARX FRIEDRICH ENGELS WERKE*, Band 23, p.194.

（Leibesorgane）是人的"生物性"的生产工具（手等），那么，作为人的自然肢体延长的"自然物"（das Natürliche）具有什么特性？马克思指出："人们在驯服了牲畜之后，很久以来就拥有了活的自动机。利用牲畜作为搬运重物、乘骑和运输等的动力，比人使用大多数手工工具要早……用来使被加工的材料产生某种机械变化的劳动工具，最早是以牲畜为动力，如犁；只在很晚的时候才以水（在更晚的时候才是风）为动力，如磨。第一种形式是文明的很早阶段就已固有的，那时尚未发展到工场手工业，而仅仅达到了手工业生产。"[①]人创造并使用外在于自身的工具，是为了征服自然力而为人所用，在此意义上，被驯服的牲畜也是人创造并使用的生产工具，而它们为人的劳动提供的是一种"生物性"动力。这在人类发展的"最早"时期是主要的，越往后，人类越以创造并使用"非生物性"工具如风车、水车等以征服"非生物性"的自然力为主。因此，人类征服自然力的过程，总体上主要是创造并使用"非生物性"工具以征服或运用"非生物性"动力的过程，通过燃烧煤炭等产生蒸汽动力的现代机器当然更是如此。因此，如果说"手"等是人的"生物性"生产工具的话，那么，"机器"就是"非生物性"的生产工具，由此就可将"机器"更具体地定位为"非生物性"（机械性）的"社会人的生产器官"，它们是"非生物性""社会性"的，与人的具体存在的"生物性""个人性"相对。

　　大工业的原则是，首先不管人的手怎样，把每一个生产过程本身分解成各个构成要素，从而创立了工艺学这门完全现代的科学。社会生产过程的五光十色的、似无联系的和已经固定化的形态，分解成为自然科学的、自觉按计划的和为取得预期有用效果而系统分类的应用。工艺学揭示了为数不多的重大的基本运动形式，不管所使用的工具多么复杂，人体的一切生产活动必然在这些形式中进行，

————————
①《马克思恩格斯全集》第47卷，人民出版社1979年版，第415页。

正像力学不会由于机器异常复杂，就看不出它们不过是简单机械力的不断重复一样。现代工业从来不把某一生产过程的现存形式看成和当作最后的形式。因此，现代工业的技术基础是革命的，而所有以往的生产方式的技术基础本质上是保守的。①

Ihr Prinzip, jeden Produktionsprozeß, an und für sich und zunächst ohne alle Rücksicht auf die menschliche Hand, in seine konstituierenden Elemente aufzulösen, schuf die ganz moderne Wissenschaft der Technologie. Die buntscheckigen, scheinbar zusammenhangslosen und verknöcherten Gestalten des gesellschaftlichen Produktionsprozesses lösten sich auf in bewußt planmäßige und je nach dem bezweckten Nutzeffekt systematisch besonderte Anwendungen der Naturwissenschaft. Die Technologie entdeckte ebenso die wenigen großen Grundformen der Bewegung, worin alles produktive Tun des menschlichen Körpers, trotz aller Mannigfaltigkeit der angewandten Instrumente, notwendig vorgeht, ganz so wie die Mechanik durch die größte Komplikation der Maschinerie sich über die beständige Wiederholung der einfachen mechanischen Potenzen nicht täuschen läßt. Die moderne Industrie betrachtet und behandelt die vorhandne Form eines Produktionsprozesses nie als definitiv. Ihre technische Basis ist daher revolutionär, während die aller früheren Produktionsweisen wesentlich konservativ War.②

马克思强调"工艺学"是一门"完全现代的科学"：（1）在生产工具上，它研究的是"非生物性"（机械性）的"机器"（Maschinerie，此词不同于 Maschine，偏重于指"机器内部的构造"，马克思用 Maschinerie 是强调：机

---

① 《马克思恩格斯全集》第 23 卷，人民出版社 1972 年版，第 533 页。
② *KARL MARX FRIEDRICH ENGELS WERKE*, Band23, pp.510–511.

器构造再复杂，都是简单机械力的重复），与之相对的是"生物性"的"人的手"（menschliche Hand）、"人的身体"（menschlicher Körper）；（2）在活动或驱动力上，它研究的是机器的"非生物性"的"机械力"（mechanische Potenzen）的运动，与之相对的是"生物性"的"人体的一切生产活动"（alles produktive Tun des menschlichen Körpers）。现代工业"机器"生产之所以是"革命的"，恰恰是因为它超越了"人手""人体"的"生物性"限制："不管人的手怎样"表明机器生产已不再受生物性"人的手"的限制，而与之相对的传统生产则受"人的手"的限制。

以上讨论了现代机器作为一种非生物性的生产工具与生物性人手、人体的不同，那么，"机器"与人的大脑是一种什么关系？对机器与人脑及其产生的智能的关系，马克思有许多经典的分析，对当今 AI 时代的智能哲学建构有重要启示，这些研究在对马克思的传统研究中被严重忽视了。马克思的《政治经济学批判大纲》尤多这方面的经典论述：

> 自然界没有制造出任何机器，没有制造出机车、铁路、电报、走锭精纺机等等。它们是人类劳动的产物，是变成了人类意志驾驭自然的器官或人类在自然界活动的器官的自然物质。它们是人类的手创造出来的人类头脑的器官；是物化的知识力量。固定资本的发展表明，一般社会知识已经在多么大的程度上变成了直接的生产力，从而社会生活过程的条件本身在多么大的程度上受到一般智力的控制并按照这种智力得到改造。它表明，社会生产力已经在多么大的程度上，不仅以知识的形式，而且作为社会实践的直接器官，作为实际生活过程的直接器官被生产出来。①

Die Natur baut keine Maschinen, keine Lokomotiven, Eisenbahnen, electric telegraphs, selfacting mules etc. Sie sind Produkte der

---

① 《马克思恩格斯全集》第 46 卷下册，人民出版社 1980 年版，第 219—220 页。

menschlichen Industrie; natürliches Material, verwandelt in Organe des menschlichen Willensüber die Natur oder seiner Betätigung in der Natur. Sie sind von der menschlichen Hand geschaffne Organe des menschlichen Hirns; vergegenständlichte Wissenskraft. Die Entwicklung des capital fixe zeigt an, bis zu welchem Grade das allgemeine gesellschaftliche Wissen, knowledge, zur unmittelbaren Produktivkraft geworden ist und daher die Bedingungen des gesellschaftlichen Lebensprozesses selbst unter die Kontrolle des general intellect gekommen und ihm gemäß umgeschaffen sind. Bis zu welchem Grade die gesellschaftlichen Produktivkräfte produziert sind, nicht nur in der Form des Wissens, sondern als unmittelbare Organe der gesellschaftllchen Praxis; des realen Lebensprozesses.[①]

"人类的手创造出来的人类头脑的器官"（von der menschlichen Hand geschaffne Organe des menschlichen Hirns）堪称对"机器"最经典的定义，机器不仅是"人手"的产物，也是"人脑"及其产生的"智能"的产物，或者说就是人的智能或知识力量的"物化"形式（vergegenständlichte Wissenskraft）——而这种被物化了的智能或知识力量，就成为一种"一般智力"（general intellect）的形式。今天的 AI 研发者把相对于现在已经实现的"窄（专用）人工智能"（Artificial Narrow Intelligence，简称 ANI）称作"通用人工智能"（Artificial General Intelligence，简称 AGI），因此，也可以把 general intellect 翻译为"通用智能"。"一般性"或"通用性"也就是"机器"所物化的智能的基本特性之一。

机器所物化的"一般智力"或"通用智能"同时也是"一般社会知识"，

---

① *KARL MARX FRIEDRICH ENGELS WERKE*, Band 42, BERLIN: DIETZ VERLAG, 1983, p.602.

因而也具有"社会性"，马克思也将其称作"社会智力"：

> 在直接的交换中，单个的直接劳动实现在某个特殊的产品或产品的一部分中，而它［单个的直接劳动］的共同的、社会的性质——劳动作为一般劳动的物化和作为满足一般需求的［手段］的性质——只有通过交换才被肯定。相反，在大工业的生产过程中，一方面，发展为自动化过程的劳动资料的生产力要以自然力服从于社会智力为前提，另一方面，单个人的劳动在它［劳动］的直接存在中已成为被扬弃的个别劳动，即成为社会劳动。[①]

> Im unmittelbaren Austausch erscheint die vereinzelte unmittelbare Arbeit als realisiert in einem besondren Produkt oder Teil des Produkts und ihr gemeinschaftlicher gesellschaftlicher Charakter — ihr Charakter als Vergegenständlichung der allgemeinen Arbeit und Befriedigung des allgemeinen Bedürfnisses—nur gesetzt durch den Austausch. Dagegen in dem Produktionsprozeß der großen Industrie, wie einerseits in der Produktivkraft des zum automatischen Prozeß entwickelten Arbeitsmittels die Unterwerfung der Naturkräfte unter den gesellschaftlichen Verstand Voraussetzung ist, so andrerseits die Arbeit des einzelnen in ihrem unmittelbaren Dasein gesetzt als aufgehobne einzelne, d. h. als gesellschaftliche Arbeit.[②]

> 其次，从机器体系随着社会知识和整个生产力的积累而发展来说，代表一般社会劳动的不是劳动，而是资本。[③]

> Insofern ferner die Maschinerie sich entwickelt mit der

---

① 《马克思恩格斯全集》第 46 卷下册，人民出版社 1980 年版，第 223 页。
② *KARL MARX FRIEDRICH ENGELS WERKE*, Band 42, p.605.
③ 《马克思恩格斯全集》第 46 卷下册，人民出版社 1980 年版，第 210 页。

Akkumulation der gesellschaftlichen Wissenschaft, Produktivkraft iberhaupt, ist es nicht in dem Arbeiter, sondern im Kapital, daß sich die allgemein gesellschaftliche Arbeit darstellt.[①]

机器体系"发展为自动化过程的劳动资料的生产力"使"自然力"服从于"社会智力""社会知识"，就是上面所说的"社会生活过程的条件本身"受到"一般智力的控制并按照这种智力得到改造"。现代机器所物化的"通用智能"同时也是"社会智力"（gesellschaftlicher Verstand）、"社会知识"（gesellschaftlichen Wissenschaft），"社会的"（gesellschaftlichen）是其又一基本特性。合而论之，现代机器所物化的"智能"就是一种"社会通用智能"（一般社会知识），或者说，现代"机器"就是一种"社会通用智能"产品。那么，生产这种智能产品的工具是什么？

> 劳动资料发展为机器体系，对资本来说并不是偶然的，而是使传统的继承下来的劳动资料适合于资本要求的历史性变革。因此，知识和技能的积累，社会智慧的一般生产力的积累，就同劳动相对立而被吸收在资本当中，从而表现为资本的属性，更明确些说，表现为固定资本的属性，只要固定资本作为真正的生产资料而加入生产过程。[②]

> Die Entwicklung des Arbeitsmittels zur Maschinerie ist nicht zufällig für das Kapital, sondern ist die historische Umgestaltung des traditionell iberkommnen Arbeitsmittels als dem Kapital adäquat umgewandelt. Die Akkumulation des Wissens und des Geschicks, der allgemeinen Produktivkräfte des gesellschaftlichen Hirns, ist so der Arbeit gegeniber

---

① *KARL MARX FRIEDRICH ENGELS WERKE*, Band 42, p595.
②《马克思恩格斯全集》第 46 卷下册，人民出版社 1980 年版，第 210 页。

absorbiert in dem Kapital und erscheint daher als Eigenschaft des Kapitals, und bestimmter des Capital fixe, soweit es als eigentliches Produktionsmittel in den Produktionsprozeß eintritt.[①]

gesellschaftliches Hirn 按字面意思当译作"社会大脑"，不同于"个人大脑"，正是这种"社会大脑"生产出"社会通用智能"，并代表着"一般生产力"（allgemeine Produktivkräfte）、"一般社会劳动"（allgemeine gesellschaftliche Arbeit）。因此，使"自然力"服从于"社会大脑"生产出的"社会通用智能"，就正是现代"机器"的革命性影响所在。

现代机器是"社会人的生产器官"，正如"个体人的生产器官"包括体力（动力）器官与智力器官两种，机器也如此：

> 但是，加入资本的生产过程以后，劳动资料经历了各种不同的形态变化，它的最后的形态是机器，或者更确切些说，是自动的机器体系（即机器体系；自动的机器体系不过是最完善、最适当的机器体系形式，只有它才使机器成为体系），它是由自动机，由一种自行运转的动力推动的。这种自动机是由许多机械的和有智力的器官组成的，因此，工人自己只是被当作自动的机器体系的有意识的肢体。[②]

In den Produktionsprozeß des Kapitals aufgenommen, durchläuft das Arbeitsmittel aber verschiedne Metamorphosen, deren letzte die Maschine ist oder vielmehr ein automatisches System der Maschinerie (System der Maschinerie; das automatische ist nur die vollendetste adäquateste Form derselben und verwandelt die Maschinerie erst in ein System), in

---

① *KARL MARX FRIEDRICH ENGELS WERKE*, Band 42, p.594.
②《马克思恩格斯全集》第 46 卷下册，人民出版社 1980 年版，第 207-208 页。

Bewegung gesetzt durch einen Automaten, bewegende Kraft, die sich selbst bewegt; dieser Automat, bestehend aus zahlreichen mechanischen und intellektuellen Organen, so daß die Arbeiter selbst nur als bewußte Glieder desselben bestimmt sind.[①]

自动化机器包括"机械的器官"（mechanischen Organe）即"动力的器官"与"智力的器官"（intellektuellen Organe）两种，正对应于个体人的体力（体能）器官与智力（智能）器官。从自动化机器与个体人的关系看：

> 机器无论从哪一方面来看都不表现为单个工人的劳动资料。机器的特征绝不是像［单个工人的］劳动资料那样，对工人的活动作用于劳动对象起中介作用；相反地，工人的活动表现为：它只是对机器的运转，对机器作用于原材料起中介作用——看管机器，防止它发生故障。这和对待工具的情形不一样。工人把工具当作器官，通过自己的技能和活动赋予它以灵魂，因此，掌握工具的能力取决于工人的技艺。相反，机器则代替工人而具有技能和力量，它本身就是能工巧匠，它通过在自身中发生作用的力学规律而具有自己的灵魂，它为了自身不断运转而消费煤炭、机油等等（辅助材料），就像工人消费食物一样。[②]

Die Maschine erscheint in keiner Beziehung als Arbeitsmittel des einzelnen Arbeiters. Ihre differentia specifica ist keineswegs, wie beim Arbeitsmittel, die Tätigkeit des Arbeiters auf das Objekt zu vermitteln; sondern diese Tätigkeit ist vielmehr so gesetzt, daß sie nur noch die Arbeit der Maschine, ihre Aktion auf das Rohmaterial vermittelt —überwacht und

---

① *KARL MARX FRIEDRICH ENGELS WERKE*, Band 42, p.592.
②《马克思恩格斯全集》第 46 卷下册，人民出版社 1980 年版，第 207—208 页。

sie vor Störungen bewahrt. Nicht wie beim Instrument, das der Arbeiter als Organ mit seinem eignen Geschick und Tätigkeit beseelt und dessen Handhabung daher von seiner Virtuosität abhängt. Sondern die Maschine, die für den Arbeiter Geschick und Kraft besitzt, ist selbst der Virtuose, die ihre eigne Seele besitzt in den in ihr wirkenden mechanischen Gesetzen und zu ihrer beständigen Selbstbewegung, wie der Arbeiter Nahrungsmittel, so Kohlen, Öl etc. konsumiert (matière instrumentales).[1]

由此来看，自动化机器的"机械（动力）器官"代替的是"单个工人"的"力量"（Kraft）即体力（体能），而其"智力器官"代替的则是单个工人掌握、运用"工具"（Instrument）的"技艺"（Virtuosität）或"技能"（Geschick）——这种"技艺"或"技能"当然也是人的一种"智能"。因此，在自动化机器生产中，单个工人的"体能"（体力）与"智能"（智力）都被代替了，单个工人在其中只是作为"有意识的肢体"（bewußtes Glied）而发挥"看管"（überwacht）机器的功能。

细加分析，单个工人在劳动中既支出了自己的体力，同时也发挥了自己使用"工具"的技艺或智能；而"所有发达的机器都由三个本质上不同的部分组成：发动机，传动机构，工具机或工作机。发动机是整个机构的动力"[2]：蒸汽"发动机"自动"生产"出动力并因而代替人的体力。在此意义上，发动机是自动化机器的"机械动力器官"，而"工作机"不仅是"由一种自行运转的动力推动"（einen Automaten, einen Automaten, bewegende Kraft, die sich selbst bewegt），而且还具有运用工具而把原材料加工为产品的"技艺""技能"或"智能"。在此意义上"工作机"就是自动化机器的"智力器官"，可将其称作"社会机械大脑"。马克思把"机械性的劳动资料"中的一种称为

---

① *KARL MARX FRIEDRICH ENGELS WERKE*, Band 42, pp.592、593.
②《马克思恩格斯全集》第 23 卷，人民出版社 1972 年版，第 410 页。

"生产的骨骼系统和肌肉系统"。这是生产工具的"动力系统"，可称为"社会机械身体"，是"社会人的生产器官"中的"体力器官"，其发育成熟的重要标志是：动力可以自行产生并自行运转（die sich selbst bewegt）。以蒸汽机为代表的能量自动化机器体系就可定位为"自动化"的"机械动力系统"或"社会机械身体"；与之相对，当今以 AI 计算机为代表的智能自动化机器体系就可定位为"自动化"的"机械智力系统"或"社会机械大脑"，其作为"社会人的生产器官"中的"智力器官"发育成熟的重要标志是"智力"或"智能"可以自行产生并自行运转。而能量自动化机器还只是"非自动化"的"社会机械大脑"，可以说还只是标志着"社会人的生产器官"中的"智力器官"的"萌芽"，从当今 AI 的发展现状和趋势看，目前已经实现的 ANI 也标志着其开始"发育"，只有有待实现的 AGI 才能代表其真正"成熟"。由此，我们可以将 AGI 定位为"自动化"的"社会通用机械智能"，而 AGI 机器就是"自动化"的"社会通用机械大脑"，其与个人生物性大脑及其产生的自然性、生物性智能之间的关系，就成为当今智能哲学的重要基本问题。

三

以上初步把当今 AI 定位为"自动化的社会通用机械智能"，与之相对，个人智能则是一种"非社会性的"、"非通用性的"（非一般性的）、"非机械性的"智能，从正面说，就是一种"个人性的""具体性的""生物性的"智能。马克思指出："在分工中，劳动资料同过去一样仍然是这样一种劳动工具，它的使用要取决于单个工人的个人技能；劳动资料在这里仍然是工人个人能力的传导者，实际上是附加在人的自然器官上的人工器官。"[1] 当今 AI 机器也是人的一种"人工器官"，由其生产出的智能就是一种"人工智能""机器智能"，与之相对，由个人大脑这种"自然器官"生产出的智能就是"自然智能""生物智能"。两者的特性及两者之间的关系，就成为智能哲学的重要问题。

---

[1]《马克思恩格斯全集》第 47 卷，人民出版社 1979 年版，第 337 页。

马克思机器生产工艺学批判主要考察的是非生物性的"机器生产"与生物性的"手工生产"及两者之间的关系，而这对于我们今天考察非生物性的AI机器（计算机）与人的生物性大脑及"脑工劳动"的关系，有重要启示。马克思把人类物质生产的发展分成三大历史阶段："除了采掘工业、农业和加工工业（Manufaktur）以外，还存在着第四个物质生产领域，这个领域在自己的发展中，也经历了几个不同的生产阶段：手工业生产（Handwerksbetrieb）阶段、工场手工业生产（Manufakturbetrieb）阶段、机器生产（mechanischer Betrieb）阶段。"[①]这是前后相续的三大发展阶段，在此进程中，人的"手工生产"（Handwerk）的生物性被不断超越，并最终被非生物性的"机器生产"所代替。这里马克思所谓的"加工工业"（Manufaktur）主要指物质生产对物质产品的加工、制造，而我们也可以把精神生产视作使用精神劳动工具对精神产品的加工、制造活动，而其发展进程也存在与物质生产发展相近的几个阶段。由此我们也就可以把马克思的机器生产工艺学批判，运用到对当今AI机器生产方式特性的分析中去。

（一）

马克思生产工艺学考察"机器"，但着眼点却是"人"及其"劳动"。大工业创造了现代化机器，而"大工业还使下面这一点成为生死攸关的问题"，即"用那种把不同社会职能当作互相交替的活动方式的全面发展的个人，来代替只是承担一种社会局部职能的局部个人"[②]。"全面发展的个人"是马克思机器生产工艺学批判的"归结点"，而"按照他们关于人性的观念，这种合乎自然的个人并不是从历史中产生的，而是由自然造成的"[③]，"全面发展的个人"也是"合乎自然的个人"，当然马克思强调这恰恰是从"历史"中产生而非由

---

①《马克思恩格斯全集》第26卷第1册，人民出版社1972年版，第444页。德文夹注参见*KARL MARX FRIEDRICH ENGELS WERKE*, Band 26-1, BERLIN：DIETZ VERLAG, 1965, p.387.

②《马克思恩格斯全集》第23卷，人民出版社1972年版，第535页。

③《马克思恩格斯全集》第46卷上册，人民出版社1979年版，第21页。

"自然"本身造成的。"任何人类历史的第一个前提无疑是有生命的个人的存在。因此第一个需要确定的具体事实就是这些个人的肉体组织，以及受肉体组织制约的他们与自然界的关系"；唯心主义往往从"意识"出发观察"人"，而唯物主义的"符合实际生活的第二种观察方法则是从现实的、有生命的个人本身出发，把意识仅仅看作是他们的意识"；同样，所谓的"智能"就是"现实的、有生命的个人本身"的"肉体组织"的智能，即"生理性"或"生物性"智能。这种唯物主义的方法也"以生产工具为出发点"①，它在"生产工艺学"方法上有集中体现。共产主义社会是"个人的独创的和自由的发展不再是一句空话的唯一的社会"，而"私有制只有在个人得到全面发展的条件下才能消灭，因为现存的交往形式和生产力是全面的，所以只有全面发展的个人才可能占有它们，即才可能使它们变成自己的自由的生活活动"。②"合乎自然"的"全面发展的个人"或"个人的独创的和自由的发展"，就是马克思、恩格斯理论尤其是科学共产主义理论最终的"归结点"。

我们对人的"社会的"本质或者人的本质的"社会性"过分、过多关注了，而忽视了马克思对人的"自然的"本质或者人的本质的"自然性"的强调："如果把工业看成人的本质力量的公开的展示，那么，自然界的人的本质，或者人的自然的本质，也就可以理解了；因此，自然科学将失去它的抽象物质的或者不如说是唯心主义的方向。"③马克思"为之献身并要干到最后一息的任务：解放劳动"④，而"正像劳动的主体是自然的个人，是自然存在一样，他的劳动的第一个客观条件表现为自然，土地，表现为他的无机体"⑤。因此，"解放劳动"也就意味着解放劳动中的"自然的个人"，那么，这种"自然的个人"的本质或者个人的"自然的本质"是什么呢？"人直接地是自然

---

① 《马克思恩格斯全集》第 3 卷，人民出版社 1960 年版，第 23、30、74 页。
② 《马克思恩格斯全集》第 3 卷，人民出版社 1960 年版，第 516 页。
③ 《马克思恩格斯全集》第 42 卷，人民出版社 1979 年版，第 128 页。
④ 《马克思恩格斯全集》第 44 卷，人民出版社 1982 年版，第 715 页。
⑤ 《马克思恩格斯全集》第 46 卷上册，人民出版社 1979 年版，第 487 页。

存在物。人作为自然存在物，而且作为有生命的自然存在物，一方面具有自然力、生命力，是能动的自然存在物；这些力量作为天赋和才能、作为欲望存在于人身上"。人的自然本质，就是存在于每一个人身上的作为天赋、才能、欲望的"自然力、生命力"，也就是能动性的"劳动力"，而"我们把劳动力或劳动能力，理解为人的身体即活的人体中存在的、每当人生产某种使用价值时就运用的体力和智力的总和"①。人的能动性的自然本质就具体地指存在于"人的身体即活的人体"中的因而是"生物性"的"体力和智力"，而"解放劳动"也就意味着解放劳动中的每一个"合乎自然的个人"的"生物性"的体力和智力，而机器尤其是现代自动化机器在这种"解放"中发挥了重要作用。

上面已将"机器"描述为"机械人体"，其中，作为机械性的骨骼系统和肌肉系统的发动机是机器的动力系统，而工作机则是智力系统。上面也已引马克思对机器运作机制的描述："机器则代替工人而具有技能和力量，它本身就是能工巧匠，它通过在自身中发生作用的力学规律而具有自己的灵魂，它为了自身不断运转而消费煤炭、机油等（辅助材料），就像工人消费食物一样。"维纳有相近的描述："在19世纪，自动机就是那著名的热机，燃烧着易燃的燃料以代替人的肌肉中的糖元。"②蒸汽机通过消费煤炭形成"蒸汽力"这种"非生物性"的力量，人通过消费食物形成"肌肉力"这种"非生物性"的力量；在制造物质产品的劳动过程中，机器的"技能"主要是通过"工作机"的自动运转表现出来的，而人的"技能"主要是通过在"人脑"的支配下使用工具的"人手"表现出来的。马克思把前者称为"机器劳动""机器生产"，后者称为"手工劳动""手工生产"，而"手工劳动"又被称为"体力劳动"。

前已指出，马克思把物质生产发展的进程分成三大历史阶段，而作为

---

① 《马克思恩格斯全集》第23卷，人民出版社1972年版，第190页。
② 维纳：《控制论》，郝季仁译，科学出版社1963年版，第40页。

马克思机器生产工艺学批判的重要经典文献，《资本论》第一卷第十一、十二、十三章堪称一部现代机器生产方式发展史或现代机器器官发育史，其中马克思考察了加工物品的三种基本方式：（1）Handarbeit（Handwerk）或Handwerksproduktion（Handwerksindustrie，Handwerksbetrieb）；（2）Manufaktur（Manufakturbetrieb）；（3）Maschinenarbeit 或Maschinenproduktion（Maschinenbetrieb）。下面就结合中文和德文相关原始文献对此略做考察。

（二）

《资本论》第一卷第十一章"协作"考察的可谓现代"机器生产"的"史前期"。"就生产方式本身来说，例如初期的工场手工业，除了同一资本同时雇用的工人较多之外，和行会手工业几乎没有什么区别。行会师傅的作坊只是扩大了而已。"[①]（"Mit Bezug auf die Produktionsweise selbst unterscheidet sich z.B. die Manufaktur in ihren Anfängen kaum anders von der zünftigen Handwerksindustrie als durch die größere Zahl der gleichzeitig von demselben Kapital beschäftigten Arbeiter. Die Werkstatt des Zunftmeisters ist nur erweitert."[②]）"Manufaktur"一词本身并无"工场"（Werkstatt）之意，Handwerksindustrie 中也并不含有"行会"之意，译作"工场手工业""行会手工业"，是意译，实际上容易引发混乱。"政治经济学家在拿独立的农民或独立的手工业者（selbständiger Handwerker）的生产方式同以奴隶制为基础的种植园经济做比较时，把这种监督工作算作非生产费用"（第369页，p.352）；"历史地说，资本主义的协作形式是同农民经济和独立的手工业生产（unabhängiger Handwerksbetrieb）（不管是否具有行会形式）相对立而发展起来的。对农民经济和独立的手工业生产来说，资本主义协作好像不是协作

---

① 《马克思恩格斯全集》第 23 卷，人民出版社 1972 年版，第 358 页。本节以下凡引《资本论》第一卷之语均据此卷，只在正文中注明页码。

② *KARL MARX FRIEDRICH ENGELS WERKE*, Band 23, p.341. 本节以下凡引《资本论》第一卷德语文献均据此卷，只在正文中注明页码。

的一个特殊的历史形式"（第 371 页，p.354）；"它至多不过在仍然保持手工业性质的（handwerksmäßig）初期工场手工业（Manufaktur）中"（第 372 页，p.355）。加工物品的方式的第一阶段是独立的手工生产，其特点是具有高度的"手工业性质"；而第二阶段 Manufaktur 则开始超越这种"手工业性质"。

第十二章"分工和工场手工业"（Teilung der Arbeit und Manufaktur）考察的是现代"机器生产"的"过渡期"。"一种方式是：不同种的独立手工业的工人在同一个资本家的指挥下联合在一个工场里，产品必须经过这些工人之手才能最后制成"（第 373 页）["Entweder werden Arbeiter von verschiedenartigen, selbständigen Handwerken,durch deren Hände ein Produkt bis zu seiner letzten Reife laufen muß, in eine Werkstatt unter dem Kommando desselben Kapitalisten vereinigt"（p.356）]；"同样，织物工场手工业以及一系列其他工场手工业，也是由不同的手工业在同一个资本的指挥下结合起来而产生的"（第 374 页）["Ebenso entstand die Tuchmanufaktur und eine ganze Reihe andrer Manufakturen aus der Kombination verschiedner Handwerke unter dem Kommando desselben Kapitals"（p.357）]；"许多从事同一个或同一类工作（例如造纸、铸字或制针）的手工业者，同时在同一个工场里为同一个资本所雇用……他仍然按照原有的手工业方式进行劳动"（第 374 页）["Es werden viele Handwerker, die dasselbe oder Gleichartiges tun, z.B.Papier oder Typen oder Nadeln machen, von demselben Kapital gleichzeitig in derselben Werkstatt beschäftigt ... Er arbeitet in seiner alten handwerksmäßigen Weise fort"（p.357）]。这些论述都强调了 Manufaktur 不同于独立的手工性质的生产方式。下面再看马克思对两种生产方式不同点的具体分析。

其一，Manufaktur 超越了传统手工生产的独立性、个人性：

可见，工场手工业的产生方式，它由手工业形成的方式，是二重的。一方面，它以不同种的独立手工业的结合为出发点，这些手工业非独立化和片面化到了这种程度，以致它们在同一个商品的生产过程中成为只是互相补充的局部操作。另一方面，工场手工业以同种手工业者的协作为出发点，它把这种个人手工业分成各种不同的特殊操作，使之孤立，并且独立化到这种程度，以致每一种操作成为特殊工人的专门职能。因此，一方面工场手工业在生产过程中引进了分工，或者进一步发展了分工，另一方面它又把过去分开的手工业结合在一起。但是不管它的特殊的出发点如何，它的最终形态总是一样的：一个以人为器官的生产机构。（第 375 页）

Die Ursprungsweise der Manufaktur, ihre Herausbildung aus dem Handwerk ist also zwieschlächtig. Einerseits geht sie von der Kombination verschiedenartiger, selbständiger Handwerke aus, die bis zu dem Punkt verunselbständigt und vereinseitigt werden, wo sie nur noch einander ergänzende Teiloperationen im Produktionsprozeß einer und derselben Ware bilden. Andrerseits geht sie von der Kooperation gleichartiger Handwerker aus, zersetzt dasselbe individuelle Handwerk in seine verschiednen besondren Operationen und isoliert und verselbständigt diese bis zu dem Punkt, wo jede derselben zur ausschließlichen Funktion eines besondren Arbeiters wird. Einerseits führt daher die Manufaktur Teilung der Arbeit in einen Produktionsprozeß ein oder entwickelt sie weiter, andrerseits kombiniert sie früher geschiedne Handwerke. Weiches aber immer ihr besondrer Ausgangspunkt, ihre Schlußgestalt ist dieselbe - ein Produktionsmechanismus, dessen Organe Menschen sind. (p.358)

传统手工生产是独立的（selbständig）、个人的（individuell）生产，而 Manufaktur 则不断超越这种"独立性""个人性"，但与其后的"机器生产"方式相比，它又依然以"人"为"器官"。

其二，摆脱独立性、个人性的 Manufaktur，依然没有摆脱传统手工生产方式的"生物性"：

为了正确地理解工场手工业的分工，把握住下列各点是很重要的。首先，在这里生产过程分解为各个特殊阶段是同手工业活动分成各种不同的局部操作完全一致的。不管操作是复杂还是简单，它仍然是手工业性质的，因而仍然取决于每个工人使用工具时的力量、熟练度、速度和准确度。手工业仍旧是基础。这种狭隘的技术基础使生产过程得不到真正科学的分解，因为产品所经过的每一个局部过程都必须作为局部的手工业劳动来完成。正因为手工业的熟练仍旧是生产过程的基础，所以每一个工人都只适合于从事一种局部职能，他的劳动力变成了终身从事这种局部职能的器官。（第375—376页）

Zum richtigen Verständnis der Teilung der Arbeit in der Manufaktur ist es wesentlich, folgende Punkte festzuhalten: Zunächst fällt die Analyse des Produktionsprozesses in seine besondren Phasen hier ganz und gar zusammen mit der Zersetzung einer handwerksmäßigen Tätigkeit in ihre verschiednen Teiloperationen. Zusammengesetzt oder einfach, die Verrichtung bleibt handwerksmäßig und daher abhängig von Kraft, Geschick,Schnelle, Sicherheit des Einzelarbeiters in Handhabung seines Instruments.Das Handwerk bleibt die Basis. Diese enge technische Basis schließt wirklich wissenschaftliche Analyse des Produktionsprozesses aus, da jeder Teilprozeß, den das Produkt durchmacht, als handwerksmäßige Teilarbeit ausführbar sein muß. Eben weil das handwerksmäßige Geschick so die Grundlage des Produktionsprozesses bleibt, wird jeder Arbeiter ausschließlieh einer Teilfunktion angeeignet und seine Arbeitskraft in das lebenslängliche Organ dieser Teilfunktion verwandelt. (pp.358-359)

Manufaktur 超越了传统手工生产的个人性，但依然受制于"手工业的熟练度"（handwerksmäßige Geschick，译作"手工性技能"更准确）、每个工人

"使用工具时的力量、熟练度、速度和准确度"；"劳动生产率不仅取决于劳动者的技艺，而且也取决于他的工具的完善程度"（第 378 页）。由此来看，所谓 handwerksmäßig（手工性）标示其实就是 Manufaktur 依然没有摆脱的传统手工生产方式的"生物性"。

其三，没有摆脱"生物性"的 Manufaktur，也就没有摆脱传统手工生产方式的"等级性"或"不平等性"：

> 工场手工业（Manufaktur）在工场内部把社会上现存的各种手工业的自然（naturwüchsige）分立再生产出来，并系统地把它发展到极端，从而在实际上生产出局部工人的技艺。另一方面，工场手工业把局部劳动变为一个人的终生职业，符合以前社会的如下倾向：使手工业变成世袭职业，使它固定为种姓，或当一定历史条件产生与种姓制度相矛盾的个人变化时，使它硬化为行会。种姓和行会由以产生的自然规律（Naturgesetz），就是调节动植物分化为种和亚种的那个自然规律。不同的只是，种姓的世袭性和行会的排他性发展到一定程度会当作社会法令来颁布。（第 377 页，pp.359-360）

"自然规律"或"自然法则"揭示了手工技艺的自然性，而"以分工为基础的协作，或者工场手工业，最初是自发（naturwüchsig）形成的"（第 402 页，p.385），因而也具有自然性；种姓、世袭则揭示了手工技艺的基于自然性、生物性的等级性，并体现在其在人与人之间的传承中，"正是父传子、子传孙一代一代积累下来的特殊熟练，才使印度人具有蜘蛛一样的技艺。但是同大多数工场手工业的工人（Manufakturarbeiter）相比，这样一个印度织工从事的是极复杂的劳动"（第 378 页，p.360）。

在手工生产发展史上，最早的生产主体是独立的个人，在 Manufaktur 发展早期阶段是局部结合的工人，在较高阶段则是"总体工人"（Gesamtarbeiter）。这已大大超越了手工生产的个人性，但其中依然存在等级性：

> 由于总体工人的各种职能有的比较简单，有的比较复杂，有的比较低级，有的比较高级，因此他的器官，即各个劳动力，需要极不相同的教育程度，从而具有极不相同的价值。因此，工场手工业发展了劳动力的等级制度，与此相适应的是工资的等级制度。一方面，单个工人适应于一种片面的职能，终生从事这种职能；另一方面，各种劳动操作，也要适应这种由先天的和后天的技能构成的等级制度。（第 388 页）

> Da die verschiednen Funktionen des Gesamtarbeiters einfacher oder zusammengesetzter, niedriger oder höher, erheischen seine Organe, die individuellen Arbeitskräfte, sehr verschiedne Grade der Ausbildung und besitzen daher sehr verschiedne Werte. Die Manufaktur entwickelt also eine Hierarchie der Arbeitskräfte, der eine Stufenleiter der Arbeitslöhne entspricht. Wird einerseits der individuelle Arbeiter einer einseitigen Funktion angeeignet und lebenslang annexiert, so werden ebensosehr die verschiednen Arbeitsverrichtungen jener Hierarchie der natürlichen und erworbnen Geschicklichkeiten angepaßt. (p.370)

处在等级制度中的劳动力和技能，是个人性的（individuell）、生物性的（与个人器官有关）、先天性或自然性的（natürlich）——尽管后天的教育等社会因素也发挥作用。这种生物性等级或等级的生物性，直到 Manufaktur 的高级阶段，依然没有被超越，而对此加以超越，或者把每个人的手工劳动从生物性不平等中解放出来，正是后起的"机器生产"方式的重大意义之一（详论见后）。

其四，马克思还用"主观的"与"客观的"，把 Manufaktur 与后来的机器生产区分开来。"劳动资料取得机器这种物质存在方式，要求以自然力来代替人力，以自觉应用自然科学来代替从经验中得出的成规。在工场手工业中，社会劳动过程的组织纯粹是主观的，是局部工人的结合；在机器体系中，大工业具有完全客观的生产机体，这个机体作为现成的物质生产条件出现在工人面前"（第423页），而 Manufaktur 机器生产的发展进程，就是"人身材料"合并到机器"客观机体"的过程（第433页）。因此，Manufaktur 的"主观的"就是指"人身性的"或"生物性的"。

> 工场手工业时期所特有的机器始终是由许多局部工人结合成的总体工人本身……在一种操作中，他必须使出较大的体力；在另一种操作中，他必须比较灵巧；在第三种操作中，他必须更加集中注意力，等等；而同一个人不可能在相同的程度上具备所有这些素质。（第387页）

> Die spezifische Maschinerie der Manufakturperiode bleibt der aus vielen Teilarbeitern kombinierte Gesamtarbeiter selbst... In der einen muß er mehr Kraft entwickeln, in der andren mehr Gewandtheit, in der dritten mehr geistige Aufmerksamkeit usw., und dasselbe Individuum besitzt diese Eigenschaften nicht in gleichem Grad. (p.369)

由"总体工人"构成的"机器"还是一种比喻性的说法，在 Manufaktur 进行中支出的体力、灵巧的技能、精神关注力等，依然是个人（Individuum）生物性的。"由于手工业的熟练仍然是工场手工业的基础，同时在工场手工业中执行职能的总机构没有任何不依赖工人本身的客观骨骼，所以资本不得不经常同工人的不服从行为做斗争。"（第406页）["Da das Handwerksgeschick die Grundlage der Manufaktur bleibt und der in ihr funktionierende Gesamtmechanismus kein von den Arbeitern selbst unabhängiges objektives Skelett besitzt, ringt das Kapital beständig mit der Insubordination der Arbeiter." （p.389）] 这种 Handwerksgeschick、objektives Skelett 依然是指生物性的，而不

是指物理性或非生物性的机器。

其五，Manufaktur 生产方式已经对劳动者个人形成"生物性"侵袭，已使生产的"社会智力"与劳动者个人分离，但到了后来，机器生产才登峰造极：

> 某种智力上和身体上的畸形化，甚至同整个社会的分工也是分不开的。但是，因为工场手工业时期大大加深了劳动部门的这种社会分裂，另一方面，因为它以自己特有的分工才从生命的根源上侵袭着个人。（第 402 页）
>
> Eine gewisse geistige und körperliche Verkrüppelung ist unzertrennlich selbst von der Teilung der Arbeit im ganzen und großen der Gesellschaft. Da aber die Manufakturperiode diese gesellschaftliche Zerspaltung der Arbeitszweige viel weiter führt, andrerseits erst mit der ihr eigentümlichen Teilung das Individuum an seiner Lebenswurzel ergreift. (p.384)

Manufaktur 生产方式及其分工，使劳动者个人的智力、身体畸形化，也就"从生命的根源上侵袭着个人"。由此反过来看：个人生物性的智力、体力的自由发挥，乃是个人在"生命的根源（Lebenswurzel）"上的需求。对劳动者个人智力的侵袭，又表现为智力与劳动者个人的分离、对立：

> 生产上的智力（geistige Potenzen）在一个方面扩大了它的规模……工场手工业（manufakturmäßig）分工的产物，就是物质生产过程的智力（geistige Potenzen des materiellen Produktionsprozesses）作为别人的财产和统治工人的力量同工人相对立。这个分离过程在简单协作中开始，在工场手工业中得到发展，在大工业中完成。在简单协作中，资本家在单个工人面前代表

社会劳动体的统一和意志，工场手工业使工人畸形发展，变成局部工人，大工业则把科学作为一种独立的生产能力（Wissenschaft als selbständige Produktionspotenz）与劳动分离开来，并迫使它为资本服务。

在 工 场 手 工 业 中，总 体 工 人 资 本 在 社 会 生 产 力（gesellschaftliche Produktivkraft）上 的 富 有，是 以 工 人 在 个 人 生 产力（individuelle Produktivkräften）上 的 贫 乏 为 条 件 的。（第 400 页，pp.382-383）

代表"社会的生产力"的"物质生产过程的智力"，就是前面马克思所说的"社会智力"，而劳动者所具有的则是"个人智力"，而代表"社会智力"的科学与劳动者分离、对立，在后来的大工业机器生产中得到充分实现。

其六，初步简单谈谈中文翻译上的问题。"工场手工业最完善的产物之一，是生产劳动工具本身特别是生产当时已经采用的复杂的机械装置的 工 场。"（第 407 页）["Eins ihrer vollendetsten Gebilde war die Werkstatt zur Produktion der Arbeitsinstrumente selbst, und namentlich auch der bereits angewandten komplizierteren mechanischen Apparate."（p.390）] 这句话译文中的"工场手工业"与德文原文中的"工场"（Werkstatt）存在对应关系。马克思还引用了相关文献对"工场"进行定义："工场（Werkstatt）是指有任何一个儿童、少年工人或妇女在其中从事某种'手工业'（Handwerk），并且雇用这个儿童、少年或妇女的人有权进入并实行监督的一切有顶的或露天的房间或场所。"（第 541 页，p.518）把所有的 Manufaktur 皆翻译为"工场手工业"显然不存在对应关系。更为重要的是，与名词 Manufaktur、Handwerk 对应的，还有形容词，如前面引文中的"工场手工业（manufakturmäßigen）分工"，此外还有"手工业（handwerksmäßigen）活动"（第 403 页，p.386）、"手工业生产"（handwerksmäßige Produktion）（第 403 页，p.385）等表述。handwerksmäßigen 可翻译为"手工业性的"，而 manufakturmäßigen 则可根据字面意思翻译为"制造性的"，用"制造性的生产"翻译 Manufaktur，似可以将其与"手工业"即 Handwerk 更清晰地区分开来。

（三）

《资本论》第一卷第十三章"机器和大工业"考察的才是现代"机器生产"的"成熟期"。

> 生产方式的变革，在工场手工业中以劳动力为起点，在大工业中以劳动资料为起点。因此，首先应该研究，劳动资料如何从工具转变为机器，或者说，机器和手工业工具有什么区别。（第 408 页）

> Die Umwälzung der Produktionsweise nimmt in der Manufaktur die Arbeitskraft zum Ausgangspunkt, in der großen Industrie das Arbeitsmittel.Es ist also zunächst zu untersuchen, wodurch das Arbeitsmittel aus einem Werkzeug in eine Maschine verwandelt wird oder wodurch sich die Maschine vom Handwerksinstrument unterscheidet. (p.391)

"以劳动力为起点"就是前面所说的以"人"为"器官"。这是机器生产出现之前，人类物质生产方式的基本特性。宽泛地说，"机器"当然也是一种"工具"（Werkzeug、Instrument），而马克思首先把"机器"与 Handwerksinstrument 区分开来，这个词的字面意思是由手（Hand）推动的劳动（Werk）工具（Instrument），或者说在劳动中由手所使用的工具，因此，将其翻译为"手工业工具"并不确切，比如农民从事的劳动就不是手工业劳动，但其使用的比如锄头等工具却可同样称为 Handwerksinstrument，当译作"手工（性）工具"。

揭示"机器"与一般"工具"的区别，构成了马克思生产工艺学批判研究的重要内容之一，马克思辨析了当时流行的一些错误说法。有人认为，工具和机器的区别在于，"工具的动力是人（Mensch die Bewegungskraft），机器的动力是不同于人力的自然力（Naturkraft），如牲畜、水、风等等"（第409，p.393）。这种说法是从工具的"驱动力"来说的，而按照这种说法，在各个极不相同的生产时代存在的牛拉犁是机器，而一个工人用手推动的、每分钟可织九万六千个眼的克劳生式回转织机不过是工具。而且，同一台织机，用手推动时是工具，用蒸汽推动时就成为机器了。既然畜力的使用是人类最古老的发明之一，那么，机器生产（Maschinenproduktion）事实上就应该先于手工业生产（Handwerksproduktion）了（第409页，p.392）。再次强调的是：把 Handwerksproduktion 翻译为"手工业生产"是不准确的，因为农民使用锄头的生产也属于这种生产方式，因此应翻译为"手工（性）生产"，而不同于现代的"机器生产"。"在今天，每当手工业生产（Handwerksbetrieb）或工场手工业生产（Manufakturbetrieb）过渡到机器生产（Maschinenbetrieb）时，工具机也还是起点……如果我们仔细地看一下工具机或真正的工作机，那么再现在我们面前的，大体上还是手工业者（Handwerker）和工场手工业工人（Manufakturarbeiter）所使用的那些器具和工具，尽管它们在形式上往往有很大改变。不过，现在它们已经不是人的工具（Werkzeuge des Menschen），而是一个机构的工具或机械工具（Werkzeuge eines Mechanismus oder als mechanische）了。或者，整部机器只是旧手工业工具（Handwerksinstruments）多少改变了的机械翻版。"（第410页，p.393）马克思在这里非常清晰地勾勒出了人类物质生产三种前后相续的基本方式：（1）Handwerksbetrieb；（2）Manufakturbetrieb；（3）Maschinenbetrieb。类似分法还有不少，如"Handwerks- und Manufakturbetriebs"（p.408）；"工人阶级的一部分就这样被机器变成了过剩的人口，也就是不再为资本的自行增殖所直接需要的人口，这些人一部分在旧的手工业（handwerksmäßig）和工场手工业（manufakturmäßiger Betrieb）生产反对机器生产（maschinenmäßig）的毁灭力量中的力量悬殊的斗争中毁灭"（第471页，p.454）；"它（过剩人口）不断地从大工业和农业的过剩者那里得到补充，特别是从那些由于手工业生产（Handwerksbetrieb）被工场手工业生产（Manufakturbetrieb）打垮，或者工场手工业生产被机器生产（Maschinenbetrieb）打垮而没落的工业部门那里得到补充"（第705页，p.672）。词根 -betrieb 的字面意思是操作，因此这三者也可称为人类劳动三种不同的"操作"方式，把前两者翻译为"手工性生产（操作）""制造性生产（操作）"才更准确、明晰，与三者对应的工具是：（1）手工性工具（Handwerksinstrument），这是典型的人的工具（Werkzeuge des Menschen）；（2）机械的（mechanisch）工具；（3）机构（Mechanismus）的工具——这就是狭义或严格意义上的"机器"，其与机械性工具的不同处在于：自动性——"机器"就是自动性的"机械工具"，而"机械性工具"（mechanische Werkzeuge）则是非自动性的"机器"。

"这些工具（Werkzeuge）同工作机的真正机体（Körper der Arbeitsmaschine）的区别，甚至表现在它们的出生上：这些工具大部分仍然由手工业或工场手工业方式生产（handwerksmäßig oder manufakturmäßig produziert），然后才装到由机器生产的工作机的机体上。"（第411页，p.394）这里强调了机器生产与前两种生产方式的连续性。"人能够同时使用的工具的数量，受到人天生的生产工具（natürliche Produktionsinstrumente）的数量，即他自己身体的器官（körperliche Organe）数量的限制。在德国，起初有人试图让一个纺纱工人踏两架纺车，也就是说，要他同时用双手双脚劳动……同一工作机同时使用的工具的数量，一开始就摆脱了工人的手工工具（Handwerkszeug）所受的器官的限制（organische Schranke）。"（第411页，p.394）人的身体器官比如手是"天生的"或"自然性的"，并且也是"生物性的"生产工具，而人手使用的工具（Handwerkszeug）——这也是手工工具的基本定位，则往往是"非生物性的"，而这种非生物性工具的使用又受到人的生物性器官比如手等的限制。

"作为单纯动力的人（Menschen als bloßer Triebkraft）和作为真正操作工人的人（Arbeiter mit dem eigentlichen Operateur）之间的区别，在许多手工工具（Handwerkszeug）上表现得格外明显。例如，在纺车上，脚只起动力的作用，而在纱锭上工作即引纱和捻纱的手，则从事真正的纺纱操作。正是手工工具（Handwerksinstrument）的这后一部分，首先受到了工业革命的侵袭。"（第411页，pp.394-395）在纺车上，人的脚是"动力"器官，而手则是"操作"器官；而在机器生产中，人既不"作为单纯动力的人"，也不"作为真正操作的人"，而只是机器的"看管的人"（详论见后）。"一旦人不再用工具作用于劳动对象，而只是作为动力作用于工具机，人的肌肉充当动力的现象就成为偶然的了，人就可以被风、水、蒸汽等等代替了。"（第412页）["Sobald der Mensch, statt mit dem Werkzeug auf den Arbeitsgegenstand, nur noch als Triebkraft auf eine Werkzeugmaschine wirkt, wird die Verkleidung der Triebkraft in menschliche Muskel zufällig und kann Wind, Wasser, usw."（p.396）]"如果它们的性能一开始并不排斥小规模应用，那就会制造得既适合用人作动力，也适合用纯机械作动力（für menschliche und rein mechanische Triebkraft）。"（第413页，p.396）"当手工业性质的（handwerksmäßig）机器即人力（Menschenkraft）推动的机器，同发达的机器即以机械动力（mechanische Triebkraft）为前提的机器直接或间接地发生竞争时，推动机器的工人中就会发生巨大的变化。原来是蒸汽机代替工人，而现在却是工人要代替蒸汽机。工人的劳动力（Arbeitskraft）的紧张和消耗因此就会达到惊人的程度，而且注定要受这种苦刑的完全是未成年人。"[第531页注释（p.301），p.508]在劳动中支出的生物性的"人力"（Menschenkraft）就是"肌肉力"（menschliche Muske），而机器提供的则是非生物性的"机械动力"（mechanische Triebkraf）。在机器生产中，人的生物性"动力系统"被代替了；而即使使用"机器"，如果还是由"人力"推动，这种生产就依然是"手工性的"（handwerksmäßig），而非"机器性的"（maschinenmäßig）。"结合工作机所完成的整个过程越是连续不断，即原料从整个过程的最初阶段转到最后阶段的中断越少，从而，原料越是不靠人的手（Menschenhand）而靠机构本身从一个生产阶段传送到另一个生产阶段，结合工作机就越完善。"（第418页，p.401）人手作为一种生物性的"操作系统"及其技能也被代替了。

　　"德国旧造纸业为我们提供了这一部门的手工业生产（handwerksmäßige

Produktion）的典型，17 世纪荷兰和 18 世纪法国提供了真正工场手工业（Manufaktur）的典型，而现代英国提供了自动生产（automatische Fabrikation）的典型。"（第 418—419 页，p.402）真正意义上的"机器生产"就是"自动生产"：其自行产生机械力的发动机代替了人的生物性动力系统即肌肉系统，其动力自行运转的工作机则代替人的生物性的手及其所使用的手工工具所构成的"操作系统"。机器自动生产还与前两种生产方式存在排斥关系：

> 工场手工业生产了机器，而大工业借助于机器，在它首先占领的那些生产领域排除了手工业生产和工场手工业生产（handwerks-und manufakturmäßiger Betrieb）。因此，机器生产（Maschinenbetrieb）是在与它不相适应的物质基础上自然兴起的……
>
> 正像在蒸汽机还没有代替现成的动力——牲畜、风以至水以前，机器体系不可能自由发展一样，当大工业特有的生产资料即机器本身，还要依靠个人的力量（persönliche Kraft）和个人的技巧（persönliches Geschick）才能存在时，也就是说，还取决于手工工场内的局部工人和手工工场外的手工业者用来操纵他们的小工具的那种发达的肌肉（Muskelentwicklung）、敏锐的视力和灵巧的手（Virtuosität der Hand）时，大工业也就得不到充分的发展……发动机、传动机构和工具机的规模日益扩大；随着工具机摆脱掉最初曾支配它的构造的手工业（handwerksmäßig）形式而获得仅由其力学任务决定的自由形式，工具机的各个组成部分日益复杂、多样并具有日益严格的规则性；自动体系（automatisches System）日益发展。（第 419—420 页，pp.403-404）

机器生产、机器自动体系的自由发展必须超越手工性生产、制造性生产方式的限制，而其自由发展就意味着对两种生产方式所依赖的个人生物性的灵巧的手及其使用工具的个人（persönlich）技巧、个人生物性肌肉所支出的个人（persönlich）力量的超越。相对于生物性，自动化机器代表的是非生物性的力量；相对于个人性，自动化机器代表的是社会性力量。人类社会生产力的发展也就从个人生物性限制中解放了出来。此外，三种生产方式在产品上也存在排斥关系："任何一种机器产品（Maschinenprodukt），例如一码机织布，总是比被它排挤的同种手工产品（Handprodukt）便宜，所以就产生一条绝对的规律：如果机器生产的物品（maschinenmäßig produziert）的总量同它所代替的手工业或工场手工业生产的物品（handwerks- oder manufakturmäßig produzierten）的总量相等，那么，所使用的劳动总量就要减少。"（第484—485页，p.466）"如果机器占领了某一劳动对象在取得最终形式前所必须经过的初期阶段或中间阶段，那么，在这种机器制品（Maschinenfabrikat）还要进入的那些仍保持手工业或工场手工业生产（handwerks- oder manufakturmäßig）方式的部门中，对劳动的需求就随着劳动材料的增加而增加。"（第486页，p.467）自动化机器把加工物质产品的社会生产力充分释放出来了。

马克思指出："Die Notwendigkeit, eine Naturkraft gesellschaftlich zu kontrollieren, damit hauszuhalten, sie durch Werke von Menschenhand auf großem Maßstab erst anzueignen oder zu zähmen, spielt die entscheidendste Rolle in der Geschichte der Industrie."（p.537）中译文是："社会地控制自然力以便经济地加以利用，用人力兴建大规模的工程以便占有或驯服自然力，——这种必要性在产业史上起着最有决定性的作用。"（第561页）这段翻译也有问题，实际上讲的是通过"人手的工作"（Werke von Menschenhand）占有或驯服自然力；而现代机器是"人类的手创造出来的人类头脑的器官（von der menschlichen Hand geschaffne Organe des menschlichen Hirns）"，使"自然力"服从于"社会智力"。"手工业智慧（handwerksmäßige Weisheit）的这一'顶峰'，在钟表匠瓦特发明蒸汽机，理发师阿克莱发明经线织机，宝石工人富尔顿发明轮船以

来，已成为一种可怕的愚蠢了。"（第535页，p.512）为了使自然力服从于社会智力，这种个人生物性的"手工智慧"或"手工智能"被自动化机器的"工作机"代替了，而个人生物性的体力（肌肉力）也被自动化机器的"发动机"及其生产出的源源不断的机械力代替了。那么，被代替之后，个人生物性手工智能、体能是不是就不需要发挥了？《资本论》第三卷临近结束处给出了答案：不是不发挥了，而是由"必然王国"转移到"自由王国"去自由、充分地发挥了（前已有论，详论见后）。

四

以上分析揭示了自动化机器超越了个人生物性的限制，下面再讨论一下作为"生物性自然智能"的手工智能、脑工智能在"机器生产"中的地位。《资本论》第一卷第十三章属于第四篇"相对剩余价值的生产"，而前面第三篇是"绝对剩余价值的生产"，说该章的主题是超越"生物性（生理性）"也不为过：绝对剩余价值的生产是靠绝对延长劳动时间来实现的，这必然受到劳动者个人生物性身体的限制；而相对剩余价值的生产则是靠缩短物质生产的必要劳动时间来实现的，而这种缩短又是靠创造并运用自动化机器来实现的。一方面，生产维持肉体存在需要的必要劳动时间体现了人的存在的生物性限制，将其缩短本身就意味着对人的生物性限制的超越；另一方面，资本增殖、资本家的发财欲望也超越了劳动者个人生物性身体的限制而可以无限扩张了，但由自动化机器释放出的巨大生产力又必然葬送资本。这就是马克思生产工艺学批判所揭示的机器/资本二重性辩证运动的必然结果。

（一）

前已指出，人驯服自然力的重要途径之一，是通过"人手的工作"（Werke von Menschenhand）来实现的。直立行走使手解放出来，也是动物进化为人的关键一步，当手创造并使用工具时，人的智能也就随之发展起来了，人手与智能是密切相关的，因此，"手工劳动"（Handwerk、Handarbeit）字面本身就可以标示出人的物质劳动不同于动物活动的"智能性"，与之相近的另一个词"体力劳动"则体现不出物质劳动的"智能性"，而《资本论》第一卷的《马克思恩格斯全集》第 23 卷中译本却有多处把 Handarbeit 翻译为"体力劳动"，如：该卷第 266 页（p.252）、第 342 页注释 205（p.327）、第 367 页（p.350）、第 473 页（p.456）、第 696 页（p.663）等。第 369 页把 Handwerk（p.352）也翻译为"体力劳动"；而第 535 注释 309（p.513）、第 670 页注释 65（p.638）等把 Körperliehe Arbeit 也翻译为"体力劳动"。也有几处把 Handarbeit 翻译为"手工劳动"，如：第 417 页注释 101（p.400）、第 472 页注释 198（p.455）、第 474 页（p.457）、第 488 页（p.469）等。把同一个德文词翻译为不同的中文词、把不同的德文词翻译为同一个中文词，这两种不统一都是有问题的。

　　马克思还引用了相关文献对"手工业"的定义："手工业（Handwerk）是指（在这项法律中）任何一种作为职业或者为了谋利而从事或者附带从事的手工劳动（Handarbeit），它用于制造、改装、装饰、修理或最后加工某种待售的物品或这种物品的一部分。"（第 541 页，p.518）可见，Handarbeit、Handwerk 皆指加工物品的方式，与体力劳动（Körperliehe Arbeit）无直接关联。"采用手工印刷的工厂主却说：'手工劳动（Handarbeit）比机器劳动（Maschinenarbeit）要合乎卫生。'"（第 277 页，p.262）这就关乎劳动使用的工具：Maschinenarbeit 是指用机器（Maschinen）这种工具进行的劳动，Handarbeit 是指用"手工工具"（Handwerksinstrument、Handwerkszeug、Handwerksinstrument）进行的劳动。把 Handarbeit 翻译为"体力劳动"，就看不到"工具"这层意思了。马克思还引用相关文献指出："由于使用手工劳动（Handarbeit），工场手工业（Manufaktur）中不同的生产阶段发生了分立，这就大大增加了生产费用，这种损失主要是从一个劳动过程到另一个过程的转移造成的。"（第 382 页注释 35，p.364）前已引马克思语"工场手工业最完善的产物之一，是生产劳动工具本身特别是生产当时已经采用的复杂的机械装置的工场"。以此来看，Manufaktur 使用的工具就是"机械装置"，这是"非自动性"的"机器"，而 Maschinenarbeit 使用的工具则可谓"自动性"的机械装置。总之，Handarbeit-Manufaktur-Maschinenarbeit 是指使用三种不同"工具"所进行的三种不同的加工物品的生产劳动形式，把Handarbeit翻译为"体力劳动"不妥当。

以上是从"工具"角度分析的，在劳动的实际进行中，工具还需要"驱动力"，这种驱动力总体上就是人的"劳动力"，其中又主要包括"体力"和"智力"两种不同的驱动力。马克思对"劳动力"的经典定义是：

> 我们把劳动力或劳动能力，理解为人的身体即活的人体中存在的、每当人生产某种使用价值时就运用的体力和智力的总和。（第190页）
>
> Unter Arbeitskraft oder Arbeitsvermögen verstehen wir den Inbegriff der physischen und geistigen Fähigkeiten, die in der Leiblichkeit, der lebendigen Persönlichkeit eines Menschen existieren und die er in Bewegung setzt, so oft er Gebrauchswerte irgendeiner Art produziert. (p.181)

劳动力是一种Fähigkeit（能力），"人的身体即活的人体"强调的是人的"体力和智力"的"生物性"。"至于个人受教育的时间，发展智力的时间，履行社会职能的时间，进行社交活动的时间，自由运用体力和智力（physische und geistige Lebenskräfte）的时间，以至十星期日的休息时间（即使是在信守安息日的国家里），——这全都是废话！"（第294页，p.280）把体力和智力视作身体和精神的"生命力"也是对它们的"生物性"的强调。马克思《1844年经济学哲学手稿》的相关描述是：异化劳动者"不是自由地发挥自己的体力和智力（physische und geistige Energie）"；"工人自己的体力和智力（die eigne physische und geistige Energie des Arbeiters），他个人的生命（因为，生命如果不是活动，又是什么呢？），就是不依赖于他、不属于他、转过来反对他自身的活动"①。体力和智力又是能量（Energie）。

马克思《剩余价值理论》还从"活动"的角度用"物质的"（materiell）、"精神的"（geistig）描述人的两种不同生产劳动，如"Der geistigen Produktion und der materiellen""die materielle Teilung der Arbeit die Voraussetzung der Teilung der geistigen Arbeit"②。"在古代，物质生产劳动（materiell produktive Arbeit）带有奴隶制的烙印"，"连精神劳动（geistige Arbeiten）本身也愈来愈为资产阶级服务，为资本主义生产服务"。③而这实际上又是从活动的"结果"做出的一种区分："非物质劳动的产品（Produkte der immateriellen Arbeit）也像物质劳动的产品一样，受同一规律支配"，"这一切只不过是精神财富和物质财富（geistigem und materiellem Reichtum）之间的最一般的表面的类比和对照"④。因此，物质生产就是加工物质产品、创造物质（materiell）财富的活动，偏重支出人的体能［physische Energie（Fähigkeiten）］；精神生产就是加工精神产品、创造精神（geistigem）财富的活动，偏重支出人的智能［geistige Energie（Fähigkeiten）］。

《资本论》第一卷有一处引用加尔涅语云："像其他一切分工一样，体力劳动（Handarbeit）和脑力劳动（Verstandesarbeit）之间的分离，随着社会（他正确地使用了这个用语来表示资本、土地所有权和它们的国家）的日益富裕而越来越明显、越来越确定。"（第 401 页，p.384）verstandes 与 geistige 是同义词，把 Verstandesarbeit 翻译为"脑力劳动"，问题不大。再如《资本论》第三卷有云："生产力的这种发展，归根到底总是来源于发挥着作用的劳动

---

① 《马克思恩格斯全集》第 42 卷，人民出版社 1979 年版，第 93—95 页。德文夹注参见：*KARL MARX FRIEDRICH ENGELS WERKE*, Band 41, BERLIN：DIETZ VERLAG, 1967, pp.514-515.

② *KARL MARX FRIEDRICH ENGELS WERKE*, Band 26-1, p.256.

③ 《马克思恩格斯全集》第 26 卷第 1 册，第 315 页。德文夹注参见 *KARL MARX FRIEDRICH ENGELS WERKE*, Band 26-1, pp.273-274.

④ 《马克思恩格斯全集》第 26 卷第 1 册，第 297 页。德文夹注参见：*KARL MARX FRIEDRICH ENGELS WERKE*, Band 26-1, p.258.

的社会性质，来源于社会内部的分工，来源于智力劳动（geistige Arbeit）特别是自然科学的发展。"①再如《德意志意识形态》有云："在前一种情况下，只要具备普通常识就够了，体力活动和脑力活动（körperliche und geistige Tätigkeit）彼此还完全没有分开；而在后一种情况下，脑力劳动和体力劳动（geistige und körperliche Arbeit）之间实际上已经必须实行分工。"②中文词与德文词在字面上的意思都是直接对应的，都着眼于活动、劳动的"驱动力"。

马克思《剩余价值理论》在讨论"生产劳动与非生产劳动"中对"脑力劳动"多有分析："亚·斯密自然把直接耗费在物质生产中的各类脑力劳动（intellektuelle Arbeiten）算作'固定和物化在可以出卖或交换的商品中'的劳动"；"脑力劳动者（geistige Arbeiter）中间的许多人，看来都倾向于对资本家的生产性持这种怀疑观点"；"对脑力劳动（geistige Arbeit）的产物——科学——的估价，总是比它的价值低得多，因为再生产科学所必要的劳动时间，同最初生产科学所需要的劳动时间是无法相比的，例如学生在一小时内就能学会二项式定理"。intellektuell、geistig 都是对精神劳动作为一种活动的特性的描述，但其中有一处论述却不是这样："资本主义生产方式的特点，恰恰在于它把各种不同的劳动，因而也把脑力劳动和体力劳动（Kopf- und Handarbeiten），或者说，把以脑力劳动为主或者以体力劳动为主的各种劳动分离开来，分配给不同的人。"③Kopf、Hand 并非指劳动的"驱动力"，而是指劳动的"工具"，因此，把 Kopfarbeiten、Handarbeiten 翻译为"脑力劳动""体力劳动"不准确。

经查，德文本《马克思恩格斯著作集》第 20 卷 Sachregister（索引）中

①《马克思恩格斯全集》第 25 卷，人民出版社 1974 年版，第 97 页。德文夹注参见：*KARL MARX FRIEDRICH ENGELS WERKE*, Band 41, BERLIN：DIETZ VERLAG, 1964, p.92.

②《马克思恩格斯全集》第 3 卷，人民出版社 1960 年版，第 73 页。德文夹注参见：*KARL MARX FRIEDRICH ENGELS WERKE*, Band 3, BERLIN：DIETZ VERLAG,1978, p.65.

③《马克思恩格斯全集》第 26 卷第 1 册，第 155、377、444 页。德文夹注参见 *KARL MARX FRIEDRICH ENGELS WERKE*, Band 26-1, p.134, p.329, p.387.

"Arbeit"（劳动）、"Arbeitsteilung"（分工）条目下有"Kopf- und Handarbeit"[①]，但正文中并未出现 Kopfarbeit 一词。又如，第 43 卷 Arbeit、Arbeitsteilung 条目下均出现了"körperliche und geistige, Hand- und Kopfarbeit"[②]，但该卷正文中同样未出现 Kopfarbeit 一词，而这组条目实际上明确把 körperliche Arbeit 与 Handarbeit、geistige Arbeit 与 Kopfarbeit 区分开来了。第 23 卷索引中也有 Hand- und Kopfarbeit，并且正文中同时出现了这两个词：

> Soweit der Arbeitsprozeß ein rein individueller, vereinigt derselbe Arbeiter alle Funktionen, die sich später trennen. In der individuellen Aneignung von Naturgegenständen zu seinen Lebenszwecken kontrollierter sich selbst. Später wird er kontrolliert. Der einzelne Mensch kann nicht auf die Natur wirken ohne Betätigung seiner eignen Muskeln unter Kontrolle seines eignen Hirns. Wie im Natursystem Kopf und Hand zusammengehören, vereint der Arbeitsprozeß Kopfarbeit und Handarbeit.Später scheiden sie sich bis zum feindlichen Gegensatz. Das Produkt verwandelt sich überhaupt aus dem unmittelbaren Produkt des individuellen Produzenten in ein gesellschaftliches ... (p.531)

就劳动过程是纯粹个人的劳动过程来说，同一劳动者是把后来彼此分离开来的一切职能结合在一起的。当他为了自己的生活目的对自然物实行个人占有时，他是自己支配自己的。后来他成为被支配者。单个人如果不在自己的头脑的支配下使自己的肌肉活动起来，就不能对自然发生作用。正如在自然机体中头和手组成一体一样，

[①] *KARL MARX FRIEDRICH ENGELS WERKE*, Band20,BERLIN：DIETZ VERLAG, 1975, p.743, p.744.

[②] *KARL MARX FRIEDRICH ENGELS WERKE*, Band43, BERLIN：DIETZ VERLAG, 1990, p.435, p.437.

> 劳动过程把脑力劳动和体力劳动结合在一起了。后来它们分离开来，
> 直到处于敌对的对立状态。产品从个体生产者的直接产品转化为社
> 会产品……（第555—556页）

我们经常说的脑、体分工，其实应该是脑、手分工。马克思对劳动的又一描述是："为了在对自身生活有用的形式上占有自然物质，人就使他身上的自然力（Naturkräfte）——臂和腿、头（Kopf）和手（Hand）运动起来……劳动的内容及其方式和方法越是不能吸引劳动者，劳动者越是不能把劳动当作他自己体力和智力（körperliche und geistige Kräfte）的活动来享受，就越需要这种意志。"（第202页，pp.192-193）体力（körperliche Kräfte）是从臂、腿和手输出的力量，智力（geistige Kräfte）是从"头"（Kopf）输出的力量，两者皆是存在于"人的身体即活的人体"中的力量（Kräfte）。把以上描述联系起来看，Hirn-Kopf-Kopfarbeit、Muskel-Hand-Handarbeit 三者间存在明显的对应关系，geistigen Kräfte 与 körperlichen Kräfte 是两种力量，而 Kopf 和 Hand 则是人的自然机体的两种器官："在自己的头脑（Hirn）的支配下使自己的肌肉（Muskeln）活动起来。"人就在劳动中支出智力和体力即肌肉力。偏重体力支出的物质劳动严格地说就是"肌肉力（推动的）劳动"。这其实强调的是劳动的"驱动力"，而"正如在自然机体中头和手组成一体一样，劳动过程把脑力劳动和体力劳动结合在一起了"其实强调的是与"驱动力"不同的劳动的"工具"：Handarbeit 就是以"手"为工具的劳动，Kopfarbeit 则是以"脑（Kopf）"为工具的劳动。把两者翻译为偏重劳动"驱动力"的"体力劳动""脑力劳动"，是不准确的：Handarbeit 不直接指支出 physische（körperliche）、Energie（Fähigkeiten、Kräfte），Kopfarbeit 也不直接指支出 geistige Energie（Fähigkeiten、Kräfte）的活动即 geistige Arbeiten（Produktion）。因此，Handarbeit 应翻译为"手工劳动"，而 Kopfarbeit 则应翻译为"脑工劳动"。

把上面两段话改译为"正如在自然机体中头（Kopf）和手（Hand）组成

一体一样，劳动过程把脑工劳动（Kopfarbeit）和手工劳动（Handarbeit）结合在一起了"，而人或者"以脑工劳动（Kopfarbeit）为主"，或者"以手工劳动（Handarbeit）为主"，马克思想表达的意思就非常清晰了：人的劳动总是手、脑并用，或可有所偏重，但是无法完全偏废，总体上不可能出现完全不受人脑支配因而完全不具有智能性的"手工劳动"。因此，"手工劳动"这词本身就可标示出这种劳动的"智能性"，而所谓"体力劳动"［physische（körperliche）Arbeit］则从字面上无法直接体现出"智能性"。geistige（intellektuelle）Arbeit 在字面上看不出其"生物性"，中文译作"脑力劳动"可以显示出生物性（脑），但这些德文词字面并无"脑"的意思，只能译作"精神劳动""智力劳动"——这在中文字面上也看不出其"生物性"，把 Kopfarbeit 翻译为"脑工劳动"，在字面上存在对应性，并且德文和中文字面都能标示出其"生物性"（Kopf，脑）。手、脑乃是人的生物性的劳动工具，而人的劳动还在自身生物性身体之外创造并使用非生物性工具。《德意志意识形态》把"生产工具"（Produktionsinstrumente）分成"自然性的"（naturwüchsig）、"文明性的"（zivilisierte）两种："在前一种情况（资本主义之前）下，各个个人必须聚集在一起，在后一种情况（资本主义大工业）下，他们已作为生产工具而与现有的生产工具并列在一起。因而这里出现了自然产生的生产工具和由文明创造的生产工具之间的差异。耕地（水等等）可以看作是自然产生的生产工具。在前一种情况下，即在自然产生的生产工具的情况下，各个个人受自然界的支配，在后一种情况下，他们则受劳动产品的支配。"[①] 以此来看，"手工劳动"的"人手"是"自然性的"物质生产工具，原始人经过粗加工的石制工具则已是"文明性的"生产工具，而加工和使用这些简单的物质生产工具，已经体现出了人的一定智能性，并且人的智能也随着工具创造和使用技能的发展而发展；当然，人的智能的发展更直接体现

---

① 《马克思恩格斯全集》第 3 卷，人民出版社 1960 年版，第 73 页。德文夹注参见：*KARL MARX FRIEDRICH ENGELS WERKE*, Band 3, p.65.

在精神生产或智能工具的创造和使用上，"脑工劳动"中的"人脑（Kopf）"是"自然性的"精神生产工具，说其是"自然性的"，是因为人脑是漫长的自然进化史的产物，而文字符号等则是人在自身之外创造出的"非生物性的"智能工具，并因此也是"文明性的"精神生产工具。人类由此告别原始野蛮时代而进入文明时代。

总体来看，人类文明的发展，主要不是体现在自身生物性器官工具的发展上：在物质生产方面，今天人的"手"比起数千年前人的"手"没有太大变化，而今天用人手创造出的发达的机器较之数千年前的生产工具可以说已有天壤之别；同样，在精神生产或智能发展方面，今天人脑的生物性神经元结构较之数千年前人脑结构的变化也不是太大，而累积到今天的人用文字符号、艺术符号、科学符号等非生物性智能工具所创造出的文明成果，与数千年前的文明成果可以说也已有霄壤之别。马克思考察的能量自动化机器把社会物质生产力的发展从个人的生物性的人身限制下解放出来，同时也把人的生物性的"手工劳动"从不自由中解放出来；而当今 AI 代表的智能自动化机器则将把社会精神生产力的发展也从个人的生物性的人身限制下解放出来——而用"脑工"这个词可以揭示这种对个人生物性的超越，同时可以清晰地揭示当今 AI 的另一个积极意义：将把人的生物性的"脑工劳动"从不自由中解放出来。

（二）

用"手工劳动""脑工劳动"描述通常所谓的"物质劳动""精神劳动"，也最能体现马克思立足"劳动工具"的生产工艺学批判的理论思路，并有助于我们将当今 AI 置于现代机器两次自动化革命的历史脉络中加以定位。马克思指出：现代机器第一次能量自动化革命，用"机器"代替"人手"、用"机器劳动"代替"手工劳动"，"手工"时代走向终结。前已指出，马克思把外在于人的生产工具系统称作"机械性的骨骼和肌肉系统"。与维纳所说的"机械大脑"相比，所谓"骨骼和肌肉"突出了生产工具系统的"能量性"，并对应人的劳动的"体能性"（体力性）；与生物性的"人体骨骼和肌肉系统"

相比，"机械性"突出了这种工具的"非生物性"。在物质劳动发展史上，人类早已创造并使用"机械性的骨骼和肌肉系统"即各种机械装置或机器，但总体上是"非自动化"的"机械性的骨骼和肌肉系统"，而现代蒸汽机则是一种"自动化"的"机械性的骨骼和肌肉系统"，它自行产生能量并推动机器（工作机）自动运转，并因此可以代替生物性的"人体骨骼和肌肉系统"及其输出的体能或体力。

当今 AI 正在引发的现代机器第二次智能自动化革命，将用机械大脑代替人脑、用智能性机器劳动代替"脑工劳动"，"脑工"时代也将走向终结。在精神劳动发展史上，人类早已创造并使用"非生物性的智能生产工具系统"即文字等各种符号系统，但总体上是"非自动化"的系统，而当今 AI 机器则是一种"自动化"的"非生物性的智能生产工具系统"，并因此可以代替生物性的"人脑神经元系统"及其输出的智能或智力。正如"手工"一词突出了人手不同于机器的"生物性"，"脑工"一词也突出了人脑不同于计算机机械大脑的"生物性"，可以成为讨论"社会机械通用智能"与"个人生物智能"之间关系的关键词。现代机器两次自动化革命的结果是：使个人手工、脑工劳动"终结"于必然王国，或者说从必然王国中"解放"出来，"转移"到自由王国中去；手工、脑工劳动面前人人平等，体力、智力自由发挥人人所求，合乎人道主义的人人平等和合乎自然主义的人人自由的时代必将来临，而前提是扬弃资本。这种表述较之所谓"人类时代"或"人类物种"的终结或"后人类"等表述，无疑更为科学，也不会引发大众不必要的恐慌，有助于推动当今 AI 进一步科学发展和合理应用。前面对此已有所分析，下面再结合马克思的相关原始文献，做更具体、深入的探讨，以初步清理出当今 AI 时代智能哲学建构的基本框架。

"体力"是劳动的"驱动力"，"手"则是劳动中被运用的"工具"，尽管"力量"是从"工具"输出的，但静态工具本身与这种工具输出的动态力量不尽相同，因此，Handarbeit 当译作"手工劳动"，而 körperliche Arbeit 才是"体力劳动"。在劳动中，单个人在自己的"头脑"的支配下使自己的"肌肉"活动起来，当马克思特别强调驱动劳动的"力量"时，他用的是更为具体的"肌肉力"："就机器使肌肉力成为多余的东西来说，机器成了一种使用没有肌肉力或身体发育不成熟而四肢比较灵活的工人的手段"；"工厂所拥有的技术基础，即代替肌肉力的机器"。① 由此反过来看，马克思用 Handarbeit 强调的是劳动中使用的"工具"（手）而非"力量"（体力、肌肉力）。同样，geistige Arbeit 强调的是驱动劳动进行的"力量"，将其译作"智力劳动"是没有问题的，而 Kopfarbeit 强调的是劳动所使用的"工具"（Kopf），将其译作"智力（脑力）劳动"不尽恰当。

"一切劳动，从一方面看，是人类劳动力在生理学意义上的耗费。"② 劳动耗费的"生理学意义上"的"劳动力"包括体力、智力，两者皆具有"生理性"或"生物性"。同为劳动的能量工具，"非生物性"的机器与"生物性"的人体及两者之间的关系，是马克思机器生产工艺学批判理论重要议题之一。

从词语本身看，körperliche Kräfte（"身体"力量）、Handarbeit（"手"工）在字面上就突出了"生物性"的意思，而 geistige Kräfte 在字面上则没有"生物性"的意思（我们也可宽泛地说当今 AI 机器也具有这种 geistigen Kräfte）。从汉语看，"智力劳动"在字面上也没有"生物性"的意思；而 Kopfarbeit 则在字面上就突出了"生物性"的意思，即强调是用人的生物性器官"Kopf"（头脑）进行的劳动，与 Handarbeit（手工）对举，可将 Kopfarbeit 译作"脑工"。从汉语字面意思看，"手工"突出了物质劳动的"手工性"这种"生物性"，而"脑工"则可突出智力劳动的"脑工性"这种"生物性"。再从汉语使用习惯看，一般不会把"机械手"干的活儿称作"手工劳动"，而只把用人手干的活儿称作"手工劳动"。两者的区别在于：前者具有"非生物性"，后者具有"生物性"。计算机可称作"机械大脑"，同样我们也不会把"机械大脑"干的活儿称作"脑工劳动"，而只把用人脑干的活

---

① 《马克思恩格斯全集》第 23 卷，人民出版社 1972 年版，第 433、506 页。
② 《马克思恩格斯全集》第 23 卷，人民出版社 1972 年版，第 60 页。

儿称作"脑工劳动"。两者的区别也在于：前者具有"非生物性"，后者具有"生物性"。再者，体力劳动、智力劳动中的"体力"与"智力"有大小、高低之不同，而手工劳动、脑工劳动中的"手工""脑工"本身无大小、高低之分，只关乎劳动及其使用工具的"生物性"。把 Kopfarbeit 与"手工"对举而译作"脑工"并引入汉语学术中，具有重要意义。

"手工"这个词突出了劳动及其工具的"生物性"，但是，人在劳动中早就不是单纯以"手"这种生物性器官为工具，而是以人手（人体）之外的自然物为工具，尤其是把自然物加工为工具并加以运用。人的劳动不同于动物的独特性，恰恰就体现在创造并使用人体之外的"非生物性"工具上，而从这种非生物性工具上，反过来又可以更清晰地认识人的生物性工具系统。对于智能工具来说同样如此。

马克思把"劳动过程的简单要素"分成"有目的的活动或劳动本身""劳动对象""劳动资料"三种："劳动者直接掌握的东西，不是劳动对象，而是劳动资料（这里不谈采集果实之类的现成的生活资料，在这种场合，劳动者身上的器官是唯一的劳动资料）。这样，自然物本身就成为他的活动的器官，他把这种器官加到他身体的器官上，不顾圣经的训诫，延长了他的自然的肢体。""劳动者身上的器官"或"他的自然的肢体"是一种"生物性"工具，而外在于人身的"自然物"则是"非生物性"工具。马克思强调，"劳动资料的使用和创造，虽然就其萌芽状态来说已为某几种动物所固有，但是这毕竟是人类劳动过程独有的特征"，并引用富兰克林的"人是制造工具的动物"的话，然后指出："在劳动资料中，机械性的劳动资料（其总和可称为生产的骨骼系统和肌肉系统）比只是充当劳动对象的容器的劳动资料（如管、桶、篮、罐等，其总和一般可称为生产的脉管系统）更能显示一个社会生产时代的具有决定意义的特征。"[①]"机械性的骨骼和肌肉系统"就是人使用的"非生物性"工具系统，而与人的"自然的肢体"相关的"生物性"工具系统就是"人体

[①]《马克思恩格斯全集》第23卷，人民出版社1972年版，第202—204页。

骨骼和肌肉系统"。

历史地看，原始人打磨过的石斧、石刀等，就已是最简陋的"机械骨骼和肌肉系统"，而现代自动化机器系统则是其最成熟形式。维纳描述道："在19世纪，自动机就是那著名的热机，燃烧着易燃的燃料以代替人的肌肉中的糖元。"[①]马克思与之极相近的描述是："直到瓦特发明第二种蒸汽机，即所谓双向蒸汽机后，才找到了一种原动机，它消耗煤和水而自行产生动力。"[②]工人"消费食物"，燃烧"肌肉中的糖元"会输出"能量（体力）"，因此，"人体骨骼和肌肉系统"就是一种"生物性"能量工具系统；而燃烧煤炭等"自行产生动力"的"机械骨骼和肌肉系统"就是一种"非生物性"能量工具系统。"所有发达的机器都由三个本质上不同的部分组成：发动机，传动机构，工具机或工作机。发动机是整个机构的动力。"[③]由这种"机械骨骼和肌肉系统"反观，可以更清晰地描述"人体骨骼和肌肉系统"，即产生"肌肉力"的肌肉系统，就是人体"发动机"，骨骼系统接近于"传动机"，"人手"则兼具"传动机"与"工作机"功能。由此来看，"'体力'劳动"与人体的"发动机"或动力机制有关，而"'手'工劳动"则与人体"传动机"尤其是"工作机"有关，两者不尽相同。

维纳指出："一个巨大的计算机，无论是机械装置形式的或电装置形式的，还是大脑本身，都要浪费掉大量功率……机械大脑不能像初期唯物论者所主张的'如同肝脏分泌胆汁'那样分泌出思想来，也不能认为它像肌肉发出动作那样能以能量的形式发出思想来。信息就是信息，不是物质也不是能量。不承认这一点的唯物论，在今天就不能存在下去。"[④]"机械大脑"就是维纳所说的"信息"生产工具系统，而上面所讨论的"机械骨骼和肌肉系统"作为一种维纳所说的"能量"工具系统，则可称为"机械人体"，是一种"非

---

① 维纳：《控制论》，郝季仁译，科学出版社1963年版，第40页。

②《马克思恩格斯全集》第23卷，人民出版社1972年版，第414页。

③《马克思恩格斯全集》第23卷，人民出版社1972年版，第410页。

④ 维纳：《控制论》，郝季仁译，科学出版社1963年版，第133页。

生物性"能量工具系统，"人体骨骼和肌肉系统"则是"生物性"能量系统；计算机"机械大脑"是"非生物性"智能生产工具，人脑则是"生物性"智能生产工具（维纳将两者都称作"机械大脑"，有把两者混同的倾向）。从"劳动过程"三要素看，"有目的的活动或劳动本身"中所包含的智力就是驱动劳动的"信息"要素，体力则是驱动劳动的"能量"要素，而"劳动对象"则是有待被改造的维纳所说的"物质"。那么，"劳动资料"在劳动过程中发挥什么作用？

在资本主义生产体系中，"劳动资料"主要表现为"固定资本"，而"固定资本作为在生产过程中被消费的资本，其使用价值的规定就是固定资本在这个过程中只是作为手段被使用，并且它本身只是作为使原料变为产品的动因而存在"[1]。"原料"即"劳动对象"也即维纳所谓"物质"，劳动过程就是改造"物质"形式而创造"产品"的过程；"劳动资料"就是驱动劳动进行而"使原料变为产品"的"动因"，而人在劳动中支出的智力、体力也是劳动的"动因"或驱动力。"劳动资料是劳动者置于自己和劳动对象之间、用来把自己的活动传导到劳动对象上去的物或物的综合体。"[2]"传导"是马克思对"劳动资料"在劳动过程中所发挥作用的基本定位，而所"传导"的就是劳动者在"活动"中所支出的"体力（能量）"和"智力（信息）"，但是，高度自动化的机械人体、机械大脑却并非如此。

作为现代化机械人体的"自动机"是可以"'代替'肌肉力的机器"[3]，而不再像传统"非自动化"工具那样只是"传导"人的肌肉力："工人的全部肌肉力以及技能都转移到机器上了"[4]；"使用劳动工具的技巧，也同劳动工具一起，从工人身上转到了机器上面。工具的效率从人类劳动力的人身限制下解

① 《马克思恩格斯全集》第 46 卷下册，人民出版社 1980 年版，第 206 页。

② 《马克思恩格斯全集》第 23 卷，人民出版社 1972 年版，第 203 页。

③ 《马克思恩格斯全集》第 23 卷，人民出版社 1972 年版，第 506 页。

④ 《马克思恩格斯全集》第 47 卷，人民出版社 1979 年版，第 373 页。

放出来"①。这种"人身"既指个人性、生物性的人体、人手（能量器官），也指个人性、生物性的头（信息器官）；"这种自动机是由许多机械的和有智力的器官组成的"②，机器的"机械的器官"代替的就是人的"肌肉力"，而机器的"智力器官"代替的就是人"使用劳动工具的技巧"或智力。

前面已指出，马克思把现代机器视作"人类的手创造出来的人类头脑的器官"即"机械大脑"，可称为"社会机械大脑"。它产生的是"社会智力""一般智力"即"社会通用智能"。能量自动化机器就已是这种"社会机械大脑"，只不过还只是社会通用智能的"物化"，只是"传导"人的智能，而当今 AI 尤其是未来 AGI 则将不仅是"传导"而且也是"自动生产"智能：自动化"社会机械大脑"将生成"社会机械通用智能"。这可作为 AGI 的基本定位。与自动化"社会机械大脑"对举的人脑则可称为"个人生物大脑"，生成的是"个别"的"个人生物智能"：前者具有社会性、物化性、机械性或非生物性，后者具有个别性、个人性、生物性。自动化"社会机械大脑"的创造和使用，也就把"社会通用智能"的发展，从个人人身（人脑）生物性限制下解放出来。这正是 AI 机器的革命性意义所在。

使"自然力"服从"社会通用智能"，可谓人类终极追求，从原始人创造并使用石斧等开始，人类就开始了这种追求。物质劳动的技能，就是创造并使用物质工具的智能，不断创造、改进、使用劳动工具的进程，就是人类智能社会性、非生物性不断提升而个别性、个人性、生物性不断被超越的历史进程：第一次机器革命的能量自动化，已基本做到了使"自然力"服从"社会智力"，而当今 AI 机器革命将使"自然力"更彻底地服从"社会通用智能"。

能量自动化机器代替的主要是工人的体能，当然，工人作为"使用劳动工具的技巧"的智能也被代替了，或者说这种机器的"使用者"的智能被代

①《马克思恩格斯全集》第 23 卷，人民出版社 1972 年版，第 460 页。
②《马克思恩格斯全集》第 46 卷下册，人民出版社 1980 年版，第 208 页。

替了，但这种机器的"创造者"的智能却没有被代替。因此，总体上说，能量自动化机器的创造活动依然是一种"脑工劳动"而没有摆脱"脑工性"——当今 AI 机器才开始超越这种"脑工性"。劳动的发展离不开"自然机体"中"头"或"生物大脑"与"手"或"生物人体"的发育，并且后者（人体）的发育是前者（人脑）发育的基础。这对于人所创造的"机械机体"来说也同样如此："机器劳动"的发展也离不开"机械人体"和"机械大脑"的发育，并且前者发育成熟是后者发育的基础。当今 AI 作为智能自动化机器，就是在能量自动化机器发育成熟的基础上开始发育的。能量自动化机器虽已是一种"社会机械大脑"，却是"非自动化"的，而未来 AGI 则将是高度"自动化"的"社会机械大脑"。由此也就可以把现代机器两次革命联系起来加以考察，通过"社会机械大脑"自动生成"社会机械通用智能"，可谓现代机器革命的终极目标，未来 AGI 就将是这种自动化、机械性的"社会通用智能"。这就是在现代机器二次革命的历史联系中对 AGI 所做的科学定位。

总之，AGI 作为高度自动化的社会机械大脑将"自动生产"机械智能，因而不再仅仅是"传导"人的生物智能。人类加工"信息"的精神劳动方式发展的三阶段也就是：脑工—信息化制造—AGI（详论见后）。正如只有高度自动化的机器劳动才能真正超越"手工性"，也只有高度自动化的 AGI 才有望真正超越智能劳动的"脑工性"，其标志就是"代替"人的"脑工"，"脑工"时代也将被终结，同时脑工从不自由、不平等中解放出来的时代也正在到来（详论见后）。

第三节　脑工解放时代来临

20 世纪 70 年代，丹尼尔·贝尔（Daniel Bell）的"后工业社会的来临"描述了一个新时代的开启，而当今 AI 正在开启一个与此不同的全新时代。前已指出，奇点主义者库兹韦尔认为，"未来的计算机便是人类——尽管他们是非生物的"；尤瓦尔·诺亚·赫拉利（Yuval Noah Harari）在《未来简史》中认为，未来超级 AI 将使人类进入"homo deus"（神人）时代，意味着作为我们这个星球上漫长自然进化的产物的"homo sapiens"（智人）时代的终结。此类命名引发全球大众对 AI 正在塑造的这个新时代尤其是未来发展趋势不必要的不安乃至恐慌，《终结者》等好莱坞科幻大片以及各类大众传媒种种商业化、娱乐化噱头的过度渲染，又进一步强化了恐慌。

给某个时代以恰当的命名非常重要，一个好的命名可能会使人产生恍然大悟之感。人们给某个时代尤其是自己所处时代的命名，大致有正面和反溯两种路径。所谓反溯命名即以以前一个时代的"终结"来命名，比如："信息时代"就是一种正面命名，而"后工业社会（时代）"则是一种反溯命名，意思是"工业社会（时代）"的终结；再往前，"机器时代"是一种正面命名，而反溯则可表述为"手工时代"的终结；对于当今时代来说，"AI 时代"是一种正面命名，但也出现了一些反溯命名，比如"后人类时代"等，大致是说"人类时代""人类中心时代""人类世"的终结。这种命名法依然沿袭贝尔"后工业"尤其是"后现代主义"的套路，总体上不足以充分揭示 AI 时代的新特征。

埃里克·布莱恩约弗森（Erik Brynjolfsson）、安德鲁·麦卡菲（Andrew McAfee）的《第二次机器革命》对当今 AI 时代的命名，就比较平实而且恰当。笔者近期研究，就是在这种现代机器二次革命历史脉络中为 AI 定位的：第一次革命锻造出"机器能量劳动"（energy work by machine）方式，终结了"手工劳动"（energy work by hand）方式；当今第二次革命正在锻造 AI 这种"机器智能劳动"（intelligence work by machine）方式，将终结"intelligence work by head"方式，上面我们已经用马克思的"脑工劳动"来定位这种方式。由此可以说，当今 AI 正在使人类走向"'脑工［Kopfarbeit（head-work）］'终结的时代"，正如机器能量劳动方式曾使人类走向"'手工［Handarbeit（handwork）］'终结的时代"一样。从历史经验看，机器终结"手工"后，人并非不再用手干活了，手工产品依然在生产，所谓工艺美术手工性也颇强，何况还有 DIY 之类的亚文化也一直在发展；那么，AI 机器终结"脑工"后，人也并非不再用脑干活了，但脑工活动的领域、形式或方式会发生变化。从字面的观感看，说"手工"终结了，似乎并不会给人带来不适，那么，说"脑工"终结了，也应不会使人产生不适感，至少与说"人类时代""智人时代"的终结相比是如此。

一

一个词的含义（meaning）和意义（significance），是通过与其相关的其他词的比较，进而在一组词构成的系统中显示出来的。"手工"往往与"劳动"连缀在一起，与"手工劳动"相近的词有物质劳动、体力劳动：物质劳动（material work）关乎劳动的"结果"即物质产品，体力劳动（work with body strength）关乎驱动劳动的"力量"即体力或体能。而"手工劳动"则关乎劳动的"工具"即"手"，所谓"手工劳动"（work by hand）就是指一种用"手"这种"工具"进行的劳动——body strength 是一种 energy，手工性体力劳动就可表述为能量性手工劳动即 energy work by hand。"脑工"与"手工"相对，与"劳动"连缀在一起，"脑工劳动"就与"手工劳动"相对，而与"脑工劳动"相近的词有精神劳动、脑力（智力）劳动：精神劳动（spiritual work，与物质劳动相对）关乎劳动的"结果"即精神产品，智力劳动（work with body intelligence，与体力劳动相对）关乎驱动劳动的"智力"（智能），而脑工劳动（work by head）则关乎劳动的"工具"即"脑"，所谓脑工性精神劳动就可表述为用"脑"这种"工具"进行的智能劳动即 intelligence work by head。在这组词语系统中，大致可以对"脑工"做一个比较清晰的界定。用"手"这种人的生物性能量器官进行的劳动的"手工性"，揭示了物质劳动的"生物性"，用"脑"这种人的生物性智能器官进行的劳动的"脑工性"，揭示了精神劳动的"生物性"，而只有借助"脑工性"这个词，才能把精神劳动的"生物性"与物质劳动的"生物性"区分开。这是引入"脑工"一词的义一目的。

从人类物质劳动发展史看，最早的"手工"劳动只以"手"为工具，但其后加进了"手"之外并由"手"使用的"工具"。现在通常讲的手工工具恰恰主要指后一类工具，即由"手"使用的工具（tool used by hand），而不是指手（hand）本身。马克思对此有清晰的描述："劳动者直接掌握的东西，不是劳动对象，而是劳动资料（这里不谈采集果实之类的现成的生活资料，在这种场合，劳动者身上的器官是唯一的劳动资料）。这样，自然物本身就成为他的活动的器官，他把这种器官加到他身体的器官上，不顾圣经的训诫，延长了他的自然的肢体。"①"采集果实"的劳动所使用的工具可以只是"手"，手是人"身体的器官"，因而是一种生物性工具；在采集果实活动中，人也可以用木棍等敲击树上的果实，此时，木棍也成为一种劳动工具，它外在于人体器官，因而是一种"非生物性"工具，并且是作为人体器官的手的"延长"。如果说木棍等是现存的自然物的话，那么，其后人类劳动所使用的工具更主要的是人的创造物，创造并使用外在于自身的劳动工具，就成为人类劳动不同于动物活动的区别性特征。

当今许多 AI 研究者往往忽视的是，人类精神劳动的发展与物质劳动的发展，存在着几乎相近的历史脉络：最早的"脑工"劳动也只以"脑"为工具，但其后加进了"脑"之外并由"脑"使用的"工具"。首先是口语，在口语不离人体器官口、耳的意义上，口语与人脑就都是脑工劳动的"生物性"工具；其后出现了文字，在外在于人体的意义上，文字就是脑工劳动的"非生物性"工具。正如人类物质生产力的大发展是从创造并使用外在于人手的非生物性能量工具一样，人类精神生产力的大发展也是从创造并使用外在于人脑的非生物性智能工具即文字系统开始的：文字的发明，成为人类告别野蛮时代而进入真正文明时代的重要标志。在手工工具方面，人类"不顾圣经的训诫，延长了他的自然的肢体"；在脑工工具方面，中国古人用"天雨粟，鬼夜哭"描述仓颉创造文字所产生的效果，文字的创造和使用，可以说同样是"不顾圣经的训诫"而"延长"了人身上的器官即"人脑"，或者说，文字等符号系统作为脑工工具同样也就是人脑的"延长"。

---

①《马克思恩格斯全集》第 23 卷，人民出版社 1972 年版，第 203 页。

一种事物的"特性"，只有在与其不同的事物的比较中，才能显现出来：如果不出现与手工不同并可取而代之的"能量性的机器劳动"（energy work by machine），"手工"（work by hand）本身的特性就不会显现出来。在现代大工业之前，就没有人会特别强调劳动的"手工性"；同样，如果不出现与"脑工"不同并可取而代之的"智能性的机器劳动"（intelligence work by machine），"脑工"（work by head）本身的特性也不会显现出来。同样，在AI机器劳动出现之前，也没有人会特别强调精神劳动的"脑工性"。反过来说，如果不与"手工性"比较，就无法揭示自动化能量性机器劳动（energy work by machine）的特性，这种特性正是在代替从而终结"手工"（work by hand）中体现出来的；同样，如果不与"脑工性"比较，也无法揭示当今AI机器自动化智能劳动（intelligence work by machine）的特性，这种特性也正是在代替从而终结"脑工"（work by head）中体现出来的。这是引入"脑工"一词的必要性所在。再从通常的语言使用习惯看，我们不会说"机械手"干的活儿是"手工"，只把"人手"干的活儿称作"手工"；同样，我们也不必把AI"机械脑"干的活儿说成是"脑工"，而只把"人脑"干的活儿称作"脑工"。更为重要的是，只有借助"手工"这个词，才可以揭示物质劳动工具"生物性"与"非生物性"的关系，此可谓考察能量自动化机器劳动的基本问题；同样，精神劳动工具的"生物性"与"非生物性"的关系，也是当今AI研究的基本问题。引入"脑工"一词，正是为了更有效地辨析此问题，并且还可以用"脑工性"与"手工性"把精神劳动的"生物性"与物质劳动的"生物性"区分开。

借助"脑工"一词，就可以把人的传统的智能活动方式界定为"精神、智力劳动"的"脑工方式"，而当今AI正在代替并将终结这种传统"脑工方式"，这种"终结"又是通过"智能自动化"来实现的，正如"能量自动化"机器代替并终结了"物质、体力劳动"传统的"手工方式"一样。"脑工"（work by head）中作为人体器官的"脑"（head）是一种"生物性"的信息和智能工具，作为现代机器第二次智能自动化重要标志的AI，则创造出了一种"非生物性"的"自动化"的智能工具，而此前人类早就在自己身体之外创造并使用"非生物性"智能工具即文字等符号系统，但相对而言，这还只是一种"非自动化"工具。以"生物性""自动化"为标准，就可以把人类已有的智能生产工具大致分成三类：生物性的人脑神经元系统、非自动化的非生物性文字等符号系统、自动化的非生物性 AI 机器系统。这三大智能工具系统之间的关系，就成为当今 AI 哲学的基本问题。同样，"手工"（work by hand）中作为人体器官的"手"（hand）是一种"生物性"能量工具，现代机器第一次能量自动化革命创造出了"非生物性"的"自动化"的工具，而此前人类早就在自己身体之外创造并使用"非生物性"能量工具了。但相对而言，还是"非自动化"工具；生物性的人手，非自动化的非生物性劳动工具，自动化的非生物性机器系统这三大能量生产工具之间的关系，就成为考察第一次机器革命的基本问题。被国内外传统相关研究严重忽视的马克思"机器生产工艺学"，对这三大能量生产工具之间的关系，做出了非常卓越的研究和辨析，这对于探讨当今 AI 时代三大智能生产工具之间的关系，有重要理论启示。

二

上面已经指出，现代机器可谓机械性的"生产的骨骼系统和肌肉系统"，而"人体骨骼和肌肉系统"则可谓劳动的"生物性"能量系统：后者生成"体能"这种生物性能量，而前者只是"传导"人的体能——但这只是就传统非自动化手工工具而言的；而现代自动化机器产生的结果则是"机械动力（蒸汽或水）代替人的肌肉来推动机器"①。"机器骨骼和肌肉系统"及其自动生成的"机械动力"这种非生物性能量，也就可以"代替""人体骨骼和肌肉系统"及其生成的生物性能量，而一切传统手工工具则要靠"人的肌肉"及其产生的体能来推动，手工工具本身发挥的作用只是"传导"人的体能。由此可以对能量工具的"手工性"做清晰的界定：只是"传导"人的体能的工具

---

① 《马克思恩格斯全集》第 23 卷，人民出版社 1972 年版，第 504 页。

（无论是多么复杂的机械装置）所具有的就是"手工性"，能够"代替"人的体能的工具才能超越这种"手工性"。

在能量自动化机器生产中，"使用劳动工具的技巧，也同劳动工具一起，从工人身上转到了机器上面。工具的效率从人类劳动力的人身限制下解放出来"[①]，并且"机器的生产率是由它代替人类劳动力的程度来衡量的"[②]。人被机器"代替"恰恰意味着：人类物质生产力从人身生物性限制下解放出来，或者说人类超越了人身生物性限制。研究 AI 及其影响的库兹韦尔《奇点来临》一书的副标题是"当人类超越生物性"。马克思讲的是能量自动化，库兹韦尔讲的是智能自动化，而在生产工具的"生物性"与"非生物性"关系上，又可以将两者贯通在一起：历史悠久的"人脑神经元系统"是一种"生物性"的智能生产工具系统，作为新一代 AI 重要成果的"机器（计算机）神经元网络"则是一种"非生物性"的智能生产工具系统，而人类其实也早已在人的身体器官（大脑）之外创造并使用"非生物性"智能生产工具系统即文字符号系统。不同处在于是否"自动化"：智能自动化生成的"机器神经网络"不再是"传导"而是可以"代替"人脑及其产生的智能，而文字等符号系统虽然是"非生物性"却是"非自动化"的智能生产工具，其发挥的作用只是"传导"而不能"代替"人的生物性智能。由此也可以对智能工具的"脑工性"做一清晰界定：只是"传导"人的智能的工具所具有的就是"脑工性"，能够"代替"人的智能的工具才能超越这种"脑工性"。这也就是对当今 AI 的一种定位。

生物性的人于使用"非生物性"而非自动化工具的劳动，总体上依然没有摆脱物质劳动的"生物性"或"手工性"，能量自动化机器才真正超越了这种"手工性"。与此相通：生物性的人脑使用"非生物性"而非自动化的语言文字符号系统的劳动，总体上依然没有摆脱精神劳动的"生物性"或"脑

---

① 《马克思恩格斯全集》第 23 卷，人民出版社 1972 年版，第 460 页。
② 《马克思恩格斯全集》第 23 卷，人民出版社 1972 年版，第 428 页。

工性"，只有当今 AI 作为一种智能自动化机器才开始真正超越这种"脑工性"。从源头上说，能量自动化机器"使用劳动工具的技巧"是从人"身"上"转"过来的，因而最终源头依然在人，但在具体运转中却摆脱了人的生物性，从而把人类物质生产力从人身生物性限制下解放出来；AI 自动化机器获得的可以说是一种使用"精神劳动工具"或"思维工具"的技巧，这种技巧也是从"人身"（人脑）上"转"过来的，因而最终源头依然在人，但在具体运转中却开始摆脱人的生物性，从而把人类精神生产力也从人身生物性限制下解放出来。而在语言文字的运转中，人使用语言文字的精神劳动，总体上依然没有摆脱人的生物性或"脑工性"，因而依然没有把精神生产力从人身生物性限制下真正解放出来。在能量自动化中，"机器的生产率是由它代替人类劳动力的程度来衡量的"，同样，在当今智能自动化中，机器（计算机）的"生产率"也是由 AI 所"代替"人类的精神劳动力（智力、智能）的程度来衡量的，或者说，对人的生物性"脑工"的"代替"程度，乃是衡量 AI 发展水平的重要标准，这种"代替"程度越高，人类精神生产力超越人身生物性限制的"解放"程度就越高。

从国内外 AI 研究现状看，很少有学者会否定 AI 可以"代替"人的智能，但有关这种"代替"程度的高低等，在认知上存在分歧，更为重要也存在更大分歧的问题是：这种"代替"对"人"来说究竟意味着什么？马克思与此相关的判断非常明确："人不再从事那种可以让物来替人从事的劳动，——一旦到了那样的时候，资本的历史使命就完成了。"[1]其中的"物"就是指高度自动化的机器，当然，在马克思心目中还主要指能量自动化机器，但我们今天可以将这种判断，应用到对当今 AI 这种智能自动化机器及其社会影响的分析中。再从另一相关研究现状看，AI 可以代替人的智能，因而也就可以"代替"人的智力工作，而这会造成人失去智力工作。没有学者否定这种可能性，分歧在于：这种"代替"程度究竟有多高，进而造成的失业量究竟有多大。现

---

[1]《马克思恩格斯全集》第 46 卷上册，人民出版社 1979 年版，第 287 页。

在的 AI 确实尚未造成大量失业，但 AI 正处在指数级发展中，AI 生产率是由"代替"人的智能的程度来衡量的，AI 越发展，生产率越高，对人的智能的代替程度就越高，进而造成的失业量必然就越大——如果没有社会等方面因素的限制，这是一种不可遏止的必然大势。马克思对能量自动化机器社会影响的分析，对于探讨这个问题有重要理论启示。

如果说马克思理论中有着一种"机器生产工艺学"的话，那么，其基本特点就是"批判性"，这种批判性体现在：把"工艺学"与"社会学"充分结合起来，不是单纯讨论人与机器这种"物"的关系，而是把机器这种"物"对人的影响，置于人与人社会关系中加以讨论。而决定现代人与人社会关系的主导力量来自"资本"，"机器/资本"二重性及其历史辩证运动就成为马克思机器生产工艺学批判的重要主题。

三

没有人会否认马克思是"批判"的大师，但对于马克思如何理解、界定"批判"，却往往很少有人深究。我们看马克思自己怎么说："经济学家们毫无例外地都忽略了这样一个简单的事实：既然商品有二重性——使用价值和交换价值，那么，体现在商品中的劳动也必然具有二重性，而像斯密、李嘉图等人那样只是单纯地分析劳动，就必然处处都碰到不能解释的现象。实际上，这就是批判地理解问题的全部秘密。"[1] 也可以说，辨析商品使用价值和交换价值和生产它们的劳动的"二重性"，就是马克思"批判"的"全部秘密"所在。结合现代机器与资本关系看，从"工艺学"角度看，现代自动化机器的强大功能体现在其会自动生产出巨量的"使用价值"上，在此意义上，"自动运转"的机器，乃是驱动现代生产的强大的"工艺学的"（technological）动因；而从"社会学"角度看，资本的目的不是"使用价值"，而是"交换价值"及其自行增殖，"自行增殖"的资本，就成为驱动现代生产强大的"社会学的"（sociological）动因。建立在这种动因二重性基础上的"机器生产工艺

---

[1]《马克思恩格斯全集》第 32 卷，人民出版社 1975 年版，第 11—12 页。

学批判"，就成为马克思考察现代生产乃至整个现代社会发展的重要视角。国内外已有的对马克思的研究，对此多有忽视。

"人不再从事那种可以让物来替人从事的劳动，——一旦到了那样的时候，资本的历史使命就完成了。"资本的历史使命就是创造并使用这种"物"即高度自动化的机器，而其内在对抗性体现为"人不再从事那种可以让物来替人从事的劳动"，却表现为使工人失去获得购买生活资料的收入的工作机会。马克思明确指出："机器本身对于把工人从生活资料中'游离'出来（引者注：造成工人失业、失去收入等）是没有责任的"，应该"负责的"是机器的"资本主义应用"。①在资本框架下，自动化机器对劳动的"解放"却成了对劳动者的"威胁"，而这种"威胁"的根源不在"机器"而在"资本"。

那么，"人不再从事那种可以让物（机器）来替人从事的劳动"究竟是一种什么样的"劳动"？"自由王国只是在由必需和外在目的规定要做的劳动终止的地方才开始；因而按照事物的本性来说，它存在于真正物质生产领域的彼岸"，"在这个必然王国的彼岸，作为目的本身的人类能力的发展，真正的自由王国，就开始了"。②自动化机器"替人从事的劳动"，就是处在"必然王国"的"由必需和外在目的规定要做"因而是"不自由"的劳动，自由劳动"作为目的本身的人类能力的发展"，也就是人以自身的生物性体力、智力的发展本身为目的的劳动。能量自动化机器终结了"手工"时代，把人类物质生产力从人身生物性限制下解放出来，当能量自动化达到足够的高度时，人就把一般物质生产力的发展交给机器，但这并不必然导致人就不再发挥自身生物性体力，因为人可以以自身体力的发挥本身为目的并获得愉悦。而这绝非对人性的抽象假设，或是对人性未来的乌托邦预测，而是有现实的经验基础的，比如人在业余的游戏性的体育活动中，就会因为自身生物性体力的自由支出而获得真实的愉悦感。同样，智能自动化机器将终结"脑工"时代，

①《马克思恩格斯全集》第23卷，人民出版社1972年版，第483页。
②《马克思恩格斯全集》第25卷，人民出版社1974年版，第926—927页。

把人类精神生产力从人身生物性限制下解放出来，当 AI 自动化达到足够的高度时，人就可以把一般精神生产力的发展交给机器，但这同样并不必然导致人不再发挥自身生物性智力，因为人同样可以以自身智力的发挥本身为目的并获得愉悦。这同样绝非对人性的抽象假设或乌托邦预想，而是同样有着现实的经验基础，比如人在业余的游戏性的艺术创作活动中，就会因为自身生物性智力的自由发挥而获得真实的愉悦感。

事实上，当今在大众传媒上疯传的引发恐惧的关于 AI 未来的种种预测，往往是哲学乃至宗教式的不着边际的玄想。回到现实经验，这些玄想往往不攻自破：在手工时代，人用手插秧，用腿脚走路；在机器时代，人不再用手而用插秧机插秧，用汽车"代步"。但人并不因此而感到不适，而依然会用手干别的活儿，比如打球等体育活动，人不会与汽车赛跑，但依然会用腿脚散步而愉快地支出体能。同样，在脑工时代，人用脑想出一首诗，在当今 AI 机器时代，人可以不再用脑而用微软 AI "小冰"或清华 AI "九歌"智能机器自动写出一首诗。那么人因此而感到不适的理由何在？人不会与汽车比能量和速度，为什么非要与 AI 机器比智能？ AlphaGo 打败人类围棋高手，就必然会影响普通围棋爱好者下棋的乐趣吗？

恩格斯指出："手不仅是劳动的器官，还是劳动的产物。只是由于劳动，由于总是要去适应新的动作，由于这样所引起的肌肉、韧带以及经过更长的时间引起的骨骼的特殊发育遗传下来，而且由于这些遗传下来的灵巧性不断以新的方式应用于新的越来越复杂的动作，人的手才达到这样高度的完善，以至像施魔法一样造就了拉斐尔的绘画、托瓦森的雕刻和帕格尼尼的音乐。"[1]拉斐尔绘画等，当然不仅仅只是手及人体骨骼和肌肉系统这种生物性能量生产工具的产物，也是并且更是人脑神经元系统这种生物性智能生产工具的产物。同样，人脑也不仅是"劳动的器官"，还是"劳动的产物"，并且不仅仅是精神劳动的器官和产物，也是物质劳动的器官和产物。而在人类劳动实际

---

[1]《马克思恩格斯全集》第 20 卷，人民出版社 1971 年版，第 511 页。

的发展历史进程中，出现了手与脑、物质劳动与精神劳动的分工，拉斐尔绘画等又是建立在这种分工基础上的。拉斐尔绘画等又非仅仅只是脱离物质劳动的"脑"的产物，同时也是解放了的"手"的产物：拉斐尔、托瓦森的手，只有从拿锄头、纺纱的手中解放出来，才会变成像施了魔法一样的手。而拉斐尔等极少数人的手的这种"解放"，又是建立在绝大多数人的手依然被用于拿锄头、纺纱等物质劳动而未能从其中解放出来的基础上的。能量自动化机器的潜能是将把"所有人"的手从物质劳动中解放出来，由此，每一个人不是不再使用自己的手了（不使用会导致这种器官功能的退化、萎缩），而是可以像拉斐尔等一样在自由的艺术创作中使用自己的手了。自动化机器只是在不自由的物质劳动中终结"手工"，"手工"（work by hand）本身并未从人的活动中消失，而只是"转移"到了不自由劳动之外进行而已。

此外，与 AI"小冰"自动创作绘画作品这种智能上的"机器劳动"相比，拉斐尔等所从事的就还是一种生物性的"脑工劳动"，艺术智能未能从人身（人脑）生物性限制下解放出来，而 AI 则会将其解放出来。同样，一般智能从人脑限制下解放出来，并不意味着人就不再使用作为生物性智能工具的人脑了（人脑作为一种生物性器官，不使用也会退化、萎缩），而是"每一个人"都会像拉斐尔等一样在自由的精神劳动中自由地发挥自身生物性智力，并由此获得真实的人性愉悦。同样，AI 自动化机器也只是在不自由的精神劳动中终结"脑工"，"脑工"（work by head）本身并不会从人的活动中消失，而只是"转移"到了不自由劳动之外进行而已。而当"每一个人"都能这么做时，拉斐尔等与普通人之间在精神劳动中的等级性将被消除。马克思指出："在自动工厂里，代替工场手工业所特有的专业工人的等级制度的，是机器的助手所要完成的各种劳动的平等或均等的趋势。"①能量自动化机器消灭了传统手工劳动的等级制度而带来物质劳动的平等，或者说，"手工"时代的终结，意味着体力活动平等时代的来临；当今 AI 机器则将消灭传统"脑工劳动"的

---

① 《马克思恩格斯全集》第 23 卷，人民出版社 1972 年版，第 460 页。

等级制度而带来精神劳动的平等，同样可以说，"脑工"时代的终结，意味着智力活动平等时代的来临。在传统分工中，专业精神劳动者保持着高于业余从事精神劳动而主要从事物质劳动的人的等级性，这种等级性的消除，又必然促使精神劳动与物质劳动在不同人群之间传统分工的消除。这将成为现代机器二次自动化革命的重要成果。

第四节　机器 / 资本二重性、自由 / 平等对抗性及其扬弃

从现代机器二次革命看，19 世纪以蒸汽机为代表的第一次能量自动化革命把人的手工劳动从不平等、不自由中解放出来，而当今 21 世纪以 AI 计算机为代表的第二次智能自动化革命，正在把人的脑工劳动从不平等、不自由中解放出来，脑工解放时代正在来临。

马克思"为之献身并要干到最后一息的任务：解放劳动"，为此他对"劳动"做了系统、深入的研究。首先，前已指出，劳动就是"人的身体即活的人体中存在的"，因而可以称为"生物性"的"体力和智力"的运用或发挥的活动。总体、一般地看，任何劳动都需要同时发挥体力和智力；实际地尤其是历史地看，"分工"又使劳动分为偏重发挥体力的物质劳动与偏重发挥智力的精神劳动两大类。其次，马克思认可富兰克林的"人是制造工具的动物"的说法。一方面人的劳动不同于动物的活动的一个重要特征是创造并使用工具——对物质劳动工具进行创造的活动本身就是人的智力活动，而使用工具的物质劳动活动中也包含人的智力因素，劳动者使用物质劳动工具的"技巧"或"技能"本身就是一种"智能"；另一方面，人使用一定"工具"进行的精神劳动本身也总具有"物质性"，即具体的精神劳动工具本身如文字符号等是物质性的，同时人在精神劳动中也需要支出一定的物质性力量即体力。分而论之，劳动的全面解放，就包括手工体力劳动和脑工智力劳动的解放。马克思揭示：现代自动化"机器"是解放劳动的"工艺"方式，"资本"则是解放劳动的"社会"方式。而机器 / 资本二重性，就成为马克思生产工艺学批判探

索劳动解放方式或途径的重要立足点。

一

现代机器已经历了二次自动化革命。马克思、恩格斯对第一次以蒸汽机为代表的自动化革命及其对劳动解放的作用有非常深入、系统的研究，对于我们今天探讨 AI 引发的第二次自动化革命及其对劳动解放的作用有重要理论启示。恩格斯指出："蒸汽机确实是所有那些以它为凭借的巨大生产力的代表，唯有借助于这些生产力，才有可能去实现这样一种社会制度，在这种制度下不再有任何阶级差别，不再有任何对个人生活资料的忧虑，在这种制度下第一次能够谈到真正的人的自由，谈到那种同已被认识的自然规律相协调的生活。"[1] 在这种制度下，"通过社会生产，不仅可能保证一切社会成员有富足的和一天比一天充裕的物质生活，而且还可能保证他们的体力和智力获得充分的自由的发展和运用，这种可能性现在是第一次出现了，但是它确实是出现了"[2]。"阶级差别"是私有制社会下人与人不平等的最基本的体现。免于"对个人生活资料的忧虑"是人的最基本的自由，或者说是一种"消极自由"即所谓"免于匮乏"的自由，而每个人体力和智力充分发展的自由则是一种"积极自由"或"能动性自由"——蒸汽机使人类消除阶级差别而实现人人平等，在免于匮乏的基础上而实现人人自由的可能性"第一次"出现。而我们今天可以说"计算机"使这种可能性"第二次"出现，因为"计算机"同样也"确实是所有那些以它为凭借的巨大生产力的代表"——其终极产物就是 AI。这是我们为当今 AI 在现代机器二次革命中所做的初步定位。

马克思则对以蒸汽机为代表的能量自动化机器如何把劳动从不平等、不自由中解放出来有非常具体、深入的探讨，这方面的经典论述是：

　　　　使用劳动工具的技巧，也同劳动工具一起，从工人身上转到了

---

① 《马克思恩格斯全集》第 20 卷，人民出版社 1971 年版，第 126、172 页。
② 《马克思恩格斯全集》第 19 卷，人民出版社 1963 年版，第 244 页。

机器上面。工具的效率从人类劳动力的人身限制下解放出来。这样一来，工场手工业分工的技术基础就消失了。因此，在自动工厂里，代替工场手工业所特有的专业工人的等级制度的，是机器的助手所要完成的各种劳动的平等或均等的趋势，代替局部工人之间的人为差别的，主要是年龄和性别的自然差别。[①]

这些论述同样适用于分析作为"智能自动化机器生产"方式的当今 AI 及其对劳动解放的作用。以上马克思实际上讲了两种解放：一是"人类劳动力"或"社会的物质生产力"从个人的"人身"或"生物性"限制下解放出来；二是个人的手工劳动从传统的等级制度的不平等中解放出来。以上所讲"劳动"主要指"物质劳动"。存在于"工人身上"的使用物质劳动工具的"技巧"，是一种"生物性"的"技巧"或"智能"；转到"机器"上的技巧则成为一种"非生物性"的"智能"，产生的后果是工人使用工具的生物性技巧或智能可以被代替，或者说，作为机器工具的"使用者"不需要太高超的技巧或智能，也正因此，机器使用者的生物性智能可以被代替了，但是，机器的"创造者"却需要较高的技巧或智能。由此就造成在机器自动化物质生产中劳动者主要支出的就是体力，而这种体力也变得无足轻重：在大工业的生产过程中，"发展为自动化过程的劳动资料的生产力要以自然力服从于社会智力为前提"。这种"自然力"首先主要指蒸汽机燃烧煤炭所释放出的"非生物性"的能量，并代替了传统物质劳动中人支出的"生物性"能量即体能（体力）。

　　现代机器第一次能量自动化革命的重要成果是使自然力服从于"社会智力"或"社会智能"。而在此前的生产方式中，人类尚未做到这一点，总体上还是以人的物质性力量即体力（体能）与自然力搏斗，或者说，人的体力在社会财富创造中所占比例还较大，尽管人的智力（智能）也发挥着重要作用。马克思指出，"大不列颠的工人阶级最先准备好并且最先负有使命来领导最终必然使劳动得到彻底解放的伟大运动""大不列颠的千百万工人第一个奠定了新社会的真实基础——把自然界的破坏力变成了人类的生产力的现代工业""英国工人阶级既然创造了现代工业的无穷无尽的生产力，也就实现了解放劳动的第一个条件""工人阶级征服了自然，而现在它应当去征服人了"。[1] 征服自然、使自然力服从于"社会智力"，是解放劳动的第一个条件，也可以说是全面解放劳动所迈出的第一步：首先把人的生物性能量即体力的发挥从不自由中解放出来了，同时也把人使用物质劳动工具的技巧或"手工智能"从不自由中解放出来了。而当今 AI 则正在朝使人类劳动的全面解放迈出第二步。下面将其与马克思、恩格斯所考察的现代机器第一次能量自动化革命及其对劳动解放的作用，做一些对比分析。

1. 以上所引马克思所说的"劳动"主要指"物质生产"，能量自动化机器生产使用物质劳动工具的技巧，从人"身"上转到"机器"上面而成为"社会智力"；而对于当今"精神生产"来说，智能自动化机器生产则使用精神劳动工具（文字符号等）的技巧，从人"身"即人"脑"上转到"机器"即计算机上并成为"社会智力"自动化的生成方式。这对 AI 生成机制的描述无疑更为清晰。

2. 能量自动化机器使"人类劳动力"即"社会"的物质生产力从"个人"的生物性的"人身"限制下"解放"出来而获得更充分的发展；当今 AI 机器则使"社会"的精神生产力从个人的生物性的"人脑"限制下"解放"出来而将获得更充分的发展。这是 AI 的划时代的革命意义之一。

3. 能量自动化机器打破了传统专业工人的"等级"制度，所有的工人都成为"机器的助手"而呈现出平等化、均等化的趋势。物质生产的专业"等级"制度是依靠使用物质劳动工具的技巧建立起来的，比如在封建行会中，手工技巧高超的人成为大师傅，其他人则是徒弟，由此建立起师傅与徒弟之间的等级，而自动化机器则打破了这种等级：在自动化机器生产方式中，不

①《马克思恩格斯全集》第 10 卷，人民出版社 1962 年版，第 133—134 页。

再按"使用劳动工具的技巧"的高低来分工，所以不掌握这种技巧的儿童也被吸收其中。精神生产领域的等级，是依靠使用精神劳动的工具（文字等符号）的技巧建立起来的，比如具有使用文字符号这种劳动工具的高超技巧的人可以成为"专业"作家，其他人则只是"业余"写手，由此建立起"专业—业余"这种精神生产的文化等级。AI自动化机器则正在打破这种文化等级，比如使用AI软件进行写作的人，也都成为"机器的助手"，"专业"作家与"业余"写手之间的差距就相对较难拉开了，这同样引发了写作等文化生产的平等化、均等化趋势。

4. 在物质生产中，存在于工人"身"上的"使用劳动工具的技巧"也是一种"智能"，这种智能具有个人性、生物性，转到"机器"上的技巧则成为一种"社会智力"或"社会智能"，这种智能具有社会性、非生物性。对于当今AI所正在塑造的精神生产方式来说也是如此，比如存在于人类诗人"身"上即人脑里的"使用文字工具的技巧"也是一种"智能"，这种智能具有个人性、生物性，而存在于AI机器比如微软"小冰"中的"使用文字工具的技巧"或智能则是社会性、非生物性的。而智能的个人性、生物性与社会性、非生物性之间的关系，就成为考察人与AI机器之间关系的智能哲学的关键点。

5. 以上所引马克思的话，实际上还揭示了"单个人的劳动"转化为"社会劳动"的两种不同方式：（1）"直接的交换"，在资本主义社会中，劳动具有私人性，只有所生产出的私人性的产品通过成功的交换而变成货币，"私人劳动"才会转化为"社会劳动"——这种劳动的"社会性"是间接性的；（2）运用"发展为自动化过程的劳动资料"即自动化机器的劳动的"社会性"则是直接性的，"单个人的劳动在它（劳动）的直接存在中已成为被扬弃的个别劳动，即成为社会劳动"——这种直接的高度社会化的机器自动化生产方式，就与资本主义建立在货币基础上的交换方式形成尖锐对立。而这是成熟的资本主义内在对抗性的重要表现，揭示这种对抗性，就是马克思考察机器/资本二重性的生产工艺学批判所探讨的重要主题。

为将 AI 的划时代意义说明清楚，前面我们已在与"手工劳动"、geistiger Arbeit（通译"精神劳动""智力劳动""脑力劳动"）的对比中，引入马克思所用的 Kopfarbeit，并根据其字面意思将其翻译为"脑工劳动"，由此就可以在现代机器二次自动化革命中，较为清晰地勾勒出当今 AI 的划时代意义：以蒸汽机为代表的能量自动化机器，终结了物质生产的"手工"时代，把手工劳动从不平等中解放出来而使物质劳动人人平等的时代到来，而当今以计算机为代表的智能自动化机器，正在终结精神生产的"脑工"时代，把脑工劳动从不平等中解放出来而使精神劳动人人平等的时代正在来临。

二

以上主要分析的是劳动如何从"不平等"中解放出来的，而现代自动化机器也把人的生物性手工劳动、脑工劳动从"不自由"中解放出来。geistiger Arbeit 这个词从字面意思看，只揭示了劳动所使用力量的精神性、智力性或智能性，而不能直接揭示这种劳动的"生物性"，而 Kopfarbeit 则从字面上就揭示了劳动的"生物性"，即这种劳动使用的作为智能工具的人脑（Kopf）是"生物性"的。于是，个人与 AI 机器之间的关系，就表现为智能的"生物性"与"非生物性"之间的关系："能量"自动化机器所产生的"非生物性"力量可以"代替"人的"生物性"力量即体力，而当今 AI 作为"非生物性"的"智能"自动化机器将可以"代替"人的"生物性"的智力。而这两种"代替"恰恰意味着人的生物性手工劳动、脑工劳动从"不自由"中解放出来。这只是从"机器"角度来说的，而马克思生产工艺学的批判性不是体现在就机器论机器，而是聚焦在机器 / 资本之二重性上。

马克思指出，资本的历史使命就是为劳动解放创造物质条件，而这种物质条件又集中体现在现代自动化机器上。"劳动的社会将科学地对待自己的不断发展的再生产过程，对待自己的越来越丰富的再生产过程，从而，人不再从事那种可以让物来替人从事的劳动，——一旦到了那样的时候，资本的历史使命就完成了。"①这种"物"就是现代自动化机器。那么，"人不再从事那种可以让物（自动化机器）来替人从事的劳动"之后，是否就不再从事任何劳动了？"只有在机器使工人能够把自己的更大部分时间用来替资本劳动，把自己的更大部分时间当作不属于自己的时间，用更长的时间来替别人劳动的情况下，资本才采用机器。"这意味着"必要劳动时间"的缩短和"剩余劳动时间"的延长，"通过这个过程，生产某种物品的必要劳动量会缩减到最低限度，但只是为了在最大限度的这类物品中实现最大限度的剩余劳动。第一个方面所以重要，是因为资本在这里——完全是无意地——使人的劳动，使力量的支出缩减到最低限度。这将有利于解放了的劳动，也是使劳动获得解放的条件"②"使人的劳动，使力量的支出缩减到最低限度"与"人不再从事那种可以让物（自动化机器）来替人从事的劳动"是相互规定的劳动获得解放的基本条件。《资本论》临近结尾的地方勾画出了人的体力、智力发挥的两种不同领域：（1）"作为目的本身的人类能力的发展"的"自由王国"；（2）"由必需和外在目的规定要做的劳动"构成的"必然王国"。③而自动化机器"替人从事的劳动"就是处在"必然王国"的"由必需和外在目的规定要做的劳动"即不自由的劳动，这种不自由劳动的时间将被"缩减到最低限度"，在这种不自由劳动中，人的包括体力、智力在内的力量的支出也"缩减到最低限度"，但这并不意味着人就不再支出自己的体力、智力了，而是转移到"自由王国"、自由劳动中去支出或发挥了，人的体力、智力发挥为"目的本身"。而这就意味着每个人发挥自身生物性的体力、智力的劳动即手工劳动、脑工劳动从不自由的"必然王国"中"解放"出来。

但是，"人不再从事那种可以让物（自动化机器）来替人从事的劳动"而"使人的劳动，使力量的支出缩减到最低限度"，进而使劳动获得解放。资本"完全是无意地"做的，而资本、作为资本人格化的资本家非常"有意"的日

---

①《马克思恩格斯全集》第46卷上册，人民出版社1979年版，第287页。

②《马克思恩格斯全集》第46卷下册，人民出版社1980年版，第214页。

③《马克思恩格斯全集》第25卷，人民出版社1974年版，第926—927页。

的则是"实现最大限度的剩余劳动"，产生的结果是现代自动化机器已可以大大缩短劳动者的工作日，但从全球范围看，劳动者进行着不断斗争，但工作日依然被较普遍地维持在一日工作八小时、一周工作五天的制度上。这与当今机器的高度自动化已完全不相匹配！更突出的问题是，能量自动化机器可以代替人的体力而把社会物质生产力从劳动者个人生物性人身限制下"解放"出来，同时也把每个人的手工劳动从不平等中解放出来，但造成了主要靠出卖体力的蓝领工人的大量失业；AI 自动化机器可以代替人的智力而把社会精神生产力从精神劳动者个人生物性人脑限制下"解放"出来，同时也把每个人的脑工劳动从不平等中解放出来，但会造成主要靠出卖智力的白领工人的大量失业。但只有在"资本"前提下才会出现这种情况，而要使现代自动化机器让每个人的手工劳动、脑工劳动从不自由状态中解放出来的可能性转化为现实性，就必须消灭资本。

人的体力、智力的自由发挥和手工劳动、脑工劳动的自由发展，绝非什么乌托邦幻想，实际上已经有这方面的历史经验。历史地看，蒸汽机释放出的非生物性能量代替人的生物性体能之后，人并不是不再支出或发挥自身体力了，而是转到比如体育活动中去相对自由地支出或发挥了，人的体力的发挥从不自由中解放出来了；自动化机器代替人使用物质劳动工具的技巧或"手工智能"后，人也不是不再发展这方面的智能了，而是转到比如其他手工艺活动中去相对自由地发挥了，人的手工智能也从不自由中解放出来。这种历史经验，对于我们今天考察 AI 机器输出的非生物性智能与人的生物性智能之间的关系，具有重要启示：AI 机器释放出的强大的非生物性代替人的生物性智能，人并不是不再支出或发挥自身智力了，而是可以以相对更自由的方式发挥自身智力了，比如：AlphaGo 打败人类围棋高手，并不必然影响普通人下围棋的乐趣；AI"小冰"可以写出普通人或许也写不出的漂亮诗歌，也并不必然影响普通人写诗的乐趣。

三

恩格斯指出："文化上的每一个进步，都是迈向自由的一步。"这种最广义的"文化"的进步史，就是人类不断摆脱不自由状态的解放史。"发展为自动化过程的劳动资料的生产力要以自然力服从于社会智力为前提"，人类的解放史也就是不断征服自然力而使之服从于"社会智力"的历史，因而也是人的社会智力的解放、发展的历史。在此意义上，"智能（智力）"与"文化"就是两个可以相互涵盖的概念，因此，同样可以说"智能上的每一个进步，都是迈向自由的一步"。而现代科学技术及其锻造出的自动化机器，标志着社会智力进步的巨大飞跃，因而也是人类迈向自由的进步的巨大飞跃。

现代科学发展到今天，人类已以三种技术方式打开了大自然的所罗门魔瓶：以原子技术打开了大自然的"能量"魔瓶，释放出核能量这个魔鬼；以基因技术打开了大自然的"生命"魔瓶，释放出人造生命（克隆、基因编辑等）这个魔鬼；以数字技术打开了大自然的"智能"魔瓶，释放出 AI 这个魔鬼。核武器已成为悬在人类头上的达摩克利斯之剑，随时可以反噬、消灭全人类；而基因和 AI 技术尤其是它们的武器化，也正走在反噬、消灭人类的路上……

马克思《资本论》有一段对自动化机器工厂颇具文学乃至魔幻色彩的描述：

> 通过传动机由一个中央自动机推动的工作机的有组织的体系，是机器生产的最发达的形态。在这里，代替单个机器的是一个庞大的机械怪物，它的躯体充满了整座整座的厂房，它的魔力先是由它的庞大肢体庄重而有节奏的运动掩盖着，然后在它的无数真正工作器官的疯狂的旋转中迸发出来。①

这种情景在今天的特斯拉的无人智能工厂才得到充分实现，可见马克思天才的预测性。《共产党宣言》中还有一段打开所罗门魔瓶式的描述："现代

①《马克思恩格斯全集》第 23 卷，人民出版社 1972 年版，第 419 页。

的资产阶级社会，连同它的资产阶级的生产和交换关系，连同它的资产阶级的所有制关系，曾经像魔术一样造成了极其庞大的生产和交换资料，现在它却像一个魔术师那样不能再对付他自己用符咒呼唤出来的魔鬼了。"①其中"庞大的生产资料"在工艺形式上就指庞大的现代自动化机器体系：资产阶级及其垄断的资本呼唤、释放出这个魔鬼，却必将被这个魔鬼反噬！

以上两种描述的不同之处在于：一是说人类释放出的现代极致技术魔鬼将反噬人类，一是说人类通过资本释放出现代极致技术尤其是自动化机器魔鬼将反噬、消灭资本，而人类则将由此获得自由解放。后者就是马克思立足机器／资本二重性的生产工艺学批判的考察思路，而前者则是支撑当今对 AI 全球错误认知的主导观念：AI 作为魔鬼被好莱坞科幻大片等具象化为将消灭人类物种的超级智能机器人，引发全球普通大众惶恐不安。但是，此类"科学幻想"并不"科学"。科学地看，当今 AI 标志着现代机器的"智能"自动化革命，而马克思主要考察的是现代机器的"能量"自动化革命。只有在这种现代机器两次自动化革命的历史脉络中，才能科学地揭示当今 AI 的社会文化影响。

在当今 AI 引发的终极性飞跃之前，人类发展史已经历了数次飞跃。恩格斯对此描述道：

> 文化上的每一个进步，都是迈向自由的一步。在人类历史的初期，发现了从机械运动到热的转化，即摩擦生火；在到目前为止的发展的末期，发现了从热到机械运动的转化，即蒸汽机。而尽管蒸汽机在社会领域中实现了巨大的解放性的变革——这一变革还没有完成一半，——但是毫无疑问，就世界性的解放作用而言，摩擦生火还是超过了蒸汽机，因为摩擦生火第一次使人支配了一种自然力，从而最终把人同动物界分开。蒸汽机永远不能在人类的发展中引起

①《马克思恩格斯全集》第 4 卷，人民出版社 1958 年版，第 471 页。

如此巨大的飞跃……但是，整个人类历史还多么年轻，硬说我们现在的观点具有某种绝对的意义，那是多么可笑，这一点从下述的简单的事实中就可以看到：到目前为止的全部历史，可以称为从实际发现机械运动转化为热到发现热转化为机械运动这么一段时间的历史。[①]

恩格斯以上所论显然是在最宽泛意义上使用"文化"一词的，是指相对于"自然"而言的"文化"，这种"文化"与马克思所说的"社会智力"在基本意思上可以相互涵盖，其发展进程，就是人类征服自然、支配自然力、使自然力服从于社会智力而不断迈向自由的进程。在此意义上，当今 AI 尤其是未来有望实现的通用人工智能，堪称人类"文化"尤其是"社会智力（智能）"的最高形态，其"在人类的发展中引起如此巨大的飞跃"堪称终极性的。广义上把"文化"视作人支配自然力的方式，"机械运动"与"热"之间的相互转换，也可谓广义的"文化范式"：人通过摩擦生火使机械运动转化为热，开启了这种"文化范式"转型，而蒸汽机通过使热转化为金属机械运动，则使这种转型得以完成。基于此，恩格斯认为在引发人类发展巨大飞跃上，蒸汽机反而不如摩擦生火。而当今 AI 在人类文化进步史上的划时代意义在于：机器（计算机）的自动化"机械运动"（包括等价于机械运动的电子运动等）可以转化为或生产出"智能"。这种人类迈向自由的巨大飞跃和"世界性的解放作用"，堪比机械运动转化为热的摩擦生火，而超过使热转化为机械运动的蒸汽机。马克思所说的在大工业的生产过程中"发展为自动化过程的劳动资料"，就是指"能量"自动化机器，它开启了现代机器的第一次自动化革命，初步做到了使自然力服从于社会智力；而当今 AI 则正在开启现代机器的第二次自动化革命，即"智能"自动化机器革命，使自然力更充分服从于社会智力，标志着人类历史已告别了恩格斯所说的"年轻"而走向成熟壮

---

① 《马克思恩格斯全集》第 20 卷，人民出版社 1971 年版，第 126 页。

年，人类正在跨出迈向自由王国的最后一步！

第五节　经济自由主义与文化精英主义式微

自由／平等的对抗，在现代意识形态上表现为自由主义与平等主义的对立。经济自由主义是现代资本主义的重要意识形态。扎卡达基斯认为，AI的未来将使我们面临"人类的终极命运"，并用"人工智能末日""自由的终结"等描述这种终极命运："今天关于人工智能影响的思考与警告大部分都是关于劳动力市场的。许多经济学家（包括泰勒·柯文）已经指出人工智能会取代大部分白领工作。然而在他们的分析中假设其他的事情多多少少会保持不变，例如代议制的政治体制，或者主要由市场决定价格的自由经济。"当今国际学界许多有关AI对人类未来影响的讨论大都持有这种"假设"或"理论预设"，但扎卡达基斯强调，"不过未来并不一定如此"；这种"理论预设"又与经济自由主义的另一个基本"假设"即"政府无法有效计算无数互相关联的参数以优化经济"密切相关，而"在如今全球的政治环境中，能处理海量数据的智能计算机给政府提供了一种全新的革命性的工具。自由市场的自由主义和政府管理的社会主义之间意识形态的分歧将会模糊。自由市场能够比中央政府更有效地管理经济的观点，建立在政府无法有效计算无数互相关联的参数以优化经济的假设之上"，而"智能计算机"这种"全新的革命性的工具"对这种"假设"形成了挑战。在未来，智能计算机将在事情发生之前就预测出来。"人工智能经济会重写所有经济学教科书，这一经济领域重大的范式转换将会革命性地改变政府的地位和权力。换言之，在未来一个由人工智能担任国内和国际经济指挥者的时代，意味着我们所知的经济自由和资本主义的终结。"[1] 在扎卡达基斯看来，未来AI的重要影响就是在经济制度上终结自由市

---

[1] 扎卡达基斯：《人类的终极命运：从旧石器时代到人工智能的未来》，陈朝译，中信出版社2017年版，第295—297页。

场、在社会形态上终结资本主义，而在意识形态上将终结经济自由主义。

赫拉利认为未来 AI 将使"绝大多数普通人"成为庞大的"无用阶级"，并出现"各种事情的决定权已经完全从人类手中转移到具备高度智能的算法"的情况，而"在这两种情况下，自由主义都将崩溃"；"人类如果从生物定义上分裂成不同阶级，就会摧毁自由主义意识形态的根基。有自由主义的地方，仍然可能有各种社会及财富差距，而且因为自由主义把自由看得比平等更为重要，所以甚至也觉得有差距是理所当然"。① 赫拉利同样认为自由主义意识形态将被 AI 终结，并且对"平等"造成重大影响。下面我们首先回到人类发展史尤其是智能发展史中，来对此做初步分析。

从智能生产工具的发展史看，人脑是漫长的"自然史"进化的产物，文字的发明和使用开启了人类不同于自然史的"文化史"。自然史进化是非常缓慢的，而文化史发展则是飞跃性的，比如：由马克思所说的广义的"世界文学"（包括狭义文学和哲学等文字产品）所构成的当今人类的文字符号系统，与文字发明之初的文字系统相比，可以说已经天差地别；但是，当今人类个体大脑结构与文字发明之初的人类个体大脑结构相比，则变化甚微。由此可以说，当今人类所取得的巨大文明成果或文化成就，并非人脑这种个人智能生产工具的生物性结构变化或进化的产物，而是文字等符号这些非个人性（社会性）、非生物性的智能生产工具发展的结果，或者说不是生物性"个人智力"发展的结果，而是非生物性的"社会智力"发展的成果——而当今 AI 则是这种社会智力发展的终极成果。相比地球漫长的自然史，人类的文化史是极其短暂的；而相比于个人生命短暂的存在时间，人类文化史又足够悠久了。从这种漫长的自然史、悠久的文化史及其终极成果 AI 看，当今文化精英在个人智能天赋上的任何自负和骄狂，就显得非常可笑了。

现代经济自由主义的重大进步是把不平等限制在"非生物性"或"非人身性"等上，但是，这一点已开始受到 AI 和基因技术的冲击。人类的自由首

① 赫拉利：《未来简史》，林俊宏译，中信出版社 2017 年版，第 317、313 页。

先是在不平等基础上发展起来的，分工造成劳动者与劳动者之间的不平等或劳动上的不平等，私有制造成非劳动者与劳动者之间的不平等。自私有制产生以来，维护等级、反对平等的意识形态一直存在并发展，当然，倡导平等、反对等级的思想观念也一直存在并在与前者的斗争中持续发展。在维护等级、反对平等的意识形态上，文化精英主义已有悠久历史传统，而经济自由主义则是一种现代形式。当今 AI 革命的划时代意义之一就是将促使这两种意识形态及其所代表的支配性权力式微。

对于人类发展历史进程中出现的基本矛盾，如果只能用两个词来描述的话，那么，这两个词就是"自由"与"平等"。这种基本矛盾就表现为"自由"与"平等"的对抗及其两种基本表现形式："平等"而"不自由"，"自由"而"不平等"。在意识形态上就表现为不自由的平等主义与不平等的自由主义之间的对立。如果只能用一个词来描述化解这种基本矛盾的方式的话，那么，这个词就是"解放"——人类的发展大势就表现为从不自由、不平等中"解放"出来。只有不自由的平等、不平等的自由同时被扬弃，进而"自由"与"平等"的对抗被扬弃，人类才能得到真正全面的解放，不自由的平等主义与不平等的自由主义的二元对立也将被扬弃。

"自由"与"平等"是两个美好的词，也是现代资产阶级所竭力鼓吹的两个词，但对这两个词的理解其实是存在歧义的。一个人的自由就是摆脱外在力量对自己的限制、束缚乃至压迫、奴役，而这种外在力量总体上包括自然性、社会性两种。比如一个人不能获得必要的食物就会受饥饿，人受这种自然性力量的束缚而不可能获得自由，而吃饱喝足穿暖是一个人最基本的自由。但这只是人摆脱自然的束缚意义上的"消极的自由"，而人的"积极的自由"则是自身体力、智力发挥的自由。一个人的不自由，既可以表现为被"物"支配，也可以表现为被另一个"人"支配；而一个人支配某物体现的是一种非权力性的自由，一个人支配另一个人体现的则是一种权力。自由是人人所求，"己所不欲，勿施于人"，你不想被别人支配，那么，你也就不应该支配别人；如果每个人不被另一个人支配，也不支配另一个人，那么就会人人自由，进而也意味着人人平等。现代自由主义标榜每个人不应该被另一个人支配，但是，每个人可以自由地支配物（金钱），但是，这种物（金钱）又会支配另一个人，于是，一个人通过物（金钱）支配另一个人而使此人丧失自由，而这种权力支配关系又表明两者之间是不平等的。经济自由主义意识形态竭力掩盖这一基本事实。自动化机器是人的创造物，人的创造物应该永远是人的手段——支配自然的手段，但在资本框架下却成为一个人支配另一个人的手段。要认清这一点，就需要回到马克思。

在马克思主义语境中，对于人类发展历史进程中出现的基本矛盾，如果只能用两个词来描述的话，那么，这两个词就是"生产力"与"生产关系"；如果只能用一个词的话，那么，这个词就是"生产资料"：其"工艺形式"体现的是生产力，其"社会形式"即生产资料所有制形式体现的是生产关系。原始社会是人类生产工艺形式、生产力最不发达的时代，由其决定的生产资料社会形式是原始公有制，"自由"与"平等"的对抗就表现为：人人平等，但人人不自由，"平等"而"不自由"，或者说每个人所具有的是一种"不自由"的"平等"。生产工艺形式、生产力的发展，使原始公有制解体，私有制登上历史舞台，人类告别野蛮时代的"史前时期"而进入文明时代，少数人脱离物质劳动而获得自由，而绝大多数人终生从事物质劳动而依然不自由。这种"不平等"的"自由"或"自由"的"不平等"，乃是一切私有制社会不平等的集中体现，是"自由"与"平等"对抗的另一种表现形式。而"资产阶级的生产关系是社会生产过程的最后一个对抗形式"，"在资产阶级社会的胎胞里发展的生产力，同时又创造着解决这种对抗的物质条件。因此，人类社会的史前时期就以这种社会形态而告终"。①"自由"与"平等"的对抗也将被全面扬弃：私有制和文字，是人类原始公有制和野蛮时代史前时期平等的不自由状况的终结者和解放者；而当今 AI 则是人类私有制和对抗时代史前时期的自由的不平等状况的终结者和解放者。只有告别这两种史前时期、

①《马克思恩格斯全集》第13卷，人民出版社1962年版，第9页。

经历这两次解放，人类才能进入人人自由、人人平等的非对抗性的真正文明时代。

马克思的《哥达纲领批判》把共产主义分成了两个阶段。在第一阶段的按劳分配的方式中，"一个人在体力或智力上胜过另一个人，因此在同一时间内提供较多的劳动，或者能够劳动较长的时间；而劳动，为了要使它能够成为一种尺度，就必须按照它的时间或强度来确定，不然它就不成其为尺度了。这种平等的权利，对不同等的劳动来说是不平等的权利。它不承认任何阶级差别，因为每个人都像其他人一样只是劳动者；但是它默认（劳动者）不同等的个人天赋，因而也就默认（劳动者）不同等的工作能力是天然特权。所以就它的内容来讲，它像一切权利一样是一种不平等的权利"。"阶级差别"体现的是一种"社会性"不平等，在此阶段已被消除，而由不同的"个人天赋"所形成的则是一种"生物性"不平等——按劳分配不能消除这种不平等，只有高级阶段的"按需分配"才能消除这种不平等，进而实现全面、彻底的人人平等。这是从产品分配角度看的，而从劳动方式看：能量自动化机器已经消除了物质劳动者在使用物质劳动工具的"个人天赋"上的生物性差别或等级，把手工劳动从不平等中解放出来而在手工劳动面前实现了人人平等；而当今 AI 作为智能自动化机器则将消除精神劳动者在使用精神劳动工具的"个人天赋"上的生物性差别或等级，将把脑工劳动从不平等中解放出来而实现脑工劳动面前人人平等。马克思对共产主义社会高级阶段的描述是在迫使人们奴隶般地服从分工的情形已经消失，从而脑力劳动和体力劳动的对立也随之消失之后；在劳动已经不仅仅是谋生的手段，而且本身成了生活的第一需要之后；在随着个人的全面发展生产力也增长起来，而集体财富的一切源泉都充分涌流之后。只有在那个时候，才能完全超出资产阶级法权的狭隘眼界，社会才能在自己的旗帜上写上：各尽所能，按需分配！① 作为"谋生的手段"的劳动是不自由的，人通过这种劳动获得的只是一种"消极自由"；而

---

① 《马克思恩格斯全集》第 19 卷，人民出版社 1963 年版，第 22—23 页。

劳动本身可以成为"生活的第一需要"，表明在劳动中生物性体力、智力自由发挥人人所求，而这种自由则是一种能动性的"积极自由"。从"各尽所能"所关乎的劳动方式的变革看，未来共产主义社会将在自己的旗帜上写上：体力、智力自由发挥人人所求，手工、脑工劳动面前人人平等。人类发展历史进程中所形成的"自由"与"平等"的对抗将被消除。

私有制的一个重要伴生物是"分工"及由此形成的"脑力劳动（脑工劳动）和体力劳动（手工劳动）的对立"。这种对立也是"自由"与"平等"对抗形成的根源：极少数的"非劳动者"可以不从事手工劳动而只从事脑工劳动，从而获得智力发挥的自由；而绝大多数"劳动群众"终生从事体力劳动或手工劳动而丧失了发挥自身智力的自由。由此形成精神劳动上的不平等的"文化等级"，即文化精英、知识精英或通常所谓知识分子与普通大众之间的文化等级，而文化精英主义则是维护这种等级的重要意识形态。这种文化等级又是建立在对文化或智能生产工具的垄断的基础上的，比如对文字这种智能生产工具的垄断，就形成了前资本主义社会的不平等的文化等级——印刷术尤其是现代自动印刷机则开始冲击这种文化等级，开启了文学艺术、文化的现代大众化、平等化时代。在物质生产领域，相对于自动化机器这种"大生产"，传统手工劳动是一种"小生产"；同样，在精神生产领域，传统脑工劳动也是一种"小生产"，在电影、电视时代，影视艺术作品的制作已初具"大生产"的规模，所以被西方马克思主义者称作"文化工业"，但总体来说脑工劳动的"小生产"方式依然处于主导地位；而当今 AI 则正在锻造精神劳动的自动化的"机器生产"方式，这也将是精神劳动的"大生产"方式（尽管与物质劳动的大生产方式如机器流水线生产方式会有所不同），传统文化精英脑工劳动的"小生产"方式必然受到其冲击。恩格斯指出："资本主义的大生产将把他们（农民）那无力的过时的小生产压碎，正如火车把独轮手推车压碎一样是毫无问题的。"[①] 我们今天也可以说：AI 机器也正在把文学家

———————
① 《马克思恩格斯全集》第 22 卷，人民出版社 1965 年版，第 583 页。

的打字机、画家的画笔压碎，AI机器"大生产"也将把脑工劳动的"小生产"压碎。这是一方面，但是，另一方面，正如所有手工劳动者都成为"机器的助手"，传统"小生产"中的等级秩序被打破而带来手工劳动面前人人平等一样，当今所有脑工劳动者都成为AI的"机器的助手"，也将打破传统精神劳动的"小生产"中的文化等级秩序，由此，造成这种等级秩序的"分工"也将被消灭，"脑力劳动和体力劳动的对立"也将被消除，一个脑工面前人人平等的时代正在来临，文化精英主义终将成为明日黄花！

　　自由人人所求，而平等却未必人人所求：在存在等级差别的社会秩序中，"平等"是低等级的人的自然而然的追求，而维护"不平等"则是高等级的人的自然而然的欲求。维护文化上的不平等的已有悠久传统的意识形态就是"文化精英主义"，而维护经济上的不平等的现代意识形态则是"经济自由主义"：前者成为把每个人的脑工劳动从不平等中解放出来的观念阻碍，后者成为把每个人的脑工劳动从不自由中解放出来的观念阻碍——文化精英雇佣性的脑工劳动也依然没有从不自由中真正解放出来。资本主义精神生产与物质生产、文化与经济的分裂，使文化精英主义与经济自由主义之间存在冲突，而也存在融合的一面，尤其在资本增殖大规模扩张到精神文化生产领域之后，这种融合的一面更凸显出来了。在资本框架下，文化精英、知识分子的脑工劳动固然可以拉开与普通大众的距离以维持文化等级，但资本增殖逻辑支配的雇佣性，又使精英脑工劳动中智力发挥的自由并不能得到充分实现。而扬弃资本支配后，文化精英、知识分子固然不能再维持文化等级，但同时也会摆脱自身脑工劳动的雇佣性而获得使自身智力发挥更充分的自由。面对当今AI机器，文化精英、知识分子再力图维持与普通大众的文化等级，将变得越来越力不从心；同样，面对AI机器不断释放出的越来越发达的物质和精神生产力，资本巨头再力图继续维持经济上的不平等，也将变得越来越力不从心。当此之际，文化精英、知识分子只有抛弃自身的文化精英主义心态，站在人类进步的一边，与普通大众一起在意识形态上葬送经济自由主义、在实践上葬送资本，才能真正获得自身的自由和解放。

以上揭示了 AI 机器的三大解放作用：把"社会"的精神生产力或"社会智力"从个人性、生物性人脑限制中解放出来，把每个人的生物性脑工劳动从不平等中解放出来，并且也将把每个人的生物性脑工劳动从不自由中解放出来。恩格斯指出：

> 要不是每一个人都得到解放，社会本身也不能得到解放。因此，旧的生产方式必须彻底变革，特别是旧的分工必须消灭。代之而起的应该是这样的生产组织：在这个组织中，一方面，任何个人都不能把自己在生产劳动这个人类生存的自然条件中所应参加的部分推到别人身上；另一方面，生产劳动给每一个人提供全面发展和表现自己全部的即体力的和脑力的能力的机会。这样，生产劳动就不再是奴役人的手段，而成了解放人的手段，因此，生产劳动就从一种负担变成一种快乐。[①]

"每一个人"的解放，就是"每一个人"的"全面发展和表现自己全部的即体力的和脑力的能力"的手工劳动、脑工劳动从不平等、不自由中的解放。只有每一个人获得这种解放，才能使"社会"本身获得解放。而生产劳动可以变成"快乐"表明：在劳动中自由发挥、发展自身生物性体力、智力，乃是每一个人内在的人性需求。满足这种需求的客观条件是劳动者掌握生产资料即"劳动者的个人所有制"。而在资本框架下，劳动者恰恰丧失了生产资料所有权，因而其从事的雇佣性的生产劳动反而成为被奴役的活动，在其中劳动者体力、智力得不到自由发挥而不能产生"快乐"；而另一方即掌握、垄断生产资料的资本家，人格化的资本，也不把他们通过金钱控制的生产资料转化为他们自身体力、智力自由发挥的条件，而只转化为支配劳动者及其劳动的权力以获得更多的金钱。消灭这种权力及作为这种权力的基础的资本私

[①]《马克思恩格斯全集》第 20 卷，人民出版社 1971 年版，第 318 页。

有制，乃是每一个人手工劳动、脑工劳动平等、自由解放的必要前提。

在能量自动化机器生产中，"使用劳动工具的技巧，也同劳动工具一起，从工人身上转到了机器上面。工具的效率从人类劳动力的人身限制下解放出来"，"社会"的"物质生产力"从人身限制下解放出来，而当今 AI 机器则将把"社会"的"精神生产力"从人身即人的生物性大脑的限制中解放出来。但在资本框架下，被解放出来的"社会"的物质生产力却成了奴役蓝领工人"个人"的手段，正在被解放出来的 AI 所代表的"社会"的精神生产力或"社会智力"也正在成为奴役白领工人"个人"的手段，由此似乎形成了"社会"与"个人"的对立。在当今 AI 时代，这种对立又表现为 AI 机器的"非生物性"智能与个人的"生物性"智能之间的对立，但这种对立并非机器这种"物"与"人"的对立，而是垄断机器的"人"对丧失机器这种生产资料的"人"的支配，因而也不是"社会"对"人"的支配，而是垄断代表"社会"力量的机器的"人"对"人"的支配。不消灭这种人对人的支配，"社会本身"就不可能得到解放；而当不再存在人支配人的情况发生时，每一个人都将得到解放，社会本身也将得到真正解放。

金钱、自动化机器所代表的是一种非个人性因而也是非生物性的社会性力量，如果把这种社会性力量完全抽象化，并由此认为这种抽象的力量或权力支配着每一个人而使每一个人都处于不自由状态中，就会掩盖相关问题的具体现实性：经济自由主义所强调的所谓"产权明晰"表明，金钱及其所代表的对包括自动化机器在内的生产资料的所有权，最终总要落实到具体的生物性的个体性的"自然人"身上，而另一个人所受到的金钱的支配、劳动者个人在自动化机器劳动中所受到的机器这种"物"的支配的权力，最终就来自某个具体的生物性的个人，而非来自某种超个人或超人间的抽象力量。资本主义抽象化的拜物教恰恰会掩盖这种具体的现实问题。当今 AI 机器作为一种非生物性的"社会智力"的"社会性"，只有通过使其为人类的每一个生物性个体所有——这就是"劳动者的个人所有制"——才能得到充分实现，而这就需要消灭资本私有制。具体地说，如果 AI 这种极致技术的研发、应用的方向，只被少数资本巨头或风险投资公司所左右，其失控而产生灾难性影响的风险就会非常大，而使其为人人所有，则会大大降低这种风险。

《德意志意识形态》强调指出："共产主义的最重要的不同于一切反动的社会主义的原则之一就是下面这个以研究人的本性为基础的实际信念，即人们的头脑和智力的差别，根本不应引起胃和肉体需要的差别；由此可见，'按能力计报酬'这个以我们目前的制度为基础的不正确的原理应用——因为这个原理是仅就狭义的消费而言——变为'按需分配'这样一个原理。换句话说：活动上，劳动上的差别不会引起在占有和消费方面的任何不平等，任何特权。"①全面、彻底的平等，乃是共产主义对"人的本性"的基本的实际的信念，这种实际信念并不否认不同的个人之间"头脑和智力的差别""活动上，劳动上的差别"，但强调不能由此"引起在占有和消费方面的任何不平等，任何特权"。在资本框架下，"按能力计报酬"就是按劳动者出卖、支出的劳动力来计酬即支付工资；而每个人天赋的生物性智力、体力绝非是用来买卖的，智力、体力自由发挥，乃是每个人符合"本性"的需求，因此，人人智力、体力自由发挥，也是最彻底、全面的人人平等。这就是共产主义对"人的本性"最基本的信念。在私有制框架下，"劳动的差别"又首先表现为由分工造成的精神（智力）劳动与物质（体力）劳动之间的差别，以及由此形成的人与人之间比如"哲学家"与"搬运夫"之间社会性的"智力的差别"，这种差别看上去很大，而马克思多次引用亚当·斯密"哲学家和搬运夫之间的差别比家犬和猎犬之间……的差别要小得多"之语，斯密的原话是：

　　个人天赋的差别与其说是分工的原因，不如说是分工的结果……如果人没有交换和交易的倾向，那么每个人就会不得不亲自生产一切生活必需品和方便品。一切人都将不得不做同样的日常工作，那么，唯一能够造成才能上的巨大差别的职业上的巨大差别就

——————————
①《马克思恩格斯全集》第3卷，人民出版社1960年版，第637—638页。

不会存在。正像这种交换倾向造成人们才能上的差别一样，这同一个倾向也使这种差别成为有益的。许多同类但不同品种的动物，它们在天生资质上的差别比人类在没有受过教育以前天生资质上的差别要显著得多。就天赋的才能和智慧来说，哲学家和搬运夫之间的差别比家犬和猎犬之间、猎犬和鹑猎犬之间、鹑猎犬和牧羊犬之间的差别要小得多。①

人的"天赋的才能和智慧"宽泛地说就是人的生物性智能。马克思和斯密都认为这种智能的差别主要是由分工、交易、教育等通常所说的"后天的"或"社会性"因素造成的，而不是由"先天的"或"生物性"因素造成的。个人与个人之间的"生物性"智能的差别其实很小，"哲学家和搬运夫之间的差别比家犬和猎犬之间……的差别要小得多"。这是共产主义坚持人人平等、反对一切社会不平等最基本的人性基础，手工、脑工劳动面前人人平等，也是共产主义对"人的本性"的基本信念。区别在于：斯密认为分工与私有制将永远存在，马克思却认为这只是生产力特定历史发展阶段的产物并将随着生产力的高度发达而必然被消除。处于资本主义上升期的老自由主义者斯密还不隐讳在"天赋的才能和智慧"上的人人平等，而处于资本主义没落期的当代形形色色的新自由主义者则竭力对此加以掩盖，在经济或投机上取得巨大成功的资本巨头们被戴上经营天赋超强、机会超好、能抓住机会等迷人光环。哲学家、艺术家等文化精英与普通大众之间看上去的"巨大差别"，只是分工、教育等社会性因素造成的，并且是仰仗这些社会性因素及相关制度框架所形成的社会权力或特权来维持的。而文化精英、知识分子往往会乐于夸大自身的"天赋的才能和智慧"而有意或无意地掩盖这种社会性权力或特权。现在 AI 自动化机器正在并将进一步削弱或弭平这种差别，冲击由这种社会差别形成的文化等级，哲学家、艺术家们基于维护文化等级的精英主义立场等，

---

① 《马克思恩格斯全集》第 42 卷，人民出版社 1979 年版，第 145 页。

会本能地抵触这种发展趋势。这是现在许多人文精英反对 AI 的原因之一。但是 AI 机器及其释放出的生产力的发展不可逆转，精英主义及其所想维护的文化等级终将成为明日黄花。

总之，AI 所引发的文化终极革命体现在：社会文化生产力将从个人生物性的人身（人脑）限制下解放出来，机器可以自动生产出文化产品，个人可以作为"机器的助手"参与这种生产，由此，每个人的脑工劳动也就被从不平等中解放出来——这在人类文化史上是前所未有的；同时，人类历史悠久的脑工劳动也将会被从"必然王国"中"解放"出来——当然前提是消灭资本。从历史经验看，能量自动化机器代替人的体力和手工后，人不是不再从事手工劳动而支出体力了，而只是转移了领域，比如：会在业余体育活动中支出体力，而这较之在物质劳动（比如机器流水线上的劳动等）中支出的体力在方式上就相对更为自由；手工艺活动也并没有停止发展，但已不同于如封建行会中的那种手工劳动，在方式上也相对更为自由了——自动化机器对人的手工劳动的代替，恰恰意味着人的手工劳动从不自由中解放出来了。同样，AI 自动化机器代替人的智力和脑工后，人不是不再从事脑工劳动而支出智力，而只是转移了领域。这并非乌托邦幻想，而是同样有着非常具体而现实的经验基础的，比如：职业艺术家的创造力或许更大，但雇佣劳动形式和赚钱这种外在目的却使其智力支出或脑工劳动在方式上相对不自由；而业余创作者的创造性或许不强，但不受赚钱这种职业的外在目的的支配，其业余活动中的智力支出或脑工劳动方式相对而言较为自由。AI 的进一步发展，必将越来越减少艺术劳动等"职业"，这会打破"专业—业余"之间的文化等级，但是与此同时职业艺术家也会摆脱自身艺术劳动的雇佣性，其艺术脑工劳动会从雇佣性的"必然王国"转移到"自由王国"而得到解放，每个人的脑工劳动将从不自由的"必然王国"中解放出来。手工、脑工劳动面前人人平等，体力、智力自由发挥人人所求。现代机器的能量、智能自动化革命已为此创造出物质条件，资本成为这种愿景充分实现的现实阻碍，经济自由主义、文化精英主义则是其意识形态阻碍，但这种愿景代表的是历史发展的必然趋势，不以资本垄断力量、资本巨头和文化精英、知识分子的主观意志为转移。在当今 AI 时代，重构马克思机器生产工艺学批判，具有多方面重要意义。

| 第二章 |

文化三级跳与终极转型：人工智能的工艺史定位

引　言

本章首先在现代机器的二次自动化革命与人类智能工具的工艺发展史两种框架中，考察 AI 的历史定位及其引发的人类文化的终极转型。

AI 发展迅速并对人类社会文化产生越来越广泛而深刻的影响，而科幻文艺、商业炒作等则使有关 AI 的全球认知处于混乱状态中，全球大众媒介上充斥着夸大其词的预测和形形色色的唯心主义玄想。西方近代启蒙运动将"科学"视作消灭宗教迷信的利器，但已有现代史却表明：宗教迷信并没有随着科学的昌明而消失，而是随着科学的发展而改头换面地继续盛行。AI 堪称现代科学技术累积性、革命性发展的划时代的产物，把 AI 视作"人类的终极命运"的扎卡达基斯指出：一些关于 AI 的描述往往"只是在臆想"而"给机器赋予人类的性格或灵魂"。而这与"上帝、天使或者精灵"的"假设"一样"不属于科学而是宗教"。① 但是，由于受到大科学家如霍金，技术研发和

---

① 扎卡达基斯：《人类的终极命运：从旧石器时代到人工智能的未来》，陈朝译，中信出版社2017年版，第292、124页。

理论专家如库兹韦尔，兼通技术的资本大鳄如马斯克、比尔·盖茨等人认同与鼓吹，这种其实与宗教一样的"假设""臆想"却获得了貌似"科学"的外观，或者说，实际上在一种类似宗教迷信的认知上披上了科学的外衣，这种超出自己"专业范围"的认知，既暴露出了"排除历史过程的、抽象的自然科学的唯物主义的缺点"，同时也显露出"抽象的和唯心主义的观念"：[①]当仅仅在自然科学范围内讨论 AI 的具体运作和设计时，计算机科学家和技术研发专家不一定会形成唯心主义观念，但当越出这种专业范围，比如讨论 AI 发展的未来形态及其对人类社会的影响时，就有可能陷入"抽象的唯心主义的观念"中。此外，人文社会科学研究更容易囿于文学隐喻叙事而陷入认为 AI 机器可以具有人类的性格或灵魂的"臆想"，各类科幻文艺、商业噱头等又使这种"臆想"在全球范围内疯传。

面对以上描述的对 AI 的全球认知现状，扎卡达基斯问道："然而是否有一种更精确的、没那么诗意的方式来讨论人工智能呢？"[②]马克思工艺史、生产工艺学批判理论，就提供了这样一种"非诗意的"科学的讨论方式，由此出发，大致可以勾勒出迄今为止人类智能三大生产工具系统：AI 机器系统、文字系统、人脑神经元系统。这种讨论思路聚焦于智能的"怎样生产"的历史动态过程，而不纠结于"生产什么"即作为"产品"的"智能"或"意识"等究竟"是什么"这样的静态问题。历史地看，作为人类智能首要的生产工具，人脑神经元系统乃是漫长的自然工艺史进化的产物，标志着人类智能发展的第一跳；文字系统是在人的生物性身体之外创造出的智能生产工具，标志着第二跳；而当今 AI 机器系统则是在人的生物性身体之外创造出的又一智能生产工具，作为人脑、文字等符号系统与现代机器自动化系统交汇发展的产物，标志着人类文化更大幅度的第三跳的开始。由此，人类文化的三级跳将得以连贯性地完成。这是从人类工艺史对当今 AI 所做的历史定位，也只

---

① 《马克思恩格斯全集》第 23 卷，人民出版社 1972 年版，第 409—410 页注释 89。
② 扎卡达基斯：《人类的终极命运：从旧石器时代到人工智能的未来》，陈朝译，中信出版社 2017 年版，第 292 页。

有置于这样的动态"历史过程"中，才能科学地揭示当今 AI 划时代的革命意义，才能克服"排除历史过程的、抽象的自然科学的唯物主义的缺点"和消除"抽象的和唯心主义的观念"。

我们下面就首先在现代机器发展史尤其是二次自动化革命、智能生产工具发展史即广义的文化工艺中来为 AI 定位。恩格斯指出：

> 文化上的每一个进步，都是迈向自由的一步。在人类历史的初期，发现了从机械运动到热的转化，即摩擦生火；在到目前为止的发展的末期，发现了从热到机械运动的转化，即蒸汽机。而尽管蒸汽机在社会领域中实现了巨大的解放性的变革——这一变革还没有完成一半，——但是毫无疑问，就世界性的解放作用而言，摩擦生火还是超过了蒸汽机，因为摩擦生火第一次使人支配了一种自然力，从而最终把人同动物界分开。蒸汽机永远不能在人类的发展中引起如此巨大的飞跃。[①]

以上所说的不断迈向自由的广义的"文化"，就是指人支配自然力的工艺或技术方式，并且主要是在"能量"上支配自然力的方式：用机械运动产生热能的"摩擦生火"标志着人类广义"文化"的第一次飞跃，而用热能产生机械运动的"蒸汽机"则标志着另一次飞跃，巴拉特用"奇点"来描述当今 AI 所引起的又一次巨大飞跃，并将 AI 称作人类"最后的发明"，因而也可谓人类广义文化史的终极性飞跃。

巴拉特实际上也从广义文化工艺或技术史的角度来考察 AI，而且也提到了摩擦生火："人类发明火、农业、印刷术和电力的时候，是什么情形呢？难道之前就没有发生过技术'奇点'？颠覆性的技术变革并不是什么新鲜事，但没有人觉得非给它想出个花哨的名字不可。"以蒸汽机为代表的现代机器

[①]《马克思恩格斯全集》第 20 卷，人民出版社 1971 年版，第 126 页。

第一次能量自动化革命无疑是一场"颠覆性的技术变革"，标志着人类生产机器"能量"器官的发育成熟，但总体上不能用"奇点"来描述。而用"奇点"这个似乎有点花哨的概念来描述 AI 技术变革的原因有二：（1）"技术奇点本身会带来智能（即造就初始技术的、独一无二的人类超强实力）上的变化，这就是它跟其他所有革命不同的原因。"——在 AI 出现之前，主要是用"智能"生产"技术"，而当今 AI 则是用"技术"生产"智能"。——这无疑是一种根本性的倒转，这是 AI 奇点的意义之一。从现代机器发展史看，在AI 出现之前，可以说都是用"智能"产生机械运动或用"智能"生产"机器"（机器是人的智能的物化形式）——类似于能量自动化机器（蒸汽机）用"能量"产生机械运动，而当今 AI 则是用广义的机械运动（计算机的物理、光电等运动）产生"智能"或用"机器"生产"智能"——类似于摩擦生火用机械运动产生能量。这标志着现代机器第二次智能自动化革命和人类生产"智能"器官开始发育成熟，正如"就世界性的解放作用而言，摩擦生火还是超过了蒸汽机"，当今 AI 所代表的第二次自动化革命用机械运动或"机器"生产"智能"的"世界性的解放作用"，也超过了第一次自动化革命的用"智能"生产"机器"。（2）AI 奇点又标志着文奇所谓的"生物转折点"，即"人类 20 万年前登上世界的舞台。由于智人比其他物种智能更强，他逐渐主宰了整个地球。同样地，比人类聪明一千倍一万倍的智能，将永远地改变这场游戏"①。由此可以引申出在智能生产工具史中对 AI 所做的历史定位：作为智能生产工具，智人的大脑乃是漫长的自然史、物种进化史的产物，标志着智能生产工具发展在"自然史"中的第一次巨大飞跃，而"生物性（生理性）"或"自然性"（人的智能也被称作"生物智能"或"自然智能"）是人脑的基本特性；此后，人在自己生物性身体之外创造出"非生物性"的智能生产工具包括文字符号、艺术符号、科学符号等，人类在"自然史"之外开始创造

---

① 巴拉特：《我们最后的发明：人工智能与人类时代的终结》，闫佳译，电子工业出版社 2016 年版，第 129—130 页。

自己的"文化史"，而文字符号等则标志着智能生产工具发展在人类"文化史"中的第二次巨大飞跃；文字符号等作为生产工具不会"自动"生产出智能，而当今 AI 机器作为生产工具则会"自动"生产出智能，标志着智能生产工具发展第三次也是终极性的飞跃，智能将由此源源不断地快速涌现出来，"奇点"由此来临。

以上实际上从历史演进的角度，揭示了当今 AI 作为智能生产工具的"非生物性"和"自动性"：如果说人脑神经元系统及其产生的"生物性"智能是"自然"进化或"自然史"的产物的话，那么，AI 作为一种"非生物性"智能则是不同于"自然"的人类广义"文化"进化或"人类史""文化史"的产物。文字符号等同样也是一种"非生物性"智能生产工具，与 AI 机器的不同处在于：前者不能"自动"生产出智能，而后者则能"自动"生产出智能。也正是在此意义上，AI 标志着现代机器第二次智能"自动化"革命的开启和机器"智力"器官开始发育成熟，而这又是在现代机器第一次能量自动化革命和机器"能量"器官发育成熟的基础上发展起来的。合而观之，当今 AI 就是人脑、文字符号等智能生产工具系统与现代机器自动化系统交汇发展的终极产物，也是人类精神（智能）生产工具与物质生产工具交汇、聚合发展的终极成果。

"文化上的每一个进步，都是迈向自由的一步"，作为智能生产工具的人脑系统标志着迈向自由的人类文化的第一次飞跃或第一跳，语言文字符号等系统标志着第二跳，而当今 AI 机器系统，正在启动人类迈向自由王国三级跳的最后一跳。当今 AI 正在引发人类文化的终极转型，理论上的文化哲学范式也应随之转型，而这就需要超越诸多传统的文化哲学范式。马克思、恩格斯强调"意识形态本身只不过是人类史的一个方面"[1]。不同于"自然史"的"人类史"也就是指广义的"文化史"，在此意义上，"意识形态史"或"观念史"只是广义"文化史"的"一个方面"，而"意识形态"也只是"文化"整体特

---

[1]《马克思恩格斯全集》第 3 卷，人民出版社 1960 年版，第 20 页注释 1。

性的一个方面。恩格斯所说的"文化上的每一个进步，都是迈向自由的一步"中的"文化"就不是指"意识形态"意义上的"文化"。囿于传统的"意识形态"的单一认识，就无法揭示当今 AI 时代马克思、恩格斯文化哲学思想依然具有强大理论生命力。

此外，当今全球有关 AI 及其社会影响的"文化哲学"探讨依然受旧范式尤其是"观念论"范式强大惯性的束缚，文化的精神、观念部分被特别关注，而"文化"物质性的制作工艺、生产工具往往被忽视。马克思在人类纵深的文明发展史中分析现代机器系统社会文化影响的"生产工艺学批判"理论和物质性工艺史的考察视角，对于克服这种不促进而推动 AI 时代文化哲学范式终极转型，有重要理论启示。超越观念论旧范式，重构马克思生产工艺学批判，将有助于构建与当今 AI 时代相匹配的文化哲学新范式。

第一节　马克思批判的工艺史理论及其文化哲学意蕴

从国际学界相关研究现状看，扎卡达斯基《人类的终极命运：从旧石器时代到人工智能的未来》一书有较强的历史纵深感，但总体看，该书也只关注"智能"或广义"文化"本身，而对其物质性生产工艺、劳动工具关注不够。影响极大的尤瓦尔·赫拉利的《未来简史》、提出 AI 奇点的库兹韦尔的一系列著作，在讨论 AI 及其社会文化影响中皆采用了"物种进化论"视角，而马克思研究生产工具的"工艺史""生产工艺学"也首先与进化论有关。

一

首先讨论一下生产工具器官的工艺史与进化史。《资本论》第一卷在讨论"机器"时提出"批判的工艺史"理念：达尔文研究了"在动植物的生活中作为生产工具的动植物器官是怎样形成"的"自然工艺史"，即维科所谓的"自然史"，而作为"每一个特殊社会组织的物质基础"的"社会人的生产器官"形成史的"批判的工艺史"，则是一种"人类史"。维科强调，"人类史是我们自己创造的，而自然史不是我们自己创造的"；所谓"工艺学"揭示的是

"人对自然的能动关系"，研究的是"人的生活的直接生产过程""人的社会生活条件"，以及由此产生的"精神观念的直接生产过程"，这种"工艺学"方法乃是唯一的"唯物主义"和"科学"的方法，而当"排除历史过程的、抽象的自然科学的唯物主义"越出自己的"专业范围"时，就会显露出"抽象的和唯心主义的观念"。① 作为"自然史"的物种进化史是"作为生产工具的动植物器官"的形成史，而"批判的工艺史"研究的是作为"社会人的生产器官"的生产工具的进化史、发育史——相对于"自然史"，这就是一种"人类史"或广义"文化史"。以此来看，人类自身的生物性智能，不是由人直接创造的，而是自然进化的产物；而 AI 作为一种非生物性机器智能，则是由人直接创造出来的。因此，马克思的"批判的工艺史"视角，对于我们今天在人类长时段文明史中考察 AI 及其社会影响有重要启示。

马克思引述了富兰克林的"人是制造工具的动物"的说法，强调指出：不是"生产什么"，而是"怎样生产"，或用什么样的"劳动资料"进行生产，尤其是作为"生产的骨骼系统和肌肉系统"的总和的"机械性的劳动资料"，才是显示"一个社会生产时代的具有决定意义的特征"的因素，并把不同的经济时代区分开来。② 工艺学所揭示的"人对自然的能动关系"，也就体现为人所制造的"生产工具"对"自然"的能动关系。"资产阶级社会是历史上最发达的和最复杂的生产组织"，"资产阶级经济为古代经济等等提供了钥匙"。③ 由生产最发达的社会形态，反过来可以更清晰地认识此前不发达形态的特征，对于生产的"工具形态"来说也是如此。当今 AI 机器堪称人类最发达和最复杂的"生产工具"，其凸显出的一个基本问题是：智能生产工具的非生物性与生物性之间的关系。马克思指出，劳动者在劳动过程中直接掌握的，不是"劳动对象"而是"劳动资料"，在"采集果实之类的现成的生活资料"的场合，"劳动者身上的器官是唯一的劳动资料"，除此之外，"劳动资料"主

① 《马克思恩格斯全集》第 23 卷，人民出版社 1972 年版，第 409—410 页注释 89。
② 《马克思恩格斯全集》第 23 卷，人民出版社 1972 年版，第 204 页。
③ 《马克思恩格斯全集》第 46 卷上册，人民出版社 1979 年版，第 43 页。

要是外界自然物，劳动者把这种作为自己"活动的器官"的自然物，加到"他身体的器官"上，"不顾圣经的训诫，延长了他的自然的肢体"。[1]"劳动者身上的器官"（手等）是人自身的"生物性"生产工具，而劳动者使用的外界自然物则可谓"非生物性"生产工具，它们是人的生物性体力器官（手等）之"延长"；而当今 AI 机器作为一种智能生产工具，则可谓人的生物性智力器官即大脑的"延长"：当创造外在于人体的物理性生产工具比如原始人开始制造石斧等之时，人类实际上就已经开始了超越自己生物性力量限制的文化进化史，一部人类生产工具创造史，就是人类不断超越自身生物性力量限制的解放史。而当今 AI 机器作为人脑的"延长"，则标志着人类对自身生物性智能限制的超越（库兹韦尔对此多有强调）。这可视作生产工艺学在文化哲学层面上对当今 AI 所做的定位。

从"一个社会生产时代的具有决定意义的特征"的"机械性的劳动资料"的进化史看，自动化的"机器体系"乃是"固定资本的最适当的形式"[2]，其发展程度是"资本主义生产方式的发展程度的指示器"。相关研究者往往按照"生产资料的物质"或根据"生产资料的进步和已达到的状况"对"史前"原始社会进行研究和说明[3]，即在"自然科学"而非"历史"研究的基础上，按照"制造工具和武器的材料"，把"史前"时代划分为"石器时代""青铜时代"和"铁器时代"，而除此之外的"历史著作"则很少提到"物质生产的发展"即"整个社会生活以及整个现实历史的基础"[4]。这里所谓"历史"是指不同于"自然史"的广义"文化史"，资本主义时代就可以表述为"机器时代"并根据"机器"加以说明，但是西方"历史著作"或者说广义"文化史"研究，也就在考察"史前时期"时才不得不提一下生产工具，对于史前期之后文明时代的文化史考察，则基本上就撇开了物质性生产工具，如此就

---

① 《马克思恩格斯全集》第 23 卷，人民出版社 1972 年版，第 203 页。

② 《马克思恩格斯全集》第 46 卷下册，人民出版社 1980 年版，第 210 页。

③ 《马克思恩格斯全集》第 49 卷，人民出版社 1982 年版，第 417—418 页。

④ 《马克思恩格斯全集》第 23 卷，人民出版社 1972 年版，第 204 页注释 5a。

形成了一种不同于客观的"现实的历史叙述"的"观念论的历史叙述"方式，所谓"文化史"就只表现为"宗教史""政治史"，或"主观的（伦理的等等）""哲学的"历史等。①主观的"观念论的历史叙述"就成为西方文化史主导性叙述范式，迄今依然如此，客观的文化史叙述则最终建立在物质性生产工具的"批判的工艺史"上，而现代"文化史"研究就应建立在"机器史"上。这才是我们今天考察 AI 及其社会影响更适配的范式。

马克思、恩格斯对"观念论的历史叙述"何以成为"文化史"主导范式的社会历史根源也有所分析：最初，人们的思想、观念、意识的"生产"，往往直接与"物质活动""物质交往"和"现实生活的语言"等交织在一起，还是"物质关系"的直接产物，"表现在某一民族的政治、法律、道德、宗教、形而上学等的语言中的精神生产"也是如此。②因为在"史前的时代"人类精神生产与物质生产还紧密地"交织在一起"，所以，关于史前"文化史"的叙述，还不得不采用"石器时代""青铜时代""铁器时代"这样的"工艺学"范式；进入史前之后的文明时代，人类精神生产（脑工劳动）与物质生产（手工劳动）日趋分化（马克思、恩格斯"分工"理论对此多有分析）——这是出现脱离物质生产尤其是脱离物质性生产工具的"观念论的历史叙述"的历史根源。从这种历史演进脉络看，当今 AI 的重要影响之一是使精神生产与物质生产重新紧密交织在一起：说"智能生产（程序、算法的设计等）"是一种广义"文化生产"应无问题，而 AI 又正在不断地融入物质生产之中。如此，"观念论的历史叙述"范式将越来越不适合阐释 AI 所引发的新的社会文化现象。

值得注意的是，卡尔·波普尔（Karl Popper）也从"进化论"角度讨论人类知识，他把"物理客体或物理状态的世界""意识状态或精神状态的世界，或关于活动的行为意向的世界""思想的客观内容的世界，尤其是科学思

①《马克思恩格斯全集》第 46 卷上册，人民出版社 1979 年版，第 47 页。
②《马克思恩格斯全集》第 3 卷，人民出版社 1960 年版，第 29 页。

想、诗的思想以及艺术作品的世界"三个世界区分开来，并指出：假如"机器和工具""所有的图书馆"等都被毁坏了，"我们的文明在几千年内不会重新出现"。此外，他也用了"器官"之喻："我认为我们可以把神话、观念和理论都看成是人类活动的一些最典型产品。它们和工具一样，是在我们身外进化的'器官'。它们是人体外的人造物。"①这非常接近马克思对生产工具的描述，以此来看，生产工具所属的就是波普尔所谓的"第三世界"，立足这种"第三世界"而考察其与"第二世界""第一世界"之间的相互作用，就体现了基于生产工艺学的文化哲学的基本思路；而作为文化的"观念论的历史叙述"则只关注"第二世界"。马克思指出，机车、铁路、电报、走锭精纺机等"机器"，不是"自然界""制造"出来的，而是"人类劳动的产物"，是"人类意志驾驭自然的器官或人类在自然界活动的器官的自然物质"和"人类的手创造出来的人类头脑的器官"，是"物化的知识力量"。这些机器的出现表明：社会生产力不仅以"知识的形式"，而且作为"社会实践的直接器官"和"实际生活过程的直接器官"被人类直接生产出来了。②从任何"机器"都不是"自然界"制造出来的角度说，"机器"也就属于相对于"自然"的广义"文化"范畴或"第三世界"，大工业"机器史"本身就是一部现代"文化史"，是一本"打开了的关于人的本质力量的书"和"感性地摆在我们面前的人的心理学"，而人们却一方面总是仅仅从"外表的效用"来理解这种"心理学"，另一方面仅仅把"人的普遍存在，宗教或者具有抽象普遍本质的历史，如政治、艺术和文学"等，理解为"人的本质力量的现实性和人的类活动"。③今天大工业所锻造出的 AI 机器系统，更堪称直接就是"感性地摆在我们面前的人的心理学"，心理学实际上也正是 AI 技术研发所要参照的重要学科之一；而马克思以上所描述的状况，在当今国际学界的 AI 研究中

① 波普尔：《客观知识：一个进化论的研究》，舒炜光等译，上海译文出版社 2005 年版，第 123、125、320 页。
②《马克思恩格斯全集》第 46 卷下册，人民出版社 1980 年版，第 219—220 页。
③《马克思恩格斯全集》第 42 卷，人民出版社 1979 年版，第 127 页。

其实依然存在：一方面，商业开发者关注的只是 AI "外表的效用"，如所谓的 "应用场景" 等；另一方面，"艺术和文学" 研究者往往对 AI 这种物理性机器智能及其生产出的文艺产品不屑一顾，依然认为只有人创造的文艺才体现 "人的本质力量"。不光 "文化" 研究者容易忽视 "机器"，即使像库兹韦尔这样熟知 AI 技术理论的专家，一旦放任自己想象力，其判断也会离开 "机器" 这种物质基础。库兹韦尔指出，当奇点来临而出现 ASI（Artificial Super Intelligence）时，"整个宇宙将充盈着我们的智慧"，"它就是我们所超越的物质能量世界"，"超越" 的最主要含义是 "精神"，即 "物质世界的精神实质"。[①] 他显然忽视了问题的另一面，即 "精神世界" 的 "物质实质"，即使未来真的出现了 ASI，其作为一种机器智能依然还会受到 "机器" 这种物质及其物理规律的限制。库兹韦尔关于奇点和 ASI 的无限遐想，或许正印证了马克思的判断："抽象的自然科学的唯物主义" 的研究者，一旦越出自己的 "专业范围"，往往就可能显露出 "抽象的和唯心主义" 的观念倾向。由此可见 "观念论" 文化哲学范式惯性之强大。

二

再分析一下自然史与文化史、精神性观念史与物质性工艺史的关系。传统相关研究对于 "工艺学""工艺史" 在马克思思想体系中的作用和地位多有忽视。《资本论》第一卷提出了 "批判的工艺史" 的重要理念，把达尔文所研究的 "动植物的生活中作为生产工具的动植物器官是怎样形成的" 历史地称为 "自然工艺史"。这是一种不是人类创造的 "自然史"，而作为由人类自己创造的 "人类史" 的 "批判的工艺史"，研究的是作为 "社会人的生产器官" 的生产工具的形成史或发育史；这是 "每一个特殊社会组织的物质基础的形成史"。这种 "工艺学" 研究会揭示 "人对自然的能动关系""人的生活的直接生产过程" 以及 "人的社会生活条件"，并决定着 "精神观念" 的生产过程，因此，也是揭示 "精神观念" 借由产生的现实根源的 "科学的方法"（详

---

① 库兹韦尔：《奇点临近》，李庆诚等译，机械工业出版社 2017 年版，第 14、234 页。

论见前）。被传统相关研究严重忽视了的马克思理论的这种维度的重大意义，需要置于人类科学体系中加以揭示。

其一，马克思、恩格斯是在完整的现代科学体系中建构自己的理论的。按现在通行的说法，人类科学体系由自然科学和哲学社会科学两大部分构成。《德意志意识形态》把"历史科学"分为"自然科学"研究的"自然史"和"人类史"两方面，强调这两方面是密切相连接、相互制约的。"意识形态"本身只是"人类史"整体的一个方面，而当时的"意识形态"相关研究不是曲解就是完全撇开整体性的"人类史"①，如此，"人类史"也就成为单纯的"意识形态史"。说两大科学皆是"历史科学"所强调的是对于自然现象、人的社会现象的研究方法的历史性、动态性，即强调应把物及其构成的自然、人及其构成的社会作为动态的历史过程加以考察，而不能将两者作为抽象的静态实体加以研究。恩格斯把现代科学分成三大类：（1）"第一类科学"研究"非生物界"，包括可以用"数学方法"处理的一切科学如数学、天文学、力学、物理学、化学等；（2）"第二类科学"研究"生物机体"；（3）"第三类科学"研究"人的生活条件、社会关系、法律形式和国家形式以及它们的哲学、宗教、艺术等等这些观念的上层建筑"的发展历史的科学。②联系起来看，"自然史"研究分为（1）非生物的历史和（2）生物的历史，而马克思把达尔文研究的生物进化史称作"自然工艺史"；"人类史"也可细分为以下几个方面：（1）作为"人类史的一个方面"的意识形态史就是"哲学、宗教、艺术等等这些观念的上层建筑"的历史；（2）"法律形式和国家形式"等的历史是人类制度史；（3）"工艺史"研究的则是作为"人的生活条件"和社会组织的"物质基础"的"社会人的生产器官"即生产工具的发展史。马克思、恩格斯就是在这样完整的现代科学体系中建构自己的理论的。

其二，"意识形态本身只不过是人类史的一个方面"，或者说精神性观念

---

① 《马克思恩格斯全集》第 3 卷，人民出版社 1960 年版，第 20 页注释 1。
② 《马克思恩格斯全集》第 20 卷，人民出版社 1971 年版，第 95—97 页。

史只是人类整体文化史的"一个方面"，而主观的"观念论的历史叙述"则使"文化史"全部成为"宗教史和政治史"，马克思强调还存在一种与之不同的客观的"现实的历史叙述"[①]；物质性工艺史叙述就是这样一种有关人类文化史的客观的"现实的历史叙述"；在主观的"观念论的历史叙述"中，文化史却只是"观念史"或"纯粹的诸精神史"[②]，即精神性观念史。恩格斯强调："任何对政治经济学、工业、工人状况、文化史和社会立法感兴趣的人"都应该读读《资本论》。[③]而《资本论》作为一种客观的"现实的历史叙述"，绝非与文化史、精神性观念史无关，而是强调文化精神性观念史是建立在物质性经济史、工艺史上的。

其三，汇通"人类史"与"自然史"乃是马克思理论的基本特点之一。马克思指出：达尔文的物种进化论研究成果，为历史唯物主义观点提供了"自然史"的基础。[④]恩格斯指出：古生物学的出现、细胞的发现和有机化学的发展，使生物学的"比较形态学和比较生理学"成为可能并使之成为"真正的科学"，而所谓"人类学"则是从"人和人种的形态学和生理学"过渡到人类"历史"的重要桥梁，[⑤]因而也就是由自然史过渡到人类史，或者作为自然科学的生物学过渡到哲学社会科学的桥梁。达尔文的自然史即生物进化史研究，不仅对马克思有方法论上的启示，而且也构成了马克思理论的现代科学基础之一，而"人类史"与"自然史"的汇通点正是"工艺史"：达尔文所研究的生物形态进化史被马克思描述为"自然"工艺史，马克思自己研究的物质生产工具形态进化史则可谓"人类"工艺史。

"智能"正是"自然史"与"人类史"或"自然工艺史"与"人类工艺史"的汇通点：人的智能乃是漫长的生物自然进化史的产物，作为智能的生

---

①《马克思恩格斯全集》第 46 卷上册，人民出版社 1979 年版，第 47 页。

②《马克思恩格斯全集》第 3 卷，人民出版社 1960 年版，第 134 页。

③《马克思恩格斯全集》第 16 卷，人民出版社 1964 年版，第 262 页。

④《马克思恩格斯全集》第 30 卷，人民出版社 1975 年版，第 131 页。

⑤《马克思恩格斯全集》第 20 卷，人民出版社 1971 年版，第 524—525 页。

产工具的人脑神经元系统，是作为"生产工具"的动植物器官漫长进化的"自然工艺史"的产物；口头语言系统是人在自然进化形成的发音器官、听觉器官等基础上形成的智能生产工具。大脑及其他身体器官不是人类创造的，当人类在自身生物性身体器官之外创造文字语言系统时，人类就开启了超越自身生物性限制的不同于"自然工艺史"的真正的"人类工艺史"进程：如果说人脑神经元系统开始产生智能，标志着在自然工艺史与人类工艺史汇通处人类智能的第一跳的话，那么，文字系统就是第二跳，而当今 AI 机器系统则是人类智能和文化的第三跳。

马克思强调，"历史是人的真正的自然史"，即"自然界成为人"的历史过程，而"自然科学"与"人的科学"将成为"一门科学"。[①]这一伟大构想，在当今 AI 发展中正在成为现实，"人工智能学"就是由"自然科学"与"人的科学"融合而成的"一门科学"：在传统科学体系中，人的思维（思想）、智能等是"人的科学"研究的对象，并且主要是在与"自然科学"相分离的哲学、逻辑学等层面被加以研究；而今天，AI 机器系统"已经能够成功地模拟出大脑的部分神经元和大量的神经组织"并自动生产出信息、思想或智能产品。这一方面表明传统的作为"人的科学"的思维规律的研究成果已被直接运用于"自然科学"，如第一代 AI 的"专家系统"就与思维的演绎逻辑方式相关，而当今第一代 AI 的"机器学习"系统则与归纳逻辑方式相关——这是"人的科学"对"自然科学"的影响；另一方面，传统上属于"自然科学"的技术也正在对"人的科学"产生直接的重大影响，AI 机器系统对人脑神经元系统的成功模拟，也将有助于对传统上作为"人的科学"的研究对象的思维规律的探讨。与自然科学迅猛发展的速度相比，"人的科学"的发展显得相对滞后，在不发达的自然科学技术条件下形成的有关"人"的观念，依然具有强大惯性。这体现为"人类史"与"自然史"、作为"人类史"的精神性观念史与物质性工艺史依然相互分离。

---

① 《马克思恩格斯全集》第 42 卷，人民出版社 1979 年版，第 169、128 页。

库兹韦尔从历史角度，把智能发展史分为"六大纪元"："第一纪元：物理学和化学"，这大致对应于恩格斯所说的"第一类科学"；"第二纪元：生物与 DNA（脱氧核糖核酸）"，这大致对应于"第二类科学"；"第三纪元：人脑"，这是第二类科学向第三类科学即"人的科学"的过渡点，是人类史与自然史的连接点同时也是分叉点；"第四纪元：技术"，这大致对应于动能自动化机器时代；"第五纪元：人类智能与人类技术的结合"，这是 AI 时代的开始，对应于弱和窄人工智能，库兹韦尔认为"奇点从第五纪元开始"；"第六纪元：宇宙觉醒"，库兹韦尔对该纪元的描述染上了神秘的唯心主义色彩。[1]由此回过头看，库兹韦尔描述的六个纪元的不断进化的主体是"信息"：第一纪元关乎的是"物理与化学原子结构中的信息"；第二纪元，"生物 DNA中的信息"；第三纪元，"大脑神经模式中的信息"；第四纪元，"技术软件和硬件设计中的信息"；第五纪元，"技术和人类智慧的融合的生物学方法（包括人类智慧）以指数级增长渗透到人类的基本技术之中"；第六纪元，"宇宙觉醒：物质和能量的模式成为宇宙中充满了智能和知识的过程"。[2]最终"智能""知识""信息"等似乎要完全脱离大脑直至计算机硬件等一切物质，才能得到充分自由解放，如此，宇宙和人类发展史就不再是自然和人类工艺史从经验上可观察到的现实过程，而是"信息"或"宇宙智能""宇宙精神"等神秘力量进化、发展而逐步走向"觉醒"的过程，或者说是单纯的精神史过程："那种使人们满足于这类诸精神史的观点，本身就是宗教的观点，因为人们抱着这种观点，就会安于宗教，会认为宗教是 causa sui〔自身原因〕（因为'自我意识'和'人'也还是宗教的），而不去从经验条件解释宗教，不去说明：一定的工业关系和交往关系如何必然地和一定的社会形式，从而和一定的国家形式以及一定的宗教意识形式相联系。"[3]库兹韦尔的"宇宙觉醒"论或多或少地就体现了这种"宗教的观点"，而不少熟知 AI 运作的技术专家和

---

① 库兹韦尔：《奇点临近》，李庆诚等译，机械工业出版社 2017 年版，第 5—9 页。
② 库兹韦尔：《奇点临近》，李庆诚等译，机械工业出版社 2017 年版，第 6 页图 1—2。
③《马克思恩格斯全集》第 3 卷，人民出版社 1960 年版，第 162 页。

理论家也认为将来的超级 AI 机器会获得像人一样的"自我意识"乃至"自由意志"，这种认知的错误根源在于把"精神史"割裂于自然史和人类物质性工艺史：人的"精神""意识""思维""智能"等，似乎不是漫长的自然进化史和人类不断创造、改进智能生产工具的文化工艺史的产物，而是某种外在于人的神秘力量安放在人的身体里的东西，现在又假借人类把这种神秘的"智能"安放在"机器"里。而随着 AI 的不断进化，最终的超级智能不仅将完全脱离人的生物性的大脑，而且也将完全脱离物理性的机器即计算机硬件，进而脱离一切实存之物。这就是库兹韦尔等对 AI 未来的想象，而这不过是一种"安于宗教"的想象。一种能够汇通"人类史"与"自然史"、"精神史"与"工艺史"、"人的科学"与"自然科学"的人工智能学，只能是唯物的、历史的科学，它不把"智能"预设为某种先验的存在，也不把某种脱离一切之物的超级智能预设为终极目标，而始终立足现实的经验条件，在自然进化史、人类创造和改进智能生产工具的工艺史中，唯物地、历史地、动态地考察智能及其发展进程。

第二节　二次自动化：现代机器发育史中的人工智能

我们首先在现代机器的二次自动化革命、社会人的生产器官的二次发育中，考察 AI 的历史定位。正如物质劳动一开始就不是单纯使用人手一样，智能劳动一开始也不是单纯使用人脑，而是同时在人脑之外创造并使用别的智能工具。首先是语言，其中又包括口语与文字两种：口语在不离人体器官（口、耳等）的意义上，依然是一种"生物性"工具，而文字在外在于人体的意义上则可谓是"非生物性"工具。正如人类物质生产力的发展是从创造并使用外在于人体的"非生物性"工具如石斧等一样，人类精神生产力的发展，也是从创造并使用外在于人体的文字这种"非生物性"工具开始的。从智能的通用性看，只存在于个人大脑中的智能一般地说不具有社会通用性，而物化、外化为工具或产品的智能，则开始具有通用性。比如：一个原始人打磨出的石刀，既可以自己使用，也可以让别人使用，物化在石刀中的智能就开始具有社会通用性；一个人通过口语传达信息，物化在这种口语信息产品中而非单纯存在于人脑中的智能，就开始具有通用性。而相比于口语，文字工具、产品无疑具有更强的社会通用性。但是，特定的文字系统，又只是属于特定民族的自然语言系统，其通用性也受到一定限制，而人类在文字之外还创造了抽象的科学尤其是数学符号，较之文字，科学就具有超越民族及其自然语言符号限制的更强通用性。前面所引马克思所说"一般智力（通用智能）""社会智力"，就首先指物化在科学符号中并通过科学符号传播的智能，即现代自然科学知识，这种科学"社会通用智能"在工艺上的应用就催生出了现代机器，而在现代机器技术发展进程中，"通用性"也越来越被强调，由此，现代机器也就成为物化了科学这种"社会通用智能"的"社会机械通用智能"。从其应用看，这是一种转移到机器上的"使用劳动工具的技巧"，而在传统手工生产中，这种"技巧"是通过口口、手手相传的，"通用性"较弱。因此，文字、科学符号等智能工具和物质劳动工具的不断发展，同时也是人类智能的通用性不断得以提升的进程，而当今 AI 正是这一历史进程的终极成果：文字、科学符号等非自动化的智能生产工具、非自动化的"机械大脑"（能量自动化机器），在智能活动中发挥的主要作用是"传导"人的生物性智能；而当今 AI 机器作为自动化"机械大脑"则开始自动生成机械智能，并因而不再是单纯"传导"而是"代替"人脑及其生成的生物性智能，社会机械大脑及其产生的社会机械通用智能将获得更快发展。

前已分析指出，大工业引发"工场手工业、手工业"革命，而与大工业对应的劳动方式是"机器劳动"，人类加工物品的方式就经历了三大阶段：手工业—工场手工业—机器劳动。研究 AI 与物联网的杰里米·里夫金（Jeremy Rifkin）指出："除了创建软件外，人们几乎不需要参与任何操作，软件将生产过程全包了。这就是将这一过程定义为'信息化制造'（infofacture）而不是'人工制造'（manufacture）的原因。"①如果说manufacture是一种"物品"加工方式的话，那么infofacture就是指"信息"加工方式：对应于物品加工阶段的"手工"（Handwerk）阶段，就是信息加工的"脑工"（Kopfarbeit）阶段，也即使用文字等符号的阶段，正如说Handarbeit具有极强的"手工性"一样，使用文字等符号的信息加工（infofacture）方式也具有较强的"脑工性"，只是"传导"人的智能。AGI作为高度自动化的社会机械大脑则将"自动生产"机械智能，因而不再仅仅只是"传导"人的生物智能。人类加工"信息"的精神劳动方式的三大发展阶段也就是：脑工—信息化制造—AGI。正如只有高度自动化的机器劳动才能真正超越"手工性"一样，也只有高度自动化的AGI才有望真正超越智能劳动的"脑工性"，其标志就是"代替"人的"脑工"，"脑工"时代也将被终结。

　　马克思生产工艺学研究劳动工具及其创造和使用。工具既是人的劳动的前提，也是其结果；人创造物质劳动工具也需要智能，而使用物质劳动工具的技巧也是一种智能即"手工智能"；当然，人的智能发展又直接表现在对精神劳动工具的创造上，而使用精神劳动工具的技巧可成为"脑工智能"。劳动工具是人的智能的产物，人的智能活动就是创造并使用劳动工具的活动，而非单纯的观念、意识活动，而智能工具的创造和使用进程，既是人类对外在自然力的征服过程，同时也是对自身智力或智能的支配过程。从自然和人类文化进化史看，人脑神经元系统及其产生的生物性智能是"自然"进化的产物，当今AI则是人类"文化"进化的产物，它是人根据对自身思维规律的认识、模拟人脑神经元系统并用手制造出的机器系统生产的物理性智能，正在引发人类文化范式终极转型。作为文化一级生产工具的语言文字系统的发明，把智能从生物性人身限制中解放出来，而根据人脑对自然规律的认识而制造出的动能自动化机器系统，则把动能从人身限制中解放出来；在机器／资本二重性历史辩证运动中，扬弃资本的垄断和操控，作为一级生产工具终极

---

① 里夫金：《零边际成本社会》，赛迪研究院专家组译，中信出版社2014年第2版，第88—89页。

革命成果的人工智能机器系统，将把智能或文化创造力从人身限制中充分解放出来并使其获得自由发展。前面已对现代机器的二次自动化革命、社会人的生产器官的二次发育做了初步分析，下面再在此框架中考察一下 AI 的历史定位。

一

首先，我们用"再工业化"之"超工业化"，为 AI 在现代大工业史中做基本定位。人类社会正在急速进入 AI 时代。对 AI 的历史定位和社会影响，仁者见仁，智者见智。下面拟从现代生产"超工业化"革命角度展开讨论，首先梳理与此相关的三种研究视角。

其一，"工业革命"视角。国内外不少学者认为 AI 正在引发一场新工业革命，但对"工业革命"理解的不同，使得对 AI 的历史定位也有所不同：里夫金《零边际成本社会》主要研究物联网，也涉及 AI，认为这些新技术引发的是"第三次工业革命"；而施瓦布《第四次工业革命》则从工业 4.0 角度，认为 AI 等新技术引发的是"第四次工业革命"。

再往前追溯，丹尼尔·贝尔 1973 年出版的《后工业社会的来临》用"后工业化（post-industrialization）描述不同于传统"工业（化）社会"的"信息（化）社会"，而托夫勒 1980 年出版的《第三次浪潮》则用"超工业化（super-industrialization）"来描述。两者存在相通之处，所谓"后工业化""超工业化"皆指"信息化"。而在安德森看来，"信息革命"不等于真正意义上的"工业革命"：从 20 世纪 50 年代开始尤其是 80 年代以来计算机、互联网的发展，确实引发了"革命"，"但直到目前它在制造业开始显示威力之前，都不能被看作真正的工业革命"，"数字制造和个人制造的合体——'创客运动'的工业化"才真正引发一场"新工业革命"。[1] 这场新工业革命与 3D 打印制造密切相关，萨马蒂诺指出，"互联网所做的仅是改变信息的分布，即人类获取数据方式的转变"，而"3D 打印的物理属性使其被划入'比互联网更为宏大'

---

[1] 安德森：《创客：新工业革命》，萧潇译，中信出版社 2012 年版，第 48 页。

的范畴"，引发了新的"人类造物的方式"重大革命，其影响堪比"工业革命对农业时代的冲击"。① 在此意义上，可以把"工业化"视作人类"造物"方式即物质生产方式的现代化。当今一系列新技术引发的真正意义上的"工业革命"体现的是"信息"之"工业化"或"实体化"，"信息（大数据等）"直接进入实体制造过程的"生产"环节，因而产生的影响是"直接的"，引发的是"造物"方式本身的变革；而此前所谓的"信息社会"涉及的则是工业的"信息化"，并且主要影响的是实体制造的"流通"等环节，对其"生产"环节的影响则是"间接的"，对"造物"方式本身没有直接影响。

工业、实体制造的信息化与信息的工业化、实体化，是一种双向过程。而从实际发展历史进程看，在贝尔所谓的后工业信息化转型中，欧美发达国家不同程度出现"去工业化"（de-industrialization）倾向，也曾提出"再工业化"（re-industrialization）调整策略，但总体效果并不好；而当今物联网、AI等新技术所锻造出的工业 4.0 版本，则为这种"再工业化"提供了技术基础。当然，这种新型"再工业化"所锻造出的物联网＋AI 生产范式，并非简单回归传统的"工业化"，可以在"再工业化"基础上借用托夫勒所谓的"超工业化"来描述这场新型工业化，并勾勒出"工业化—后工业化（信息化）—超工业化（再工业化）"这一历时框架："超工业化"扬弃了单纯工业化与单纯信息化的片面性，是"信息化"与"工业化"的合题，如此，也就形成了一种"正—反—合"的否定之否定的辩证历时框架。而作为一种建立在"再工业化"基础上的"超工业化"的意义也就在于：使实体制造作为一种"工业化"与"信息化"双向高度交融的现代生产范式趋于全面成熟。这一历时框架有助于为当今 AI 的社会影响尤其是对实体制造的影响，做较清晰的历史定位。

其二，"机器革命"视角。既然如安德森所说"信息革命并不等于工业革命"，那么，所谓"后工业化"严格地说并非指"工业革命"本身，如此也就

---

① 萨马蒂诺：《碎片化时代》，念昕译，中国人民大学出版社 2015 年版，第 134 页。

剩下两次革命——布莱恩约弗森、麦卡菲用两次"机器革命"来对此加以描述：蒸汽机等引发了"第一次机器革命"，"克服并延展了肌肉力量"，此可称之为"动能"革命；而现在，作为"用我们的大脑理解和塑造环境的能力"的"计算机和其他数字技术"正在引发"第二次机器革命"，可称之为"智能"革命。① 由此我们可以反过头来重新审视历次"工业革命"的历史发展进程。第二次工业革命也被称作"电气革命"，今天来看，涉及的其实主要是"动能"形态的变化：在第一次工业革命中，机器的动能主要来自燃烧煤炭的蒸汽机；而第二次工业革命则使发电机成为机器动能的直接来源，石油的使用开始超过煤炭的使用，并且两者作为动能的初级形态越来越通过转化为电能推动机器运转。因此，第一、二次工业革命皆可涵盖在"机器动能革命"这一框架下，而"电能"是其最终成熟形态，其后出现的水力发电、原子能、风能等新能源，可以说依然是这种"动能"革命的延续，尚未形成物质生产新"范式"。

如果说用"电力技术"与"蒸汽技术"可以较清晰地把第二次工业革命与第一次工业革命区分开来的话，那么，关于第三、四次工业革命的理解就要复杂得多。一般认为，原子能的发明是第三次工业革命的重要标志之一。前已指出，这可以视作机器"动能"革命的延续，此外还涉及新材料、空间技术和生物工程等，但是，其突出的标志还是计算机信息控制技术，因此，总体上可以视作"信息革命"。而从连续性看，第一、二次工业革命中的电报、电话、无线电等技术实际上已经开启了这种信息革命，计算机以及建立在其上的互联网的划时代意义在于：使电报、电话以及后来出现的无线电、电影、电视等电子"模拟信号"转化为"数字信号"，在信息存储数量、传播速度等上都得到了大幅度提升，可以说标志着人类"信息社会"的真正成熟和"数字社会"的来临。此后出现的大数据等技术大致也可涵盖在这种"信

---

① 布莱恩约弗森、麦卡菲：《第二次机器革命》，蒋永军译，中信出版社2016年版，第10—11页。

息社会""数字社会"范式下，而这种范式并非现代物质生产新范式。

其三，"自动化"视角。第一次工业革命严格来说应是机器"动能"之"自动化"革命，到了第二次工业革命形成"机器体系＋电能"范式，这场革命才算真正完成。同样，我们也可以从机器"智能"之"自动化"角度，来辨析第三、四次工业革命的联系和区别：如果说煤炭、石油、蒸汽等是机器"动能"的初级形态而"电能"是"动能"的成熟形态的话，那么，AI 就是机器"智能"的成熟形态，而非智能化的软件、大数据等则是"智能"的初级形态。两者的区别就在于"自动化"：非智能化的软件、大数据等是"非自动化"的智能，而 AI 则是"自动化"或自动运转的智能。对此，著名专家王飞跃指出："'人工智能'原本是作为'机械大脑'和机械认知的'控制论'而涌现的。"为了将两者区分开，1955 年，约翰·麦卡锡想出了"人工智能"这个新词，而"1956 年里程碑式的达特茅斯人工智能研讨会"使其"作为一个独立的研究领域正式面世"。麦卡锡和尼尔斯·尼尔森后来把"人工智能"解释为"AI=Automation of Intelligence（智能的自动化）"，从工程角度看，其实质就是"知识自动化"。[①] 与之对应，第一次机器革命涉及的就是：Automation of Kinetic-energy（动能或能量的自动化）。在此意义上，用"数字制造"甚或"智能制造"来描述 AI 对实体制造的影响也是不够精确的，因为此前的"数控机床"等也可称作"数字制造"，但并非智能"自动化"制造，只有 AI 才使"智能"之"自动化"制造成为可能。

与传统农业相比，现代工业化生产方式再一突出的特征是"体系化"，而"物联网"在锻造当今新型工业实体制造体系方面发挥了重要作用。某种程度上可以说，传统狭义的互联网即信息互联网（Internet of Information）标志着现代"信息革命"的完成和"信息时代"的终结，而把"物"（Things）带入互联网而形成的"物联网"（Internet of Things，简称 IoT）则为建立在"再工

---

① 瑞德：《机器崛起：遗失的控制论历史》，王晓等译，机械工业出版社 2017 年版，"译者序"第 24—25 页。

业化"基础上的"超工业化"革命奠定了体系化的物质基础：智能自动化本身并不直接意味着"超工业化"革命，比如现在的 AI 作为一种自动化智能恰恰更多的是应用于工业制造以外的许多领域。AI 只有直接影响"造物"方式或直接融入"造物"环节之中，才会引发"超工业化"革命，而 AI 与 IoT 的融合就非常重要。笔者在《物联网分享还是人工智能垄断：马克思主义视野中的数字资本主义》[①]一文中提出"IoT + AI"概念；小米、360 等公司提出了 AIoT（IoT + AI）概念，将其视作 IoT 的升级版，或者互联网的终极版，这一概念在国际研发界也已被广为使用。如果说第一次机器革命所形成的"机器体系＋电能"是一种"工业化"成熟模式的话，那么，当今由机器体系化、智能自动化形成的"IoT + AI"就是一种"超工业化"模式，标志着人类生产范式终极革命的开始。[②]由此我们可以为当今 AI 的社会影响尤其是对实体制造方式的革命性影响，做出清晰而具体的定位。

四次"工业"革命、两次"机器"革命，是联系在一起的，但不细加辨别而看到它们之间的区分，是无法充分揭示 AI 划时代独特意义的。"信息时代"已无法充分揭示当今时代新特征，所谓"计算机时代""互联网时代""数字时代""大数据时代"甚至"智能时代"等，也都无法充分揭示 AI 所开启的新时代新特征，只有把"工业革命""机器革命""自动化"三种视角联系在一起，才能较充分揭示这种新特征：现代机器的"动能"自动化实现了物质生产方式的"工业化"，形成"机器体系＋电能"范式，而当今与 AI 相关的机器的"智能"自动化正在实现物质生产方式的"超工业化"，正在形成 AIoT 这种现代物质生产终极性的范式。被传统研究所忽视的马克思"生产工艺学批判"，对于这种探讨有重要理论启示。

---

① 刘方喜：《物联网分享还是人工智能垄断：马克思主义视野中的数字资本主义》，《上海大学学报》（社会科学版）2018 年第 2 期。

② 刘方喜：《物联网＋人工智能：人类生产方式的终极革命》，《中国社会科学报》2019 年 9 月 25 日第 6 版。

二

其次，我们用生产器官的二次发育与自动化，为 AI 在现代机器发展史中做基本定位。萨马蒂诺认为 IoT、AI 等正在引发人类"造物"方式新革命，而用马克思的话说，就是"物质生产"方式新革命。"物质生产"乃是决定一时代社会生活状况的基础性因素，而马克思不仅重视研究物质生产资料之"社会形态"及其历史变化，而且还高度重视研究其"工艺形态"及其历史变化——这就是"生产工艺学批判"。马克思强调，"工业化"是相对于传统"手工生产"的"机器生产"，乃是人类物质生产工艺形态"现代化"的重要标志，他对现代机器第一次"动能"自动化所引发的"工业化"做出了非常卓越的研究。由于特别重视哲学与自然科学的高度融合，马克思既不仅仅局限于对自然科学的单纯的技术性研究，同时也不局限于对单纯的经济学、社会学等学科的研究。他研究"工业化"得出的基本结论具有高度的哲学概括性，有助于我们今天研究现代机器的第二次"智能"自动化所引发的"超工业化"革命及由此形成的 AIoT 范式。

其一，马克思生产工艺学批判所揭示的现代科学技术及其在机器生产工艺上的应用的系统性、革命性、累积性等特点，对于今天理解 AI 技术及其生产工艺上的应用的历史生成和发展过程，具有重要理论启示。

马克思是在对现代"机器生产"与传统"手工生产"的对比分析中，提出作为一门"完全现代的科学"的"工艺学"概念的：在传统手工生产中，"一旦从经验中取得适合的形式，工具就固定不变了"，直到 18 世纪，各种特殊的手艺还被称为"只有经验丰富的内行才能洞悉其中的奥妙"的"秘诀"，"这层帷幕在人们面前掩盖起他们自己的社会生产过程"，而大工业则撕碎了这层"帷幕"，不再局限于用传统的手工技巧来进行生产，而是"把每一个生产过程本身分解成各个构成要素"和"自然科学的自觉按计划的和为取得预期有用效果而系统分类的应用"，于是，"工艺学"这门"完全现代的科学"得以创立，"某一生产过程的现存形式"再也不被当作"最后的形式"，这表明现代工业机器生产的技术基础是"革命的"，而传统手工生产方式本质上是

"保守的"。① 正是现代科学技术高度的体系性或系统性赋予现代机器生产以高度的系统性，这种系统性又决定着现代生产方式高度的革命性；而与之相比，传统手工生产工艺的发展往往分散而不成系统，这种非系统性又决定着其技术基础的保守性。

马克思还从交往范围、生产工艺与劳动者人身关系等方面，分析了现代机器生产相比于传统手工生产所具有的高度的累积性："某一个地方创造出来的生产力，特别是发明，在往后的发展中是否会失传，取决于交往扩展的情况"。传统手工生产工艺发展的分散性、累积性不强的特点，与传统社会交往范围的狭隘性密切相关，"当交往只限于毗邻地区的时候，每一种发明在每一个地方都必须重新开始"，"发达的生产力，即使在通商相当广泛的情况下，也难免遭到彻底的毁灭"，而大工业则使人类交往具有了"世界性质"，这为"保存住已创造出来的生产力"提供了重要保障。② 由此，现代机器生产工艺的发展也就获得了高度的"累积性"。在传统手工生产中，"范围有限的知识和经验是同劳动本身直接联系在一起的，并没有发展成为同劳动相分离的独立的力量"，生产工艺的积累，还主要表现为作为"凭经验掌握每一种手艺的秘密"的"制作方法"的积累，这种积累是"一代代加以充实的，并且是很缓慢地、一点一点地扩大的"，而现代机器生产"才第一次达到使科学的应用成为可能和必要的那样一种规模"，并造成了"科学作为应用于生产的科学同时就和直接劳动相分离"。③ 手工生产工艺与直接劳动的不分离，也意味着与劳动者人身的不分离，而现代自动化的机器生产则使"使用劳动工具的技巧"，从"工人身上"转移到了"机器"上面，于是就使"工具的效率"从人类劳动力的"人身"限制下解放出来了。④ 如此带来的结果就是：现代机器生产工艺不再因为人身死亡等偶然性因素而中断其累积性的发展进程，并且相

---

① 《马克思恩格斯全集》第 23 卷，人民出版社 1972 年版，第 533 页。
② 《马克思恩格斯全集》第 3 卷，人民出版社 1960 年版，第 61—62 页。
③ 《马克思恩格斯全集》第 47 卷，人民出版社 1979 年版，第 570 页。
④ 《马克思恩格斯全集》第 23 卷，人民出版社 1972 年版，第 460 页。

对于传统生产工艺和经验一代代、一点点缓慢积累的方式，转移到机器上的生产工艺的积累和发展是剧烈的、跳跃式的、革命性的——这是当今 AI 等新技术能够按摩尔定律指数级增长的历史动因。

在传统手工生产中，手艺作为一种"秘密""秘诀"主要是在人与人之间通过口口、手手相传的，这种传承方式极容易造成生产工艺的"失传"，生产工艺和生产力的发展，极容易由于剧烈的社会活动尤其是战争等而中断，其生产工艺发展的累积性较弱。而现代大工业机器生产及其造成的具有世界性质的普遍交往，则为生产力、生产工艺等在世界范围内的保存和累积性发展，提供了重要保障。现代自然科学理论的系统化，理论和技术等信息承载、存储、传播的现代技术的发展及由此造成的具有"世界性质"的交往等，也使一项科学原理或技术发明一旦出现，就很难在全球范围内消失。马克思对工业化革命中自动印刷机、电报等在信息传播方面的革命性影响多有论述，对于当今的超工业化革命来说，信息的传播（如互联网等）、存储（智能芯片等）等能力依然是至关重要的，而这些技术对于在世界范围内"保存住已创造出来的生产力"提供了更强有力的保障，科技、生产工艺发展的累积性、革命性得到了更高程度的提升。

马克思指出，资本主义是在周期性危机、不断的社会动荡中发展的，危机会造成生产力尤其是剩余产品的巨大浪费，但是，一波又一波并且越来越严重的经济危机，却并未彻底中断现代科学技术、机器生产工艺的累积性发展，并且，摆脱经济危机的重要方式之一恰恰是采用新科技或新机器生产工艺，这在客观上又促进了科技和机器生产工艺不断变革并在更高平台上更快速发展。而在传统手工生产方式下，"发达的生产力，即使在通商相当广泛的情况下，也难免遭到彻底的毁灭"，社会经济动荡往往会使已有的生产工艺失传而需要"重新发明"。由于忽视马克思的生产工艺学批判理论，许多研究者没有充分注意到马克思所强调的现代科技和生产工艺的系统性、革命性、累积性发展对现代社会历史发展重要的基础性的影响。

马克思之后，全球社会风云激荡、变幻莫测，但是，现代科学在生产工艺上的应用一旦被开启，其累积性的过程就不可能再会被彻底打断，最多在某个时期可能会被延缓。实际上即使在两次世界大战中，这一进程也没有被打断，相反战争的需要实际上还刺激了科学技术的发展及其在生产工艺上的应用。当今包括计算机数字技术在内的许多新技术，恰恰萌发于第二次世界大战之中。没有第一次机器动能自动化所开启的科技和生产工艺的系统性、革命性尤其是累积性的发展，就不可能出现 AI 这种引发技术"奇点"的终极性技术。运用马克思的生产工艺学批判理论，可以对这种历史必然性做比较充分的揭示。

其二，马克思生产工艺学批判关于物质生产、生产资料二重性的分析，有助于我们今天理解"超工业化"革命及由此形成的 AIoT 生产范式。

2014 年中国信息经济学会举办的学术沙龙提出"迈向'超工业化'新时代"的说法。有学者还指出，马克思提出不同经济时代的区别"不是看它生产什么，而是看它怎么生产"，即看"生产方式"本身的异同，认为马克思的这一经典论述在今天"仍然适用甚至是更加适用了"；此外还有学者提出"工业化"就是"加工化"，其中又包括"加工物质"与"加工信息"；等等。[①]其中所引的话就是马克思关于"工艺学"的重要论述之一，原话是："各种经济时代的区别，不在于生产什么，而在于怎样生产，用什么劳动资料生产。"而"劳动资料的遗骸"对于判断已经消亡的社会经济形态，具有重要意义，比如"按照制造工具和武器的材料"，人类早期社会可以划分为"石器时代、青铜时代和铁器时代"等。[②]以此来看，马克思所考察的资本主义时代就是"机器时代"。在这些论述之前，马克思指出：撇开各种特定的社会形式来看，劳动过程首先是"人和自然之间"的过程，是人以自身的活动来引起、调整和控制人和自然之间的"物质变换"的过程，大工业所创立的现代"工艺学"研究的就是这种物质变换过程，揭示的就是其中的"人对自然的能动

---

① 管益忻：《迈向超工业化新时代——在〈信息经济与社会变革〉学术沙龙上的发言》，《企业家日报》2014 年 5 月 24 日第 9 版。

②《马克思恩格斯全集》第 23 卷，人民出版社 1972 年版，第 204 页，第 204 页注释 5a。

关系"；① 而劳动的"社会形式"或"社会形态"所体现的则是"人和人之间的过程"。物质生产过程就是这二重过程的统一，或者说就具有"工艺形态"与"社会形态"这样的二重形态。

"怎样生产"又主要是通过"用什么劳动资料生产"体现出来的，物质生产"活动形态"的二重性，又体现为"生产资料"形态的二重性，而对生产资料"工艺形态"的细致分析，就构成了马克思生产工艺学的重要内容之一：广义的生产资料包括"劳动对象"和"劳动资料"两大部分，而马克思还进一步把"劳动资料"本身细分为两种——作为"生产的骨骼系统和肌肉系统"的"机械性的劳动资料"和"作为生产的脉管系统"的"充当劳动对象的容器的劳动资料"，并强调"机械性的劳动资料"更能显示一个社会生产时代"具有决定意义的特征"。② 它构成了物质生产的"动能（动力）系统"，在"加入资本的生产过程以后"，这种机械性劳动资料又经历了各种不同的"形态"变化，其最后、最完善、最适当的形态就是"自动的机器体系"，其突出特点就是由一种"自行运转的动力"来推动的，科学借此驱使"那些没有生命的机器肢体"自动运转。③ 这就是资本主义生产资料最为成熟的"工艺形态"，它具有"体系化""自动化"双重特性，并且只有"自动化"才能使机器真正"体系化"。

马克思强调，劳动资料作为"社会人的生产器官"，乃是每一个特殊社会组织的"物质基础"，后者随前者的发展而发展。④ 以此来看，作为现代社会组织的物质或工艺基础，"自动的机器体系"是由许多"机械的和有智力的器官"组成的，"机械的器官"可谓是机器的"体力"器官，其"自动化"运转，标志着"社会人的生产器官"中的"体力"器官的发育成熟；同时，"自

① 《马克思恩格斯全集》第 23 卷，人民出版社 1972 年版，第 201—202 页，第 409—410 页注释 89。
② 《马克思恩格斯全集》第 23 卷，人民出版社 1972 年版，第 204 页。
③ 《马克思恩格斯全集》第 46 卷下册，人民出版社 1980 年版，第 207—208 页。
④ 《马克思恩格斯全集》第 23 卷，人民出版社 1972 年版，第 409 页注释 89。

动的机器体系"作为人的科学或智力在生产工艺上的应用，也是一种"智力的器官"，但是，其中的"智力（智能）"因素还没有像"体力"（动能）因素一样开始"自动化"运转，因而机器的这种"智力器官"可以说还没有发育成熟，而当今 AI 因其"自动化"而标志着机器"智力（智能）器官"也开始发育。因此，马克思所讲的"自动的机器体系"还只涉及"动能"的自动化运转，工人作为传统生产过程中曾经的"体力（动能）"支出者的作用已被替代，但是还可以作为"有意识"的"看管者"发挥作用。而在当今 AI 所可能锻造出的智能自动化运转的新的机器系统中，智能机器人可以成为这种"看管者"，人将被全面替代。

马克思强调，现代"自动的机器体系"，乃是"使传统的继承下来的劳动资料适合于资本要求的历史性变革"的最终结果①，而作为一门"完全现代的科学"，"工艺学"研究的就是这种"劳动资料"工艺形态的变革史，或者说"自动的机器体系"这种"社会人的生产器官"的发育史。以此来看，马克思所考察的"工业化"主要涉及的是"机械性的劳动资料"或机器体系"动能自动化"的变革、"动力器官"的发育，而当今 AI 革命所引发的"超工业化"涉及的是"智能性的劳动资料"，或机器体系"智能自动化"变革、"智力器官"的发育。马克思强调，"现代工业从来不把某一生产过程的现存形式看成和当作最后的形式"，因此，现代工业也就不可能停留于机器体系"动力器官"的发育，现代科技及其工艺上应用所具有的革命性、累积性，必然引发现代机器体系作为"社会人的生产器官"的二次发育，即"智力器官"的发育。这是从马克思研究"社会人的生产器官的形成史"的生产工艺学批判理论，可以推导出来的结论。

对比看，马克思关于机器动能自动化系统的一些分析，对于我们今天考察 AI 机器的自动化及其发展趋势，还有直接理论启示："大工业必须掌握它特有的生产资料，即机器本身，必须用机器来生产机器。这样，大工业才能

①《马克思恩格斯全集》第 46 卷下册，人民出版社 1980 年版，第 210 页。

建立起与自己相适应的技术基础，才得以自立"，"用机器制造机器的最重要的生产条件，是要有能充分供给力量同时又完全受人控制的发动机。蒸汽机已经是这样的机器"。① 如果说"用机器生产机器"是"工业化"生产方式最终成熟而"得以自立"的标志的话，那么，"用智能生产智能"也即真正意义上的"智能自动化"，则将是当今由 AI 所锻造的"超工业化"生产方式最终成熟而"得以自立"的标志。从发展现状看，目前的"弱人工智能"（ANI）尚未真正做到"用智能生产智能"，只有"强人工智能"或"通用人工智能"（AGI）才有望真正做到这一点。如果说"用机器生产机器"的条件是蒸汽机这种能够充分供给动力的"动能"发动机的话，那么，"用智能生产智能"的条件首先就是作为能够充分供给大数据等智能性材料的"智能"发动机的"计算机"，其中"算力"的提升和"算法"的改进非常关键，量子计算机将指数级地提升算力，算法也在不断改进之中。这些方面的指数级增长、累积性发展，对于 AGI 的生成、智能"奇点"的来临将有重要的助推作用。马克思强调，作为物品传输系统的"大规模的铁路建设和远洋航运事业的发展"，对于"用机器生产机器"发挥了推动作用；对比来看，作为信息、大数据等传输系统的互联网尤其是物联网的发展，也将对"用智能生产智能"的 AGI 的生成起重要的助推作用，而人类未来终极性的生产范式将是 IoT ＋ AGI。

总之，当今 AI 革命是继第一次能量自动化革命或工业革命和信息革命之后的第二次智能自动化革命或超工业化革命，标志着社会人的生产器官中的智力也开始发育成熟，正在引发人类生产范式的终极转型，同时也标志着人类智能发展的终极转型。而理解这种转型的终极性意义，还需回到人类智能及其工具的工艺发展史中加以考察。

---

① 《马克思恩格斯全集》第 23 卷，人民出版社 1972 年版，第 421—422 页。

第三节　人脑与文字系统：智能生产工具的生物性及其超越

前已指出，考察智能有两种不同途径：或探究智能"是什么"，这容易导致脱离一切物质载体而把智能神秘化的唯心主义倾向；或探讨智能"怎样生产"即智能的"生产工具"是什么、人如何用不同的工具生产智能——这也就是生产工艺学的考察途径，这种途径有助于消除当今有关 AI 认知的形形色色的唯心主义的神秘主义倾向。我们古人把用文字写作等文化精神生产活动称为"笔耕""心织"，可以说就有着极强的"工具"意识，即实际上就强调了这种生产活动的"工具"："心"其实指人脑，而"笔"可谓写作活动的二级生产工具，一级生产工具则是"文字"，"笔耕""心织"就是人用大脑、文字符号这两种生产工具进行的活动。马克思、恩格斯的文化工艺史研究对此多有探讨。

一

首先，人脑系统是自然进化、物与人的身心、手脑互动发展的历史产物。从当今全球 AI 发展现实状况及其相关认知状况看，目前获得快速发展的 ANI 还没有被染上神秘色彩，而一些技术专家和理论家等对于未来 AGI 尤其是 ASI 的想象或"假设"则染上了神秘色彩。扎卡达基斯强调这些假设往往"不属于科学而是宗教"，并揭示其思想史根源是西方已有悠久传统的"建立在信仰的基础上"的"身心二元论的信条"，而这种"二元论可能支持人工智能的演化"。[①] 基于这种身心二元论所勾勒的"智能"发展史脉络就是："智能"或"精神"等是外在于人及其身体进而外在于自然的某种神秘存在，它首先被某种神秘的力量安放在人的身体内从而形成生物性自然智能并不断进化——但这只是初级阶段，人类也只是宇宙智能进化史上的低等物种；而当今 AI 则开启了高级阶段，未来的超级智能机器将是宇宙智能进化成史高级的

---

① 扎卡达基斯：《人类的终极命运：从旧石器时代到人工智能的未来》，陈朝译，中信出版社2017 年版，第 123—124 页。

新物种，并有可能取代乃至消灭人类这种"低等"智能物种；而智能进化的终极阶段或最高境界是"整个宇宙将充盈着我们的智慧"而"智能扩散至整个宇宙"①——这就是库兹韦尔对 AI"奇点"的想象性描述，颇类我们古人所谓的"宇宙便是吾心，吾心即是宇宙"。库兹韦尔还进一步解释道："奇点"意味着超越对"物质能量世界"的超越，其最主要含义就是"精神"或"物质世界的精神实质"②。宇宙自然物质世界的"实质"就被归结为"精神"，这种"宇宙精神""宇宙智能"的进化史，就被描述为智能不断脱离于各种物质的进程：作为自然智能基础的人脑脱离于人的身体（如"缸中脑"假设），智能又进一步脱离于人脑这种物质性、生物性器官，转移到物理性的 AI 机器中从而开启智能进化的高级阶段，而最终还将脱离物理性机器本身，进而也就脱离宇宙自然间的一切物质，这就是一种关于智能史的纯粹精神性观念史的叙述，强调智能的"精神性"的一面，而忽视其"物质性"的一面。扎卡达基斯认为这种唯心主义叙述产生的根源是"身—心二元论"，而马克思、恩格斯所揭示的"手—脑二元论""物质生产—精神生产二元论"同样是其思想史根源，而物质性工艺史叙述，对于批判性地揭示这种唯心主义叙述的迷失具有较强的针对性。

在《资本论》第一卷对"工艺史"再一经典论述中，马克思引用了富兰克林"人是制造工具的动物"的说法，强调"劳动资料的使用和创造"是"人类劳动"过程独有的特征。从研究方法上看，由"动物遗骸的结构"可以认识"已经绝迹的动物的机体"的特征，而由"劳动资料的遗骸"可以判断"已经消亡的社会经济形态"的特性，不是"生产什么"，而是"怎样生产"，决定着一个经济时代的重要特性；与之相比，真正的奢侈品对于"从工艺上比较各个不同的生产时代"来说意义不大；许多研究人类历史的著作，很少提到作为"整个社会生活以及整个现实历史的基础"的物质生产及其工具，

---

① 库兹韦尔：《奇点临近》，李庆诚等译，机械工业出版社 2017 年版，第 14 页。
② 库兹韦尔：《奇点临近》，李庆诚等译，机械工业出版社 2017 年版，第 234 页。

但是，以自然科学为基础的人类"史前时期"的研究，却不得不按照"制造工具和武器的材料"，把史前时代划分为石器时代、青铜时代和铁器时代等。[①]这些经典论述勾勒了"工艺史""工艺学"研究的基本思路：（1）工艺学是对"怎样生产"或生产过程及生产工具（劳动资料）使用的动态研究，不同于对"生产什么"即产品的静态研究；（2）"从工艺上比较各个不同的生产时代"就是对人类发展不同时代的"工艺史"的考察，具体地说，就是一种将生产工具发展史作为人类"整个社会生活以及整个现实历史的基础"的考察，这是一种将"自然科学"与"人的科学"、"自然史"与"人类史（文化史）"充分结合在一起的考察——这种方法在西方有关人类"史前时期"社会的研究中有所运用，但在对文字出现之后的文明时期的社会研究中却被忽视乃至抛弃了，这也就造成了"人类史（文化史）"与"自然史"、"人的科学"与"自然科学"的割裂，而马克思则将这种物质性工艺史考察法同样运用到对文明时代的人类社会的研究之中，并在此基础上建构起现代历史唯物主义思想体系。

库兹韦尔的智能进化图谱，虽然也由无机物而追溯到有机物、植物、动物、猿类，然后"人类祖先直立行走——直立人、专门的石工具……农业"，"农业技术的发展……生火技术"等，[②]但库兹韦尔对物质、农业等劳动在智能进化中的作用没有太大兴趣。恩格斯则对此做了较为详尽的分析：自然物质始终处于运动、发展中，在无机物发展基础上产生了有机物、细胞等，进而又产生植物、动物，而"达尔文首先系统地加以论述并建立起来的进化论"，勾勒并确定了生物机体从"少数简单形态"到"日益多样化和复杂化的形态"直到"人类"的进化过程，由此就可以追溯人类精神的"史前时代"，即人类精神如何从"简单的、无构造的但有刺激感应的最低级有机体的原生质"进化到人的"能够思维的人脑"，离开这种追溯，"能够思维的人脑"的存在就

---

① 《马克思恩格斯全集》第 23 卷，人民出版社 1972 年版，第 204 页。
② 库兹韦尔：《奇点临近》，李庆诚等译，机械工业出版社 2017 年版，第 7 页图 1-2，第 9 页图 1-6。

会成为"奇迹"。① 从肉体的发展史看，个人在母腹内的胚胎发展，乃是人类动物祖先从"虫豸"开始的几百万年发展的"缩影"，而从精神的发展史看，"孩童的精神发展"则是人类动物祖先的"智力"发展的简略"缩影"（第518页）；个体人的生成、发育过程也昭示着人类智力是不断进化、发展的历史结果，而撇开有机体不断演变、生物不断进化这种漫长的现实过程，人脑及其智能就会被视作某种"奇迹"。"迅速前进的文明完全被归功于头脑，归功于脑髓的发展和活动"（第516页），而实际情况是，人脑的发展离不开人的身体及其他器官尤其是"神经系统"的发展、发育：在"哺乳动物"身上，"从事有意识有计划的行动的能力，和神经系统的发展"已经达到相当高的阶段（第518页）；而"脊椎动物"整个身体都"聚集在神经系统周围"，为发展到"自我意识"等提供了可能性（第653页）；在此发展进程中，"直立行走""摩擦生火""劳动""语言"等发挥了重要作用。

其一，直立行走"完成了从猿转变到人的具有决定意义的一步"（第509页）：经过数万年的努力之后，"手和脚的分化""直立行走"使人最终与猿区别开来，并为"音节分明的语言"和"头脑"的发展奠定了基础，由此，人和猿之间的距离越拉越大（第373页）；"没有一只猿手曾经制造过一把哪怕是最粗笨的石刀"，而直立行走使人双手的"骨节和筋肉的数目和一般排列"相同，从而"能做几百种为任何猿手所模仿不了的动作"（第510页），并最终使人成为制造并使用工具的动物；而"人手的逐渐灵巧以及与此同时发生的脚适应于直立行走的发展"（第511页），又反过来作用于机体的其他部分，从而对人的整个机体产生了重要影响。

其二，再一对人的身体产生重要影响的因素是"摩擦生火"，它第一次使人类支配了一种自然力，并最终将人类与动物区分开来（第126页）。从可观察到的经验现实看，人的智能的发展不仅依赖于大脑，同时也以人的身体

---

① 《马克思恩格斯全集》第20卷，人民出版社1971年版，第537—538页。以下引恩格斯语均出自该卷，只在正文中注明页码。

其他部分进而身体整体的发育为最基本的物质基础：某个大脑具有极高智力天赋的个人，如果营养不良而身体发育不好，其智能发挥必然受到负面影响。对于人类智能的发展来说同样如此：智力和适应能力高的猿类的"食料植物的数目愈来愈增大"，"可食用的部分也愈来愈多"，愈来愈复杂的食物使"输入身体内的材料"也愈来愈复杂和丰富，这为猿转变成人提供了"化学条件"（第 514—515 页）；植物性食物的丰富提升了高级猿类的身体素质，而肉类食物则使其脑髓得到了"比过去多得多的为本身的营养和发展所必需的材料"并能够"一代一代更迅速更完善地发展起来"，"动物的驯养"使肉类食物越来越丰富，而"火的使用"则缩短了"消化过程"，最终"直接成为人的新的解放手段"（第 515—516 页）。"摩擦生火"和"火的使用"改善了人的营养，为人的身体素质的提升、脑髓的发展奠定了物质基础，从而成为人的"解放手段"。

其三，与以上两种因素密切相关的再一决定性因素是"劳动"，恩格斯的《劳动在从猿到人转变过程中的作用》对此做了集中分析。恩格斯指出，把人类文明的发展完全归功于"头脑"或"脑髓的发展和活动"，是因为"人们已经习惯于以他们的思维而不是以他们的需要来解释他们的行为"，并随着时间的推移而产生了"唯心主义的世界观"，这种世界观"没有认识到劳动在这中间所起的作用"，而"劳动是从制造工具开始的"（第 515—517 页）："手的专门化"使工具得以出现，意味着人所特有的活动和人对自然界进行改造的反作用即"生产"的真正开始（第 373 页）；手既是劳动的"器官"，也是其"产物"，劳动、动作及其引起的"肌肉、韧带以及在更长时间内引起的骨骼"的发展和遗传，使人手的灵巧性以"愈来愈新的方式"运用于"新的愈来愈复杂的动作"，最终成为"仿佛凭着魔力似的产生"的拉斐尔的绘画、托尔瓦德森的雕刻以及帕格尼尼的音乐等人类艺术的历史的物质的基础"（第 511页），而绘画、雕刻、音乐等人类智能产品的创造，离不开随着劳动发展的人手不断发展起来的灵巧性。

其四，劳动还创造了人的智能的另一重要生产工具即"语言"，"语言是从劳动中并和劳动一起产生出来的，这是唯一正确的解释"（第512页）。一方面，手和劳动中人对自然的统治的不断发展，使人的眼界不断扩大，"在自然对象中不断地发现新的、以往所不知道的属性"，这提升了人认识自然的智能水平；另一方面，又"促使社会成员更紧密地互相结合起来"，而社会交往的需要又使"猿类不发达的喉头"得到不断发展和改造，其"音调的抑扬顿挫的不断加多"，最终使其"口部的器官也逐渐学会了发出一个个清晰的音节"（第512页），这为作为人的智能生产工具的口语的发展奠定了物质基础。因此，劳动的发展不仅为人的智能发展提供了主体基础（认识自然的智力水平的提高），而且也提供了物质基础（发达的发音以及听觉器官等）。语言产生之后，劳动在人的智能发展中继续发挥作用，在两者合力的影响和推动下，"猿的脑髓就逐渐地变成人的脑髓"，而作为脑髓进一步发展的最密切的工具的"感觉器官"也进一步发展起来。"语言的逐渐发展"与"听觉器官"的相应完善化、"脑髓的发展"与所有"感觉器官"的完善化是同时进行的，最终使"愈来愈清楚的意识以及抽象能力和推理能力"不断发展起来，并"反过来对劳动和语言起作用"，于是，二者的进一步发展获得了"愈来愈新的推动力"（第513页）。"抽象能力和推理能力的发展"标志着人的智能水平大幅度提升，反过来又推动劳动和语言进而人的整体精神、智能水平的提高。

恩格斯强调，"我们连同我们的肉、血和头脑都是属于自然界，存在于自然界的"，离开这一基本的经验现实，就会得出"反自然的观点"，"把精神和物质、人类和自然、灵魂和肉体对立起来"（第519—520页），也把手与脑、物质生产与精神生产二元对立起来，而这也是当今关于AI的种种神秘唯心主义叙述的思想史根源。

二

其次，文字系统是人超越自身生物性身体限制的智能生产工具。作为智能生产工具的人脑神经元系统和口头语言系统，乃是自然工艺史不断进化的产物，实现了人类文化的第一跳，而人在自身生物性身体外创造出的书面文字系统则实现了人类文化的第二跳；从工艺史角度看，通过"动物遗骸的结构"认识"已经绝迹的动物的机体"是自然工艺史的研究方法，而通过"劳动资料的遗骸"判断"已经消亡的社会经济形态"则是人类工艺史的研究方法——这对于研究人类智能生产工具的"工艺史"来说同样如此。以此来看，作为人的智能生产工具的口头声音语言无法留下"遗骸"，今天考察已开始创造并使用口语的早期智人的智能形态，就只能通过发掘出的早期智人的脑结构、发音和听觉器官结构等来进行，这总体来说依然是一种自然工艺史考察；而历史上保存下来的文字文献，则可谓"人的智能劳动资料（生产工具）的遗骸"，通过这种"遗骸"可以考察人的智能形态的发展进程，这已是真正的人类工艺史考察，地球上多数民族文字及其文献由简单而丰富的发展进程，就昭示着人类智能形态由低级而高级的发展进程。

再从工艺学角度看，人类物质与精神生产的工具，都可以分成人自身之内的生物性生产工具与人自身之外的非生物性生产工具（撇开人使用的自身之外的生物性生产工具如植物、动物不论）：手是关乎体能、脑是关乎智能的人自身之内的生物性生产工具，两者相互影响，脑的发展与手等身体器官和人体整体的发展联系在一起。在劳动中，劳动者所直接掌握的，不是"劳动对象"而是"劳动资料"：在"采集果实之类的现成的生活资料"的劳动中，唯一的"劳动资料"就是劳动者身上的器官；而在把自然物制造成工具并加以运用的劳动中，这种作为生产工具的"自然物"就成为劳动者活动的器官，成为"加到他身体的器官"或"他的自然的肢体"的延长物[①]；人手等"劳动者身上的器官"是物质生产的生物性的生产工具，而人还在自身生物性身体之外创造并使用非生物性的生产工具，这种创造和使用本身就标志着人的劳动的发展；同样，人脑作为人身上的器官是精神生产的生物性生产工具，而文字系统则是人在自身生物性身体之外创造并使用的非生物性的智能生产工具，这种创造和使用同样标志着人的智能的飞跃性发展。从实际发展进程看，物质生产工具的创造和使用在前（在文字产生之前的史前时代如石器时代等

[①]《马克思恩格斯全集》第 23 卷，人民出版社 1972 年版，第 203 页。

就已开始这种创造和使用），文字作为关乎智能的非生物性生产工具的创造在后，这再次表明：人的精神、智能生产及其工具的发展，是建立在物质生产及其工具发展基础上的。

库兹韦尔的智能进化图谱也涉及"语言—智人……书写"①等；扎卡达基斯强调："语言远比绘画、音乐、舞蹈、雕塑，甚至科学和宗教来得更早"，"现代心智的大爆炸"可能源自"基因突变"，而人类获得并不断发展起来的"通用语言"则改变了"意识"，从而成为导致"现代心智的大爆炸"的"临门一脚"。②语言在人类智能发展史上具有爆炸性的作用，而库兹韦尔、扎卡达基斯并未对文字系统这种智能生产工具做深入分析。作为"第一个具有专门知识而想给人类的史前史建立一个确定的系统的人"，摩尔根在蒙昧时代、野蛮时代、文明时代的分析框架中，根据"生活资料生产"的进步，研究了"前两个时代以及向第三个时代的过渡"；而"铁矿的冶炼"和"文字的发明及其应用于文献记录"则是人类过渡到"文明时代"的重要标志。③

库兹韦尔强调"物质世界的精神实质"或智能的"精神性"的一面，而马克思、恩格斯则强调"精神世界的物质实质"或智能的"物质性"的一面："语言"离不开"物质"即"震动着的空气层、声音"等，这表明"'精神'从一开始就很倒霉，注定要受物质的'纠缠'"，而与"物质"纠缠在一起的"语言"和意识具有"同样长久的历史"，语言是一种"实践的、既为别人存在并仅仅因此也为我自己存在的、现实的意识"。④但是，如果只强调意识或智能的"物质性"的一面，就会陷入机械唯物主义，而马克思、恩格斯强调意识或智能的"物质性"与"精神性"是统一的，并且只能在历史的动态的"生产"过程中达到现实统一。

---

① 库兹韦尔：《奇点临近》，李庆诚等译，机械工业出版社2017年版，第7页图1-3。
② 扎卡达基斯：《人类的终极命运：从旧石器时代到人工智能的未来》，陈朝译，中信出版社2017年版，第14页，第12页。
③《马克思恩格斯全集》第21卷，人民出版社1965年版，第32页，第37页。
④《马克思恩格斯全集》第3卷，人民出版社1960年版，第34页。

对人类"史前时代"的研究，往往要"按照生产资料的物质（从而，依然是按照生产资料的一定性质），并"根据生产资料的进步和已达到的状况"来进行；[①] 而马克思、恩格斯对"精神生产资料"的"物质"同样有强调：《德意志意识形态》在"关于意识的生产"讨论中提出了不同于"物质生产资料"的"精神生产的资料"的概念；强调"思想、观念、意识"的生产，最初是与人们的物质活动、物质交往以及与现实生活的语言等交织在一起的，"表现在某一民族的政治、法律、道德、宗教、形而上学等的语言中的精神生产"同样如此，"人们是自己的观念、思想等等的生产者"。[②] 因此同样需要一定的"生产资料"，而"语言"就是这样一种"精神生产的资料"，像物质生产资料一样，"语言"同样是物质性的，作为人的另一种"精神生产资料"或智能生产工具的大脑也是物质性的，正如作为"物质生产资料"的人手等身体器官一样。总之，人的精神、观念、智能活动，既受物质生产劳动的影响，也受智能物质性生产工具的影响，并且两种影响相互交织，剥离于物质生产劳动，剥离于精神、智能生产的物质性的工具，有关人的精神、思维、智能的讨论就容易陷入唯心主义泥潭。

扎卡达基斯指出："如果我们接受了信息、意识、数据比原子、分子更为基础，我们就是被宇宙的垃圾环绕了。演化给了我们冗余的行李，叫作'身体'，我们原来并不真的需要。显而易见，我们需要的仅仅是大脑，甚至连大脑都是多余的。"[③] 这是从库兹韦尔等 AI 奇点论可以推导出的结论，这种把人的身体视作多余的"垃圾"或"累赘"的观点，不仅是"反自然的"，同时也是"反人道的"。若进一步推演，人的生物性大脑也是智能发展的累赘而要被抛弃并由物理性的机器系统（计算机）来取代，最终，计算机尤其是硬件部分这种"物"也是累赘而要被抛弃，如此，神秘的"宇宙智能"似乎要摆

①《马克思恩格斯全集》第 49 卷，人民出版社 1982 年版，第 418 页。
②《马克思恩格斯全集》第 3 卷，人民出版社 1960 年版，第 52、29 页。
③ 扎卡达基斯：《人类的终极命运：从旧石器时代到人工智能的未来》，陈朝译，中信出版社 2017 年版，第 119 页。

脱一切之"物"，才能得到真正彻底自由解放而"觉醒"。

　　作为继人脑神经元系统、语言文字系统之后人类文化发展的第三跳，当今 AI 智能自动化机器系统，又是在动能自动化机器系统不断累积性发展的基础上发展起来的，由此，人类迈向自由王国三级跳的最后一跳得以启动。马克思指出，"使用劳动工具的技巧"从"人身"上转到现代动能自动化"机器"上，标志着物质生产力从"人身限制"下解放出来，[①]或者说人对自然和自身物质力量的支配和使用从人的生物性身体的限制中解放出来。这种解放从人类在自身生物性身体之外创造并使用石制生产工具的石器时代就已开始，而在由石器直至越来越发达的非自动化的机械生产工具的使用中，由人的生物性身体产生的能量即体力都发挥着主导作用，而现代动能自动化机器系统则开始代替人的体力，而这意味着"人不再从事那种可以让物来替人从事的劳动"[②]即"非自由的体力劳动"。库兹韦尔指出：AI 将允许人类超越自身"身体和大脑"的"生物局限性"。[③]这种超越或解放从人类在自身生物性身体尤其是人脑之外创造并使用"文字系统"这种智能生产工具之时就已开始，但在文字符号以及各类艺术符号、科学符号等智能生产工具的使用中，由人的生物性身体器官即人脑产生的智能都发挥着主导作用，而当今 AI 智能自动化机器系统则开始代替人的智能，人将不再从事那种可以让"物"即机器来替人从事的"非自由的智力劳动"。一部人类创造并运用物质和精神生产工具的工艺史，就是人类不断把对自然和自身的物质力量和自身精神力量或智力、智能的支配和使用，从自身生物性身体限制下解放出来的进步史。这也就是不同于自然进化的人类文化的进步史，而"文化上的每一个进步，都是迈向自由的一步"：现代动能和智能自动化机器系统作为"物"替人从事的劳动，只是人的"非自由的体力劳动"和"非自由的智力劳动"，而这并不意味着人不再发挥自身生物性的体能和智能，而是意味着人不再在"非自由劳动"而

---

①《马克思恩格斯全集》第 23 卷，人民出版社 1972 年版，第 460 页。

②《马克思恩格斯全集》第 23 卷，人民出版社 1972 年版，第 287 页。

③ 库兹韦尔：《奇点临近》，李庆诚等译，机械工业出版社 2017 年版，第 2 页。

在"自由的劳动"中发挥自身的体能和智能——而这正意味着人类向自由王国的迈进。

第四节　人工智能机器系统：人类文化范式的终极转型

从长时段人类文化进化史看，作为"人类的手创造出来的人类头脑的器官"，根据人对"自然规律"的认识而由人手制造出的现代自动化"机器系统"，首先把能量从生物性人身限制中解放出来；在此基础上，当今 AI 又从自动化机器运动中生产出"智能"，使"智能"或"思维的技巧"也从人的生物性身体上转移到了物理性机器上，从而也就将"智能"从人身限制中解放出来，人以此证明对于自身"思维规律"认识的客观真理性和现实性力量。从现代机器系统发育史看，AI 又标志着继第一次工业革命所引发的"能量"自动化之后"智能"自动化的开启，或者说，标志着继人类生产"体力"器官发育成熟之后，其"智力"器官也开始发育，从而其"总体"器官开始二次发育并走向全面成熟——这将把动能和智能从生物性人身限制中全面解放出来。这表明人类文化范式的一场划时代乃至终极性革命和转型，正在由急速发展的 AI 引发。

一

我们首先根据前面的分析，把 AI 机器系统所引发的文化转型的终极性意义，再概括一下。

其一，作为由现代机器系统自动化运动产生的智能，AI 正在引发人类文化范式的划时代乃至终极性转型。

着眼于现代"机器史"，布莱恩约弗森、麦卡菲认为：蒸汽机等引发了"克服并延展了肌肉力量"的第一次机器革命，而现在的计算机和其他数字技术正在引发"我们的大脑理解和塑造环境的能力"作用于"金属力量"的第二次机器革命。① 恩格斯指出：

> 文化上的每一个进步，都是迈向自由的一步。在人类历史的初期，发现了从机械运动到热的转化，即摩擦生火；在到目前为止的发展的末期，发现了从热到机械运动的转化，即蒸汽机。而尽管蒸汽机在社会领域中实现了巨大的解放性的变革——这一变革还没有完成一半，——但是毫无疑问，就世界性的解放作用而言，摩擦生火还是超过了蒸汽机，因为摩擦生火第一次使人支配了一种自然力，从而最终把人同动物界分开。蒸汽机永远不能在人类的发展中引起如此巨大的飞跃……但是，整个人类历史还多么年轻，硬说我们现在的观点具有某种绝对的意义，那是多么可笑，这一点从下述的简单的事实中就可以看到：到目前为止的全部历史，可以称为从实际发现机械运动转化为热到发现热转化为机械运动这么一段时间的历史。②

恩格斯以上所论显然是在最宽泛意义上使用"文化"一词的，在此意义上，"机械运动"与"热"之间的相互转换，也可谓广义"文化范式"：人通过摩擦生火使机械运动转化为热，开启了这种"文化范式"转型，而蒸汽机通过使热转化为金属机械运动，则使这种转型得以完成。基于此，恩格斯认为在引发人类发展巨大飞跃上，蒸汽机反而不如摩擦生火。而当今 AI 在人类文化进步史上的划时代意义在于：机器（计算机）的自动化"机械运动"（包括等价于机械运动的电子运动等）可以转化为或生产出"智能"。这种人类迈向自由的巨大飞跃和"世界性的解放作用"，堪比机械运动转化为热的摩擦生火，而超过使热转化为机械运动的蒸汽机，标志着人类历史已告别了恩格

---

① 布莱恩约弗森、麦卡菲：《第二次机器革命》，蒋永军译，中信出版社 2016 年版，第 10—11 页。

② 《马克思恩格斯全集》第 20 卷，人民出版社 1971 年版，第 126 页。

斯所说的"年轻"而走向成熟壮年。

在作为机器智能的 AI 出现之前，由蒸汽机直至非智能化计算机，可谓由"智能"控制"机器运动"："发展为自动化过程的劳动资料的生产力要以自然力服从于社会智力为前提"①，或者说，自动化机器生产作为一种"自然力"的"机械运动"是由社会"智力"或"智能"控制的。"正像人呼吸需要肺一样，人要在生产上消费自然力，就需要一种'人的手的创造物'。要利用水的动力，就要有水车，要利用蒸汽的压力，就要有蒸汽机。利用自然力是如此，利用科学也是如此。电流作用范围内的磁针偏离规律，或电流绕铁通过而使铁磁化的规律一经发现，就不费分文了。但是要在电报等方面利用这些规律，就需要有极昂贵的和复杂的设备。"②只有人脑发现热力学、电磁学等自然规律而形成智力性知识，并不能直接促使蒸汽机、发电机、电报机等机械设备的出现，只有经过人的手的创造，或者说由人脑的"知识""智力"转化为"人的手的创造物"，这些机械设备才能真正出现。

"自然界"没有制造出任何机器，在隐喻的意义上，"自然界"倒是"制造"出了有机性、生物性的智能即人的智能（科学的说法是，这是自然进化的产物），但是，"自然界"没有"制造"出任何无机性、物理性智能：如果说人的生物性智能是"自然"进化产物的话，那么，当今 AI 作为一种物理性机器智能则是人类"文化"进化的产物！当然，AI 计算机作为一种"机器系统"依然是"人类的手创造出来的人类头脑的器官"，一般认为，AI 进一步发展的关键是"算力"的提升、"算法"的改进等。其中，"算法"相对而言似可脱离计算机硬件而先由人脑构想出来，但最终也要通过机器（计算机硬件）运动才能得到落实；而"算力"则直接由机器（尽管也离不开软件）运动产生。再如，影响 AI 未来发展的智能芯片同样也是"人的手的创造物"，如此等等。极宽泛地说，AI 是相对于"人"的"物"的智能，而人类关于

---

① 《马克思恩格斯全集》第 46 卷下册，人民出版社 1980 年版，第 223 页。
② 《马克思恩格斯全集》第 23 卷，人民出版社 1972 年版，第 424 页。

"物"可以具有智能乃至意识、灵魂等等的"构想"其实早就存在（神话、万物有灵论等等），而近代以来关于 AI 的科学构想则可以追溯到莱布尼茨以及拉·梅特里《人是机器》等，但是，只有通过"人的手的创造物"（计算机硬件）及其机械运动、电子运动，这种构想才能转化为工艺上的现实。

其二，AI 作为由机器运动产生的智能，又体现为智能或"思维技巧"从人脑神经元系统转移到了机器系统上。人以此在实践上证明了对自身"思维规律"认识的客观真理性和现实性力量。

库兹韦尔《奇点临近》一书的副标题是"人类超越生物性"，指出 AI "奇点"一旦来临，将允许人类超越自身"身体和大脑"的"生物局限性"。[1] 这描述的是智能自动化，而马克思所描述的动能自动化，则表现为"使用劳动工具的技巧"从工人"身"上转到了"机器"上，从而从"人身限制"下解放出来。由此我们也可以说：当今 AI 作为一种智能自动化，就是把人的"思维的技巧"从人"身（生物性大脑）"上转移到"机器（机械性大脑）"上，从而也从"人身限制"或者"生物性局限性"中解放出来。

作为"人类的手创造出来的人类头脑的器官"，"机器系统"首先是人根据人脑所掌握的"自然规律"制造出来的。人的思维对象不外乎两大类：一是外在物质世界，二是思维本身。而人的思维所掌握的就包括"自然规律和思维规律"[2]两种，与此对应，人的经验就包括"外在的、物质的经验，以及内在的经验——思维规律和思维形式"两类，"世界和思维规律是思维的唯一内容"。[3] 那么，人如何证明自己思维的客观真理性？"人应该在实践中证明自己思维的真理性，即自己思维的现实性和力量，亦即自己思维的此岸性。关于离开实践的思维是否现实的争论，是一个纯粹经院哲学的问题。"[4] 人通过大脑可以掌握外在"自然规律"如热力学规律等，而人一旦用手成功制造

---

① 库兹韦尔：《奇点临近》，李庆诚等译，机械工业出版社 2017 年版，第 2 页。
②《马克思恩格斯全集》第 3 卷，人民出版社 1960 年版，第 323 页。
③《马克思恩格斯全集》第 20 卷，人民出版社 1971 年版，第 661—662 页。
④《马克思恩格斯全集》第 3 卷，人民出版社 1960 年版，第 3—4 页。

出蒸汽机等机器，也就在实践上证明了人关于这些自然规律的思维的客观真
理性和现实性力量。这对于人有关自己"思维"的"思维"或对"思维规律"
的认识来说同样如此：即使现在通过机器学习所实现的 ANI 至少也已表明人
已通过用手制造出的机器，在实践上证明了人的归纳逻辑思维规律等的客观
真理性和现实性力量。这在人类迈向自由的文化史上绝对是划时代的巨大飞
跃！由于人类自然语言本身的模糊性等原因，对于 AI 机器是否能够"思维"、
是否具有"意识"等的认知或判断，在 AI 技术研发和理论界存在争议，而更
多人文科学研究者往往对此持技术怀疑论的否定立场，并为此争论不休。用
马克思的话来说，这只是一种脱离实践、脱离"人的手的创造物"的"纯粹
经院哲学的问题"。①

其三，作为"社会人的生产器官"，动能自动化机器把动能从生物性人身
限制中解放出来，使现代生产的"体力"器官发育成熟；在此基础上，当今
AI 革命正在把智能也从人身限制中解放出来，使生产的"智力"器官也开始
发育。

从"个体人的生产器官"看，"正如在自然机体中头和手组成一体一样，
劳动过程把脑力劳动和体力劳动结合在一起了"②。作为"社会人的生产器官"
的机器同样如此，"有机体制在历史上就是这样向总体发展的"，会"把自己
还缺乏的器官从社会中创造出来"。③现代机器同样既需要"体力"器官的发
育，也需要"智力"器官的发育，并且只有两种器官都发育成熟或者说经历
二次发育并充分有机融合在一起，人类生产工具才会变成有机"总体"而全
面发育成熟。马克思考察的是第一次工业革命所催生的社会生产的动能器官
的发育，而其相关理论，对于我们今天考察 AI 机器的生成、运作等也有重要
启示。

---

① 详细分析参见刘方喜：《人工智能物种奇点论的马克思主义本体论与社会学批判》，《社会科学
战线》2020 年第 1 期。
②《马克思恩格斯全集》第 23 卷，人民出版社 1972 年版，第 555 页。
③《马克思恩格斯全集》第 46 卷上册，人民出版社 1979 年版，第 235—236 页。

首先，从生成、发展过程看，两相比较，现在由大数据驱动的 ANI，大致还处于马克思所描述的由"工场手工业"向"大工业机器自动化生产"的过渡阶段。在这个阶段，机器本身不仅要依靠"个人的力量和个人的技巧"，还取决于劳动工人"发达的肌肉、敏锐的视力和灵巧的手"，大工业尚未得到充分的发展，还会到处都碰到"人身的限制"，还不能"从根本上突破"；只有当能够"用机器来生产机器"之时，大工业才能真正得以"自立"。[①]像这种过渡阶段机器动能的自动化运作还受到人手这种人身限制一样，目前的 ANI 还受到人（程序员等）的大脑这种人身限制，因而也还不能取得"根本上的突破"；也像动能自动化的"根本上的突破"有待于"用机器来生产机器"一样，AI 机器的"根本上的突破"也有待于"用智能来生产智能"——而这就是 AGI 了，这种"根本上的突破"一般被称作"奇点"。

其次，从运作机制看，"机器本身体现出：生产的连续性（也就是原材料加工所经历的各阶段的连续性），自动化（只有在排除偶然故障时才需要人），运转迅速"[②]。AI 机器同样如此，只不过 AI 所要加工的是"智能性"原材料即大数据等，但同样也需要连续性；而"运转迅速"在 AI 机器上就体现为计算机"算力"；进一步提升智能运转的自动化程度也是 AI 进一步发展的关键点之一。马克思强调，机器动能自动化运转，需要"用来制造原动机的庞大机器"，能"充分供给力量同时又完全受人控制"的"发动机"。[③]而"直到瓦特发明第二种蒸汽机，即所谓双向蒸汽机后，才找到了一种原动机，它消耗煤和水而自行产生动力"[④]。对比来看，现在的"电子"计算机还不是"用来制造（智能）原动机的庞大机器"，而"量子"计算机有望成为这种机器；动能自动化需要"能充分供给（物理机械性的）力量"，而 AI 机器的自动化也需要充分供给大数据等，而目前的电子计算机尚不能充分做到通过消耗大数据等

---

① 《马克思恩格斯全集》第 23 卷，人民出版社 1972 年版，第 420—422 页。
② 《马克思恩格斯全集》第 47 卷，人民出版社 1979 年版，第 443 页。
③ 《马克思恩格斯全集》第 23 卷，人民出版社 1972 年版，第 422 页。
④ 《马克思恩格斯全集》第 23 卷，人民出版社 1972 年版，第 415 页。

来产生强大"智力"。"在使用机器生产商品达到一定的规模以后，利用机器生产机器本身的需要才变得明显起来，这是很自然的。"[1]机器智能自动化也需要足够规模的数据即大数据，这对 AI 研发也非常重要。

最后，"自动的机器体系"乃是"由自动机，由一种自行运转的动力推动的"[2]，机器动能自动化，既需要发动机能"自行"（自动化）地"提供"动力，也需要这种动力本身能在工具机中"自行"（自动化）运转。马克思在提出"要有能充分供给力量同时又完全受人控制的发动机"之后紧接着分析道："但是，机器部件所必需的精确的几何形状，如直线、平面、圆、圆柱形、圆锥形和球形，也同时要用机器来生产。在十九世纪最初十年，亨利·莫兹利发明了转动刀架，解决了这个问题。这种刀架不久就改为自动式，经改装后从它最初被使用的旋床上移到其他制造机器的机器上。这种机械装置所代替的不是某种特殊工具，而是人的手本身"，"只是在工具由人的机体的工具变为机械装置即工具机的工具以后，发动机才取得了独立的、完全摆脱人力限制的形式"。[3]只有发动机与工具机都实现充分自动化并高度有机地融合在一起，才能使动能自动化机器系统成熟，才能使动能从人手这种生物性限制中真正解放出来。AI 机器系统同样如此：与 AI"工具机"相关的是所谓的"算法"，而意识的"算法化"同时也意味着"自动化"[4]，其自动化程度的提升，对于 AI 的进一步发展尤其是将智能从人脑神经元系统这种生物性限制中解放出来至关重要。

二

以上主要是从机器二次自动化革命的角度讨论的，下面再从文化生产工具发展史的角度讨论一下 AI 转型的终极性意义。一部机器史，就是动能与智

---

[1]《马克思恩格斯全集》第 47 卷，人民出版社 1979 年版，第 413 页。

[2]《马克思恩格斯全集》第 46 卷下册，人民出版社 1980 年版，第 207—208 页。

[3]《马克思恩格斯全集》第 23 卷，人民出版社 1972 年版，第 422、415 页。

[4] 扎卡达基斯：《人类的终极命运：从旧石器时代到人工智能的未来》，陈朝译，中信出版社 2017 年版，"序言"第 XIII 页。

能不断从生物性人身限制中解放出来的广义"文化"进化史。这种广义"文化"既包括物质生产，也包括精神生产，而狭义"文化"则主要指精神生产。前已指出，西方文化史叙述主要采用"观念论"范式，主要涉及的只是文化"生产什么"即文化产品的精神、观念属性等。以此来看，狭义精神文化生产与一般物质生产确实非常不同；但是，如果从生产工艺学"怎样生产"角度看，两者又存在相通之处：皆需要使用一定的物质性生产工具并制造出一定物质性产品。在此意义上，当今 AI 机器系统，既是物质生产的工具，也是文化生产的工具：语言文字系统的发明，把智能从生物性人身限制中解放出来；而作为一级生产工具的终极革命，AI 机器系统把智能或文化创造力从人身限制中更充分解放出来，正在引发人类文化生产范式终极转型。只有置于人类文化或智能生产工具这种长时段进化史中，才能充分揭示当今 AI 的转型意义。

其一，尽管没有充分展开，马克思、恩格斯的相关经典论述，实际上已暗含一种强调物质性工具重要性的文化生产工艺学分析框架。

首先，马克思对精神生产的"物质性"多有强调，"如果我们把劳动能力本身撇开不谈，生产劳动就可以归结为生产商品、生产物质产品的劳动，而商品、物质产品的生产，要花费一定量的劳动或劳动时间。一切艺术和科学的产品，书籍、绘画、雕塑等等，只要它们表现为物，就都包括在这些物质产品中"①。在精神生产中，如果不制造出一定物质产品，那么"我思想中存在的事物永远不会变为现实中的事物，因而它也就只能具有想像中的事物的价值，也就是只有想像的价值"②。精神生产的完整流程实际上经历了由"想象中""思想中存在的事物"到"现实中的事物"的阶段，而"'精神'从一开始就很倒霉，注定要受物质的'纠缠'，物质在这里表现为震动着的空气层、声音，简言之，即语言。语言和意识具有同样长久的历史"，因此，"表现在

---

① 马克思：《剩余价值理论》第 1 册，人民出版社 1975 年版，第 165 页。
② 《马克思恩格斯全集》第 2 卷，人民出版社 1957 年版，第 62 页。

某一民族的政治、法律、道德、宗教、形而上学等的语言中的精神生产"，[①]就与作为"思想中存在的事物"如存在于哲学家大脑中形而上学的观念、宗教信徒大脑中的信仰等不同，因为这种"精神生产"已经以语言这种物质性工具生产出了物质性语言产品。而作为精神、文化更基础的"生产工具"的人脑神经元系统也是物质性的："达尔文首先系统地加以论述并建立起来的进化论"，由此可以"追溯人类精神的史前时代，追溯人类精神从简单的、无构造的、但有刺激感应的最低级有机体的原生质起到能够思维的人脑为止的各个发展阶段。如果没有这个史前时代，那末能够思维的人脑的存在就仍然是一个奇迹"。[②]人脑神经元系统作为一种思维或精神生产工具，既是物质性的，同时也是历史地生成的。

其次，马克思、恩格斯的"精神生产资料"论已与文化生产工艺学直接相关："物质生产资料"的支配者，同时也支配着"精神生产资料"，而丧失"精神生产资料"的人的思想则受统治阶级支配。[③]前已指出，生产工艺学研究"怎样生产，用什么劳动资料生产"，而"生产资料"包括"劳动对象和劳动资料"[④]两部分。文化精神生产资料也是如此："从理论领域说来，植物、动物、石头、空气、光等等，一方面作为自然科学的对象，一方面作为艺术的对象，都是人的意识的一部分，是人的精神的无机界，是人必须事先进行加工以便享用和消化的精神食粮。"[⑤]自然万物也是有待精神生产加工的"劳动对象"，而精神生产资料当然也还包括加工这种"劳动对象"的生产工具——这就是文化生产工艺学研究的对象。

最后，文化"观念论"与"工艺学"涉及物质生产的两个不同维度："从物质生产的一定形式产生：第一，一定的社会结构；第二，人对自然的一定关

①《马克思恩格斯全集》第3卷，人民出版社1960年版，第34、29页。
②《马克思恩格斯全集》第20卷，人民出版社1971年版，第537—538页。
③《马克思恩格斯全集》第3卷，人民出版社1960年版，第52页。
④《马克思恩格斯全集》第23卷，人民出版社1972年版，第202页。
⑤《马克思恩格斯全集》第42卷，人民出版社1979年版，第95页。

系。人们的国家制度和人们的精神方式由这两者决定，因而人们的精神生产的性质也由这两者决定。"①文化"观念论"只涉及物质生产所产生的"社会结构"或人与人社会关系一维：物质生产生产出人与人之间现实的社会关系即生产关系，而文化产品的内容则是对这种现实社会关系的"观念反映"，或者说生产出的是人的观念性社会关系；而"精神生产的性质"由物质生产所形成的"人对自然的一定关系"决定，这则是揭示"人对自然的能动关系"的"工艺学"所研究的内容。由此可见：意识形态观念论只是马克思文化哲学整体框架之一维，研究文化生产工具的"工艺学"是不可或缺的另一维。这具体表现为：马克思、恩格斯对作为现代文化生产工具的自动印刷机的重要性有很多分析（详论见后）。

其二，从生产工艺学看，语言文字系统与当今 AI 机器系统，乃是思维或智能、文化的一级生产工具。考察非生物性的语言文字系统与生物性人脑神经元系统之间的关系及其融合发展，对于当今 AI 研发等有重要启示。

语言系统是当今 AI 机器系统设计和研发重要的参照之一，如语音自动识别、语义结构分析或语义学方面的研究等皆与此相关。"思维本身的要素，思想的生命表现的要素，即语言，是感性的自然界"②，语言又包括口语与文字两种，而"至今所有一切社会的历史"是指"文字可考的全部历史"或"全部成文史"。文字发明之前的人类社会处于"史前状态"③，"从铁矿的冶炼开始，并由于文字的发明及其应用于文献记录而过渡到文明时代"④。文字系统的发明是人类告别史前期而走向文明时代的重要标志，而这可以从思维、智能与人的生物性身体之间的关系加以阐释："在实践上，人的普遍性正表现在把整个自然界——首先作为人的直接的生活资料，其次作为人的生命活动的材料、对象和工具——变成人的无机的身体。自然界，就它本身不是人的身体而言，

①《马克思恩格斯全集》第 26 卷第 1 册，人民出版社 1972 年版，第 296 页。
②《马克思恩格斯全集》第 42 卷，人民出版社 1979 年版，第 129 页。
③《马克思恩格斯全集》第 4 卷，人民出版社 1958 年版，第 466 注释 2。
④《马克思恩格斯全集》第 20 卷，人民出版社 1971 年版，第 37 页。

是人的无机的身体。"① 这对物质生产和精神生产来说亦是如此，文字系统也是"人类的手创造出来的人类头脑的器官"，也是"人的无机的身体"：人的思维所使用的劳动资料或生产工具也首先是"思维者身上的器官"即大脑神经元系统，而文字系统则是这种身体器官的"延长"并成为外在于人有机身体的"无机的身体"。"精神"从一开始就与"震动着的空气层、声音"这些物质纠缠在一起，而口语还与人的生物性器官口、耳等紧密联系在一起，"文字"则超越了人的生物性身体的限制。由此，人的文化、智能的发展就不再会因为肉体的死亡而被中断，智能或文化创造力就会通过文字产品而得以保存和累积性传承。没有这种外在于人身限制的累积性传承和发展，人类文明就不可能告别史前期而取得今天这样的丰硕成果。

前已指出，AI 机器系统作为一种对人脑神经元系统的模拟，表明人的生物性"思维技巧"或智能转移到了物理性"机器系统"上。这种"转移"是引发许多人恐惧 AI 机器的原因之一，而细加历史审辨，其实，"文字系统"早已使思维技巧或智能由人的生物性身体转移到了外在物质性系统中了，而这种"转移"恰恰意味着将思维技巧、智能或文化创造力等从人身限制中解放出来。同样作为"感性的自然界""人的无机的身体"的 AI 机器系统也是如此。当然，揭示两者的相通之处的同时，也不应忽视两者的区别：文字系统是一种静态符号结构，而 AI 则是在机器动态运动中生成的（更接近动态的人脑神经元系统）；日常生活中使用的语言一般被称为"自然语言"，而不同于各种"人工符号"或"人工语言"。这种表述暗含着语言及其智能与人的生物性身体及其自然进化的关联，对于 AI 的未来发展当有重要启示：当今 AI 机器在使用语言技巧的某些方面或许已大大超过了生物人，但 AI 机器还不能全面掌握人使用自然语言的全部能力；AI 研发的进一步发展，既要参照生物性人脑神经元系统，也要参照非生物性文字系统，此不多论。

其三，AI 机器正引发现代文化一级生产工具革命，使文化"机器再生产"

---

① 《马克思恩格斯全集》第 42 卷，人民出版社 1979 年版，第 95 页。

转向"机器机生产"。

从国内相关研究现状看，许多研究 AI 社会文化影响的论者，往往还采用西方后现代文化研究旧范式，只关注文化的消费、观念（意识形态），不特别关注文化物质性生产技术、工艺、工具及其社会影响。瓦尔特·本雅明（Walter Benjamin）强调"技术""器械"对于文学生产的重要性，强调作家不仅要重视对"产品"的工作，而且要重视对"生产工具"的加工。① 由此他提炼出了"机械复制"（Mechanical Reproduction）这个对于现代文化生产工艺具有高度概括性的概念，并揭示其对社会文化的影响："艺术作品的机械复制性改变了大众对艺术的关系"，如机械复制技术对中世纪直至 18 世纪末的绘画接受中那种"分成次第"的"等级秩序"的颠覆等。② 由现代印刷机直至非智能化计算机、互联网，文化生产工艺还处于本雅明所说的现代机器的"Reproduction"（再生产）阶段，涉及的还主要是二级生产工具；而 AI 则正在使现代文化生产工艺进入机器的"Production"（生产）时代，已涉及一级生产工具，正在锻造人类文化的全新乃至终极范式：（1）人脑神经元系统乃是自然进化漫长历史后的产物。（2）语言尤其是文字符号系统，则是人在自己身体之外制造出来的一种非生物性的一级生产工具，将智能或文化的发展从人身限制中解放出来。尽管在文字系统之外，人类还创造了许多非生物性符号系统，如各种视觉符号（美术等）、听觉符号（音乐等）以及科学符号等，但是这些符号的发展不可能完全脱离语言文字系统。（3）现代印刷、电子、数字等技术总体来说只是引发文化二级生产工具革命，通过各类视听符号越来越快速的生产、传播，不断提升文化大众化、民主化的程度（详论见后）。（4）当今 AI 机器所引发的则是文化一级生产工具革命，其在超越人脑神经元系统生物性限制上的划时代意义，堪比文字系统的发明，是由现代印刷机直至非智能化的计算机、互联网等二级生产工具的作用所无法比拟的。

---

① 本雅明：《作为生产者的作家》，何珊译，《新美术》2013 年第 10 期。
② 本雅明：《机械复制时代的艺术作品》，王才勇译，中国城市出版社 2002 年版，第 114、16 页。

其四，在机器/资本二重性历史辩证运动中，AI 机器扬弃资本的垄断和操控，将使人类体力和智力从人身限制中全面解放出来而获得自由充分发展。

"文字的发明"使人类告别"史前期"而步入"文明时代"，与此同时人类也进入"私有制时代"，而"资产阶级的生产关系是社会生产过程的最后一个对抗形式"，"在资产阶级社会的胎胞里发展的生产力，同时又创造着解决这种对抗的物质条件。因此，人类社会的史前时期就以这种社会形态而告终"。①马克思对于现代机器对人类的解放作用有充分的揭示，而其生产工艺学的"批判性"则体现在其同时也揭示了机器在"资本主义应用"中的二重对抗性：机器动能自动化使物质生产力从劳动者"人身限制"下解放出来，颠覆了传统手工生产的"等级制度"，使各种机器劳动呈现出"平等或均等"趋势，②或者说使物质生产呈现出平等化、民主化趋势，但是与此同时也造成大量蓝领工人失业。当今 AI 作为一种智能自动化机器，使"思维的技巧"由人身上转移到了机器上，从而也使人的思维技巧或智能、文化创造力从"人身限制"下解放出来，并且实际上也造成了智能或文化生产的平等化趋势（如普通大众用智能手机生产出自己的视频产品并在抖音平台上发布、传播），使由现代印刷机所开启的文化大众化、民主化程度得到进一步提升，但同时也正在造成包括文化生产者在内的大量白领工人失业——这一趋势目前已初步呈现，未来可能会更趋严重。从马克思生产工艺学批判角度看，造成这种趋势的根源并不在"机器本身"，而在 AI 机器的"资本主义应用"（详论见后）。

相对于摩擦生火、文字的发明、蒸汽机直至当今 AI 机器这种长时段人类文化进化史，一部生产工具尤其是机器创造史，就是人类不断把动能与智能从自身生物性人身限制中解放出来而迈向自由王国的进步史。资本对这种进步有巨大的推动作用，而在机器/资本二重性历史辩证运动中，资本终将被扬

---

① 《马克思恩格斯全集》第 13 卷，人民出版社 1962 年版，第 9 页。
② 《马克思恩格斯全集》第 23 卷，人民出版社 1972 年版，第 460 页。

弃而退出历史舞台。对此，许多西方 AI 理论家已做初步揭示，如扎卡达基斯通过对"从旧石器时代到人工智能的未来"这样超长历史时段的考察，揭示"经济自由的资本主义的终结"将是"人类的终极命运"。一旦扬弃资本的垄断和操控，AI 机器解放人的智能或文化创造力的巨大工艺性力量，才会、也就会得到真正充分的释放。超越观念论旧范式，重构马克思生产工艺学批判，将有助于我们构建与当今 AI 时代相匹配的文化哲学新范式，并科学洞悉人类未来发展大势。

| 第三章 |

想象力与机不尽言：脑工与自动社会机械大脑关系辨析

引　言

上一章从历史角度梳理出智能生产工具的三大系统：AI 机器系统（即"自动社会机械大脑"）、文字等符号系统、人脑系统。下面在智能哲学上进一步考察这三者之间的关系，进一步揭示其所引发的文化或智能转型的终极性。AI 的出现和发展，使智能的"生物性"与"非生物性"及两者之间的关系，成为一个重要的智能哲学问题。下面用非生物性"机械大脑"与马克思所说的"脑工"来辨析这两者之间的关系。

维纳强调"唯物论"在计算机等信息技术研究中的重要性。计算机科学家在 AI 的研发思路中，其实总暗含着某种基本哲学观念，或受某种哲学支配。恩格斯指出：

　　自然科学家相信：他们只有忽视哲学或侮辱哲学，才能从哲学的束缚中解放出来。但是，因为他们离开了思维便不能前进一步，而且要思维就必须有逻辑范畴，而这些范畴是他们盲目地从那些被早已过时的哲学的残余所统治着的所谓有教养者的一般意识中取来的，或是从大学必修课中所听到的一点儿哲学（这种哲学不仅是片断的东西，而且还是属于各种不同的和多半是最坏的学派的人们的观点的混合物）中取来的，或是从无批判地和杂乱地读到的各种各样的哲学著作中取来的，所以他们完全作了哲学的奴隶，遗憾的是大多数都作了最坏的哲学的奴隶，而那些侮辱哲学最厉害的恰好是最坏哲学的最坏、最庸俗的残余的奴隶。

　　不管自然科学家采取什么样的态度，他们还是得受哲学的支配。问题只在于：他们是愿意受某种坏的时髦哲学的支配，还是愿意受一种建立在通晓思维的历史和成就的基础上的理论思维的支配。[①]

　　当今对 AI 的认知现状中其实依然存在这种现象。一些计算机科学家尤其 AI 技术研发者可能会声称，哲学太玄虚，自己不受任何哲学的影响；也有科学家愿意并实际地谈论哲学，但有可能恰恰受"某种坏的时髦哲学"的支配。文字作为一种外在于人的非生物性智能生产工具本是人的发明创造，中国古人却用"天雨粟，鬼夜哭"来描述其产生的效果。你可以说这是一种科学不发达时代的认知，但是，上一章"引言"中引用了扎卡达基斯语，其指出：当今许多关于 AI 的描述往往"只是在臆想"而"给机器赋予人类的性格或灵魂"，而这与"上帝、天使或者精灵"的"假设"一样"不属于科学而是宗教"——这种"臆想""假设"与我们古人"天雨粟，鬼夜哭"的描述其实是同样的宗教式乃至巫术式的认知方式。在当今科学如此昌明的时代，这种认知方式却依然有市场。扎卡达基斯指出，在西方哲学史上，"在笛卡儿之后，心智脱离了身体，不再是物质"[②]，与这种身心二元论密切相关的是西方哲学抬高知性（理性）而贬低感性的观念。凡此种种皆与恩格斯所说的时髦的"多

[①]《马克思恩格斯全集》第 20 卷，人民出版社 1971 年版，第 551—552 页。

[②] 扎卡达基斯：《人类的终极命运：从旧石器时代到人工智能的未来》，陈朝译，中信出版社 2017 年版，第 39 页。

半是最坏的学派的人们的观点的混合物"的哲学相关，乃是当今有关 AI 的种种唯心主义玄想及贬低人的生物性智能器官（人脑）论调产生的思想根源。

"书不尽言，言不尽意"论则体现了我们古人不轻视感性而重视身心一如的哲学观念："意"乃是人脑这种生物性智能生产工具的产物，"言"即口头语言，它不足以充分表达"意"，而"书"即文字语言，作为一种非生物性智能生产工具，它又不足以充分表达口语所传达之"意"。将这一序列引申到当今 AI 时代，我们可以接着说，AI 机器作为一种智能生产工具又不足以充分表达文字语言所传达之"意"。我们用"机不尽言"来概括这个命题，而"言不尽意—机不尽言"这种序列突出了人的生物性智能生产工具或人的智能的生物性的优势。从 AI 发展现状看，新一代 AI 机器更加注重对人脑系统的模拟，虽然"自然语言处理"（Natural Language Processing, NLP）也是其中的一种重要研发思路，但主要关注点是基于统计学、大数据技术等对自然语言的"识别"，而非对自然语言运作系统的"模拟"，因而无法获得语义认知的能力。"自然语言"的"自然性"就是指人的语言作为智能生产工具的"生物性"，其中口头语言具有更强的"生物性"，书面文字语言则是人在自身之外创造出的"非生物性"智能生产工具，具有较弱的"生物性"——"书不尽言"表明这种生物性较弱的书面文字语言恰恰存在一定局限性。但是，由于语义的生成过程，乃是人脑系统与文字符号系统相互作用的过程，因此依然没有摆脱"生物性"，并且，不同的文字产品，在"生物性"或"自然性"上也有强弱之别：离口语更近的比如文学文字产品（早期的文学产品还是以口语的形式存在的）就具有较强的生物性、自然性，在哲学家看来其局限是像口语一样具有歧义性的；而逻辑文字语言则具有较弱的生物性、自然性，并因而具有较少的歧义性。西方分析哲学对这种歧义性非常不满，力图设计出一套人工性、形式化的文字系统以消除这种歧义性，但最终并未成功——而这恰恰从反面证明：文字符号系统是无法彻底摆脱其生物性、自然性的。只有包括数学符号在内的科学符号才能相对摆脱生物性、自然性，并因而可以消除歧义性，而当今 AI 计算机是首先建立在数学符号（二进制等）、代码符号等基础上的，其自动化运作更彻底地摆脱了自然语言的生物性、自然性，并且可以对自然语言进行"识别"，但依然无法获得语义认知能力。语言符号的生物性、自然性与非生物性、人工性究竟是一种什么关系、后者能不能完全与前者重合而取而代之，在哲学上依然是个悬而未决的问题——或许需要回到我们古人"书不尽言，言不尽意"论来继续探究这一问题。

过分抬高科学符号而贬低人脑、自然语言等倾向，又与西方过分抬高知性（理性）而贬低感性的哲学传统密切相关。海德格尔指出，康德在对知性与感性尤其感性想象力何者为认识的生产性源泉的理解上游移不定，而海德格尔更强调感性想象力才是认识的生产性的本源。当今，AI 机器的运作机理是建立在知性能力基础上的，相对于知性能力，人的感性想象力具有无限性——而这正是人的智能的优势所在。对此加以揭示，并非为了判断在智能活动中 AI 机器的非生物性智能与人脑的生物性智能孰高孰低、孰强孰弱，也非为了说明 AI 是否可以"代替"人的智能，而是为了科学摆正 AI 非生物性智能与人的生物性智能之间的关系。

机械还原论，是当今 AI 技术乐观主义者或乌托邦主义者尤其是所谓"奇点主义者"所秉持的另一基本哲学理念；而所谓人文主义者往往是反还原论者，并且往往是技术怀疑论者和悲观主义者或反乌托邦主义者——科学认知 AI 及其社会文化影响，在当今 AI 时代建构科学的智能哲学，就必须超越这种认知上的二元对立。前面已引用恩格斯的话"终有一天我们可以用实验的方法把思维'归结'为脑子中的分子的和化学的运动"，并指出这是对当今 AI 运作基本机理的天才预测——恩格斯这句话出自这样一段论述：

　　机械运动。在自然科学家那里，运动总是不言而喻地被认为是和机械运动，和位置移动相等的。这是从化学产生前的十八世纪遗留下来的，并且大大妨碍了对各种过程的清楚的理解。应用到物质上的运动，就是一般的变化。由于同样的误解，还产生了想把一切都归结为机械运动的狂热，——甚至格罗夫也"强烈地倾向于认为物质的其他状态是运动的变形或者最终会归结为这些变形"，这样就把其他运动形式的特殊性抹煞了。这决不是说，每一个高级的运动形式并非总是必然地与某个现实的机械的（外部的或分子的）运动相联系；正如高级的运动形式同时还产生其他的运动形式一样，正如化学作用不能没有温度变化和电的变化，有机生命不能没有机械的、分子的、化学的、热的、电的等等变化一样。但是，这些次要形式的存在并不能把每一次的主要形式的本质包括无遗。终有一天我们可以用实验的方法把思维"归结"为脑子中的分子的和化学的运动；但是难道这样一来就把思维的本质包括无遗了吗？[1]

智能哲学也可谓是"思维哲学"，人的思维的对象不外两类，即外界之"物"与内在之"思维"，而所谓的"思维哲学"或"思维科学"就是对思维的思维、对意识的意识。人不仅试图探索和揭示世界万物的本质和运作规律，还试图探索和揭示自己的大脑意识、思维本身的本质和运作规律。马克思、恩格斯强调：人的思维、认识的真理性是由实践来证明的。当人在"实践"上制造出自动蒸汽机时，人对蒸汽机所依凭的热力学的自然规律的认知的真理性，就得到了实践的证明；同样，当人可以"用实验的方法把思维'归结'为脑子中的分子的和化学的运动"或计算机电子机械运动时，也即当人按照自身思维规律在"实践"上制造出 AI 这种"思维机器"时，人对自身思维规律和本质的认识的真理性就得到了实践的证明——这是辩驳当今 AI 技术怀疑论的实践唯物主义的立足点。另外，把生物性"高级的运动形式"完全归结为、还原为低级的物理性的机械运动，正是机械还原论的重要思路——这在当今 AI 时代就表现为：把人生物性大脑神经元系统的运作形式，完全归结为、还原为计算机物理性的运动形式，即所谓"人工神经网络"。"但是难道这样一来就把思维的本质包括无遗了吗？"恩格斯显然是反还原论的整体

_____

[1]《马克思恩格斯全集》第 20 卷，人民出版社 1971 年版，第 591 页。

论者——这为辩驳当今 AI 技术乌托邦主义尤其是所谓奇点主义提供了理论立足点。

"机械大脑"这一表述突出了 AI 的"非生物性"，马克思的"脑工劳动"（Kopfarbeit）概念则突出了人脑智能的"生物性"。此外，马克思还有"社会大脑"之说，这突出了智能的"社会性"或"非个人性"，而人的生物性智能同时也是"个人性"的——由此，我们就用"自动社会机械大脑"来为当今 AI 做智能哲学定位，它与人脑的关系体现的就是：智能的社会性、非生物性（机械性）与个人性、生物性之间的关系。这是当今 AI 时代智能哲学建构涉及的基本问题。总之，科学而全面地探讨 AI 及其社会影响，需要克服自然科学与人文社会科学的割裂、人文社会科学内部各学科之间的割裂，超越技术怀疑论与物种奇点论的二元对立。技术怀疑论忽视了 AI 的历史性成就，即人在实践上证明了关于自身思维的客观真理性和现实性力量；而 AI 物种奇点论则在本体论层面片面夸大智能及其物理性的价值，忽视人的生物性存在的价值及人性本质的全面性。

第一节　机械大脑：非生物性智能的唯物主义考察

维纳把人脑与 AI 计算机定位为"机械大脑"，这无疑是一种"唯物论"的定位，维纳还强调唯物论在信息研究中的重要性。在相关研发方面，弱（或窄、专用）人工智能（Artificial Narrow Intelligence，简称 ANI）、强（或通用）人工智能（Artificial General Intelligence，简称 AGI）、超人工智能（Artificial Super Intelligence，简称 ASI）三分法是一种比较重要的分析框架，而在理论上影响颇大的是库兹韦尔等基于进化论的所谓"奇点"论。库兹韦尔等认为 AI 机器是一种异于并高于生物性人类的新物种，AGI，尤其是 ASI 将引发"物种奇点"（species singularity）。这种"物种奇点"论过分夸大了作为"自动机械大脑"的产物 AI 的功能和价值，而技术怀疑论则过分贬低 AI 的价值，两者形成二元对立，此外还有盲目乐观的乌托邦主义与消极悲观的反乌托邦主义等之间的二元对立。这些二元对立跟自然科学与人文社会科学的割裂、人文社会科学内部各学科之间的割裂交织在一起，形成当前全球研究不尽合理的格局，阻碍着对 AI 及其社会影响科学而全面的认知和探讨，要改变这种格局，需要一种高度理论概括的哲学分析框架——马克思相关思想对此有重要启示。

一

我们先对 AI 技术怀疑论做一下实践唯物主义的批判性辨析。马克思强调在现代工业实践基础上克服自然科学与哲学相互疏远问题的重要性，其思维理论的实践性的唯物主义原则，有助于克服 AI 技术怀疑论，揭示 AI 革命所取得的历史性成就和划时代意义：人在"实践"上证明了关于自身思维的客观真理性和现实性力量。

在一个多世纪之前，马克思在《1844 年经济学哲学手稿》中就分析指出：

> 自然科学展开了大规模的活动并且占有了不断增多的材料。但是哲学对自然科学始终是疏远的，正像自然科学对哲学也始终是疏远的一样。过去把它们暂时结合起来，不过是离奇的幻想。存在着结合的意志，但缺少结合的能力……自然科学却通过工业日益在实践上进入人的生活，改造人的生活，并为人的解放做准备，尽管它不得不直接地完成非人化。工业是自然界同人之间，因而也是自然科学同人之间的现实的历史关系……自然科学将失去它的抽象物质的或者不如说是唯心主义的方向……通过工业——尽管以异化的形式——形成的自然界，是真正的、人类学的自然界。[①]

如果说马克思有着一种"哲学"的话，那么，这种"哲学"首先就是与现代自然科学、工业实践充分结合的哲学。从西方现代哲学史看，德国古典

[①]《马克思恩格斯全集》第 42 卷，人民出版社 1979 年版，第 128 页。

哲学至少存在着"结合的意志"，比如在黑格尔哲学体系中至少还存在着"自然哲学"，表明哲学与自然科学还并不那么疏远。为自然科学的发展扫清障碍，是康德认识论哲学的重要旨趣之一，而当康德为自然科学的发展奠定哲学基础之后，自然科学也就独立地发展下去并与哲学越来越疏远，其后，尽管也出现所谓"科学哲学""技术哲学"，但总体上是一种与社会人文问题无直接关联的哲学。自然科学仍然在研究"人"，但主要是从"物"的角度研究人的生理物质性等。另外，主要以"人"为研究对象的人文社会科学则总体上剔除了人的生理物质性而孤立地研究人的精神性、文化性、社会性等。自然科学通过工业日益在实践上进入并改造人的生活最集中的表现是：现代工业基于自然科学创造出了自动化机器体系。它是通过工业所形成的"真正的、人类学的自然界"最典型的形态。在这样的历史发展脉络中，AI 作为一种智能自动化机器，可以说是现代工业实践又一重要新产物，是现代化以来自然科学通过工业日益在实践上进入并改造人的生活的又一重大的划时代的历史事件，体现了现代工业所塑造的自然界同人之间、自然科学同人之间一种更为新型的"现实的历史关系"。从比较角度看，19 世纪基于力学运动规律所创造出的自动化机器，主要是一种动力运转结构，在其应用中尚未与人的智力、精神等产生直接关联——在此意义上，自然科学与人文社会科学结合的迫切性尚不那么强；而当今基于人脑运作规律所创造出的智能自动化机器，即 AI，在其应用中已与人的智力乃至精神等产生直接关联——这为以人的智力、精神等为研究对象的人文社会科学与自然科学在哲学层面的结合，提供了现实基础，而两者的结合也已非常迫切。

自然科学与人文社会科学的相互疏远，在当下全球 AI 研究中突出表现为：自然科学技术工程学与人文社会科学两大基本研究路径的相互疏远。不克服这种相互疏远，不克服长久以来形成的"科学主义"与"人文主义"的二元对立，很难揭示 AI 的划时代意义，很难充分理解 AI 通过工业实践所锻造出的自然界同人之间的新型现实历史关系，也很难准确而充分地揭示 AI 的历史性内涵和未来性意义。历史地看，AI 的实际发展离不开自然科学与人文社会科学（如语言符号学、心理学等）的融合，其未来进一步发展更需要两者在哲学层面进行更加紧密的结合。从当前各国 AI 的发展状况看，一般认为中国在 AI 应用上具有较大优势，但在技术发明和理论研究的原创性上与欧美还存在一定差距，而欧美这种较强的原创性，显然与其较为完整的技术生态相关，也与其自然科学与人文社会科学融合所形成的较为完整的理论生态或文化生态有关。因此，中国要增强 AI 技术发明和理论研究的原创性，营造自然科学与人文社会科学不断融合的文化理论生态至关重要，而马克思的相关哲学思想对此有重要启示。

研究 AI 的库兹韦尔的《奇点临近》回应了一种"来自本体论的批评"，即机器（计算机）是否可以有"意识"的。这一本体论问题首先关乎 AI 革命的划时代意义，马克思思想理论的实践性的唯物主义原则，对于揭示这种划时代意义有重要启示："人的思维是否具有客观的真理性，这并不是一个理论的问题，而是一个实践的问题。人应该在实践中证明自己思维的真理性，即自己思维的现实性和力量，亦即自己思维的此岸性。关于离开实践的思维是否现实的争论，是一个纯粹经院哲学的问题。"①总体来看，人的思维的对象不外两类，即外界之"物"与内在之"思维"。关于人的思维的科学，可以说是一种对思维的思维、对意识的意识，人不仅试图探索和揭示世界万物的运作规律，还试图探索和揭示自己大脑意识、思维本身的运作规律。这种探索早就开始，最初主要以内省、反思等心理或精神哲学方式进行，总体上是在"理论"层面展开的，关于思维的思维还主要是一个"理论的问题"；近代实验心理学尤其是脑科学的兴起，将其推进到"实验"层面而成为"实验的问题"。这与近代以来人对外界之物的思维的发展几乎是同步的：近代以前人对物及其运动规律的探索主要在哲学层面，或以"自然哲学"方式展开，这种"自然哲学"转化为"实验科学"，标志着现代自然科学的成熟和人的思维方式的重大转型。人在实践中证明自己思维的客观真理性、现实性，又主要

---

① 《马克思恩格斯全集》第 3 卷，人民出版社 1960 年版，第 3—4 页。

是通过对物质形态的创造来实现的，马克思强调："工业的历史和工业的已经产生的对象性的存在，是一本打开了的关于人的本质力量的书，是感性地摆在我们面前的人的心理学。"①通过工业创造的物质世界，人可以洞察"人的心理学"的奥秘，而通过工业创造出的动能自动化机器体系，现代人就证明了自己关于自然界力学规律的思维的客观真理性和现实性力量——而 AI 机器的划时代的革命意义就在于：通过当代工业所创造出的智能自动化机器体系，当代人证明了对于人的"思维"的"思维"的客观真理性和现实性力量，把人关于思维的发展，由近代以来的"实验"层面进一步推进到"实践"层面，使其真正成为一个"实践的问题"或"制造的问题"。人根据自身大脑思维的运作规律制造出了 AI 机器这种创造物，或者说使这种机器创造物获得人脑的哪怕是部分的功能，也表明人关于自身思维的规律，就不再仅仅是"想"（想象、推理等）出来的，而且通过制造机器而"做"出来了，即使只是部分地、低层次地模拟了人脑思维运作规律，如当前的 ANI，也已在"实践"上证明了人对于自身"思维"及其运作规律的思维的客观真理性和现实性力量——正如 19 世纪通过动能自动化机器体系，人证明了对于"物"及其运动规律的思维的客观真理性和现实性力量一样。

　　一方面，诚如库兹韦尔等所指出的，作为对人脑功能的模拟，AI 机器的制造是建立在人脑科学基础上并随其发展而发展的；另一方面，AI 机器在实践上的发展也有助于从理论上对人脑思维结构和规律的"反向"认知——这所昭示的无非是马克思所强调的现代工业世界乃是"感性地摆在我们面前的人的心理学"。从当前全球 AI 认知状况看，许多技术怀疑论者围绕 AI 机器是否有"意识"乃至"自我意识"问题争论不休，在马克思看来，这是一种离开"实践"的关于思维的思维、意识的意识之"现实性或非现实性"的争论，是一种"纯粹经院哲学"的争论——在思想根源上，这与柏拉图以降重"想"（理念等）而轻"做"（实践等）的西方观念主义倾向密切相关，这种思

---

①《马克思恩格斯全集》第 42 卷，人民出版社 1979 年版，第 127 页。

想倾向阻碍着对 AI 划时代 "实践" 意义的科学认知。关于物，尤其作为人的创造物的机器，可以具有思维能力或意识的设想，这在人类思想观念史上早就有了（如 "万物有灵论" 等），当今 AI 在基本的观念层面上谈不上有什么太大创新，其划时代意义在于，在实践层面上证明了这些曾经只是设想的认知的真理性、现实性。

当然，在语言表述上，用 "人脑的功能" 而非诸如 "意识""思维" 乃至 "思想" 等来描述 AI 机器所具有的功能，或许更为准确，也可减少争议；而像当前已经发展起来的 ANI，即使其具有人脑的部分功能，在人类发展史上也是划时代的。

二

我们再对 AI 物种奇点论做本体论的批判性辨析。如果说技术怀疑论者过分贬低 AI 的价值的话，那么，AI "物种奇点" 论者如库兹韦尔等则过分夸大 AI 及其物理性的价值。在理论格局上形成二元对立，超越这种二元对立，对于推进 AI 理论研究非常必要。AI 的划时代意义在于：使机器（计算机）具有了本来只有人脑具有的 "智能"。这反过来使这样一种本体论问题凸显出来："智能" 在人的生命有机整体中究竟具有怎样的意义？马克思在人与自然（物）关系本体论框架中关于人的生命有机整体原则，有助于科学地辨析 AI "物种奇点" 及其对于人类物种的意义，进而也有助于在智能的物理性与生物性的本体论差异中，揭示人的生命存在的意义：全面发展的 "完整的人" 而非片面的 "智能人"，才是人自身 "合乎人性" 的发展目标——这种整体性的有机主义原则，也有助于批判性地辨析 AI 物种奇点论过分夸大智能的非科学的唯心主义倾向。

库兹韦尔回应了一系列关于 AI 奇点的质疑和批评，诸如 "计算机可以有意识吗？" 这种 "来自本体论的批评"。由此可以说，机器（计算机）作为非生物体是否有意识，乃是 AI 研究中的一个哲学 "本体论" 问题。这一问题首先关乎智能的 "生物性" 与 "非生物性" 之间的关系，两者之间所存在的是一种 "本体论差异"。发明 AI 研究中著名的 "中文屋" 说法的塞尔总体上是个技术怀疑论者，他认为："最重要的事情是要认识到意识是一个生物过程，就像消化、哺乳、光合作用、有丝分裂。"① 由此得出的基本结论是：非生物性的机器（计算机）不可能具有"意识"。库兹韦尔对此辩驳的基本思路是：基于人脑神经科学的智能机器可以模拟人的"意识"，并且这种模拟技术蕴含无限潜能，虽然现在的 ANI 不具有"意识"，但将来的 AGI、ASI 必然具有"意识"，乃至"自我意识"。这最终涉及的是有机性、生物性要素是否可以完全化约、还原为无机性、物理性要素这一生物哲学上的还原论问题：在迄今的自然进化进程中，所谓智能、意识等，还主要是一种生物性现象，它们是否可以化约为物理性（计算机）要素并由此完全重构出来，是极具争议的。

　　在物种奇点论者看来，如果计算机可以有"意识"，那么，它们就会成为一种不同于人类的新"物种"。"人类超越生物性"是库兹韦尔《奇点临近》一书的副标题，该书认为"未来的计算机便是人类——即便它们是非生物的"，而"这将是进化的下一步"，"人类文明的大部分智能，最终将是非生物的"②，"奇点将允许我们超越身体和大脑的限制"，并将导致"人类超越自身的生物局限性"③，AI 的"技术进化"将"使得物种进化的加速发展过程一直延续，直到整个宇宙都触手可及"④。赫拉利《未来简史》一书更是将人工智能引发的这种物种进化，具体地描述为：人将由 homo sapiens（智人）进化为 homo deus（神人），引发人类物种奇点的来临，其划时代意义不亚于动物向智人的自然进化。对于这种物种奇点，库兹韦尔等持乐观态度，强调非生物性的机器（计算机）所具有的"智能"，依然是"人"的智能；更多的人持悲观态度，认为 AI 将取代乃至奴役、消灭人从而导致人类物种的灭绝。

　　在本体论上，AI 是一种"物理性"（非生物性）与"智能性"的统一体，

---

① 库兹韦尔：《奇点临近》，李庆诚等译，机械工业出版社 2017 年版，第 274 页。
② 库兹韦尔：《奇点临近》，李庆诚等译，机械工业出版社 2017 年版，第 15 页。
③ 库兹韦尔：《奇点临近》，李庆诚等译，机械工业出版社 2017 年版，第 2 页。
④ 库兹韦尔：《奇点临近》，李庆诚等译，机械工业出版社 2017 年版，第 287 页。

而人则是一种"生物性"与"智能性"的统一体——面对当今AI的挑战，"人的生物性、智能性对于人的生命存在究竟具有什么样的意义"这一本体论问题就凸显出来了——马克思的《1844年经济学哲学手稿》（以下简称《手稿》）相关理论，对于探讨这一本体论问题有重要启示。

马克思指出：人的感觉、激情等不仅是"在［狭隘］意义上的人类学的规定"，而且是"真正本体论的本质（自然）肯定"，"只有通过发达的工业，也就是以私有财产为中介，人的激情的本体论本质才能在总体上合乎人性地实现"，"如果撇开私有财产的异化，那么私有财产的意义就在于本质的对象，既作为享受的对象，又作为活动的对象——对人的存在"①。这些论述实际上勾勒出了关于人的生命存在的本体论框架：感觉、激情等体现了人的"本体论的本质"，而这种本质的实现，离不开外在于人的"本质的对象"。可以说马克思是在人的内在本质与外在对象的关系中，确立人性的全面本质的，而在作为外在本质对象的私有财产的产生、扬弃的进程中，人的本体论本质得以历史地生成：积极扬弃私有财产之后，"人以一种全面的方式，也就是说，作为一个完整的人，占有自己的全面的本质。人同世界的任何一种人的关系——视觉、听觉、嗅觉、味觉、触觉、思维、直观、感觉、愿望、活动、爱，——总之，他的个体的一切器官，正像在形式上直接是社会的器官的那些器官一样，通过自己的对象性关系，即通过自己同对象的关系而占有对象"②。这是对人的本质的全面性及其历史性生成高度的理论概括。

从人的本质的全面性看，"思维"只是人的"真正本体论的本质"之一，大脑作为思维器官也只是人的"一切器官"中的一种，而并非全部；或者说，"思维"或"智能"确实是人作为一种生物体的"机能"之一，但并非全部，并且也只是大脑器官的功能之一，"直观""愿望""激情""爱"等也是人脑的功能。"吃、喝、性行为等等，固然也是真正的人的机能。但是，如果使这

①《马克思恩格斯全集》第42卷，人民出版社1979年版，第150页。
②《马克思恩格斯全集》第42卷，人民出版社1979年版，第123—124页。

些机能脱离了人的其他活动，并使它们成为最后的和唯一的终极目的，那么，在这种抽象中，它们就是动物的机能。"①——这同样适用于对人的"智能"的分析：在当今有关人工智能的设计理念中，存在着一种使人的智能"脱离了人的其他活动，并使它们成为最后的和唯一的终极目的"而贬低人的生物性存在的价值的倾向。如在 AI 研究中著名的所谓"缸中脑"假设，把人的大脑放在营养液中，将本来由人的其他生物性器官获得的各种外界信息转化成电子信号，通过各种电极设备输入、刺激缸中脑，人脑的智能在摆脱其他肉体器官生物性的束缚后依然会获得可持续的发展，并达到某种程度的"永生"；更激进的设想是，干脆把人的脑结构或脑神经元系统"拷贝"到计算机里去，如此，人的智能性存在就会彻底摆脱生物性而获得更彻底的"永生"。这其实同样是一种"抽象"，人的智能成为永生之神的机能，但这种"神化"，跟"脱离了人的其他活动"的"动物化"的吃、喝、性行为等一样，也是一种"非人性化"。

关于人的存在的有机生物性与无机物理性的关系，《手稿》也多有分析："无论是在人那里还是在动物那里，类生活从肉体方面来说就在于：人（和动物一样）靠无机界生活……在实践上，人的普遍性正表现在把整个自然界——首先作为人的直接的生活资料，其次作为人的生命活动的材料、对象和工具——变成人的无机的身体。自然界，就它本身不是人的身体而言，是人的无机的身体……通过实践创造对象世界，即改造无机界，证明了人是有意识的类存在物。"②——物理性的自然界尤其是人所创造出的"人类学的自然界"是人的"无机的"身体，而人的身体本身的特性则是与之不同的"有机性"或"生物性"，这种有机生物性对于人来说具有本体论价值。与 AI 机器作为一种智能符号系统更为接近的，是人的另一种创造物，即"语言"。"思维本身的要素，思想的生命表现的要素，即语言，是感性的自然界"③，当然也

---

① 《马克思恩格斯全集》第 42 卷，人民出版社 1979 年版，第 94 页。
② 《马克思恩格斯全集》第 42 卷，人民出版社 1979 年版，第 95—96 页。
③ 《马克思恩格斯全集》第 42 卷，人民出版社 1979 年版，第 129 页。

是"无机的"自然界，同样，AI 产品所构成的也只是"无机的"自然界，AI 机器也是人的思想的"生命表现"的无机性要素。与片面夸大"智能"相关，物种奇点论还片面夸大智能的非生物性的"物理性"的价值。"人类超越生物性"，是库兹韦尔提出的口号，其中暗含的一种预设是：人的肉体的生物性，是"智能"发展、提升的累赘。但是，现代脑科学所取得的研究成果表明这种预设并不正确：人生物性大脑的智力潜能还远远没有得到释放，而人脑智能在生产实践、语言等智能符号创造与教育等活动之中不断释放出来、发展起来。这些不割裂于人的生物性肉体的活动的发展，也可以使人的智力潜能得到更高程度同时又是"合乎人性"的提升和释放。而基于片面夸大智能的物理性的价值的理念，库兹韦尔等提出将智能芯片、纳米机器人等植入人脑的物理性方案，或许可以提升人的智能，但不能做到"合乎人性"。"这种共产主义，作为完成了的自然主义，等于人道主义，而作为完成了的人道主义，等于自然主义"，"社会是人同自然界完成了的本质的统一，是自然界的真正复活，是人的实现了的自然主义和自然界的实现了的人道主义"[①]，而把人的智能性存在构想为完全摆脱肉身的物理性机器智能，显然是一种完全割裂于"自然主义"的"人道主义"构想，这种"反自然主义"最终也必然走向"反人道主义"或"反人性"！

　　相对于"感觉"等，"活动"体现了人的能动的本体论本质，即"本质力量"："人直接地是自然存在物。人作为自然存在物，而且作为有生命的自然存在物，一方面具有自然力、生命力，是能动的自然存在物；这些力量作为天赋和才能、作为欲望存在于人身上"[②]，"工人自己的体力和智力，他个人的生命（因为，生命如果不是活动，又是什么呢？），就是不依赖于他、不属于他、转过来反对他自身的活动"[③]。使"作为天赋和才能、作为欲望存在于人身上"的"体力和智力"发挥出来，也是人的本体论意义上的一种"激情"，通

---

①《马克思恩格斯全集》第 42 卷，人民出版社 1979 年版，第 120—122 页。

②《马克思恩格斯全集》第 42 卷，人民出版社 1979 年版，第 167 页。

③《马克思恩格斯全集》第 42 卷，人民出版社 1979 年版，第 95 页。

过实践创造对象世界、改造无机界，"人不仅像在意识中那样理智地复现自己，而且能动地、现实地复现自己，从而在他所创造的世界中直观自身"①。人类今天创造出 AI 机器，表明人在改造无机界的活动中更高程度地"能动地、现实地复现了自己"。人通过全面发挥自己体力（体能）、智力（智能）等，可以"作为一个完整的人，占有自己的全面的本质"——这就是马克思后来"全面发展的个人"论所讨论的问题，这表明改造无机界的物质生产活动本身就是提升人的智能有效而且是"合乎人性"的手段，而片面发展乃至借助非生物手段强化智能，力图成为超级"智能人"，所体现的不是"完整的人"的全面本质。总之，并非像物种奇点论所预设的那样，人总要不择手段、不惜代价地追求更高的智能，使人作为生物体所固有的智力潜能充分发挥出来，才是人合乎人性的发展目标。

在思想根源上，AI 研究中过分抬高"智能"的地位、贬低人的生物性存在的价值倾向，同样受到了柏拉图的影响：他以大脑处在人体最高端的等级结构，隐喻人的"理念"（理性）的重要性，并贬低"感性""欲望"的价值，当然也不重视体力劳动的价值——私有制条件下"分工"的发展进一步强化了这种认知倾向。在马克思看来，人的本体论本质既不单纯在理性、智能，也不单纯在感性、体能，两者之间的和谐发展才真正"合乎人性"，过分片面抬高智能的地位、贬低人的生物性存在的价值，恰恰是"反人性"的："生物性"并不是人低级的应被抛弃的属性，也不是人的智能发展的累赘，而是人存在的本体论属性。当然，"智能"同样也是人的本体论属性，立足于情感等人的属性，否定 AI 在实践上所取得的巨大成就的人文主义批判，同样是片面的。

过分片面夸大"智能"的价值，也使 AI 奇点论呈现出某种非科学的唯心主义倾向。"那种排除历史过程的、抽象的自然科学的唯物主义的缺点，每当它的代表越出自己的专业范围时，就在他们的抽象的和唯心主义的观念中立

①《马克思恩格斯全集》第 42 卷，人民出版社 1979 年版，第 97 页。

刻显露出来。"[1]这在当今 AI 尤其在奇点的认知中依然存在。比如，有着一定
AI 技术专业背景的库兹韦尔对 AI 奇点描述道："最终，整个宇宙将充盈着我
们的智慧。这便是宇宙的命运。人类将决定自己的命运，而不是像机械力学
支配的天体力学那样，由目前的'非智能'来决定"，"智能扩散至整个宇宙
所需的时间，取决于光速是否是一个不可改变的限制。目前一些模糊的证据
表明不存在这种限制，如果限制不存在，未来人类文明的巨大智能将会进一
步拓展"[2]。他还把奇点描述为一种"超越"，"它就是我们所超越的物质能量世
界，人们认为这种超越最主要含义是精神。思考一下物质世界的精神实质"[3]。
这些描述很容易使我们想到我们古人"宇宙即是吾心，吾心即是宇宙"的唯
心主义哲学命题。再如 AI 设计理念中所谓"缸中脑"以及库兹韦尔及谷歌一
些技术专家关于借助 AI 使人获得"永生"等设想，其实都或多或少染上了唯
心主义色彩——好莱坞有关超级 AI 机器人的科幻大片、全球大众传媒上疯传
的种种关于 AI 的商业噱头等，在大众认知层面进一步强化了这种色彩。

　　科学昌明并不必然促使迷信衰落，自然科学家、技术专家关于 AGI、ASI
的认知并不能保证就必然具有科学性，"每当它的代表越出自己的专业范围
时，就在他们的抽象的和唯心主义的观念中立刻显露出来"。这同样适用于
对库兹韦尔以及一些 AI 专家的相关论调，尤其是这些论调涉及 AI 与人类社
会的关系时，因此，本体论批判还需结合社会学批判。

第二节　僭妄的知性与无限的想象力：人的智能优势辨析

　　奇点主义者过分夸大 AI 的强力时，往往忽视了问题的另一面——个人生
物性大脑的智力潜能其实也是无限的——而这正是人的智能优势所在。智能
的生物性与非生物性关系，在人的认识活动中表现为人的知性与感性的关系：

---

①《马克思恩格斯全集》第 23 卷，人民出版社 1972 年版，第 409—410 页注释 89。
② 库兹韦尔：《奇点临近》，李庆诚等译，机械工业出版社 2017 年版，第 14 页。
③ 库兹韦尔：《奇点临近》，李庆诚等译，机械工业出版社 2017 年版，第 234 页。

西方哲学一般认为感性离不开人的生物性身体，而知性（理性）则可以离开人的身体。主要与人的知性相关的 AI 已呈现出巨大威力，而关于其最终能全面打败人类的设想所体现的，表面看是人的不自信，其实恰恰是人"知性的僭妄"，即技术专家对能为智能机器设计出打败人的程序这种能力的过度自负。作为人的两种基本认识能力，感性被锁定在特定对象之点上，知性被锁定在特点的概念之点上，两者都存在有限性，而在想象力不被锁定在特定之点上的无限延展的自由游戏中，两者有限性同时被超越，人自身有限性也被超越——这将是一个持续不断的无限过程。非生物性的 AI 机器所具有的主要是衍生性、再生性的知性功能，无法取代、打败人不离肉身的源生性、原创性而无限延展的想象力。感性想象力与知性智能之间，既存在相互排斥、限制的"负"关联，也存在相互激活、提升的"正"关联：人源生、原创的想象力，会为 AI 发展不断创造新规则或程序，提供原动力，使其认识的疆域不断拓展；而发达的 AI 也会激发人的想象力，使其进一步发挥和提升。AI 现实而迫切的威胁，或许并非来自其本身，而是来自其在"人—人"关系中的应用方式，即人应用人工智能去控制、统治他人。

　　AI 威力乍现，人就开始忧心忡忡地"想象"自己的未来，但到目前为止，AI 机器本身显然还没有也还无法"想象"自己的未来：数字化大数据驱动的 AI 可以"预测"或"推导"未来，但似乎还不能"想象"未来。这是否恰恰是人之不能被 AI 所取代之处呢？从现状看，人在"某些方面"与 AI 的博弈中已经败下阵来，并且首先是在非比喻性的"博弈"中大败：近期"AlphaGo"在围棋对弈中大败人类高手，前几年"深蓝"已大败国际象棋大师。AI 的技术基础是计算机，其在超级计算能力上其实早就打败人了。AI 创作绘画作品早已不是什么新鲜事儿，而 2017 年微软机器人"小冰"竟然出版了一本像模像样的"诗集"：AI 似乎正在蚕食作为"想象力的自由游戏"的艺术领域，人类节节败退，似乎要在"所有方面"被 AI 全面打败。人对 AI 机器的恐惧主要来自其自我学习、自我生成乃至自我提升的功能，但是，这种功能是人通过人设计的程序或指令赋予机器的，目前 AI 还不能全面打败人类，恰恰是因为人还没有为其设计出打败人的程序或指令——人未来是否会获得这种"设计"能力呢？至少可以说，预测 AI 未来会全面打败人，貌似体现了人的不自信，其实恰恰体现了人尤其是技术专家对自己这方面"设计"能力的过度自负。凡此种种，需要从人文哲学上加以辨析和反思：一般认为"人工智能"是一种"机器智能"，相对于作为"生物智能"的人的智能，它是一种"非生物性"的"物理智能"，译为"智能"的 intelligence 也可译作"理智"，与"知性""理性"相近，而其"非生物性"则意味着"非感性"。——其中涉及的系列概念乃是德国古典哲学的重要范畴，康德把人的认识能力分为"感性"与"知性"两种，在讨论两者关系中又引入了"想象力"——这三者各自的特性及三者的关系，可以成为我们探讨 AI 的优势和局限性的重要框架。

一

感性、知性、想象力之间的关系，是《纯粹理性批判》的重要主题。海德格尔指出，该书第二版与第一版相比，康德的认识发生了摇摆乃至"退缩"，从而形成了"形而上学疑难"（problem）。

其一，康德对感性力、知性力、想象力之间关系的认识，是存在摇摆的。《纯粹理性批判》第一版关于想象力与感性、知性的关系有三种不同描述：（1）想象力是感性与知性之间的"形象中点"或"居间能力"[①]，"如果接受性意味着感性，自发性意味着知性，那么，想象力就以某种特定的方式落入两者之间"，而康德在这方面的摇摆性表现为：当他坚持认识能力二分法时，就"不管想象力的自发性质，将之计入感性性质"（第 123 页）。（2）一方面，想象力与感性力、知性力是"三种源初的源泉（灵魂的三种性能或能力）"，但另一方面，康德在另一处又把感性与知性视作认知力的"两个枝干"而"别无其他的源头"（第 128—129 页）。（3）想象力是感性、知性这"双枝干"

[①] 海德格尔：《康德与形而上学疑难》，王庆节译，上海译文出版社 2011 年，第 124 页。本节以下引海德格尔之语均出自该书，只在正文注明页码。

之"根"（第 131 页）——海氏认为，这是康德相关论述所暗含的第三种观点。如果说第一版还是矛盾和摇摆不定的话，那么，第二版则进一步"退缩"了："在《纯粹理性批判》的第二版中，超越论想象力，比照它在第一次筹划中光鲜照人的出场亮相，这次却出于讨好知性的缘故，被排斥在一旁且被改变了意义。"第一版中明确把想象力视作与感性、知性并列的第三种基本能力的两处论述，在第二版中被删除了，"灵魂的功能"被化约为"知性的功能"，"超越论的想象力作为特殊的能力就变成可以舍弃掉的"而"被腰斩"（第 152—153 页）。

　　其二，如果说感性、知性都存在各自有限性而相互依赖的话，那么，想象力则具有超越性、无限性。揭示人的认识能力在本质上的"有限性"及如何超越这种有限性，乃是康德批判哲学的重要旨趣——一方面说与人的肉身性存在紧密相连的感性力、直观力存在有限性，没有问题，这种有限性既表现为其"接受性"，又表现为对知性的依赖性："需要对之进行规定的有限直观，有赖于知性。"但是另一方面，知性同样也依赖感性，"知性不仅隶属于直观的有限性，而且其自身，甚至由于缺乏有限直观的直接性，因此就成为更加有限的东西"，"这一隶属于知性本质的迂回性（推理性），就是其有限性最鲜明的指南"，"知性，作为有限直观的关联攸关方，并不比有限直观具有更多的创造力"（第 26 页）。但是，当康德把"知性的本质"标画为"最高的能力"的"规则的能力"时，他似乎遗忘了"知性的有限性"（第 69 页）——正是这种遗忘，导致《纯粹理性批判》第二版把"灵魂的功能"还原、化约为"知性的功能"，想象力被舍弃、腰斩——如此，康德恰恰陷入了他自己所批判的"知性僭妄"之中。两者相互依赖、相互需要，体现了感性（直观）与知性（推理）两者皆存在有限性，而在两者相互结合、相互作用中，两者的有限性会被超越，感性的"直接性"与知性的"自发性"会融合在一起——这种融合需要一个中介即"想象力"："在知识的本质性构造中，有关综合的结构所展现的一切，显然一般都是通过想象力获得的"（第 57 页），而把知性与感性联通在一起并发挥知识生成所必需的综合，体现了想象力的

"生产性"和"超越性"——在康德的这种论述中，"知性放弃了它的优先地位"（第79页）。

其三，想象力的超越性又体现为其无限延展性、生产性，有限的感性直观会被锁定在特定对象之点上，有限的知性则会被锁定在特定概念之点上，只有在想象力的无限延展中，两者有限性才会被同时超越，而这些所体现的只是"人自身"相对的无限性。体现感性有限性的接受性，具体表现为其对存在物、对象的依赖，即总被锁定在特定的对象之"点"上，而想象力似乎也不离"对象"，但这种"对象"又"不在场"，"这样在想象力中，首先就具有一种特有的与存在物的不关联性"，如此也就超越了感性直观对存在物的依赖："作为一种不依赖于可直观者的在场能力，它实现自身，即创造和形象图像。这个'形象力'就是一种同时在领受中（接受的）和在创造中（自发的）的'形成图像'。"（第144页）而"形成图像"可以是"衍生性的"，也可以是"源生性的""生产性的"，它不受经验制约，而使经验得以可能，因而具有超越性，可以称之为"超越论的想象力"——这种具有源初"生产性"的"超越论的"（也译作"先验的"）想象力，不同于作为"再生模式"的"经验的"想象力：一方面，再生性的经验性想象力和感官感觉的有限性，体现在其总要被锁定在特定对象这些"点"上，而生产性的超越性想象力的"对象"不在场，因而也就不被锁定在特定的对象之"点"上，进而也就具有无限延展性；另一方面，知性总是被锁定在特定的"概念"之"点"上，因而也不具有无限延展性。万事万物作为特定"对象"，总是被锁定在特定的时间、空间之点上，而时间、空间本身是无限延展的，这是"物自身"无限性的重要体现——而与之相匹配的想象力的无限延展性，则是"人自身"无限性的重要体现。

海德格尔认为，"生产性的想象力在康德那里似乎具有核心意义"，"人自身"的无限性是在想象力活动中显示出来的，而"这种在想象力中暴露出来的无限性，恰好就是对有限性的最强有力的证明"，而"上帝不具有有限性"（第268页），因此，"通过用上帝存在自身来建构主导性理念，我们无论如何也就正好证明了有限性"（第284页）。人的知性"既不能遁入某个永恒的、绝对的东西之中，但也不能遁入物的世界之中"（第267页）——其中暗含着"动物—上帝"分析框架——"上帝"代表绝对的"无限性"，"动物"则代表绝对的"有限性"：与动物相比，人具有无限性，但只是一种相对的无限性，而不能获得像上帝那样的绝对的无限性；与上帝相比，人具有有限性，但不是像动物那样的绝对的有限性，而是相对的有限性，并因而是可以超越的，而这种超越性主要体现在人的想象力的源生性、生产性上——动物具有感官感觉这种感性因素，但被锁定在特定对象之点上，不具有这种源生性、生产性想象力。

其四，"知性的僭妄"既表现为认为知性可以把握"物自身"或"绝对真理"，也表现为认为想象力是低级认识能力而可化约为高等的知性力，其最大问题在于中断了想象力的无限延展。康德在认识论中引入"上帝"并将其仅仅限定为"理念"，是为了给知性划定"界限"以克服人"知性的僭妄"——这看上去是在"限制"知性，但动态地看，其实恰恰是为人的知性力的可持续无限发展扫清道路：知性如果可以把握"绝对理念"或"绝对真理"从而达到其"极点"，也就被锁定在特定的概念之点上，人的知性力就无须再进一步发展下去而停滞下来。因此，达不到"极点"从而不能被锁定在特定概念之点上的人的知性力的发展，就是一个无限的过程，人的知性正是在这种无限过程中不断超越自身的有限性；而一旦人僭妄地认为知性可以达到"极点"从而"遁入某个永恒的、绝对的东西之中"，这种无限过程就会停滞下来，人恰恰会丧失本来具有的无限性和超越性。而在知性发展的无限进程中，根植于人的肉身性存在的无限延展的感性想象力，恰恰会成为推动这一无限进程的原动力。

前已指出，把想象力视作知性与感性之间的"居间能力"或两者之外的"第三种基本能力"，都无法克服这方面认识的摇摆，并且这两种认识都有可能把"人性"视作是"动物性"与"上帝性"的合成物；只有把想象力视作感性、知性这"双枝干"之"根"之"源"，"人性"才会成为自身源初的本己的存在，而不是"动物性"与"上帝性"的机械合成物——在海德格尔看来，康德哲学中潜含着这一认识，但并未一以贯之。"知性以感性和想象力作为其'基础性'的前提，这是很清楚的"，或者说，感性和想象力作为知性的"出发点"是没有问题的，问题在于康德始终强调想象力"在任何时候都是感性的"，如果它是一种低级和下等的能力，那么，"如何能够成为高级的和'上等的'能力的知性的源泉？"（第138页）。如果感性想象力是知性的"源泉"，那么，知性在自身的发展中就不能彻底脱离它，而要不断"返回"以汲取不断发展的原动力，但在马堡学派那里，感性想象力仅仅被视作低级的"出发点"，"直观仅仅是那令人讨厌的残渣，应当是在无限性的进程中被清除的废料"（第287页），最终，就"将超越论感性论化解到逻辑论中去"了——在海德格尔看来这是非常可疑的（第138页）。因此，确认想象力的"不可化约性"，乃是克服知性僭妄的关键点。

二

如果说"想象力"已是《纯粹理性批判》中的重要范畴的话，那么，将"想象力的自由游戏"的艺术审美活动作为主要讨论对象的《判断力批判》则有更清晰、深入的相关分析。

其一，想象力的无限延展性又体现为想象力自由游戏的无限可持续性，这种自由游戏需要不断被"激活"而"自行维持"。审美鉴赏判断的独特性在于可以"激活这两种能力（想象力和知性）"，"两种通过相互协调一致而被激活的心灵力量（想象力和知性）"变成轻松的游戏，"必须有一个比例，在其中这种内在的关系对于激活（一种能力被另一种能力激活）来说就是一般知识（被给予的对象）方面最有利于两种心灵能力的相称"①。在"想象力的自由游戏"中，知性"不受任何阻碍"，其"强制的合规则性"被避免（第252页）；当想象力受限制、强制时，知性力的发展也会受到"阻碍"——

① 康德：《康德著作全集》第5卷，中国人民大学出版社2013年版，第247—248页。本节以下引康德之语均出自该卷，只在正文中注明页码。

这是感性与理性、想象力与知性之间的"负"关联，但两者间也存在相互激活、提升的"正"关联："想象力在其自由中唤醒知性"，"知性无须概念就把想象力置于一种合规则的游戏之中"，而这"与先行的感觉或概念无关"（第298页）。"感觉"先行，就会被锁定在特定对象之点上；"知性"先行，就会被锁定在特点概念之点上。这两种情况都会使想象力自由游戏被打断而停滞，而"想象力是独自把心灵维持在自由的活动之中的"并"自行维持"（第327页），"在游戏中给知性提供营养，通过想象力赋予知性概念以生命"，而想象力也会被激活，在这种"自行维持"的自由游戏中，知性和感性的有限性同时被超越。

其二，为"知性"创造"新规则"与艺术"天才"之"原创性"，乃是想象力源生性、生产性的具体体现。《判断力批判》进一步强调想象力是"生产性的认识能力"，"它首先就不是被设想为再生的，如同它服从联想法则那样，而是被设想为生产的和主动的"（第249—250页），"想象力在这里就是创造性的，并且使理智理念的能力活动起来"，想象力只有在"自由"状态中才具有"生产性""创造性"，问题在于，这种"生产性""创造性"究竟来自哪种认识能力？在关于认识能力的三分法中，康德比较明确地将"生产性"归功于"想象力"。但在二分法中，他的观点就有些摇摆：如果想象力归属于"感性"，那么，生产性就来自"感性"；但当他把人的"灵魂的能力"化约为"知性的能力"时，生产性就归功于"知性"。

在无限延展的想象力自由游戏中形成的"生产性"，具体表现为可以不断地为"知性"创造"新规则"——《判断力批判》在讨论"天才"时把这种"生产性"表述为"原创性"："天才就是给艺术提供规则的才能（自然禀赋）"，"天才是一种产生出不能为之提供任何确定规则的东西的才能，而不是对于按照某种规则可以学习的东西的技巧禀赋；所以，原创性就必须是它的第一属性"，因此，"天才是与模仿的精神完全对立的"，不是通过学习可以获得的（第320—321页）。想象力源初的"生产性"，就转为对艺术"规则"的"原创性"，而《纯粹理性批判》则把"规则的功能"明确归属于"知性"，区别在于根植于想象力的天才是"创造"规则，而知性（科学）则主要是"应用"规则："在科学中必须有清晰了解的规则先行，并规定科学中的程序"，"规则先行"表明科学"遵循"既定的"规则"，而在想象力自由游戏中，与知性之间的"比例和相称"则"不是遵循规则就能导致的，不论是科学的规则还是机械模仿的规则，而只能是主体的本性产生的"（第329—331页）。这表明：天才不是遵循或应用既定的规则或程序，而是"创造"出新的规则和程序。"每一种艺术都以一些规则为前提条件"，但是，"美的艺术的概念不允许关于其产品的美的判断从某个以概念为规定根据，因而以关于这产品如何可能的概念的规则中推导出来"（第320页）。

其三，天才原创性表现为对艺术"新规则"之"创造"，而"机械的艺术"则是对这些规则的学习、模仿和"应用"——值得注意的是，康德并未否认艺术创作中规则之"应用"的价值。"尽管机械的艺术和美的艺术，前者纯然作为勤奋的和学习的艺术，后者作为天才的艺术，相互之间颇有区别，但毕竟没有任何美的艺术，其中不是有某种能够按照规则来领会和遵从的机械性的东西，因而有某种符合学院规则的东西来构成艺术的本质条件的"，"才能的原创性构成天才品质的一个（但不是唯一的）本质成分"（第323页），实际的艺术创作也需要通过训练而可以获得的"机械性"的东西：

"一个天才的产品（按照其中应归于天才，而不应归于可能的学习或者训练的东西来看）就不是一个模仿的榜样（因为那样的话，它上面是天才并构成作品的精神的东西就会丧失），而是对另一个天才来说的追随的榜样，这另一个天才由此而来而被唤起对他自由的原创性的情感，即它在艺术中如此实施了摆脱规则强制的自由，以至于这种艺术由此本身获得了一个新的规则，那才能通过这个新的规则表现为典范的。但是，由于天才是自然的宠儿，这类东西人们只能视为罕见的现象，所以，他的榜样就为别的优秀头脑产生了一种训练，亦即按照规则的方法上的传授，只要人们能够从那

些精神产品及其独特性中得出这些规则；而对这些优秀头脑来说，
美的艺术就是自然通过一个天才为之提供规则的模仿。"（第331—
332页）

一个后起之秀"模仿"天才艺术家就是"应用"其已经创造出来的"旧
的规则"，而"追随"天才则是"创造"出与其不同的"新规则"。

其四，尽管天才创造出的"新规则"可以转化为"机械模仿的规则"，但
天才的"原创性""源生性"是机械模仿艺术的"推理性""推导性"所无法
取代的。艺术"要求有一种把握想象力的转瞬即逝的游戏并将之结合进一个
无须规则的强制就能够被传达的概念（这概念正因为如此而是原创的，同时
又展现出一条不能从任何先行的原则或者例子推导出来的规则）之中的能力"
（第331页）。这描述的是知性对规则的"应用"功能，"这一隶属于知性本
质的迂回性（推理性），就是其有限性最鲜明的指南"，知性的这种与"原创
性"相对的"推导性""推理性"，体现的就是前面所说的与"源生性""生产
性"相对的"衍生性""再生性"。这也是"经验性想象力"所具有的特性。
因此，经验性的想象力与推理性、推导性的知性力，在知识生产过程中皆只
具有衍生性、再生性，与天才相关的创造"新规则"的超越性想象力才具有
原创性、源生性。"天才只能为美的艺术的产品提供丰富的素材"，并且"自
然而然地为知性提供丰富多彩的、未加阐明的、知性在其概念中未曾顾及的
材料"，而知性只是"间接地为知识而运用材料"（第330页）："原创性""源
生性"的天才，不断提供新的"素材""材料"，接下来又会让"知性"在其
"概念"中被"运用"，也即被从"例子"中概括、推导出"规则"，如此，天
才原创的新规则也就转化为"机械模仿的规则"，让后来者能够通过"科学"
被"教会"、通过"勤奋"训练可以"学会"并"运用"，而他们进行的创作
就是"衍生性""再生性"的。这一转化过程表明：知性可以把感性想象力的
成果及其疆域不断纳入自身的运作框架中，而具有原创性、源生性的想象力
通过为知性不断提供新素材、创造新规则而不断拓展认识的疆域。这是个持

续不断的无限过程。

三

厘清以上分析框架，我们就可以展开对 AI 冲击的分析和反思了。在后世研究中，康德艺术论较之美论、美感论相对不够被重视，但是如果针对当下 AI 也开始侵入"想象力的自由游戏"而进行艺术创作这种状况，其价值就凸显出来了。与康德所谓"规则"相对应的就是智能机器的"程序"或指令。这种程序是人赋予机器的，尽管 AI 机器会对这种程序进行自我调整、改进、提升，但真正原创性、源生性的程序还需要人创造并提供。据悉，已出版诗集《阳光失了玻璃窗》的微软人工智能"小冰"的创作过程是这样的：通过技术专家设计出的程序，"小冰"学习了 1920 年以来 519 位诗人的现代诗，通过深度神经网络等技术手段模拟人的创作过程，花费 100 小时，训练 10000 次以后，拥有了自行创作能力——这正是康德所说的"从例子推导出来的规则"的创作路子，是一种"衍生性""再生性"创作。康德指出："一首诗可能是相当可爱的和漂亮的，但它没有精神。"（第 327 页）我们可以用这句话来评价"小冰"的诗缺乏"精神"或"灵魂"，也可以说"她"缺乏天才或原创性：借助计算机超级计算能力和数字化大数据处理能力，"她"可以比人更富成效地概括、"推导"出"规则"并在这种规则下自行创作，但不能为诗歌艺术"创造"出"新规则"。由此，我们可以进一步分析 AI 与人的关系。

其一，作为人的创造物的 AI 若能完全取代"人自身"，就意味着人可以像"上帝"那样创造"人"乃至"超人"——这是"知性的僭妄"的极致。康德强调，审美理念"使人对一个概念联想到许多不可言说的东西"，"在一个审美理念这里，知性通过其概念也永远达不到想象力与一个被给予的表象结合起来的整个内在直观，既然用概念来标示想象力的一个表象，就等于阐明这表象，所以，审美理念就可以被称为想象力（在其自由游戏中）的一个不可阐明的表象"（第 358 页）。那么，这种不可言说、无法用概念阐明的"审美理念"指向哪里？"自然概念虽然在其直观中表现其对象，但却不是将之表现为物自身，而是表现为纯然的显象；与此相反，自由概念在它的客体中虽然表现物自身，但却不是在直观中表现的，因而双方没有一方能够获得关于自己的客体（甚至关于能思维的主体）作为物自身的一种理论知识。"（第184页）相对于"物自身"，"思维的主体"就是"人自身"。康德哲学批判的一个重要旨趣，是通过强调"理念"只是一种"非建构性"的"范导性的原则"来"抑制知性的令人忧虑的僭妄"（第176页）——认为知性可以把握"物自身""人自身"，也就是"知性的僭妄"。与"人自身"相关的，一个是作为"思维的主体"的人的"自由的想象力"，另一个是作为"实践的主体"的人的"自由的意志（力）"。在实践主体方面，认为人可以赋予作为人的创造物的智能机器以"自由意志"，实际上就使"人"获得了"上帝"的地位，即人可以像上帝创造人那样赋予其创造物以自由意志——这显然是一种"僭妄"，可以成为考察人工智能的伦理之维，兹姑不论。在思维主体方面，人所不能赋予作为人的创造物的智能机器的是"自由的想象力"，"知性通过其概念也永远达不到想象力与一个被给予的表象结合起来的整个内在直观"，这也是主要具有知性功能的 AI"永远达不到"的。

其二，分而论之，离开人的肉身性存在的 AI 既有自身优势，也存在局限性。AI 不能完全把握"人自身"，并不意味着不能把握人的所有方面，它恰恰可以通过超级计算、数字化模拟、大数据处理等把握人的"知性"能力。"小冰"能写诗表明，AI 可以模仿人的感性想象力的"结果"，但不能模仿人无限延展的感性想象力"本身"——这未必就是 AI 的"劣势"，而恰恰也可以是其"优势"。因为诚如康德所指出的，与人的肉身性存在相关的"感性"（感官感觉）会限制、阻碍知性力的发挥，而作为一种非肉身性存在，AI机器就会摆脱这种"感性"束缚而使知性力获得更大发挥。但是：（1）"相互限制"只是感性想象力与知性力之间的一种"负"关联，两者也存在"相互激活"进而"相互提升"的"正"关联。从这种"正"关联看，植根于人的肉身性存在的感性尤其想象力恰恰成为人的"优势"，成为人的知性力不断发展、提升的"原动力"，而非肉身性的智能机器本身则不具有这种感性原动力。（2）摆脱人的感性想象力的 AI 对知性力的发展，只是一种"衍生性""再生性"的发展，而以感性想象力为原动力的人的知性力的发展则是一种"源生性""原创性"的发展。

　　尽管在对知性、感性、想象力关系的认识上，康德有所摇摆，但在把"想象力"归结为"感性"因素从而不离人的肉身性存在上，他却是一以贯之的。如果做更具广度和深度的反思的话，我们就会发现："知性的僭妄"在西方思想史上可谓源远流长、根深蒂固，源头至少可以追溯到柏拉图对"理念"（心灵、灵魂、理性、知性）的过度抬高和对"感性"（肉身、感官）的过度贬低。这种感性与理性、肉身与心灵相分离的思想，在西方就形成了悠久的"形而上学"传统。近代以来，包括康德在内的西方哲学家已开始对这种形而上学传统进行反思，但是诚如海德格尔所指出的，康德本人也未能彻底摆脱"知性的僭妄"这种"形而上学疑难"。至少从柏拉图开始，有限性、感性的肉身存在就被视作人的理性、灵魂向上提升的累赘，摆脱这种累赘，似乎成为西方思想家孜孜以求的理想，而现在的 AI 似乎已经帮他们实现了这种理想，但"形而上学疑难"依然未能得到解决，而且对人类的存在和进一步发展来说，问题恰恰变得越发复杂和严峻了。这可以从当下弥漫全球的对 AI 冲击的种种忧虑中略见端倪。当代颇为流行的"技术崇拜"与西方传统的"知性的僭妄"密切相关，对此加以深入反思，强调身心不离、灵肉相即的中国传统哲学或许可以发挥重要作用，兹不多论。

　　其三，合而论之，以知性取胜的 AI 可以与不离肉身的人的感性想象力相互提升。比较人与 AI 的优劣，还是把两者割裂开来说的，而两者也可以互动而联系在一起（即通常所说的"人机互动"）。在知性力发展上，摆脱感官感性束缚的 AI 确实比人有优势，即便如此，AI 在不断发展、提升知性力的进程中，也需要不离肉身的人的感性想象力源源不断地提供原动力。这具体表现在：AI 的程序不可能一下子达到"极点"，它对自身的程序可以自我调整、改进、提升，但其"原创性""源生性"的程序则需要人在不断充分发挥想象力中提供。康德把原创性的天才只归功于"艺术"，由此引发的争议颇大。在他看来，科学（知性）只能"应用"规则（这确实是科学活动中的常态），但问题在于科学所"应用"的规则也是人"创造"出来的。在这方面，库恩所谓的"范式"指的其实就是科学原创性、源生性的"规则"。牛顿创造出经典力学规则后，相关科学研究可以说主要是在这种既定"规则"下进行的，所取得的成果就主要是"衍生性""再生性"的——这是科学的常态——而爱因斯坦的相对论对这种常态的重大突破就体现在：创造出了不同于牛顿经典力学的"新规则"（范式）。这种源生性、原创性"新规则"的产生，显然离不开爱因斯坦"天才"的想象力。其实，任何科学的重大发明都离不开科学家的天才、想象力或灵感等。同样，AI 的进一步发展尤其要获得重大突破，显然要仰赖其运作规则，即程序的重大突破，而人的源生性、原创性的想象力将在这方面发挥至关重要的作用。

总之，认为 AI 技术可以完全取代、战胜人类，貌似是在强调人类的不自信，其实恰恰是在张扬人的极度狂妄。从根儿上说，这方面的"终极"问题是：作为一种有限性的存在物，人能创造出一种彻底超越有限性的技术吗？在我看来，更全面审视 AI 对人的影响，尤其未来的可能性影响，需要一种同时兼顾"人与非人的关系"和"人与人的关系"的"关系哲学"视阈，因为 AI 的真正威胁，或许并非来自其作为人所创造出的"非人"的机器对人的影响，而来自其在"人"与"人"关系中的应用方式，即人应用 AI 去控制、统治他人。即使认为 AI 尤其它与基因技术的深度融合，总有一天可以完全取代、战胜乃至消灭人类，恐怕这也将是个极其漫长的过程；而在这一天真正到来之前，人类或许早就已毁灭于或许还远没有达到"极点"的 AI 作为赚钱乃至杀人机器在人与人之间竞争性的过度应用——这种威胁对于人类来说或许更加现实而迫切。

第三节　机不尽言—言不尽意：人工智能意义生产工艺学批判

"想象力"还只是人脑这种生物性生产工具的智能，而人还在自身生物性身体之外创造并使用文字等符号这些非生物性智能生产工具。作为漫长的自然进化的产物，人脑神经元系统是人身性的意义生产工具，而作为人类文化创造的产物，文字语言系统、人工智能机器系统则是非人身性的意义生产工具。书不尽言，言不尽意，非人身性的文字系统不足以充分表达人身性的人脑和口语系统的意义，体现了人的存在的有限性，而人又通过不断改进和发展这种生产工具的无限过程来超越这种有限性。机不尽言，非人身性的 AI 机器系统不足以充分表达文字系统的意义，更遑论人脑和口语系统的意义，这同样体现了人的有限性，而人同样可以通过不断改进和发展这种生产工具的无限过程来超越这种有限性。意义生产工具创造和发展的无限的过程，就是一部人类不断从生物性人身限制下把内蕴于自身的天然禀赋解放出来从而迈向自由王国的进步史。只有超越文学隐喻和资本主义主流意识形态叙事，才能充分揭示 AI 划时代的社会文化意义，而马克思生产工艺学批判对此有重要理论启示。

把 AI 视作"人类的终极命运"的扎卡达基斯指出："囿于隐喻"，"当我们讨论人工智能、意识和心智的时候，我们也通常在隐喻中迷失。大多数叙事只是在臆想，给机器赋予人类的性格或灵魂，这种讨论徒增困惑。爱与怕对立的文学叙事决定了我们讨论机器人、仿生人和智能机器的取向。然而是否有一种更精确的、没那么诗意的方式来讨论人工智能呢？"[①]这种"囿于隐喻"的"文学叙事"（尤其是好莱坞相关科幻大片等）加上在大众传媒上疯传的各类商业化噱头，严重限制乃至误导我们对 AI 及其社会影响的认知。斯诺提出"两种文化"说，认为"西方文明正被科学与人文两种不同的知识的分裂所折磨"；而扎卡达基斯撰写《人类的终极命运》一书的目的是"试图架设'两种文化'之间的桥梁"[②]。其实，早在近两个世纪之前，马克思就已指出："自然科学展开了大规模的活动并且占有了不断增多的材料。但是哲学对自然

[①] 扎卡达基斯：《人类的终极命运：从旧石器时代到人工智能的未来》，陈朝译，中信出版社 2017 年版，第 292 页。

[②] 扎卡达基斯：《人类的终极命运：从旧石器时代到人工智能的未来》，陈朝译，中信出版社 2017 年版，"序言"第 XV 页，第 XIX 页。

科学始终是疏远的，正像自然科学对哲学也始终是疏远的一样……自然科学却通过工业日益在实践上进入人的生活，改造人的生活，并为人的解放做准备，尽管它不得不直接地完成非人化。"①哲学与自然科学的相互疏远，岂不是斯诺所说的科学与人文的相互分裂？关于当今 AI"爱的文学叙事"或乐观主义、乌托邦主义认知只看到了 AI"为人的解放做准备的一面"，而关于 AI 的"怕的文学叙事"或悲观主义、反乌托邦主义认知只看到 AI"非人化"的一面，由此形成了一种二元对立。超越这种二元对立，摆脱文学隐喻叙事的束缚、商业化噱头的误导，对于探寻讨论 AI 及其社会影响的"一种更精确的、没那么诗意的方式"或科学的认知方式非常必要。

马克思认识到了哲学与自然科学或科学与人文相互疏远、分裂的不足，而他对现代机器及其社会影响的"生产工艺学批判"的研究，则超越了这种相互疏远和分裂，对于我们今天研究 AI 机器及其社会影响依然具有重要指导意义。前面已运用这一理论勾勒了"智能"或"意义"的三大生产工具系统：AI 机器系统、文字系统、人脑神经元系统。下面结合扎卡达基斯《人类的终极命运》一书相关讨论，并根据图灵所说的"不可计算性"原理，用"机（AI 机器系统）不尽言（文字系统），言不尽意（人脑神经元系统）"来概述并进一步分析这三者的关系。

《德意志意识形态》在讨论"关于意识的生产"时提出："支配着物质生产资料的阶级，同时也支配着精神生产的资料，因此，那些没有精神生产资料的人的思想，一般地是受统治阶级支配的。"②"意识""精神"或"意义"的"生产资料"尤其是"生产工具"，也是物质性的，当今 AI 机器系统与语言文字系统、人脑神经元系统就是这样的物质性的"意义"生产工具。从相关研究和认知状况看，对于 AI 机器是否具有"智能""意识"尤其是"自我意识"等，存在非常大的争议；而微软"小冰"、清华大学"九歌"机器系统已经可

① 《马克思恩格斯全集》第 42 卷，人民出版社 1979 年版，第 128 页。
② 《马克思恩格斯全集》第 3 卷，人民出版社 1960 年版，第 52 页。

以自动创作出具有一定"意义"的诗歌作品，表明当前的 AI 机器已经可以自动生产"意义"，或者说得温和一点，已成为"意义"新型的生产工具。这大概不会引发太大争议，由此或许可以探寻讨论 AI 机器及其社会影响"没那么诗意的方式"。

一

我们从"机不尽言—言不尽意"的角度，对非人身性文字、AI 机器系统与人脑系统的关系做一下辨析。

从发展现状看，当前极速发展并取得重大突破的所谓新一代 AI，主要是通过大数据驱动、机器学习等来实现的，一般认为这种路径主要是对人脑神经元系统的一种模拟，自然语言处理、语音识别等虽然也与此相关，但总体来说，文字语言系统并非当前 AI 模拟的主要对象；而对于 AI 的进一步发展乃至形成新的突破来说，文字系统当是同样值得参照乃至模拟的重要的智能生产工具系统。目前数字计算机还主要利用不同于"自然语言"的"形式语言"进行编码，因此，作为意义生产的两种不同工具，AI 机器系统与文字语言系统的关系，就主要表现为"形式语言"（人工语言）与"自然语言"之间的关系：自然语言的最大问题是容易产生歧义，因而看上去不是意义生产和表达的理想工具——克服这种歧义，创造更理想的工具，乃是分析哲学追求的重要目标——对此，扎卡达基斯在《人类的终极命运》一书中有所讨论。

作为分析哲学的重要代表人物，维特根斯坦早期的《逻辑哲学论》希望"净化语言"、消灭歧义而构建完美的"逻辑语言"，并假定存在"逻辑原子"而能构建"绝不可能误解的命题"。为此，维特根斯坦修正罗素和怀特海的《数学原理》，认为"从第一原理出发，依据逻辑的准则，一切都可以推理出来"，而"哥德尔用不完备性定理击碎了《数学原理》"，维特根斯坦最后的著作《哲学研究》背离了《逻辑哲学论》，放弃寻觅所谓"哲学原子"，认为"任何词语的意义并不来自定义，而是来自对词语的使用"，语言是"游戏"，"意义"无法通过"形式逻辑系统"获取，最终，"意义只是语言的使用者之间的社会构建"①。

尽管随着思考的深入，维特根斯坦放弃了早期观点，但是这种观点却"被人工智能研究的发现完美反映"了，分析哲学"依据逻辑的准则，一切都可以推理出来"的理念，现在就成为一切皆具"可计算性"从而皆可编码进而算法化：

> 尽管我们可以编程一台计算机，让它处理信息，具有自动化的行为，我们却无法为计算机编程让它理解意义。这种理解的缺失对于维特根斯坦来说永远无法避免。计算机将永远不能理解我们使用的语言的意义（即便是它们自己使用自然语言交流时也无法理解其意义）。这是因为计算机是利用形式语言编码的。这种计算机语言和我们人类用于交流的自然语言迥然不同。计算机程序员必须先验地定义事物才能开始处理信息。如同维特根斯坦指出的，我们则不需要事先定义就可以有意义地使用我们的语言。②

"意义"无法通过分析哲学家试图创建的"形式逻辑系统"完全获取，同样利用"形式语言"进行编码的 AI 机器系统也无法完全获取，AI 机器"自己使用自然语言交流时也无法理解其意义"——我们将这种状况概括为"机不尽言"。但这只是 AI 机器作为意义生产工具发展的起点，严格地说，虽然 AI 机器不能"理解"人的自然语言的"意义"，但却可以"识别"这种"意义"，所以，今天 AI 公司生产的聊天机器人与生物人之间已大致可以进行一定程度有效的对话和交流。换一种说法，现在的 AI 机器系统所表达之"意"，尚不能完全涵盖人的自然语言所表达之"意"——此即"机不尽言"。但是，

---

① 扎卡达基斯：《人类的终极命运：从旧石器时代到人工智能的未来》，陈朝译，中信出版社 2017 年版，第 293—294 页。
② 扎卡达基斯：《人类的终极命运：从旧石器时代到人工智能的未来》，陈朝译，中信出版社 2017 年版，第 294 页。

随着技术的进一步发展，AI机器所不能涵盖的自然语言之"意"的范围必然会越来越小，AI机器系统在意义生产和表达上会越来越接近自然语言系统。这对当今AI的进一步发展乃至研发上形成新的突破来说，也当有一定启示。

作为意义生产的工具，自然语言系统又与人脑系统密切相关，因此，理解AI机器系统在人类意义生产工具发展史上的划时代意义，还需要进一步探讨文字系统与人脑系统之间的关系。一般用"智能大爆炸"来描述AI机器的影响，尤其是所谓AI"奇点"。扎卡达基斯指出，语言导致了"现代心智的大爆炸"[①]。如果将其称作"第一次智能大爆炸"的话，那么，当今AI所引发的就是"第二次智能大爆炸"（这也是描述AI奇点常用的表述）。"语言远比绘画、音乐、舞蹈、雕塑，甚至科学和宗教来得更早"，"'现代心智的大爆炸'可能源自基因突变，人类获得并发展了通用语言，这种语言进而改变了意识"[②]。作为意义生产工具，人类不仅创造了语言文字符号系统，而且还创造了艺术符号、科学符号等系统，但是，语言文字系统在人类智能及其生产工具的发展史上无疑发挥了重要而基础性的作用。

扎卡达基斯的《人类的终极命运》一书指出，引发AI认知争议和困扰的哲学基础，是在西方思想史上已经具有悠久传统的身心二元论，但是，扎卡达基斯在讨论语言系统时并没有充分注意到：作为语言系统两种不同形式，"口语（语音）系统"与"（书面）文字系统"之间的关系，恰恰关乎身与心的关系：人脑神经元系统可谓智能或意义生产最基础性的工具，在此基础上，人首先用作为自己身体器官的口腔发出的声音（即语音系统）来传达，同时也在生产"意义"，进而又在自己生物性身体之外创造出文字系统来传达和生产"意义"。我们古人《周易·系辞》"书不尽言，言不尽意"高度概括了这两种形式与人脑系统之"意义"之间的关系。"书"指书面语言，即文字；

---

① 扎卡达基斯：《人类的终极命运：从旧石器时代到人工智能的未来》，陈朝译，中信出版社2017年版，第12页。

② 扎卡达基斯：《人类的终极命运：从旧石器时代到人工智能的未来》，陈朝译，中信出版社2017年版，第14页。

"言"指口头语言或口语。"言不尽意"，"言"可"见（显现）"人之"意"，但不足以使人之"意"得到充分、全部显现；反过来说，"言"只可显现人之"意"的一部分，与人身尤其人脑不可剥离的"意"是"言"不可显现的，"言"所显现、表达的只是与人身尤其人脑可以相对剥离的那种"意"。同样，"书不尽言"也不是说书面文字完全不能显现口头语言之"意"，但所显现的只是与口语可以相对剥离的"意"，而不能显现、表达与口语不可剥离的"意"。但动态、发展地看，这种"不可剥离性"又是相对的，随着语言文字的不断改进和发展，"书""言"所不尽之"意"的范围必然随之缩小。移之以论 AI：AI 作为一种"意义"自动生产的"机器系统"，可以显现与语言文字（自然语言）系统、人脑神经元系统相对可以剥离的"意义"，但不足以充分显现其全部"意义"，而随着 AI 机器系统的不断改进，其不能显现、表达的与语言文字系统、人脑神经元系统不可剥离的"意义"范围必然随之缩小。从基础理论看，AI 计算机之父图灵认为，"任何可计算性的函数都可以被一个具体的图灵机自动计算"，而图灵也发现"存在一些不可计算的函数"[①]。本书所谓"机不尽言，言不尽意"，乃是从语言哲学的"意义"生产的角度，对图灵所说的"不可计算性"原理的应用。

因此，从意义或智能的生产工具看，AI 机器系统与文字系统，皆是人在自己生物性身体之外创造出来的意义生产工具，或者说，这两种意义生产工具相对于人脑和口语系统，皆具有非生物性或非人身性。库兹韦尔指出："相同的经验和道理可以应用到生物进化的'发明'中，举例说，黑猩猩与人类在基因上的差异非常小，虽然黑猩猩也具有一些智能的特征，但正是基因中这些微小的差别，使得人类这个物种拥有了创造出魔法般技术的能力。"[②]但是这种基因上的微小"差别"只是起点，一个基本的历史事实是：当今人类与黑猩猩等在智能上拉开的差距越来越大，很大程度上并不是由自然进化所形成

---

① 丹宁等：《伟大的计算原理》，罗英伟等译，机械工业出版社 2017 年版，第 3 页。
② 库兹韦尔：《奇点临近》，李庆诚等译，机械工业出版社 2017 年版，"前言"第 X—XI 页。

的基因上的差距造成的，而是由人类所创造的越来越发达的文字系统等意义或智能生产工具造成的。千百年来，由基因决定的人脑神经元系统的变化不大，但文字语言系统却发生了巨大的变化，并且还大大提升了人脑神经元系统实际的智能水平。由此来看，当今 AI 研发界只过多地关注生物性的人脑神经元系统，而较少关注非生物性的文字系统或自然语言系统，在发展方向和路径整体设计上存在一定偏差。

二

在意义的生产过程中物质、能量、信息是动态统一在一起的。

"机不尽言""言不尽意"，人总有外在于自身的"机""言"所不可尽之"意"，表明内蕴于人自身、与人的生物性肉体不可剥离的意义生产能力所具有的潜能是无限的。当然，作为人创造的意义生产工具的"机""言"的有限性同时也体现了人自身存在的有限性，而人的意义生产潜能的无限性和对自身有限性的超越，恰恰是通过不断改进、发展"机""言"这些生产工具的无限过程来实现的——脱离这种无限的过程来讨论人的有限性或无限性，都会产生逻辑和理论上的悖论，而避免这种悖论，就只能在意义生产的动态过程中展开相关讨论。

AI 设计、研发者都会受某种哲学理论预设影响，扎卡达基斯《人类的终极命运》一书最具理论价值的地方就在于揭示影响乃至决定西方关于 AI 主流认知的哲学理论预设或基础是"二元论"。维纳指出："信息就是信息，不是物质也不是能量。不承这一点的唯物论，在今天就不能存在下去。"——扎卡达基斯认为，这种说法难免有把"信息"完全剥离于"物质"的二元论之嫌。我们看维纳的具体论述："一个巨大的计算机，无论是机械装形式的或是电装置形式的，还是大脑本身，都要浪费掉大量功率，所有这些功率都被废弃掉了，并且都逸散为热。从大脑中流出的血液，要比进入大脑的血液温度高几分之几摄氏度。没有任何一种计算机的能量消耗接近大脑这样经济的程度了。"这确有把"机械大脑"混同于人脑之嫌，"机器每个操作能量消耗还是小得几乎可以不计，甚至不能成为机器运转的有效度量"在强调度量"信息"

的尺度不同于度量"物质""能量"的尺度的意义上，维纳并非就是本体论上的二元论者。更重要的是，维纳还强调："机械大脑不能像初期唯物论者所主张的'如同肝脏分泌胆汁'那样分泌出思想来，也不能认为它像肌肉发出动作那样能以能量的形式发出思想来。"[①]同样，人的思想，也并非"如同肝脏分泌胆汁"那样是由人脑神经元系统"分泌"出来的"物质"，但"思想""意义"或"信息"的生成又必须依托人脑这种"物质"并消耗一定"能量"。

　　物质、能量、信息是事物存在的三种形式。认为火的热能是由某种特殊的"燃素"构成的观念，实际上是把"能量"化约为"物质"；认为人"'如同肝脏分泌胆汁'那样分泌出思想"实际上就是把"信息（思想、意识、意义等）"化约为"物质"。扎卡达基斯分析指出，笛卡儿二元论首先把人的思想与身体分开，然后又试图将两者连通起来，连通的方式是假设存在一种产生情绪、思想乃至灵魂的特别器官，即"松果体"；而"不满于笛卡儿对松果体的假设，莱布尼茨提出了一种基本粒子的存在"，即"单子"，认为"单子"是"构成宇宙的永恒和唯一的元素"，"身心问题就以单子沟通了物质与非物质世界得以解决"；当代的埃克尔斯将神经科学与量子力学结合在一起，假设存在一种"精神粒子"[②]。这些理论假设把"思想""心智""精神"等"信息"形式"粒子化"，实际上就是把"信息"化约为"物质"或"实体"。另外，又存在将物质实体化约"信息"或者说将其"编码化"的倾向——现代自然科学多学科所取得的重大成果助长了这种化约倾向：物理学揭示了物质由不同粒子构成的结构，化学揭示了由大分子构成的结构，生物学揭示了由细胞构成的结构，尤其当代生物学更是进一步揭示细胞等又是由更基本的要素即基因构成的结构，而基因是构成信息（遗传信息等）的一个符号单位，而非实体性的粒子，作为人类基因载体的性染色体又分为男性 XY、女性 XX 两种，恰恰暗合于计算机二进制的 0、1。于是，包括人类在内的生命的结构，

---

① 维纳：《控制论》，郝季仁译，科学出版社 1963 年版，第 333 页。
② 扎卡达基斯：《人类的终极命运：从旧石器时代到人工智能的未来》，陈朝译，中信出版社 2017 年版，第 110—112 页。

就成为一种可以编码的信息符号结构（基因编码等）或数学结构，物质可有可无，或者至少变得不那么重要了：计算机软件算法结构与生命的基因结构，虽有建立在"硅基"上与建立在"碳基"上之别，但这并非关键所在，关键在于这两种结构作为信息符号结构可以同构。于是，计算机就可以创造像碳基生命一样的硅基生命，即与"人工智能"相关的"人工生命"，并且在技术上已经取得一定进展。凡此种种无疑大大助长了计算机科学家创造像人的智能一样乃至超越人的生物性碳基智能的物理性硅基"人工智能"的万丈雄心。

扎卡达基斯指出："创造真正的智能机器，其核心问题就是意识能否算法化。"[1]这也是其著作《人类的终极命运》讨论的核心问题。该书分析指出："意识能算法化"的观念的西方哲学源头，较早地可以追溯到柏拉图认为可以脱离并超越、支配物质的"理式"论，其后出现了笛卡儿的身心二元论，"在笛卡儿之后，心智脱离了身体，不再是物质"[2]。该书第八章的标题是"没有身体的心智"。这构成了关于 AI 的主流认知的哲学基础，比如霍金也宣称大脑可以独立于身体而存在，"大脑就像是心智中的程序，心智则是计算机，因此，理论上可以将大脑拷贝到其他计算机上，提供一种死后的生命形式"[3]。于是，程序、数据等就是"智能"，"数据就是生命"。扎卡达基斯辨析指出：

> 然而，如果这是真的，我们就必须解释为什么物质世界还必须存在了。分子、原子、星球、肢体、心脏和星系，它们的目的是什么？如果我们接受了信息、意识、数据比原子、分子更为基础，我们就是被宇宙的垃圾环绕了。演化给了我们冗余的行李，叫作"身体"，我们原来并不真的需要。显而易见，我们需要的仅仅是大脑，

---

[1] 扎卡达基斯：《人类的终极命运：从旧石器时代到人工智能的未来》，陈朝译，中信出版社 2017 年版，"序言"第XII页。

[2] 扎卡达基斯：《人类的终极命运：从旧石器时代到人工智能的未来》，陈朝译，中信出版社 2017 年版，第 39 页。

[3] 扎卡达基斯：《人类的终极命运：从旧石器时代到人工智能的未来》，陈朝译，中信出版社 2017 年版，第 113 页。

甚至连大脑都是多余的。如果我们的心智或者灵魂是用纯粹的信息（不论这是什么含义）制造的，那么我们的本质就是软件程序了。人类的本质就减少成了信息。根据这样的逻辑，编码了我们意识的软件程序可以从它的生物实体中析出，下载到计算机里，用光速传递到宇宙的尽头。我们于是就获得了不朽，并且可以上传到更高级、更超凡、数字的存在。也许，物质宇宙存在的目的就是有朝一日像我们这样的智能生物可以达到非物质的境界，让他们可以将自身非物质化。这是个有趣的推论，也明显包含着目的论和灾难性的因素。实际上，这就是无神论者或者不可知论者翻新的对死后生活的信念。[1]

实际上库兹韦尔所描画的"超级人工智能"所引发的"奇点"的图景，就是基于以上所谓"有趣的推论"。扎卡达基斯指出："人工智能假设上成立，实验上无法证实（或者无法证伪）"，"同样的说法也可以用在上帝、天使或者精灵上。实验上不能证实或证伪的假设不属于科学而是宗教。同样，身心二元论的信条建立在信仰的基础上"。[2]但是，由于这种"假设"是包括库兹韦尔、霍金以及许多计算机科学家等所认同的，这种"假设"也就获得了貌似"科学"的外观。

我们再回到维纳的物质、能量、信息三形式论，维纳强调"信息"不是"物质"，或者说，"信息"不能化约为"物质"，反过来也应该强调"物质"不是"信息"，或者说，"物质"不能化约为"信息"或符号编码，而支撑当今 AI 科学家万丈雄心的恰恰是一系列化约论（Reductionism，也译作"还原论"）：人的智能（意识等）现象可以化约为生物或生理现象，生物现象可以

[1] 扎卡达基斯：《人类的终极命运：从旧石器时代到人工智能的未来》，陈朝译，中信出版社2017年版，第119页。
[2] 扎卡达基斯：《人类的终极命运：从旧石器时代到人工智能的未来》，陈朝译，中信出版社2017年版，第124页。

化约为化学现象，化学现象又可进一步化约为物理现象。而当代数字编码技术和基因技术的突破性发展，为这一系列化约提供了貌似强有力的"中介"和"支点"。但这只是无法证实当然也无法证伪的哲学"假设"甚或"信仰"，而不是"科学"。当然，我们可以从与化约论相反的整体论角度强调，一切事物的存在状态是由物质、能量、信息三者统一构成的，但是如果仅仅停留于静态、实体性考察，恐怕依然无法摆脱理论和逻辑上的困扰，化解之道只能是做动态、过程性考察——马克思生产工艺学批判理论对这种考察有重要启示。

　　侧重研究生产工具的马克思生产工艺学批判理论，强调其研究对象不是"生产什么"——这是对生产的结果即产品这种"实体"所做的静态考察；而"怎样生产，用什么劳动资料生产"，尤其是用什么生产工具进行生产——这是对生产的"过程"所做的动态性考察。当然，马克思这里所谓"生产"主要指"物质生产"，但是，结合维纳的三形式说，我们可以将这种思路运用到对"信息（精神、意义等）生产"的动态考察："物质生产"是改变"物质"的形态的活动，但需要消耗一定"能量"（或者是人的体能，或者是诸如蒸汽机器提供的动能或发电机提供的电能等），同时还受一定的"信息"（人的或机器的智能、意识等）的支配。物质、能量、信息三形式就统一于这种动态生产过程之中。同样，所谓"精神（信息、意义等）生产也离不开这三形式的统一：从结果看，物质生产的产品是实体性的，而精神生产的产品是非实体性或信息性的，但是，"信息（意义等）生产"也需要改变"物质"的形态结构并以此为必不可少的物质载体，如文字等符号结构、计算机硬件系统、智能芯片等，当然也受一定的"信息"（人的或机器的智能、意识等等）的支配，同时也需要消耗一定的"能量"（人的体能或计算机所消耗的电能等）。在这种生产过程中，诚如维纳所指出的，机器或人脑的每个操作所消耗的"能量"确实是"小得几乎可以不计"，但绝不意味着"能量"不发挥作用，信息、意义的生产过程同样离不开一定的"能量"和"物质"。

　　维特根斯坦把语言视作"游戏"，实际上就把"意义"视作动态的生成过程，一定程度上超越了把"意义"化约为物质实体的倾向；从 20 世纪西方语言意义哲学的发展看，诠释学哲学也一定程度上超越了将"意义"（信息等）实体化或化约为物质的倾向，强调"意义"既不单纯存在于"文字系统"中，也不单纯存在于人的"主观世界"（人脑系统）中，而存在于两者相互作用的动态"生产过程"中。"意义"是在动态生产过程中生成的，因而也只能存在于这种动态过程中。文字不仅是意识、意义的承载、传播工具，而且是生产工具。在运用文字进行意义生产的过程中，人的思维的技巧部分地由人脑转移到了文字系统中。在既定的文字产品上，文字只是意义的承载工具，但在意义的生成过程中文字则是生产工具，并且在文字产品的解读进而呈现于人脑中的过程中，文字也是意义的生产工具（这是诠释学哲学所没有特别重视的）。

可以将人脑视作"意义"生成的起点，但"意义"不是存在于人脑中的既定的物质实体，当然更不是某种超人类、超自然的神秘精神实体（宇宙精神、宇宙智能等），而是人脑的潜在功能与外界事物相互作用并不断发展的产物，而人脑获得的这种功能则首先是漫长的自然进化的产物。相对而言，人脑神经元系统的进化是缓慢的，而"意义"越来越丰富、复杂，这并不是人脑神经元系统本身进化的结果，而是与外界事物的相互作用并不断发展的结果，尤其是与外在意义生产工具相互作用并不断发展的结果。"意义"的发展一开始就不是简单地依附于人的身体器官（即大脑），或者说，"意义"的生产工具一开始就不是单纯只有人脑，而是也包括语言。首先是口头语言，或者说，"意义"一开始就并非单纯只是人脑的产物，而是与口头语言及其相关的人的发音器官相互作用的产物，而如果说口头语言作为一种意义生产工具还具有人身性的话，那么，文字系统则是一种外在于人的肉体存在的非人身性的意义生产工具，并且正是这种非人身性生产工具的发明创造，使人的"意义"生产能力快速发展起来。总之，"意义"既不单纯只存在于大脑神经元系统中，也不单纯只存在于语言系统中，还存在于这两大系统的相互作用中，在两者相互作用的不断发展中，两者的智能水平不断提高，表现为越来越发达的大脑和文字语言系统可以表达越来越复杂的"意义"，而所表达的"意义"的复杂、丰富程度，大致可以体现意义生产工具的发展水平。置于这样的意义生产工具的发展史上来审视，AI 就是一种"意义"自动化生成的机器系统，从与人的关系来看，这是一种"非人身性"的"意义"生产工具，较之另一种重要的"非人身性"的文字系统，AI 机器系统有望成为人类更加发达、先进的意义生产工具。

<h2 style="text-align:center">三</h2>

在人类意义生产工具的发展进程中，人不断突破自身生物性限制。

马克思指出："劳动者直接掌握的东西，不是劳动对象，而是劳动资料（这里不谈采集果实之类的现成的生活资料，在这种场合，劳动者身上的器官是唯一的劳动资料）。这样，自然物本身就成为他的活动的器官，他把这种器官加到他身体的器官上，不顾圣经的训诫，延长了他的自然的肢体。"[1]这里描述的主要是物质生产过程，但同样可以用来描述意义生产过程。由此，我们就可以把作为意义生产工具的人脑系统、文字系统、AI 机器系统纳入人类意义生产及其发展的动态进程中加以考察。人脑神经元系统是人的生物性的身体器官，作为一种意义生产工具，它是漫长的自然进化的产物，语言的发明和使用，引发了我们这个星球"第一次智能大爆炸"，"人猿相揖别"，人类也就由此开启了不同于自然进化史的文化发展史进程。人首先用口语声音系统来生产意义，而生产工具依然是人的生物性的身体器官，即口腔等，但是，真正引发"第一次智能大爆炸"的，是文字的发明和使用。而文字或书面语言相对于口语或口头语言的最大特点是：它是人在自身生物性身体之外创造出的意义生产工具，是人的智力器官的延长。如果说人脑系统、口语系统还是内在于人的生物性、人身性的意义生产工具的话，那么，文字系统就是一种外在于人的非生物性、非人身性的意义生产工具。作为我们这个星球"第二次智能大爆炸"的重要标志，AI 机器系统同样也是一种外在于人的非生物

---

[1]《马克思恩格斯全集》第 23 卷，人民出版社 1972 年版，第 203 页。

性、非人身性的意义生产工具。要理解这两种生产工具在人类意义与智能生产和发展历史上的划时代意义，同样需要回到马克思生产工艺学批判上来。

前已指出，马克思生产工艺学批判主要考察的是物质生产及其工具，而物质生产工具现代化的重要标志是动能自动化机器体系的成型，由此，"使用劳动工具的技巧，也同劳动工具一起，从工人身上转到了机器上面。工具的效率从人类劳动力的人身限制下解放出来"①。而当今 AI 机器系统作为一种智能自动化机器体系，则标志着人类精神或意义生产及其工具现代化的最终完成，其划时代的意义在于把人类的"思维技巧"或智力、智能的发挥和发展从人的生物性人身限制下解放出来；而作为"第一次智能大爆炸"重要标志的文字系统的发明和使用，已经开启了人类意义生产及其工具从"人身限制下"解放出来的进程。

"机不尽言""言不尽意"似乎揭示和强调的是"机"（AI 机器系统）"言"（语言系统）在意义或智能生产上的局限性或有限性，但是，语言系统、AI机器系统又是人自身创造出来的意义生产工具，因此，这种生产工具的有限性，同时体现的就是人自身存在的有限性。人不得不依靠外在于人自身的"对象"、作为"物"的文字系统、机器系统发展自身的意义生产能力或智能，表明人是受限、受动的：人的智能首先受自身生物性身体这种"物"的限制，然后还受大脑神经元系统这种"物"的限制，智能又受文字系统、机器系统这些"物"的限制。库兹韦尔等 AI 奇点论者认为，超越这些"物"的限制的方法是彻底"脱离"这些"物"。"物质宇宙存在的目的就是有朝一日像我们这样的智能生物可以达到非物质的境界，让他们可以将自身非物质化"。相对于这种"非物质化"，包括人的身体在内的物质就是宇宙智能发展的累赘乃至"垃圾"。"如果我们接受了信息、意识、数据比原子、分子更为基础，我们就是被宇宙的垃圾环绕了。演化给了我们冗余的行李，叫作'身体'，我们原来并不真的需要。显而易见，我们需要的仅仅是大脑，甚至连大脑都是

①《马克思恩格斯全集》第 23 卷，人民出版社 1972 年版，第 460 页。

多余的。"（引述见前）于是，为了实现"超级人工智能"以充分释放宇宙智能，就要进行一系列"脱离"：使人脑脱离人的身体（"缸中脑"的设想），进而使智能脱离生物性的人脑以创造更为强大的物理性的机器智能（"通用或强人工智能"的设想），最终还要使智能脱离物理性的机器（计算机硬件系统等），从而彻底脱离宇宙一切之"物"（"超级人工智能"或"奇点"的设想）。在扎卡达基斯看来，这种脱离一切"物"的超级智能与"上帝、天使或者精灵"已别无二致——从"科学"出发，最终却坠入"宗教"怀抱——这就是库兹韦尔等西方 AI 奇点论者的思想轨迹。

当现在的 AI 技术尚不足以使人彻底脱离人脑这种"物"的"垃圾"时，库兹韦尔等提出提升智能的方案是：将 AI 芯片或纳米机器人植入人的大脑中。这种严重违背人性乃至反人性的方案竟然在全球疯传并受到广泛认同，由此可见在当今 AI 时代人性迷失之严重。马克思指出，人作为一种需要在与外在对象相互作用中存在的自然存在物，是一种"受动"的存在物，但是，"对人的现实性的占有，它同对象的关系，是人的现实性的实现，是人的能动和人的受动，因为按人的含义来理解的受动，是人的一种自我享受"；这种受动的"人的现实性的实现"，也是"人的激情的本体论本质"之"合乎人性地实现"①。从人的生产劳动过程看，重要的问题是："他的活动、劳动本身的行动对他来说是不是他个人的自我享受，是不是他的天然禀赋和精神目的的实现"②。其中"体力与智力"或"体能与智能"乃是内在于人的身体的两种基本的"天然禀赋"或"本体论本质"。意义或智能生产"合乎人性"的目的，就只是使内在于人的身体的作为潜能的智能充分发挥出来，而将外在于人的身体的 AI 芯片或纳米机器人植入人的大脑中来强行提升人的智能，显然是非常"不合乎人性"的！

人在意义生产上的受动性与能动性、有限性与无限性，只能在意义生产

———————

① 《马克思恩格斯全集》第 42 卷，人民出版社 1979 年版，第 124 页，第 150 页。
② 《马克思恩格斯全集》第 42 卷，人民出版社 1979 年版，第 28 页。

的动态的无限过程中尤其在不断改进、发展意义生产工具的无限过程中实现统———人的意义生产潜能的无限性，只能体现为这种动态过程的无限性，而库兹韦尔等有关超级智能的设想，认为这种无限过程可以最终中断，因而实际上也就否定了人的意义生产潜能的无限性。其实，所谓可以脱离一切物的"超级智能"，与炼金士或魔法师所妄图找到或创造出的点石成金的魔法棒别无二致，建立在身心二元论、化约论上的 AI 奇点论，貌似非常"科学"，其实骨子里所体现的不过是一种炼金术或巫术思维而已。这种唯心主义认知还会为当今资本主义主流意识形态披上宗教或巫术的神秘外衣。

把智能从人的生物性身体转移到 AI 机器上，意味着将人的智能的发展从"人身限制下"解放出来，而有关 AI 的流行观念却认为，智能化程度越来越高的机器会反过来支配乃至消灭人类。这实际上是把威胁人的根源归咎于"机器"这种"物"。而马克思强调指出："货币的本质，首先不在于财产通过它转让，而在于人的产品赖以互相补充的中介活动或中介运动，人的、社会的行动异化了并成为在人之外的物质东西的属性，成为货币的属性。既然人使这种中介活动本身外化，他在这里只能作为丧失了自身的人、失去人性的人而活动。"[1]威胁人、使人"失去人性"的是"货币"（资本），而非"机器本身"。这正是以机器 / 资本二重性为研究对象的马克思生产工艺学批判所揭示的基本主题。从外在于人的角度来说，机器是一种"物"，人与机器的关系首先是一种"人"与"物"的关系。马克思指出，人类社会终将发展到那么一天，"人不再从事那种可以让物来替人从事的劳动"[2]。这种"物"就是高度发达的现代机器系统。机器是通过自动化来代替人所从事的生产劳动的，以动能自动化机器代替了人的体力。当今智能自动化 AI 机器将代替人的智力，而这种代替如果只发生在以人的体力、智力发挥为外在手段的"必然王国"中，恰恰意味着把人从"必然王国"中解放出来。人在这种"必然王国"彼

---

①《马克思恩格斯全集》第 42 卷，人民出版社 1979 年版，第 18—19 页。

②《马克思恩格斯全集》第 46 卷上册，人民出版社 1979 年版，第 287 页。

岸的"自由王国"中，不是不发挥自己的体力、智力，而只是不再以此为外在手段，而是以此为内在目的，只有如此，作为人的"天然禀赋"的人的体能、智能才能充分自由发挥出来，人的"本体论本质"才能得到"合乎人性地实现"。但是，从社会学的人与人的关系角度看，在资本框架下，动能自动化机器对人体力的代替却导致出卖体力的蓝领工人失业从而使其基本生存面临威胁——马克思强调这种威胁的根源不是"机器本身"，而是"机器的资本主义应用"，或者说，威胁劳动者的不是"机器"这种"物"本身，而是支配、垄断这种机器的另外一个"人"，即资本家。同样，随着当今 AI 机器智能自动化的进一步发展，对人的智力的代替将导致越来越多出卖智力的白领工人失业从而威胁其基本生存。同样，这种威胁的根源也不是 AI 机器本身，而是其"资本主义应用"，即 AI 机器被少数巨型公司和少数人垄断。

把本体论与社会学充分结合在一起，是马克思生产工艺学批判的重要理论特点。马克思强调：机器 / 资本二重性辩证运动最终将导致资本主义的终结。扎卡达基斯的《人类的终极命运》一书尽管侧重从本体论的人与 AI 机器这种"物"的角度展开讨论，但该书最终从社会学角度得出的结论与马克思的观点是相似的："在未来一个由人工智能担任国内和国际经济指挥者的时代，意味着我们所知的经济自由和资本主义的终结。"[①]"爱与怕对立的文学叙事决定了我们讨论机器人、仿生人和智能机器的取向"并导致有关 AI 全球认知"在隐喻中迷失"，而更重要的或许是"囿于意识形态"而导致有关 AI 的全球认知在资本主义主流意识形态叙事中迷失。现代机器的动能和智能自动化所带来的现实后果使人类摆脱了自然力量的支配，但是，在资本支配下，"单独的个人随着他们的活动扩大为世界历史性的活动，愈来愈受到异己力量的支配（他们把这种压迫想象为所谓宇宙精神等的圈套），受到日益扩大的、归根到底表现为世界市场的力量的支配"。这是现代宗教、拜物教产生的社

---

① 扎卡达基斯：《人类的终极命运：从旧石器时代到人工智能的未来》，陈朝译，中信出版社 2017 年版，第 297 页。

会根源。在当今 AI 时代，这种"宇宙精神"变成了"宇宙智能"，有关 AI 的科学探讨最终却坠入宗教唯心主义怀抱，"各个个人的全面的依存关系、他们的这种自发形成的世界历史性的共同活动的形式，由于共产主义革命而转化为对那些异己力量的控制和自觉的驾驭"①，于是，"现在还在宗教中反映出来的最后的异己力量才会消失，因而宗教反映本身也就随着消失。原因很简单，这就是那时再没有什么东西可以反映了"②，包括当今 AI 奇点论者所鼓吹的超级"宇宙智能"等在内的现代宗教也将由此真正消失。因此，如果说当今 AI 机器对人有威胁的话，那么，这种威胁的根源也不是 AI 机器本身或者其作为"物"所代表的异己的"自然力量"，而是支配、垄断 AI 机器的少数巨型公司和少数人及其所代表的"社会力量"。而鼓吹超级宇宙智能的 AI 奇点论则在这种现实根源上披上宗教意识形态外衣，在"怕的文学叙事"中，全球大众的关注点聚焦在有一天"自我意识"觉醒而获得"自由意志"的智能机器人物种可能会淘汰、消灭人类物种上，而忽视了支配、垄断 AI 机器的少数巨型公司和少数人对全球大众乃至全人类更现实、更直接的威胁——鼓吹超级宇宙智能的 AI 奇点论及其相关形形色色的"怕的文学叙事"的最大的意识形态功能就是：转移了全球大众关注或斗争的焦点。

剥去打着科学旗号的各类宗教唯心主义意识形态外衣，超越有关 AI 的各类"囿于隐喻"的"爱和怕的文学叙事"，AI 机器系统就是继语言文字系统之后，人类所创出的一种更为发达、先进的意义或智能生产工具，它将会把人的智能或意义生产能力、文化创造力从生物性"人身限制下"更充分解放出来从而使人获得更全面、充分、自由的发挥和发展。但是，从"人身限制下"解放出来，并不意味着让人彻底脱离自身的生物性身体和大脑，进而脱离语言文字系统、AI 机器系统这些"物"。"机不尽言""言不尽意"，而"机""言"的有限性，所体现的就是具有生物性身体的"人"本身的有限性

---

①《马克思恩格斯全集》第 3 卷，人民出版社 1960 年版，第 41—42 页。
②《马克思恩格斯全集》第 20 卷，人民出版社 1971 年版，第 343 页。

和受动性。对于这种有限性、受动性的合乎人性的超越，不是脱离人的生物性身体，而是把作为"天然禀赋"而内蕴于人的生物性身体的潜在的智能不断地更充分地发挥出来，而人类又是通过对外在于人自身的智能工具的不断创造，来实现这种发挥和发展的。置于这样的智能或意义生产工具的发展史中，才能充分揭示当今 AI 机器系统划时代乃至终极性的社会文化意义，而马克思生产工艺学批判对此有重要理论启示。

| 第四章 |

从机器再生产到机器生产：文化终极革命与脑工平等

引　言

　　本书第二章主要从智能生产工具的工艺发展史、现代机器的二次自动化革命角度，考察了当今 AI 的历史定位，指出文字等符号是人的一种非生物性的智能生产工具，而细加分析，语言文字系统是智能或文化的"一级生产工具"，此外还有"二级生产工具"，比如文字还需通过刀具、毛笔、打字机、金石、兽皮、纸张等这些"二级工具"的使用，才能使文化或智能真正转化为"文字产品"并得以保存、传播，而人类文化生产工艺的现代化，就首先体现为这些"二级生产工具"的现代化，即体现在自动印刷机等机器上。前已初步指出，马克思重视从物质性的生产工具的角度考察文化精神活动，由此初步形成了一种"文化生产工艺学"理论。马克思之后，本雅明继承了这种生产工艺学思路，用"机械复制"（technischen Reproduzierbarkeit）来描述艺术生产方式或工具的现代特点，由此可以把艺术文化的现代化生产方式概括为"机器生产"（Machine Production），并且首先是"机器再生产"（Machine Reproduction）。正如物质生产的现代化使人类手工生产转化为机器生产，文化精神生产的现代化也体现为由传统"脑工生产"转向现代"机器生产"。马克思、恩格斯对此多有分析，而局限于"观念论"范式的传统相关研究对此多有忽视。

前已分析指出：AI 作为"自动社会机械大脑"的重大意义在于它把个人发挥生物性智力的脑工劳动从"不自由"中解放出来；自动印刷机乃是现代机器第一次能量自动化革命所锻造出的一种智能或文化的"二级生产工具"。由此可说，文化的现代"机器生产"方式是从自动印刷机开始的。智能或文化的这种"机器生产"方式的重大意义就在于：把个人发挥生物性智力的脑工劳动从"不平等"中解放出来，开启了现代文化的平等化、大众化时代；其后出现的电子机器（广播、电影、电视等）、非智能化的数字计算机和互联网等进一步推进了这种平等化进程。但总体来说，这些还只是文化的"机器再生产"方式，涉及的是文化"二级生产工具"的革命，而当今 AI 则是与之不同的"机器生产"方式，标志着文化"一级生产工具"革命的开始。马克思把"能量"自动运转的机器参与的物质生产方式称作成熟的"机器生产"方式，同样，只有"智能"自动运转的机器参与精神生产才能称作"机器生产"，而自动印刷机还主要是"能量"自动化机器。正如能量自动化机器将个人发挥生物性体力的手工劳动从"不平等"中解放出来一样，当今 AI"自动社会机械大脑"正在把个人发挥生物性智力的脑工劳动从"不平等"中更全面解放出来。由此，作为每个人发挥生物性智力活动的"文化"，正在迎来从不自由、不平等中全面解放出来的终极革命。

前面考察的主要是人与智能生产工具（物）的关系，即生物性脑工与非生物性机械大脑的关系，下面再考察智能生产工具（物）对人与人之间社会关系的影响，或智能的个人性与社会性之间的关系。"这些物的要素就变成作为单个人的个人，不过是作为社会的单个人的个人借以再生产自身的财产，即有机的社会躯体。使个人在他们的生命的再生产过程中，在他们的生产性的生命过程中处于上述状况的那些条件，只有通过历史的经济过程本身才能创造出来"①，每个人的生物性"财产"就是其固有的生物性的体力、智力，而外在的"物"作为"社会躯体"则是再生产这些体力、智力的客观条件。这种"物"的"社会躯体"最发达的形式就是"自动社会机械身体"（能量自动化机器）、"自动社会机械大脑"（智能自动化机器），而它们是"社会的单个人的个人借以再生产自身""他们的生产性的生命过程"的客观条件——这就是 AI 作为"自动社会机械大脑"与个人生物性大脑之间关系的基本定位。

　　机器对人与人之间的社会关系尤其是生产关系的影响，乃是马克思生产工艺学批判考察的重要内容，这方面的基本命题是："随着一旦已经发生的、表现为工艺革命的生产力革命，还实现着生产关系的革命。"②能量自动化机器的"工艺革命"把社会的物质的"生产力"从个人生物性人身限制下解放出来，其实现的"生产关系革命"表现为使物质劳动和物质劳动者在实际上从属于资本，同时，作为"机器助手"，每一个劳动者发挥自身生物性体力的手工劳动并从不平等的等级秩序中解放出来。这同样适用于分析当今 AI 革命：这种智能自动化机器的"工艺革命"，将把社会的"精神的""生产力"从个人生物性人脑限制下解放出来，其实现的"生产关系革命"表现为将使精神劳动和精神劳动者在实际上从属于资本，同时，作为精神生产的"机器助手"，每一个精神劳动者发挥自身生物性智力的脑工劳动并将从不平等的等级秩序中解放出来。

　　从智能哲学角度看，AI"自动社会机械大脑"与个人之间实际上存在两种关系：一是作为"物"（智能自动机器）与个人的关系；二是作为"社会大脑""社会智力"与个人的关系，或者说涉及的是个人与个人之间的社会关系。人类智能或文化发展中的"不平等性"突出体现为绝大部分人终生从事物质劳动而丧失了在精神劳动中直接发挥智力、从事文化生产的机会。这在生产资料所有制上表现为物质劳动者不能掌握并使用精神生产工具尤其文字

①《马克思恩格斯全集》第 46 卷下册，人民出版社 1980 年版，第 361 页。
②《马克思恩格斯全集》第 47 卷，人民出版社 1979 年版，第 473 页。

等。这又具体表现为在资本主义产生之前，识字率极低，文字作为精神或智能生产工具被少数人垄断。而现代自动印刷机则打破了这种垄断，使识字率大大提高，这表明文字作为精神生产工具开始被更多人掌握并使用，由此，文化平等化的时代得以开启。现代机器所引发的文化生产方式变革首先从"二级生产工具"开始并先后经历了三个时代：机械复制（自动印刷机等）时代、电子复制（广播、电影、电视等）时代、数字复制（计算机、互联网等）时代。这三个时代都是"机器再生产"时代。而当今 AI 引发的艺术文化"一级生产工具"革命使艺术文化进入自动化的"机器生产"时代，这标志着人类艺术文化终极革命的开启和文化平等时代的来临。在机器 / 资本二重性历史辩证运动中，扬弃资本的垄断和操控，作为一级生产工具终极革命成果的 AI 机器系统，将把智能或文化创造力从人身限制中充分解放出来并获得自由发展。

　　从艺术文化理论角度看，除了本雅明等，西方理论家或者较少重视文化生产工具（尤其是作为现代工具的自动化机器）对文化活动的影响，或者基于文化精英主义立场只看到这方面的负面影响。建立在电视等电子技术基础上的西方文化研究，往往标榜以"大众文化"为研究对象，这虽然确实揭示了电子资本主义时代文化平等化、大众化的特点，但是，由于只片面地关注文化的传播媒介、流通（尤其在消费环节），而在大众运用现代工具进行文化生产方面关注较少，因而对在文化的现代"机器生产"中大众的巨大潜能的揭示远远不够充分。一方面，西方大众媒介文化研究开始还具有一定的社会批判锋芒，但是越往后越陷入学术体制化的专业主义话语生产游戏之中而丧失批判的锋芒；面对后起的互联网平台，尤其是 AI 技术，文化研究者往往沉陷在具有理论传统惯性的传播、消费范式之中，对 AI 所引发的大众生产主体革命及其意义，尚缺乏有效的理论应对，总体上已落后于时代，文化理论范式亟待转型。另一方面，马克思主义艺术文化理论的传统研究，往往只重视马克思的"意识形态"理论，顺着这种单一思路，也无法有效面对当今 AI 所引发的人类文化的终极转型。因此，重回马克思艺术文化生产工艺学批判并对此加以重构，已成为时代发展的迫切要求。

第一节 马克思艺术生产论工艺学之维的重构

蒸汽机等标志着人类生产工具现代化的出现，引发了现代机器第一次能量自动化革命，而当今基于计算机数字技术的 AI 正在引发机器第二次智能自动化革命，对人类物质和精神生产方式以及社会生活各方面产生越来越广泛而深刻的影响。马克思艺术文化生产工艺学批判揭示：不同于古典形式的现代资本主义艺术生产，在"社会方式"上具有生产性而为资本增殖服务，在"工艺方式"上表现为自动化机器生产而实现了艺术生产工具的现代化。自动印刷技术引发了现代艺术机器生产第一次工艺革命，即"机器再生产"革命，电子和数字技术进一步深化了这场革命，而当今 AI 则正在引发艺术机器生产第二次工艺革命，即自动化的"机器生产"革命，人使用艺术等精神劳动工具的技巧的平等化、大众化程度得到进一步提升。能量自动化机器解放了人的物质生产力，带来了手工平等时代；当今 AI 机器则正在解放人的精神生产力，正在开启脑工平等时代，并将逐步消除脑工劳动与手工劳动的分工，扬弃资本之后，每个人生物性的物质和精神创造力将得到全面自由发展。重构马克思"艺术生产"论的"工艺学"之维，有助于对此加以充分揭示。

一

急速发展的 AI 正在广泛渗透、深刻改塑人类社会文化生活，对传统艺术也正在产生终极性影响：早在 20 世纪 90 年代，音乐家大卫·科普就编写出"音乐智能实验"（Experiment in Musical Intelligence，简称 EMI）程序，能自动生成或创作巴赫和肖邦等古典作曲家风格的音乐作品。AI 专家侯世达在一次讲座中将 EMI 生成的作品和肖邦作品播放给听众听，结果许多听众都把 EMI 的作品当作"真正的肖邦"，而肖邦本身的作品反而被当作机器（计算机）作品。这表明 EMI 通过了所谓图灵测试而具有了"音乐智能"。侯世达说："我被 EMI 吓坏了，完全吓坏了。我厌恶它，并感受到了极大的威胁——

人工智能对我最珍视之人性的威胁。我认为 EMI 是我对人工智能感到恐惧的最典型的实例。"[1] 后来科普销毁了 EMI 的全部数据库资料，但是，法国计算机科学家和音乐作曲家 Pierre Barreau 设计的 AI 程序 Aiva 开始自动作曲。恐惧吓坏也罢，欢欣鼓舞也罢，AI 正在广泛渗透到人类各门类艺术生产之中。AI 自动生产艺术这一潜能的进一步释放无人可挡，全球范围内 AI 艺术的高速发展，已成为实实在在的经验现象——重构马克思艺术生产论的工艺学之维，可以对此做出科学解释。本雅明艺术生产理论也存在工艺学之维，重视艺术的生产工具并分析其社会影响："当代电影一般来说就具有了一种革命贡献，即对传统的艺术观念进行革命的批判。"[2] 一方面，AI 艺术也具有革命贡献，正在对"传统的艺术观念"形成冲击，而囿于"传统的艺术观念"尤其精英专业主义的"美的艺术"的观念，以及囿于单一的"意识形态"观念，都无法对当今 AI 艺术现象做出科学阐释；另一方面，关于当今 AI 的流行认知也存在诸多混乱和误区，着眼于"生产工具"的马克思"工艺学"的研究思路，有助于消除这些混乱，进而有助于科学认知 AI 对艺术生产的影响。

　　侯世达的学生梅拉妮·米歇尔（Melanie Mitchell）新近出版的《AI 3.0》指出："人工智能领域正处于一片混乱之中。人工智能的确取得了巨大的进展，但也的确几乎没有任何进展。可能我们离真正的人工智能只有咫尺之遥，但也可能还有数世纪之远。人工智能将解决我们所有的问题，或令我们所有人失业，或贬低我们的人性，甚至消灭人类种群。这项研究要么是一个高尚的使命，要么就是'召唤恶魔'。"[3] 在 AI 的发展程度、趋势及其社会影响的认知方面，存在诸多争议。米歇尔还分析了 AI 对艺术的影响："计算机程序是否能够生成一件优美的艺术或音乐作品？虽然美感是高度主观的，但我的答案绝对是能，因为我见过大量很美的由计算机生成的艺术作品。"但她同时也指出："我们人类倾向于高估人工智能的发展速度，而低估人类自身智能的复

---

① 米歇尔：《AI 3.0》，王飞跃等译，四川科学技术出版社 2021 年版，第 8—9 页。
② 本雅明：《机械复制时代的艺术作品》，王才勇译，中国城市出版社 2002 年版，第 108 页。
③ 米歇尔：《AI 3.0》，王飞跃等译，四川科学技术出版社 2021 年版，第 13 页。

杂性。"①因此，考察 AI 对艺术的影响，首先需要对 AI 本身有比较科学的认知。

把 AI 定位为"机器智能"，大抵没有太大争议，但是，这一表述既可以侧重"机器"，也可以侧重"智能"，而侧重点的不同，会导致对 AI 本身认知的不同。在这方面影响很大的极端例子当数库兹韦尔，他认为必将到来的 AI "奇点"意味着一种巨大的"超越"，"它就是我们所超越的物质能量世界，人们认为这种超越最主要的含意是精神。思考一下物质世界的精神实质"，并认为"智能"将"扩散至整个宇宙"②。这种对"智能"的片面的强调，已被推衍到智能可以脱离"机器"这种物质工具的极端。当然，也有不少 AI 专家充分结合"机器"来谈"智能"，如王飞跃教授指出，AI 也有另一种定位，即 AI=Automation of Intelligence，从"工程角度"看，"人工智能的实质就是知识自动化"，"这样的认识有助于消除关于人工智能威胁人类的顾虑及所谓'奇点理论'给社会带来的困惑"，"这种困惑在大约 200 年前蒸汽机发明和 60 多年前控制论与计算机出现时都曾一度流行"。③德国学者瑞德指出："机器不会接管人类，而神话会接管人类。"④库兹韦尔的"奇点"论等大致就有这种"神话"色彩，而这种认识并不科学。

王飞跃提到了"蒸汽机"，瑞德指出："借助机械手段增强肌肉力量的渴望远比人类文明更加古老。早先已存在的原始的史前农业工具，例如棍棒或杠杆，拓展了使用者的体力。随着这些工具变成了工业机器以及随着这些机器变成了计算机，控制论的野心也在膨胀。"⑤这种"工业机器"首先就包括"蒸汽机"，而马克思早就有与瑞德相似的论述："尽管直到现在，历史著作很少提到物质生产的发展，即整个社会生活以及整个现实历史的基础，但是，至少史前时期是在自然科学研究的基础上，而不是在所谓历史研究的基础上，

---

① 米歇尔：《AI 3.0》，王飞跃等译，四川科学技术出版社 2021 年版，第 305 页，第 311 页。
② 库兹韦尔：《奇点临近》，李庆诚等译，机械工业出版社 2017 年版，第 234 页，第 14 页。
③ 瑞德：《机器崛起：遗失的控制论历史》，王晓等译，机械工业出版社 2017 年版，第 25 页。
④ 瑞德：《机器崛起：遗失的控制论历史》，王晓等译，机械工业出版社 2017 年版，第 325 页。
⑤ 瑞德：《机器崛起：遗失的控制论历史》，王晓等译，机械工业出版社 2017 年版，第 316—317 页。

按照制造工具和武器的材料，划分为石器时代、青铜时代和铁器时代的。"①这体现的就是马克思考察作为人类社会发展基础的物质生产的"工艺学"视角。从这种工艺学视角看，资本主义时代就是"机器时代"。瑞德指出："人机交互当然不仅限于人类的体能，同时可适用于人类的智能。结果是，计算机本身成了人机交互的主体。"②"计算机"关乎人的"智能"，而"蒸汽机"则关乎人的"体能"。布莱恩约弗森、麦卡菲在《第二次机器革命》一书中指出，应"把工业革命看作第一次机器革命"，"工业革命不是只有蒸汽机，但是蒸汽机开启了工业革命的所有进程。它超越了所有的技术进步，克服了人类和动物肌肉力量的限制，让人类可以随心所欲地使用能源产生动能"，"开启了人类现代意义上的生产与生活。工业革命引领了人类第一次机器革命——我们的社会发展进程第一次主要由技术创新驱动，这一次机器革命堪称我们整个世界最深刻的社会大转折"，而"现在，第二次机器革命时代到来了。就像蒸汽机及其他后来的技术发展克服并延伸了肌肉力量一样，计算机和其他数字技术——那种用我们的大脑理解和塑造环境的能力，正在对金属力量做着同样的事情"。③如果说蒸汽机等引发的是现代机器第一次"能量"自动化革命的话，那么，当今 AI 等正在引发的就是现代机器第二次"智能"自动化革命（详论见前）。

前面已指出，相对于传统手工生产，机器生产是物质生产现代化的"工艺方式"，或者说自动化机器体系的产生，标志着人类生产工艺方式尤其生产工具的现代化，而为剩余价值增殖服务的"资本生产"则标志着人类生产"社会方式"的现代化——把两者结合在一起加以考察，就构成了马克思生产工艺学批判的基本思路：决定资本主义"经济时代"特征的劳动资料、生产工具就是"自动机器"，它使人类生产的"工艺方式"由传统的"手工劳动"转型为"机器劳动"；而生产的"社会方式"的特性是由生产资料尤其是生产

①《马克思恩格斯全集》第 27 卷，人民出版社 1972 年版，第 204 页。
② 瑞德：《机器崛起：遗失的控制论历史》，王晓等译，机械工业出版社 2017 年版，第 125 页。
③ 布莱恩约弗森、麦卡菲：《第二次机器革命》，蒋永军译，中信出版社 2016 版，第 10—11 页。

工具的所有制特性决定的，生产的现代化的"社会方式"特性就是由资本所有制决定的，这又进一步决定着机器劳动中的基本的生产关系即工人从属于资本。马克思生产工艺学批判的一个基本思路就是揭示生产现代化的"机器工艺方式"使生产现代化的"资本社会方式"及其生产关系走向成熟："机器劳动这一革命因素是直接由于需求超过了用以前的生产手段来满足这种需求的可能性而引起的"，"随着一旦已经发生的、表现为工艺革命的生产力革命，还实现着生产关系的革命"；在"自动机和由自动机推动的机器"的运转体系中，"工人的劳动受资本支配，资本吸吮工人的劳动，这种包括在资本主义生产概念中的东西，在这里表现为工艺上的事实"，资本主义生产关系由此彻底战胜封建生产关系而走向成熟。① 这就是马克思物质生产工艺学批判的基本思路，马克思、恩格斯还把这种思路应用到对文化精神生产的历史分析中。

二

"工艺学"是对马克思艺术生产论的传统研究所缺失的一个重要维度。很长一段时间里，"意识形态"被视作马克思对艺术文化的唯一定位。20 世纪80 年代以来，文艺学界挖掘出马克思"艺术生产"论并加以研究，试图对"意识形态"论有所突破，但相关问题并未得到很好地厘清，尤其严重忽视了马克思艺术生产论的"工艺学"之维，而这种"工艺学"维度或视角，有助于把当今 AI 艺术纳入现代艺术机器生产方式发展的历史脉络中加以考察。下面首先通过对相关文献的细读，对此略做分析。

"关于艺术，大家知道，它的一定的繁盛时期绝不是同社会的一般发展成比例的，因而也决不是同仿佛是社会组织的骨骼的物质基础的一般发展成比例的。例如，拿希腊人或莎士比亚同现代人相比"，"当艺术生产一旦作为艺术生产出现，它们就再不能以那种在世界史上划时代的、古典的形式创造出来"，"例如我们先说希腊艺术同现代的关系，再说莎士比亚同现代的关系"。在这里，马克思非常明确地把"艺术生产"定位为"现代"形式，而

---

① 《马克思恩格斯全集》第 47 卷，人民出版社 1979 年版，第 472—473 页，第 567 页。

希腊艺术、莎士比亚创作属于"古典"形式，并且作为现代形式的"艺术生产"的出现，还导致了"古典"形式的衰落。马克思接着分析了导致这种衰落的原因："成为希腊人的幻想的基础、从而成为希腊［神话］的基础的那种对自然的观点和对社会关系的观点，能够同走锭精纺机、铁道、机车和电报并存吗？在罗伯茨公司面前，武尔坎又在哪里？在避雷针面前，丘必特又在哪里？在动产信用公司面前，海尔梅斯又在哪里？""在印刷所广场旁边，法玛还成什么？""阿基里斯能够同火药和铅弹并存吗？或者，《伊利亚特》能够同活字盘甚至印刷机并存吗？随着印刷机的出现，歌谣、传说和诗神缪斯岂不是必然要绝迹，因而史诗的必要条件岂不是要消失吗？"。① 这些因素可以概括为两方面：罗伯茨公司等关乎现代生产的"社会方式"，而走锭精纺机等则关乎"工艺方式"。这两种联系在一起的现代化生产方式，改变了人与"自然"的关系，进而也改变了人的"社会关系"，使神话等艺术的古典形式丧失了发展基础；而"电报"改变了人的信息生产和传播方式，"印刷机"改变了包括艺术在内的精神生产和传播方式。这是史诗等"古典"形式艺术衰落乃至绝迹的直接的"工艺性"原因。

马克思《剩余价值理论》再次提到"伊利亚特"，"例如资本主义生产就同某些精神生产部门如艺术和诗歌相敌对。不考虑这些，就会坠入莱辛巧妙地嘲笑过的18世纪法国人的幻想。既然我们在力学等等方面已经远远超过了古代人，为什么我们不能也创作出自己的史诗来呢？于是出现了《亨利亚特》来代替《伊利亚特》"。在这段话之前，马克思指出："只有在这种基础（物质生产）上，才能够既理解统治阶级的意识形态组成部分，也理解一定社会形态下自由的精神生产。"在这里，马克思非常明确地强调艺术和诗歌等精神生产与"意识形态"不尽相同，"与资本主义生产方式相适应的精神生产，就和与中世纪生产方式相适应的精神生产不同。如果物质生产本身不从它的特殊的历史的形式来看，那就不可能理解与它相适应的精神生产的特征以及这

① 《马克思恩格斯全集》第46卷上册，人民出版社1979年版，第48—49页。

两种生产的相互作用"，"从物质生产的一定形式产生：第一，一定的社会结构；第二，人对自然的一定关系。人们的国家制度和人们的精神方式由这两者决定，因而人们的精神生产的性质也由这两者决定"。① 这才是马克思艺术哲学完整的分析框架。马克思这些论述重要的文本语境是"关于生产劳动和非生产劳动的理论"，即在资本框架下哪些劳动具有"生产性"，"从事各种科学或艺术的生产（Kunstproduktion）的人、工匠或行家，为书商的总的商业资本而劳动，这种关系同真正的资本主义生产方式无关，甚至在形式上也还没有从属于它"②。这里的"艺术的生产"显然与"意识形态"没有直接关联，"作家所以是生产劳动者，并不是因为他生产出观念，而是因为他使出版他的著作的书商发财，也就是说，只有在他作为某一资本家的雇佣劳动者的时候，他才是生产的"③。作家"生产出观念"的活动是一种"意识形态"活动，在这种精神劳动的结果上体现为作品具有"意识形态性"或"观念性"，而这与作家"作为某一资本家的雇佣劳动者"的活动所具有的"生产性"不尽相同。

　　化用马克思的话"各种经济时代的区别，不在于生产什么，而在于怎样生产，用什么劳动资料生产"，可以说"各种文化时代的区别，不在于生产什么，而在于怎样生产，用什么劳动资料生产"，而决定资本主义"文化时代"特征的劳动资料、生产工具也是一种"自动机器"。自动印刷机，乃是现代机器体系的重要组成部分；从"怎样生产"的工艺学角度看，这种自动印刷机乃是资本主义"文化时代"区别于历史上一切文化时代的重要标志，对现代文化生产及资本主义的发展发挥了重要作用。对此，马克思、恩格斯有不少分析。马克思指出，"火药、指南针、印刷术——这是预告资产阶级社会到来的三大发明。火药把骑士阶层炸得粉碎，指南针打开了世界市场并建立了殖民地，而印刷术则变成新教的工具，总的来说变成科学复兴的手段，变成

①《马克思恩格斯全集》第 26 卷第 1 册，第 296 页。
②《马克思恩格斯全集》第 26 卷第 1 册，第 443 页。
③《马克思恩格斯全集》第 26 卷第 1 册，第 149 页。

对精神发展创造必要前提的最强大的杠杆"①，而"封建制度也随着城市工业、商业、现代农业（甚至随着个别的发明，如火药和印刷机）而没落了"②。恩格斯有相近的分析，"印刷术的发明以及商业发展的迫切需要，不仅改变了只有僧侣才能读书写字的状况，而且也改变了只有僧侣才能受较高级的教育的状况。在知识领域中也出现劳动分工了"③，"印刷术的推广，古代文化研究的复兴，从 1450 年起日益强大和日益普遍的整个文化运动，所有这一切都给市民阶级和王权反对封建制度的斗争带来了好处"④，而"蒸汽机、机械化的纺纱机和织布机、蒸汽犁和蒸汽脱粒机、铁路和电报、现代化的蒸汽印刷机使得这种荒唐的倒退已经成为不可能的事情；相反，它们正在逐渐地和坚定不移地消灭封建关系和行会关系的一切残余，并且把前一时期遗留下来的一切小的社会矛盾溶解到资本和劳动之间具有全世界历史意义的唯一对抗之中"⑤。"大工业"阶段的"自动印刷机"或"现代化的蒸汽印刷机"等使社会向封建关系的倒退已绝无可能，进而也使资本主义关系真正得到巩固——这正是现代自动化机器体系的革命性所在。马克思、恩格斯对印刷机在引发封建制度的没落、资本主义制度的崛起中所发挥的重要作用给予了充分肯定。"现代化的蒸汽印刷机"作为现代机器体系组成部分，在全面彻底消灭封建关系上也发挥了重要作用，而其直接影响则是改变了文化活动中的社会关系，马克思用"新教的工具""科学复兴的手段""对精神发展创造必要前提的最强大的杠杆"等，来描述"印刷术"在西方现代化进程中所发挥的巨大作用。恩格斯指出，"印刷术的发明改变了只有僧侣才能读书写字和受较高级的教育的状况"，对文化活动中的封建等级秩序形成冲击。以此来看，中国毕昇发明的印刷术还处于"手工"阶段，而古登堡则使之进入"机器"阶段但主要还是

①《马克思恩格斯全集》第 47 卷，人民出版社 1979 年版，第 472 页。
②《马克思恩格斯全集》第 46 卷下册，人民出版社 1980 年版，第 34 页。
③《马克思恩格斯全集》第 7 卷，人民出版社 1959 年版，第 391 页。
④《马克思恩格斯全集》第 21 卷，人民出版社 1965 年版，第 457 页。
⑤《马克思恩格斯全集》第 18 卷，人民出版社 1964 年版，第 77—78 页。

"手摇印刷机"阶段，而只有"自动印刷机"才真正实现了艺术等文化生产"工艺方式"的现代化。毕昇的印刷术不可能触动"封建关系"，而"现代化的蒸汽印刷机"或"自动印刷机"则"坚定不移地消灭封建关系和行会关系的一切残余"。这就是艺术文化生产工艺学批判的基本思路。

"工艺学"维度在传统的物质生产、精神生产研究中都被忽视了，而从"工艺学"出发，我们可以更全面地认识马克思现代艺术观念的全貌：从"生产什么"看，艺术等精神劳动的产品具有观念性或意识形态性——物质劳动的产品则不具有这种特性，这体现了两者的区别；而从"怎样生产"，即生产方式看，艺术等精神生产的现代化的"社会方式"具有"生产性"，即为资本增殖服务，而其现代化"工艺方式"就是"自动机器生产"。因此，"意识形态"考察艺术生产的精神观念论维度，为资本增殖服务的"生产性"考察艺术生产的经济社会学维度，"自动印刷机"等则关乎考察艺术生产的工艺学维度，这三个维度一起才构成了马克思艺术文化生产理论的全貌，单一的意识形态论是不能涵盖马克思艺术文化哲学思想的全貌的。马克思物质生产工艺学批判将社会方式与工艺方式充分结合在一起，艺术文化精神生产工艺学批判同样如此，"工艺方式/社会方式"即"机器/资本"二重性辩证运动，就构成了现代资本主义艺术等精神生产发展的重要历史脉络。

马克思之后，本雅明比较重视艺术生产论的工艺学之维，即重视对艺术生产工具及其社会影响的研究，其《机械复制时代的艺术作品》实际上正是在马克思"生产"论的框架下展开讨论的，"当马克思着手分析资本主义生产方式时，这种生产方式尚处于初级阶段"，而"上层建筑的变革要比基础的变革缓慢得多，它用了半个多世纪才使生产条件方面的变化在所有文化领域中得到体现"[1]。该书一开始还引用了瓦莱利的话："在一个与现在根本不同的时代里，那些对物和环境施加的影响比我们现在小得多的人创立了美的艺术"，而现在，"在所有艺术中都存在着一种已不再能像以前那样去观赏和对待的物

---

[1] 本雅明：《机械复制时代的艺术作品》，王才勇译，中国城市出版社 2002 年版，第 79—80 页。

质成分，因为这种物质成分也不能不受制于现代科学和现代实践"，"伟大的革新会改变艺术的全部技巧，由此必将影响到艺术创作本身，最终或许还会导致以最迷人的方式改变艺术概念本身"。[①] 将这段话与前面引用的马克思关于现代的"艺术生产"与"古典的形式"艺术创作不同的论述相比较，就会发现两者分析思路是一致的。与"艺术的全部技巧"相关的"物质成分"又集中体现在作为艺术的"生产条件"的"生产工具"上。本雅明《作为生产者的作家》对此多有强调："作家在洞察社会限定性、认识技术工具和他的政治任务时还必须和极其巨大的困难做斗争"，"布莱希特创造了'改变用途'这一概念来表述为进步知识分子所赞同的生产形式和生产工具改变——这些进步的知识分子因此对解放生产手段也感兴趣"，"对仔细考虑了今天的生产条件的作家来说"，"他的工作从来不只是对产品的工作，而同时总是对生产工具加工"，"资产阶级在教育形式上给予了他生产工具"，"他促进精神的生产工具社会化成功了吗？"。[②] 这正是一种着眼于"生产工具"对艺术生产的"工艺学"考察。

更具重要价值的是，本雅明把由自动印刷机至电影等发展时段概括为"机械复制时代"或"机器'再生产'时代"，而我们可以接着本雅明所说的把当今 AI 艺术时代称作"机器'生产'时代"，由此就可以把当今 AI 艺术纳入现代艺术文化生产机器的二次革命的历史脉络中加以考察。而马克思的生产工艺学对于这种考察依然具有重要启发："不言而喻，从事物的本性可以得出，人的劳动能力的发展特别表现在劳动资料或者说生产工具的发展上。正是这种发展表明，人通过在两者之间插入一个为其劳动目的而安排规定的，并作为传导体服从于他的意志的自然物，在多大的程度上加强了他的直接劳动对自然物的影响。"[③] 生产工具的发达程度，是衡量人的劳动能力发展程度的重要标准，而"传导体"是生产工具的基本定位。在物质生产中，工具"传

---

① 本雅明：《机械复制时代的艺术作品》，王才勇译，中国城市出版社 2002 年版，第 77—78 页。
② 本雅明：《作为生产者的作家》，何珊译，《新美术》2013 年第 10 期。
③《马克思恩格斯全集》第 47 卷，人民出版社 1979 年版，第 57 页。

导"的主要是人的体能；而在精神生产中，工具"传导"的主要是人的"智能"。此可谓从生产工具角度看的精神生产与物质生产的"工艺性"区分。而作为现代化生产工具，动能自动化机器不是"传导"而是"代替"人的体能，由此也可以对 AI 做工艺性定位：作为智能自动化机器，AI 不是"传导"而是"代替"人的智能，并可以对包括艺术作品等在内的智能产品进行自动化生产。这意味着人的"精神的"劳动能力的发展趋于极致，如果说动能自动化机器标志着人的"物质的"劳动能力达到极致的话，这必将对人类文明和社会生活产生广泛而深刻的影响。

第二节　从"机器再生产"到"机器生产"：现代艺术二次革命

本雅明说"上层建筑的变革要比基础的变革缓慢得多"，或者说艺术生产的"工艺方式"的变革、发展要比物质生产的发展慢一些，也因此马克思、恩格斯关于自动印刷机的社会文化影响的讨论并未充分展开，而后来的西方学者将马克思所处文化时代称作"印刷资本主义"时代。本雅明用"Technischen Reproduzierbarkeit"一词高度概括了印刷资本主义和其后的电子资本主义时代的文化生产工艺方式的基本特性。这个德文词组的英文译名曾是"Mechanical Reproduction"，中文译名是"机械复制"，有学者认为应翻译为"技术再生产"，而马克思恰恰也提到知识或文化的"再生产"："过去所获得的认识成果被当作认识要素传授下来和再生产出来，并作为这种要素由徒弟继续进行研究。在这里，再生产费用同原生产费用完全不成比例。"并且马克思还提到了现代文化的"再生产"："霍布斯认为技艺之母是科学，而不是实行者的劳动……对脑力劳动的产物——科学——的估价，总是比它的价值低得多，因为再生产科学所必要的劳动时间，同最初生产科学所需要的劳动时间是无法相比的，例如学生在一小时内就能学会二项式定理。"① "随着科学的进步，基本教育、知识等等，阅读、书写、计算以及商业知识和语言知识等等，就会越来越迅速地、越容易地、越普遍地、越便宜地再生产出来。"② 现代知识或文化的这种"再生产"方式，开启了大众化、平等化时代，马克思、恩格斯对自动印刷机社会文化影响的重视表明：这种"再生产"又主要是通过现代自动化的"机器"方式来进行的，因此可将其概括为"机器再生产"。

一

本雅明勾勒了艺术技术再生产（复制）的历史：相对于绘画，木刻、石印术"使对版画艺术的复制具有了可能"，而照相摄影技术一出现就超过了石印术等，其后又出现了"对声音的技术复制"，诞生了有声电影；19 世纪前后，技术已能"复制一切传世的艺术品"，这种复制技术与电影艺术都又"反过来对传统艺术形式产生了影响"；而"在文献领域中造成巨大变化的是印刷，即对文字的机械复制"③，出现了自动印刷机——正是自动印刷机、照相机、摄影机、录音机这些"机器"引发了艺术生产现代化的"工艺革命"而使其成为"机器再生产"（复制），与之相比，木刻、石印等则只是"手工再生产"（复制）。今天看来，本雅明的"机器再生产"概括了"印刷资本主义""电子资本主义"时代艺术品的机器生产状况，其后出现的计算机、互联网又标志着"数字资本主义"的来临，这进一步深化了自动印刷机以来的艺术机器自动化再生产革命；而作为数字技术更成熟的产物，AI 则使艺术的现代机器生产又出现了划时代的革命性转折：由机器"再生产"（Reproduction，复制）转入机器"生产"（Production，原创）新阶段。所谓的机器"再生产"还只是对智能产品的"物质"部分进行自动生产，即"复制"，可谓"半自动化"生产。而当今 AI 机器既自动生产智能产品的"物质"部分，也自动生产

① 《马克思恩格斯全集》第 26 卷第 1 册，人民出版社 1972 年版，第 377 页。
② 《马克思恩格斯全集》第 48 卷，人民出版社 1985 年版，第 431 页。
③ 本雅明：《机械复制时代的艺术作品》，王才勇译，中国城市出版社 2002 年版，第 82—83 页。

其"意义"部分，堪称"全自动化"生产，如"九歌""小冰"等就是在"全自动化"地生产艺术作品。这种"工艺革命"必然引发艺术的"生产关系革命"。由此可以对现代艺术文化生产机器的二次革命及其社会影响做较为清晰的分析。

首先，艺术机器生产两次划时代的"工艺革命"引发艺术"生产关系革命"，大众化、平等化成为现代艺术发展的必然大势。本雅明指出，"艺术作品的机械复制性改变了大众对艺术的关系"，如"在中世纪的教堂和寺院以及直至18世纪末的宫廷中所存在的对绘画的群体接受，并不是共时的，而是分成次第，由等级秩序所传递的"。① 这与恩格斯所说的印刷术对只有僧侣才能读书写字、受较高级的教育的状况的改变是同样的思路。图像和文字的机器"再生产"（复制）产生的重要影响就是打破封建"等级秩序"，带来艺术和文学的平等化、大众化，而当今 AI 作为一种机器全自动的"生产"方式将进一步提升平等化、大众化的程度。

本雅明揭示了与艺术相关的两种不同"生产关系"：一是"一部作品与时代的生产关系的关系"。这里的"生产关系"实际上指物质劳动中的"生产关系"，文艺作品表现的"生产关系"乃是这种物质生产关系的观念反映——这是从"生产什么"说的。二是"作品在生产关系中处于什么地位？这个问题直接以作品在一个时代的作家生产关系中具有的作用为目标。换句话说，它直接以作品的写作技术为目的"，"文学的倾向性可以存在于文学技术的进步或者倒退中"。② "作家生产关系"指的是文学精神劳动中的"生产关系"，而这是从"文学技术"或文学"怎样生产"方面说的："倾向性"既体现在文学"生产什么"即作品的意识形态内容上，也体现在作品的"怎样生产"即技术上。胡克斯勒认为，"技术的进步"导致"机械复制和轮转印刷能对文字和图片进行无限复制"，"艺术创造物的绝大部分都贬值了"，而"对渣滓的

① 本雅明：《机械复制时代的艺术作品》，王才勇译，中国城市出版社 2002 年版，第114页，第116页。

② 本雅明：《作为生产者的作家》，何珊译，《新美术》2013 年第 10 期。

生产要比以前来得多；只要人们继续像现在这样不按比例地大量消费阅读材料、形象资料和听觉材料，那么，情形就必定依然如此"。本雅明在引述了这些话后指出，"这种考察方法显然并不是进步的"①。本雅明自己实际上认为现代机器生产是艺术"进步的"生产方式。艺术机器生产导致"有关技巧的特权性质消失了"，"电影技巧也同体育运动技巧一样，每个人都作为半个行家而沉浸于展示技巧的成就中"。②马克思指出，在自动化机器体系中，"使用劳动工具的技巧，也同劳动工具一起，从工人身上转到了机器上面"，"代替工场手工业所特有的专业工人的等级制度的，是机器的助手所要完成的各种劳动的平等或均等的趋势"③，劳动"质的差别"趋于消失而被"愈来愈拉平"④。马克思讲的是物质劳动，而本雅明所说的艺术"有关技巧的特权性质消失了"，同样是由于"使用艺术劳动工具的技巧"从艺术专业劳动者身上转到了"机器"上面了，所引发的则是艺术劳动"平等或均等的趋势"。

　　自动印刷机提高了识字率，使大众能更容易掌握文字这种生产工具，引发了文字作品生产的平等化趋势；录音机、照相机、摄影机等是大众相对容易掌握的音像产品的生产工具，进一步引发了音像产品生产的平等化、大众化趋势。比如：绘画是一种使用"画笔"这种劳动工具生产图像产品的活动，一个经过专业训练而获得这种技巧的画家的图像产品与非专业人士的作品的"质的差别"是较大的；而与"画笔"相比，"照相机"这种劳动工具的使用就不需要那么高的技巧，一个专业照相师的摄影艺术品与非专业人士的普通照片"质的差别"就相对缩小而趋于被"拉平"。而机器对文字、音像等产品的这些生产功能，在当今 AI 时代皆聚合到"移动智能手机"上，艺术劳动的平等化、大众化达到了一种全新高度。比如一个专业照相师会通过调焦、

① 本雅明：《机械复制时代的艺术作品》，王才勇译，中国城市出版社 2002 年版，第 144—145 页。
② 本雅明：《机械复制时代的艺术作品》，王才勇译，中国城市出版社 2002 年版，第 144 页，第 108 页。
③《马克思恩格斯全集》第 23 卷，人民出版社 1972 年版，第 460 页。
④《马克思恩格斯全集》第 16 卷，人民出版社 1964 年版，第 320 页。

曝光及照片的其他冲洗技巧等，拉开其"摄影艺术作品"与非专业人士普通照片的"质的差别"，而现在这些技巧皆转到了手机的智能程序（如美图软件等）上；在使用智能手机或计算机进行图像生产时，人只是"机器"（智能手机、计算机）的"助手"，专业与非专业人士所生产的图像产品的"质的差别"正在被"拉平"，正如照相机导致了"绘画艺术"的相对衰落，当今智能手机等也必然导致"摄影艺术"等的相对衰落，这像现代印刷机导致史诗等口传文学衰落一样具有必然性。

其次，为应对 AI 对艺术的挑战，改变艺术观念、"对传统的艺术观念进行革命的批判"非常必要。上面已指出，AI 艺术这种新现象促使马克思主义艺术观念发生变革，传统的单一的意识形态论无法充分科学阐释这一新艺术现象。从西方艺术观念发展史看，瓦莱利指出，现代科学和现代实践所引发的"伟大的革新"，会改变"艺术的全部技巧"，进而改变"艺术概念本身"，其中就包括改变"美的艺术"的概念。"美的艺术"概念绝非超历史的永恒概念，而只是一种历史性概念，首先与历史上出现的艺术等精神劳动与物质劳动的分工有关。近现代以来强调"美的艺术"或"纯艺术"的观念，恰恰是伴随着资本主义物质劳动与艺术等精神劳动之间的距离越来越被拉开而产生的，而当今 AI 的作用之一则是"拉平"两者差别并逐步消除两者的分工，"美的艺术""纯艺术"存在的理由将越来越被弱化。

手工业大师傅以其高超的"专业"手艺建立起与徒弟之间的等级差别，而"工厂中分工的特点，是劳动在这里已完全丧失专业的性质。但是，当一切专门发展一旦停止，个人对普遍性的要求以及全面发展的趋势就开始显露出来"[1]，动能自动化机器导致物质劳动"专业的性质"的消失，进而导致其等级差别的消除——这对于精神劳动来说同样如此。马克思充分认可亚当·斯密"个人之间天赋才能的差异，实际上远没有我们所设想的那么大"的判断，"搬运夫和哲学家之间的原始差别要比家犬和猎犬之间的差别小得多，他们之

---

[1]《马克思恩格斯全集》第 4 卷，人民出版社 1958 年版，第 172 页。

间的鸿沟是分工掘成的"。① 哲学家、艺术家与广大群众在精神创造上的"天赋"固然存在一定"原始差别"，但"实际上远没有我们所设想的那么大"，历史上哲学、艺术活动中实际存在的较大等级差别或巨大鸿沟，实际上主要并非由个人天赋等自然性因素造成的，而很大程度上是由分工等社会性因素造成的。"由于分工，艺术天才完全集中在个别人身上，因而广大群众的艺术天才受到压抑"②，分工使广大群众主要从事物质劳动，其艺术天才并非毫无发挥，但发挥程度远不如专业的少数艺术家。由此造成了艺术等级差别，"个别人"成为"艺术家"并以其高超"专业"的艺术技巧，建立起与广大群众的等级差异。艺术劳动的脑工性的工艺方式有助于建立并维护这种等级差别，而当今 AI 机器自动化的生产工艺方式，将导致艺术劳动"专业的性质"的消失，进而导致其等级差别的消除，这反过来又有助于艺术等精神劳动与物质劳动分工的消除。一方面，分工使广大群众的艺术天才受到压抑，造成了他们的局限性，但是，另一方面，分工同样也造成了专业化的艺术家的"职业发展的局限性"和"对分工的依赖"，"个人局限于某一艺术领域，仅仅当一个画家、雕刻家等等"。而"在共产主义社会里，没有单纯的画家，只有把绘画作为自己多种活动中的一项活动的人们"③，同样，也再没有单纯的物质劳动者，只有把体力劳动作为自己多种活动中的一项活动的人们：每个人都将成为全面发展的个人，每个人的体力与智力将得到全面、协调、自由发展。

最后，当今 AI 机器"工艺革命"还引发"（精神）生产力革命"，正在把艺术等精神生产力从"人身限制"下解放出来。从现代机器二次革命角度，可以对此加以充分揭示：马克思指出，现代机器第一次动能自动化革命，使"使用劳动工具的技巧，也同劳动工具一起，从工人身上转到了机器上面。工具的效率从人类劳动力的人身限制下解放出来"，但在资本框架下，这种"解放"却首先造成大量蓝领工人失业，但这并非由发达的自动机器本身而是由

① 《马克思恩格斯全集》第 4 卷，人民出版社 1958 年版，第 160 页。
② 《马克思恩格斯全集》第 3 卷，人民出版社 1960 年版，第 460 页。
③ 《马克思恩格斯全集》第 3 卷，人民出版社 1960 年版，第 460 页。

机器的"资本主义应用"造成的，或者说，不是由自动机器这种"工艺方式"造成的，而是由具有"生产性"而为资本增殖服务的"社会方式"造成的。

马克思强调："机器不是经济范畴，正像拖犁的犍牛不是经济范畴一样。现代运用机器一事是我们的现代经济制度的关系之一，但是利用机器的方式和机器本身完全是两回事。火药无论是用来伤害一个人，或者是用来给这个人医治创伤，它终究还是火药。"[1] 因此，"伤害"体力劳动者或蓝领工人而造成他们失业的并非动能自动化机器本身，而是决定机器运用的社会方式的"现代经济制度"，即资本主义私有制。消灭资本主义私有制，把体力劳动从"生产性"或"雇佣性"形式中解放出来，人的物质创造力就会得到真正自由而充分的发展。这同样适用于分析当今 AI 所引发的现代机器第二次智能自动化革命。AI 革命使思维技巧或使用精神劳动工具的技巧，从人身（人脑）上转到了"机器（计算机）"上，这意味着精神生产力从"人身（生物性大脑）限制下解放出来"，而在资本框架下，这种"解放"也将首先造成艺术从业者等智力劳动者或白领工人的失业，但这同样并非由 AI 机器本身而是由决定 AI 机器运用的社会方式的"现代经济制度"即资本主义私有制造成的。本雅明已经初步揭示了艺术文化生产工具的所有制问题："在西欧报纸还并不是作家手中有用的生产工具，它仍只属于资本"；"现代人日益增长着的无产阶级化和大众联合是同一个事件的两个方面。法西斯主义试图去组织新产生的无产阶级大众，而不去触及他们要求消灭的所有制关系"。[2] 同样，今天，AI 机器作为一种精神劳动工具总体上仍然只属于"资本"，并将造成更多的人"无产阶级化"乃至"无用阶级化"，而当今盛行于全球的有关 AI 机器尤其智能机器人威胁乃至消灭人类的种种论调，往往也很少触及"所有制关系"。

总之，"随着一旦已经发生的、表现为工艺革命的生产力革命，还实现着生产关系的革命"，在"机器 / 资本"二重性辩证历史运动中，资本逐步占据

---

[1]《马克思恩格斯全集》第 27 卷，人民出版社 1972 年版，第 481 页。
[2] 本雅明：《机械复制时代的艺术作品》，王才勇译，中国城市出版社 2002 年版，第 129 页。

历史舞台的中心，但在进一步发展中又终将退出历史舞台。这是马克思物质生产工艺学批判揭示的必然大势。在艺术等精神生产领域，机器自动化生产这种"工艺革命"，在"生产关系"上使现代艺术的大众化、平等化成为不以人的意志为转移的必然大势，而在"生产力"上，当今 AI 机器正在把艺术精神生产力从人身限制下解放出来，但在资本框架下，却使出卖精神劳动力（智力）的艺术家等从业者面临失业的冲击。当今专业艺术精英必须充分清醒认识到，这种冲击形成的根源，不是 AI 机器本身，而是"资本"；在现代分工体系中，专业艺术精英的艺术生产力固然获得一定程度的发展，但同时也存在"职业发展的局限性"，并且在资本支配下的生产性、雇佣性艺术生产中，专业精英的艺术天才也并不能得到充分自由发展，而消灭分工和资本主义私有制之后，艺术专业劳动的职业局限性、生产性、雇佣性等也会被扬弃，每一个人的精神和物质创造力将得到全面自由发展。

二

　　要理解 AI 对文艺的影响，需要回到人类文艺漫长的发展历史中。在现在的各种文艺教材、学术文章里面很少会提及文艺的"生产工具"，而从"生产工具"角度来理解人类文艺的发展史，会发现其中的以前被忽视的一种新脉络，尽管不是唯一脉络。前已指出，文艺、文化活动宽泛地说就是"智能活动"，而人类发展到今天，已经拥有了三种基本的智能生产工具：人脑神经元系统、文字等符号系统、AI 机器人工神经元网络。人脑神经元系统是漫长的自然进化的产物。文字等符号系统开启了人类文化史上第一场划时代革命，现代自动印刷机开启了第二场划时代革命，其后出现的机器电子复制、数字复制技术总体来说只是这场革命的延续，都还处在文化的"机器再生产"阶段，当今 AI 机器人工神经元网络则正在开启第三场也是终极性革命，从而使艺术进入"机器生产"时代。

　　1. 人脑神经元系统作为人的智能生产工具，首先是自然进化的产物，而不是人的文化进化的产物，涉及外在的物与人，人的身与心、手与脑等一系列互动关系，是自然进化中物与人的身心、手脑互动的历史的产物。恩格斯

《自然辩证法》对此有详细的讨论：在漫长的自然进化中，无机物变成有机物，然后出现单细胞、微生物，然后又出现植物、动物直到猿，最后出现人类。恩格斯在整个自然发展和进化的历史进程当中考察了影响人脑发展的各种因素：（1）直立行走对语言的产生、对手和脚的分工，产生了非常大的影响。（2）摩擦生火对人的智能发展也有作用，有了火，就有了熟食，改善了人的营养，使人体的素质得到提高，而人的大脑、脑髓又是身体的一部分，获得充分的营养以后，也会获得发展，所以恩格斯把摩擦生火看作是人类的一种解放手段。为什么强调这一点呢？就是因为现在的 AI 研究往往撇开这种漫长的自然进化历史进程，忽视人类智能是一步一步发展起来的，如此就往往把"智能"看成是一种神秘的存在，好像它突然在人身上出现，然后又突然可以转移到机器（计算机）当中。（3）制造并使用工具的劳动，在人类智能的形成中发挥了更重要的作用（详论见前）。

2. 口头语言也是智能生产工具，并与文学相关，口语可以说是人类文学的史前期。而口语同样是在劳动中逐步发展起来的。人类智能实际上是个漫长历史发展的产物，一回到历史，它就没有神秘性，但是一旦撇开历史，智能就会被神秘化，这也是科幻大片中往往出现许多不科学幻想的一个重要原因。从中外文学史看，像古希腊的《荷马史诗》、中国的《诗经》和《周易》里的卦爻辞等，首先都不是文字文学或者书面文学，而是口语文学，并且主要是诗歌。

3. 文字的出现，则标志着人类文化史的第一次飞跃和智能生产工具发展史上第一场划时代革命的出现。摩尔根、马克思、恩格斯等把文字的发明称为人类告别史前期、进入文明时代的一个重要标志，即没有文字记载的人类历史被称作"史前史"。《圣经》有云：上帝说要有光，于是就有了光。海德格尔认为这个"说"就是语言，上帝用语言创造世界；我们古人则有"昔者仓颉作书而天雨粟，鬼夜哭"之说。这些都以神话的形式描述了语言文字发明在人类文明史上的重要性。从当今 AI 角度来看，可以更充分发现文字在人的智能生产工具发展史上的重要性：无论是人脑也好，口语也好，作为一种文化生产工具，都离不开人的身体。口语要通过嘴说、通过耳朵听，人脑、口语是离不开我们身体的一种"生物性"智能工具；而文字则可以离开我们的身体存在，是一种"非生物性"生产工具；现在的 AI 机器同样也是一种"非生物性"生产工具，更接近于文字，而不是像现在 AI 研究者所认为的那样更接近于人脑。

如进一步细分的话，文字是文化或智能的"一级生产工具"，此外还有"二级生产工具"即书写、承载文字的物质，如刀、笔、打字机、金石、纸等。在此意义上，现代自动印刷机等可以说也是一种"二级生产工具"。

4. 作为一种机器生产工具，自动印刷机开启了人类文化生产工具的现代化，开启了文化的现代机器的"机械复制"或机械化生产时代。印刷术首先是中国毕昇发明的，后来德国人古登堡到了十四、十五世纪又造出了铅字版机械印刷机，并使活字印刷技术从手工转向机械，这是一个很重大的变革。古登堡发明印刷机，首先印的是《圣经》，后来被称为古登堡《圣经》，而古登堡印刷机还是"非自动"的印刷机，应用了三百年后，才被新的机器即"自动"印刷机代替。雨果、马克思等都把印刷术称为人类最伟大的发明。安德森提出了"印刷资本主义"概念，麦克卢汉出了一本《古登堡星系》的书，都强调印刷技术在现代资本主义及其文化发展史上的重要性。我们一讲文化媒介，往往只讲麦克卢汉等 20 世纪的西方学者，其实早在 19 世纪，马克思、恩格斯对自动印刷机的社会文化影响就有着非常多的精彩论述。但一方面他们的这些论述在我们国内的媒介研究当中，很少被引用；另一方面，在传统的马克思主义研究中，也没有被重视。我这几年写了很多文章，对马克思、恩格斯这方面的文献有所梳理。恩格斯参加过一个古登堡纪念册的活动，还翻译了西班牙学者的《咏印刷术》，是一首歌颂古登堡的诗，亦可略见其对印刷技术的重视。

马克思、恩格斯对印刷机使资本主义彻底战胜封建主义尤其封建社会的等级制度等所发挥的重要作用，有非常充分的分析，并且还区分了"手摇印刷机"和"自动印刷机"、"机器印刷"和"手工印刷"的不同。以此来看毕昇发明的还只是手工印刷术，远远没有进入自动印刷机阶段，所以也不可能具有像自动印刷机在西方所发挥的那种现代化作用。我们传统的文艺理论批评不大重视文艺的生产工具或者说工艺生产方式，往往只研究文艺作品的精神、内容、观念等。马克思研究了19世纪的能量自动化机器对物质生产的影响，自动印刷机也是一种自动机器，它对文化活动也产生了非常大的影响，开启了文艺、文化的平等化、大众化的趋势——马克思、恩格斯对此也有不少分析。

5.广播、电影、电视等电子机器则开启了"电子资本主义"和文化的现代机器的"电子复制"时代。这方面西方所谓文化研究已讨论了很多，但往往只从"传播""消费"的角度展开。文艺、文化或信息产品的生产工具和传播工具往往是联系在一起的，但是还是有区别的。在电子时代，照相机、录像机、录影机、摄影机等设备是"生产"工具，但不是直接的传播工具，传播工具是拷贝、电信号及其相关机器载体等。

6.计算机、互联网等数字机器则开启了"数字资本主义"和人类文化的现代机器的"数字复制"时代，而细加区分的话，计算机主要是"生产"工具，而互联网则主要是"传播"工具。我们最终所要揭示的是AI在人类文艺、文化史和智能生产工具发展史上的划时代意义，因此，从计算机和互联网发展的两大阶段展开具体考察非常必要。

首先看互联网：（1）在Web1.0阶段，普通网民只能浏览网页，不能把自己的文字、图片、音像等传到互联网上。这与广播、电视传播方式没有太大区别，大众还只是"消费者"。（2）Web2.0才引发人类文艺、文化生产方式又一场划时代革命，其中，网络文学就是Web2.0的产物，它首先出现在BBS等各类论坛上，普通大众可以把自己生产制作的各类文艺产品上传到互联网上传播——费舍斯通说大众是文本"意义"部分的"生产者"——这其实是建立在电视文化基础上的，而通过互联网Web2.0则使大众也成为文本"物质"部分的"生产者"。由此来看，费舍斯通等西方文化研究者的理论已不足以充分揭示这种新文化现象了。

作为智能生产工具，计算机的发展也大致经历了两个阶段：（1）在"非自动化"阶段，计算机与传统的处理文字、声音、图像等的电子机器没有太大区别，数字化技术带来的还只是更便捷而已。（2）智能"自动化"计算机即 AI 的出现才引发人类文化又一场革命性乃至终极性的划时代革命。

总之，在自动印刷机出现之前，人类运用文字等符号进行的文化生产，主要是"非机器"的方式，而自动印刷机则使文化生产进入"机器"或机械化时代，开启了文化的现代机器的"机械复制"时代，其后又相继出现了现代机器的"电子复制""数字复制"时代。但这些还只涉及"二级智能生产工具"的变革，主要还作用于人的文化的"复制"（Reproduction）或"再生产"环节，总体上只能称作文化的"机器再生产"时代；而现在的 AI 则直接作用于文化的"生产"（Production）环节，涉及的是人类文化的"一级生产工具"的变革，现代文化的"机器再生产"已转变为"机器生产"。再从智能生产工具与人的关系看，文字符号等也是"一级生产工具"，但文字符号本身不会"自动"生产出产品，在运用文字符号等进行的文化智能活动中，"人"的"主体"地位确定无疑；而现在 AI 机器本身则会"自动"生产出文字等文化产品，似乎成为文化生产的"主体"，而"人"的"主体"地位变得可疑了。这也正是 AI 所引发的文化革命的终极性的一种重要体现。西方已有的建立在以人为主体的"机器再生产"基础上的文化理论，已不足以充分解释这种"机器生产"新现象了，基本范式亟待转型。

三

除了本雅明的"机械复制"或"机器再生产"理论外，西方学者在现代机器自动化两次革命框架中对当今 AI 的探讨，也有助于我们为马克思生产工艺学批判理论做一历史定位并做进一步的理论拓展。

库兹韦尔指出："第一次工业革命扩展了我们身体的范围，第二次工业革命扩展了我们思想的范围"，"在未来的 20 年，几乎所有的日常的体力和脑力劳动将会被自动化"，"随着知识产权的创造，包括所有我们在艺术、社会、科学方面的创造，这些趋势还将继续，并且通过与非生物智慧的融合，我们的智慧扩展的趋势还会大大增强"①。再如，希尔顿相信，"19世纪只完成了自动化史前的发展：农业生产的进步是因为人类发明了工具来作为他们体力的延伸；而在进一步延伸人类的智力技能方面，自动化的赛博系统仅仅前进了一步。20世纪之后，它会迸发出真正的新进展：将人类从重复性的工作中解放出来，创造性的思维将真正地用于自由思考。希尔顿预见，任何人可能需要的和想要的一切很快都将被机器生产出来"②。

与以上技术乐观主义者相反，控制论专家维纳指出：第一次工业革命，"通过引入机械装置的竞争导致了人类手臂的贬值"，而第二次工业革命"将会引起人类大脑的贬值，至少会引起人类大脑在更简单、更常规化的决策方面的贬值"。③扎卡达基斯指出："凭借物联网，全球的大数据经济成倍扩展，新一代的强大人工智能应用已经到来，它们有能力提升计算机系统。我们真的处于人类历史上最重要的时刻的开端：一场新的工业革命的开始"，"不像第一次工业革命时期的机器革命，第二次机器革命不会威胁蓝领工作，但是对于那些高收入、专家式的白领工人，对于医生、律师、工程师、会计师、经理、设计师、建筑师，他们未来就可能变成计算机自动化的受害者"，"这是对未来非常凄凉的看法，但是最近几十年的经济形势似乎证明了这一点"。④

马克思考察的第一次机器革命涉及的是"体力"或"体能"器官的自动化，人类的物质生产力得以解放；而当今AI革命所引发的第二次机器革命涉及的则是"智力"或"智能"器官的自动化，人类的精神生产力将得到充分解放。由此来看，现代机器的两次自动化革命也就意味着"社会人的生产器官"的两次发育，只有经历过这样的两次发育，"社会人的生产器官"才能真

① 库兹韦尔：《奇点临近》，李庆诚等译，机械工业出版社2017年版，第206页。
② 瑞德：《机器崛起：遗失的控制论历史》，王晓等译，机械工业出版社2017年版，第87页。
③ 瑞德：《机器崛起：遗失的控制论历史》，王晓等译，机械工业出版社2017年版，第69页。
④ 扎卡达基斯：《人类的终极命运：从旧石器时代到人工智能的未来》，陈朝译，中信出版社2017年版，第252页。

正全面发育成熟，人类的"一切生产力即物质生产力和精神生产力"才能得到真正全面充分的解放，自由奇点才可能来临。

瑞德指出："机器一直都既是积极的又是消极的力量，往往瞬间就能成为乌托邦主义的或反乌托邦主义的，尽管大多数情况下乐观主义能够占据主导。自动化的工厂将把员工从不体面、繁重的苦差事中解放出来；然而却剥夺了员工的尊严。"①巴拉特指出："大多数涉及 AI 危险性的讨论欠缺深度和广度，理解的人不太多。这些问题在硅谷和学术界的地窖里长久酝酿，但别的地方，尤其是技术新闻行业却没能很好地吸收。每当一个反乌托邦式的观点抬起头，许多博主、社评家和技术人员都条件反射似的转过身去，就好像是在说：'少来《终结者》那一套！'难道我们还没受够那些勒德分子和悲观主义者的末日预言吗？"②如库兹韦尔就强调：AI 奇点"不是乌托邦，也不是反乌托邦"③。可以说，技术乐观主义或乌托邦主义与技术悲观主义或反乌托邦主义之争，一直伴随现代机器自动化的两次革命。

当今，在许多关于 AI 引发的第二次机器智能化革命的讨论中都提到了 Ludd，而马克思在讨论第一次机器动能自动化革命中发生的"鲁德（Ludd）运动"时强调，"工人要学会把机器和机器的资本主义应用区别开来，从而学会把自己的攻击从物质生产资料本身转向物质生产资料的社会使用形式，是需要时间和经验的"，"同机器的资本主义应用不可分离的矛盾和对抗是不存在的，因为这些矛盾和对抗不是从机器本身产生的，而是从机器的资本主义应用产生的"。④第一次机器动能自动化革命使蓝领工人体力劳动面临着被"替代"的威胁，于是出现了工人打砸机器的"鲁德运动"，而马克思强调，威胁工人的不是"机器本身"，而是其"资本主义应用"或者物质生产资

---

① 瑞德：《机器崛起：遗失的控制论历史》，王晓等译，机械工业出版社 2017 年版，第 322 页。
② 巴拉特：《我们最后的发明：人工智能与人类时代的终结》，闫佳译，电子工业出版社 2016 年版，第 23 页。
③ 库兹韦尔：《奇点临近》，李庆诚等译，机械工业出版社 2017 年版，第 1 页。
④《马克思恩格斯全集》第 23 卷，人民出版社 1972 年版，第 469 页，第 483 页。

料的资本主义使用形式。而当今 AI 引发的第二次机器智能化革命则开始使白领工人的智力劳动也面临着被"替代"的威胁，于是也出现了反对智能机器技术发展的所谓"新鲁德主义"。运用马克思的基本原理，我们今天应该强调：威胁白领工人的不是"AI 机器本身"而是其"资本主义应用"。

如果说"替代"是技术悲观主义者常用的词，那么，"解放"则是技术乐观主义者常用的话语，而在马克思看来，"替代"本身可以成为一种"解放"。动能自动化机器可以"替代"蓝领的体力劳动，同时意味着可以把蓝领从雇佣性的体力劳动中"解放"出来；同样，智能自动化机器可以"替代"白领的智力劳动，同时意味着可以把白领从雇佣性智力劳动中"解放"出来。这种"替代""解放"最终就意味着对体力和智力劳动的"雇佣性"的扬弃，而前提条件是改变资本主义"物质生产资料的社会使用形式"，即私有制。由此来看，马克思机器自动化观念超越了技术乐观主义与悲观主义的二元对立。"同机器的资本主义应用不可分离的矛盾和对抗"乃是资本主义内在对抗性的重要体现之一，扬弃这种矛盾和对抗，当今 AI 机器将会成为人类"精神生产力"得以解放的"主动轮"。这是可以从马克思生产工艺学批判引申出来的基本结论。

马克思、恩格斯考察了第一次机器革命即动能自动化革命对文化生产的影响，而当今 AI 所引发的第二次机器革命即智能自动化革命则对文化生产产生了更直接的划时代影响，只有置于现代文化机器生产的历史发展进程中，当今 AI 革命划时代的意义才能得到充分揭示。

前已指出，从文化生产机器技术的发展看，一般把马克思所处的时代称为"印刷资本主义"时代，其后进入了新的"电子资本主义"时代。"电子资本主义"时代的文化生产机器是广播、电影、电视以及与此相关的照相机、录像机、录音机等，这些更先进的文化生产机器较之自动印刷机更进一步推动了文化的大众化、民主化进程。接着，"电子资本主义"又走向"数字资本主义"时代，或者说从"古登堡时代"走向"图灵时代"，计算机、互联网等数字化机器更进一步提升了现代文化的大众化程度。"非智能化"计算机尽管更加先进，但在功能上却与此前的自动印刷机、电视机等一样依然处在本雅明所说的"机械复制"或"机器再生产"时代。而"智能化计算机"即 AI 才真正引发了现代文化生产更具划时代意义的革命，使"机械复制"进入了全新的"机械原创"或自动化"机器生产"时代。

作为当今 AI 对文化生产影响的现象级事件，微软智能机器"小冰"也开始"自动"创作诗歌作品，并且还出版了一本诗集。"小冰"尽管依然是一种计算机软件程序，但"她"不是在"复制"同一篇诗歌作品，而是可以不断地"原创"出一篇篇不同作品。计算机智能技术与移动互联网社交平台技术的融合，锻造出了现代大众终极性的文化生产和传播工具，即智能手机。从现代文化生产机器的发展来看，此前的照相机、录像机、录音机、文字复印机等众多机器功能皆能汇聚到智能手机上，而且智能手机也更容易普及，文化生产工具的大众化得到进一步全面推进——历史地联系地看，由自动印刷机所开启的现代文化的大众化、民主化进程，至此才有望得以真正完结。

马克思文化理论的最大特点是充分结合物质生产来讨论文化生产问题，而这一特点又充分体现在以下方面：马克思、恩格斯既重视现代自动化机器对物质生产的影响，又重视其对文化生产的影响。今天，我们只有充分结合现代机器自动化的两次革命或"社会人的生产器官"的两次发育，才能充分揭示 AI 机器对当今文化生产划时代的乃至终极性的革命影响和重大意义。如果说社会人的"体力"或"体能"器官的发育成熟、动能自动化机器体系的成形，主要解放的是物质生产力，对文化生产的影响相对而言还是"间接"的话，那么，作为社会人的"智力"或"智能"器官的发育、智能自动化机器体系开始成形，当今 AI 对文化生产的影响则是"直接"的，将使文化生产的精神生产力得到直接的更充分的解放，由此将引发文化奇点或自由奇点的来临。

"真正物质生产领域"始终是个"必然王国"，"真正的自由王国"只能存在于其"彼岸"，即"非物质生产领域"，而"自由的精神生产"就处在这种"自由王国"之中；产业化的文化精神生产相对于"真正的物质生产"来说具有自由性，但是，作为被资本增殖这种"外在目的"所规定的精神劳动又是不自由的。因此，产业化文化生产领域的扩张，并不意味着"自由王国"的扩展。第一次机器动能自动化革命大大地提高了物质生产力，为人的"体力"劳动的解放提供了可能，但是，在资本框架下，却没有实现这种解放，而是表现为对蓝领工人"雇佣性"体力劳动被替代的威胁；当今第二次机器智能自动化革命大大地提高了精神生产力，为人的"智力"（脑力）劳动的解放提供了可能，但是，在资本框架下，也没有实现这种解放，却表现为对白领工人"雇佣性"智力劳动被替代的威胁。而只有终结资本的统治、扬弃资本主义私有制，体力和智力劳动的"雇佣性"才会被扬弃，"自由的精神生产"才会真正获得发展，"自由王国"才会得到无限扩展，"文化奇点""自由奇点"才会真正来临（详论见后）。

第三节 生产工艺学批判：艺术文化哲学范式终极转型

前面的讨论表明：只有从艺术文化或智能生产工具这种生产工艺学的视角，才能科学而充分地揭示当今 AI 对艺术文化的划时代乃至终极性的影响，或者说，AI 作为一种"自动社会机械大脑"引发了人类文化的终极转型，而文化哲学基本的理论范式只有随之转型，才能揭示其终极性意义；而只有超越马克思主义艺术理论传统单一的"意识形态"论或观念论，同时也超越西方已有文化理论的"流通（传播） 消费"范式，汇通当今 AI 自动化理论，重构马克思的文化生产工艺学批判，才能有效推动文化哲学范式的终极转型。

一

马克思在讨论"政治经济学的方法"时指出：

资产阶级社会是历史上最发达的和最复杂的生产组织。因此，那些表现它的各种关系的范畴以及对于它的结构的理解，同时也能使我们透视一切已经覆灭的社会形式的结构和生产关系。资产阶级社会借这些社会形式的残片和因素建立起来，其中一部分是还未克服的遗物，继续在这里存留着，一部分原来只是征兆的东西，发展到具有充分意义，等等。人体解剖对于猴体解剖是一把钥匙。反过来说，低等动物身上表露的高等动物的征兆，只有在高等动物本身已被认识之后才能理解。因此，资产阶级经济为古代经济等提供了钥匙。①

将这种基本方法论应用到对物质生产方式的分析中，可以说："自动化机器体系"乃是"历史上最发达的和最复杂"的"生产方式"。在工业革命之前，人类其实早已在物质生产中使用机器或机械工具，而现代工业革命所开启的社会生产时代"具有决定意义的特征"集中体现在机器的"自动化"上。正是这种"自动化"，才使"机器"在研究人类社会发展历史的科学中凸显出来，从而形成"完全现代"的"工艺学"。而由这种现代工艺学，也可以反过来考察工业革命之前的生产工具的发展历史，并且也只有在这种已有的历史脉络中，才能充分彰显机器"自动化"的划时代意义。这对于考察包括文艺在内的精神生产工具的发展历史有重要启示。

马克思强调，机器的自动化使人类生产方式发生了由传统的"手工生产"向现代的"机器生产"的划时代转变，并且实际上也开启了文艺、文化的"机器生产"时代。在今天看来，由马克思、恩格斯所讨论的自动印刷机到后来的电影、电视机等，直至当代"非自动化"的计算机等，总体来说都还处于"半自动"或本雅明所说的"机器再生产"阶段，而当今 AI "小冰""九歌"等"自动化"的计算机，则使文艺机器生产进入了全新的"全自动"的"机器生产"时代。也正是这种"自动化"，才使"机器"在研究文艺等精神生产发展历史的科学中凸显出来，从而有望形成一种中外文论史上还未曾有的"文艺生产工艺学"。这也只有回到被传统文论所忽视的人类文艺生产工具发展的历史脉络中，才能充分揭示当今 AI 在人类文艺发展史上的划时代意义。

①《马克思恩格斯全集》第 46 卷上册，人民出版社 1979 年版，第 43 页。

前已指出，人类文学的发展史，几乎与物质生产发展史一样漫长。最早的文学生产工具是口语，而文字的发明，对文学生产来说是一场堪称划时代的革命——马克思、恩格斯把文字发明之前的历史称作人类的"史前期"，也可谓文学生产的"史前期"。当今人类文学的历史遗存，主要就是文字产品。狭义地看，直到今天，文学生产的基本工具依然是"文字"；广义地看，文字的书写工具也是不断地发展着的，较早的工具是刀具、金石等，其后出现了"笔"，而纸张的发明对于文学生产的发展也起到了巨大的推动作用。至此，文学总体上还处于"手工生产"时代，而作为现代工业革命所锻造出的自动化机器体系组成部分，自动印刷机则开启了文学、文化的"机器生产"时代，可以说继文字发明之后开启了又一场划时代革命。

本雅明指出："只要电影资本规定了电影的基调，那么，当代电影一般来说就具有了一种革命贡献，即对传统的艺术观念进行革命的批判。"①但是，相对于文艺现代机器生产技术的发展速度来说，我们文论研究的基本的"艺术观念"依然非常"传统"，而且越来越滞后，只关注艺术"生产什么"而忽视"怎样生产"，可以说至今依然制约着我们的"传统的艺术观念"。从马克思主义文论研究现状看，"意识形态"确实是马克思、恩格斯对文艺的一种基本描述，但许多研究者严重忽视了一点，即这并非他们考察文艺发展的唯一视角。用马克思的话说，这只是从"生产什么"视角展开的分析，而传统研究所严重忽视的是：马克思、恩格斯其实还从"怎样生产"角度对文艺、文化的发展尤其是现代文艺的"机器生产"方式做了较多分析。

各个文化时代的区别，不在于生产什么，而在于怎样生产，而决定资本主义文化时代基本特征的，是自动印刷机或印刷机的"自动化"——而这是资本主义机器自动化整体生产的组成部分之一。马克思认为，在资本和劳动关系中是存在"重要的文明因素"的，其重要表现之一是："工人参与更高一些的享受，以及参与精神享受——为自身利益进行宣传鼓动，订阅报纸，听讲

---

① 本雅明：《机械复制时代的艺术作品》，王才勇译，中国城市出版社 2002 年版，第 108 页。

演，教育子女，发展爱好等等——这种使工人和奴隶区别开来的分享文明的唯一情况，在经济上之所以可能，只是因为工人在营业兴旺时期，即有可能在一定程度上进行积蓄的时期，扩大自己的享受范围。"①这是从"经济上"说的，而从"技术（工艺）上"说，工人能"分享文明"又与自动化印刷机等密切相关。而国内相关研究，只跟着西方文化研究理论家（如麦克卢汉等）大谈所谓"古登堡时代""印刷资本主义"，却忽视了其实马克思、恩格斯在这方面早有非常精辟的分析。推动当今艺术理论创新，首先需要"回到马克思"。

　　对以上所述的马克思、恩格斯文艺机器生产理论继承得比较好的，当数本雅明，其在《作为生产者的作家》中强调，"文学的倾向性可以存在于文学技术的进步或者倒退中"，"他（作家）的工作从来不只是对产品的工作，而同时总是对生产工具加工"。②这突出了"生产工具"在文学生产中的重要性。有研究 AI 革命的西方学者指出："人类生活和人类社会会因为宗教、文化和新经济体系的实施而发生变革，也会因为某个大人物的激情和信仰而改变，不过，深刻而持久的变革通常都是因为我们发现了新的做事方法，亦即新技术。因此，我们用其主导技术为很多历史时代冠名，比如铁器时代、青铜时代，等等。"③这是以生产技术和工具为 AI 做历史定位的思路，我们也可用这种思路来考察 AI 对文艺的影响。本雅明最突出的理论贡献，是把文艺机器生产方式的研究由"印刷资本主义"时代推进到"电子资本主义"时代：继自动印刷机之后出现的广播、电影、电视等，使"印刷时代"转向"电子时代"，新兴电子技术进一步提高了机械复制和传播的速度，使文化产品消费的大众化得到更大推进，于是，一个真正意义上的"大众文化""消费（者）文化"的时代到来了，现代文化大众化被提升到新的高度，而"大众文化"

---

① 《马克思恩格斯全集》第 46 卷上册，人民出版社 1979 年版，第 246—247 页。

② 本雅明：《作为生产者的作者》，何珊译，《新美术》2013 年第 10 期。

③ 蔡斯：《经济奇点：人工智能时代，我们将如何谋生？》，任小红译，机械工业出版社 2017 年版，第 1 页。

（mass culture）所谓的 mass 与文化机器生产和消费的规模化有关。"最富有启发意义的是它的两种不同表现形式——对艺术品的复制和电影艺术——都反过来对传统艺术形式产生了影响"，"艺术作品的可机械复制性在世界历史上第一次把艺术品从它对礼仪的寄生中解放了出来"。[1] 在本雅明看来，机械复制技术所引发的是一场划时代的革命，所产生的社会文化结果是："在中世纪的教堂和寺院以及直至 18 世纪末的宫廷中所存在的对绘画的群体接受，并不是共时的，而是分成次第，由等级秩序所传递的。如果不是这样，那么由此就会出现一种特殊的冲突，绘画因其可机械复制性而卷入之。"[2] 由此，机械复制技术将颠覆传统艺术活动中的"等级秩序"，进一步推动艺术的大众化、民主化。

更为重要的是，本雅明所谓"机械复制"或"机器再生产"极具理论概括力和解释力，由此推导出"机械原创"或"机器生产"这一概念，可以在文艺现代机器生产方式的发展历史中，勾勒当今 AI 的划时代意义。自动印刷机、电影和电视直至"非智能化"的计算机，总体来说，还处于"机械复制"或"半自动"阶段，而 AI"小冰""九歌"等则将现代文艺机器生产方式进一步推进到了"机械原创"或"机器生产"的"全自动"新阶段。这引发文艺现代生产工具又一场划时代的革命，对"传统艺术形式"将产生更广泛而深远的影响，把现代以来由自动化机器所引发的文艺、文化大众化、民主化推进到全新的乃至终极性的阶段。

历史地看，文艺理论的发展，总是相对滞后于文艺的生产实践的发展，比如，19 世纪自动印刷机实际上已经使人类文艺生产方式进入"机器生产"或本雅明所说的"机械复制"时代，但当时的西方文论关注的是现实主义、浪漫主义等话题，较少关注机器对文艺生产的影响，到了新的电子媒介时代，西方文论才开始关注这些话题，提出了"印刷资本主义"等概念。同样，当

---

[1] 本雅明：《机械复制时代的艺术作品》，王才勇译，中国城市出版社 2002 年版，第 84 页，第 93 页。

[2] 本雅明：《机械复制时代的艺术作品》，王才勇译，中国城市出版社 2002 年版，第 116 页。

今 AI 已使人类文艺生产方式进入"机械原创"时代，而总体来看，目前的西方文论还在讨论着"机械复制"时代的理论话题。克服这种理论滞后，中国文论自主创新迎来重大机遇：AI 机器作为一种文艺生产工具，体现的是人类文艺历史上"最发达的和最复杂的"生产方式，当然，这种生产方式总体来说目前还主要表现为只是"征兆的东西"，尚未发展到具有"充分意义"，即处于我们古人所谓的"动之微""吉之先见"的"几"的状态。本雅明指出："当马克思着手分析资本主义生产方式时，这种生产方式尚处于初级阶段。马克思努力使他的研究具有预言价值。他揭示了资本主义生产的基本状况，并通过对这种基本状况的描述使人们由之出发能看到资本主义未来发展的东西。于是人们看到，资本主义不仅越来越增强了对无产者的剥削，而且最终还创造出了消灭资本主义本身的条件。"① 马克思 19 世纪所考察的机器自动化生产方式，实际上到了 20 世纪的自动化生产流水线上才真正成熟起来，可见马克思的思想是具有"先见"之明的"预言价值"的。我们的理论研究往往只强调"现实感""历史感"，而忽略了"未来感"。从当前全球 AI 研究现状看，西方所谓"未来学"的话语处于强势地位，而我们较少关注未来学的探讨和理论建构；而要使尚处于"动之微"状态的 AI 成为开启文论自主创新时代的钥匙，首先就需在方法论上向具有"预言价值"的马克思学习从而自觉增强理论研究的"未来感"。

西方文化研究所取得的成果表明："电子资本主义"时代的文化研究，有助于"印刷资本主义"时代的文化研究，或者用马克思的话来说，对更为发达的电子媒介生产方式的研究，是研究或解剖此前的印刷生产方式的"钥匙"；同样，文艺机器生产自动化时代的文化的研究，也有助于非自动化时代的"电子资本主义"时代的文化研究，或者说是解剖电子资本主义时代文化生产方式的"钥匙"。这正是中国文论自主创新的契机所在。从中国当代文论的发展来看，20 世纪 90 年代以降，引进大量西方"文化研究"理论，对

---

① 本雅明：《机械复制时代的艺术作品》，王才勇译，中国城市出版社 2002 年版，第 79 页。

于中国文论的发展当然具有积极意义，但毋庸讳言的是，其间也确实存在跟着西方说而自主创新意识不强的不足。从当前对 AI 的研究状况来看，这种不足尚未引起学者自觉反思，比如我们许多学者依然操持后现代主义的话语而认为 AI 的革命意义在于使人类社会进入了所谓"后人类"时代等，更主要的问题是依然用西方基于电视文化的后现代主义"旧"方式，来分析 AI 所引发的新文化现象，这未免有方枘圆凿之嫌。因此，要使当今 AI 能够真正开启中国文论自主创新时代，则必须提炼出不同于西方文化研究已有范式的新范式，而马克思"生产工艺学批判"理论对此有重要启示。

二

前面已对"生产工艺学批判"的基本思路做了初步勾勒。作为一种文论新范式，"生产工艺学"首先是对西方文化研究的"消费观念学"（Consumption Ideology）和"传播工艺学"（Communication Technology）"旧"范式的新拓展，其次是对在"上层建筑（意识形态）—经济基础"框架中的马克思主义文化理论"生产观念学"（Production Ideology）这一"旧"范式的新拓展。从字面上看，"生产"（Production）是相对于"消费"（Consumption）而言的，"工艺学"（Technology）是相对于"观念学"（Ideology：the science of ideas）而言的，三种理论范式的对比大致如下：

生产工艺学：Production Technology

（1）消费观念学：Consumption Ideology

（2）传播工艺学：Communication Technology

（3）生产观念学：Production Ideology

由此来看：

（1）"生产工艺学"是对西方大众文化研究"消费（主义）"范式和"观念学"范式的双重拓展。西方大众文化研究方面的许多理论家（如鲍德里亚等）批判马克思文化理论的"生产"（主义）范式，费瑟斯通强调消费时代人们的兴趣从"生产领域"转向了"消费领域"等，而他们主要关注的是"消费"活动中的"意义"或"观念"的再生产，对于文化产品"物质"部分的工艺生产过程及其社会特性等则很少关注。

（2）"生产工艺学"又是对西方大众媒介研究"传播工艺学"范式的拓展。麦克卢汉等比较重视电视等现代技术对大众文化活动的影响，但关注点主要在文化产品的"传播"环节，其所依循的总体来说是一种"传播工艺学"范式。因此，"生产工艺学批判"首先是在超越西方文化批判"消费观念学""传播工艺学"旧范式基础上，对马克思文化理论的一种重构。

（3）"生产工艺学"又是对马克思主义传统文论"生产观念学"范式的新拓展。文化精神生产同样包括"生产什么"与"怎样生产"两个方面。传统的"观念学"（意识形态）范式只涉及"生产什么"，马克思、恩格斯关于现代自动印刷机及其对文化影响的讨论（见前），实际上已初步涉及"文化生产工艺学"问题——他们实际上已经强调，自动化"机器生产"既是资本主义经济"现代性"的体现，同时也是其文化"现代性"的重要体现——而这是传统的"生产观念学"和西方当代的"消费观念学""传播工艺学"等范式所无法充分揭示的。

回到当下全球关于 AI 的认知与研究现状，"机器一直都既是积极的又是消极的力量，往往瞬间就能成为乌托邦主义的或反乌托邦主义的，尽管大多数情况下乐观主义能够占据主导。自动化的工厂将把员工从不体面、繁重的苦差事中解放出来；然而却剥夺了员工的尊严"[1]。当今 AI 机器同样如此，而"大多数涉及 AI 危险性的讨论欠缺深度和广度，理解的人不太多。这些问题在硅谷和学术界的地窖里长久酝酿，但在别的地方，尤其是技术新闻行业却没能很好地吸收。每当一个反乌托邦式的观点抬起头，许多博主、社评家和技术人员都条件反射似的转过身去，就好像是在说：'少来《终结者》那一套！'难道我们还没受够那些勒德分子和悲观主义者的末日预言吗？这种反应太懒散了，相关批评少之又少就是明证"[2]。"鲁德（勒德）主义"也就成为

---

[1] 瑞德：《机器崛起：遗失的控制论历史》，王晓等译，机械工业出版社 2017 年版，第 322 页。

[2] 巴拉特：《我们最后的发明：人工智能与人类时代的终结》，闫佳译，电子工业出版社 2016 年版，第 23 页。

基于技术乐观主义的乌托邦主义者，经常扣在分析、揭示 AI 对人可能造成威胁、风险的研究者头上的大帽子。乌托邦主义者向大众描画着 AI 所开启的"美丽新世界"，而鲁德主义者却只看到 AI 的负面影响，而马克思的"生产工艺学批判"则有助于克服在 AI 认知上的这种二元对立：机器对人的威胁，不是来自机器本身，而是来自机器的"资本主义应用"。因此，要想使 AI 机器能够真正开启人类美好世界，首先就必须扬弃 AI 机器的"资本主义应用"。对此，一些西方学者还是能够清醒认识到的，比如沙纳汉就指出，面对 AI 所带来的一系列挑战，"如果在社会中能够确立机制，使具有社会价值的休闲活动也具有货币价值，那么，有偿工作和休闲活动的界限就可以完全被打破"，"此类安排可能会进一步促进权力、财富和资源的平均分配，也可能会带来前所未有的文化繁荣，人们不必为工作所累，可以自由从事他们喜欢的艺术、音乐和文学等活动"。这种社会安排已颇接近马克思关于共产主义的描述了，"但是要实现这样的社会，需要巨大的社会和政治意愿。不变的历史趋势就是权力、财富和资源逐渐集中在少数人手里。在颠覆性人工智能时代，这一点也不会改变。生产资料（在这里就是人工智能技术）将仍然由少数有实力的大公司和个人控制"。①

　　"人们不必为工作所累，可以自由从事他们喜欢的艺术、音乐和文学等活动"，这是 AI 所可能开启的人类文艺发展未来的美好图景，但前提条件是：必须改变作为生产资料的 AI "由少数有实力的大公司和个人控制"的现状。总体来看，AI "小冰""九歌"等所威胁的其实主要是精英创作者，而对于普通大众来说恰恰可以借助这些神器自由地创作、传播自己的作品，如在"抖音"等移动互联网平台上已经发生的情况。但是，如果精英创作者不束缚于自己本能抵触的情绪，超越当今更加精致的"鲁德谬误"，就会清醒地认识到：在当今资本框架下，AI 机器所威胁和取代的其实只是他们赚钱的"职业"；而扬弃私有制，变革其资本主义应用方式，AI 对人的威胁乃至取代

① 沙纳汉：《技术奇点》，霍斯亮译，中信出版社 2016 年版，第 167 页。

将转化为对人的解放，工作与休闲、劳动与文艺之间的对立将被消除，精英文艺生产将从其专职雇佣形式中解放出来，精英与大众的等级对立将被消除，AI 将成为人人全面发展而实现自身生命价值的自由创造活动。

三

在当今 AI 时代重构"文化生产工艺学批判"，不仅有助于我们更充分认识马克思文化思想的巨大丰富性、更全面认识其文化理论的完整体系，而且还具有多方面的理论和现实意义。

其一，重构文化生产工艺学批判，首先有助于我们更全面认识马克思文化理论的完整体系。

传统相关研究只突出了马克思文化理论的"意识形态"维度，而这其实只是"物质生产—文化生产"这一整体基本框架的一个维度：物质生产—生产关系—经济基础—上层建筑（意识形态）（文化生产）。在这种"生产关系"维度中，文化作为"意识形态"或"观念的上层建筑"，乃是对作为物质生产的生产关系的总和的经济基础的"观念反映"。从生产工艺学看，这还只涉及文化之"生产什么"，而文化生产工艺学批判则首先直接关注文化之"怎样生产"——这是在"物质生产—文化生产"的"生产力"维度上展开的，两者是通过"剩余价值的流转"联系在一起的。生产力的发展使物质生产中必要劳动时间缩短、剩余劳动时间相应增加，剩余劳动时间或剩余价值从物质生产中游离出去就会成为"全部文化的物质基础"，即"自由时间"。而在自由时间中进行的"自由的精神生产"将使人的精神生产力获得充分发展。现代自动化机器既通过提高物质生产力水平，对文化生产的发展起相对而言"间接"的促进作用，同时也对现代文化生产产生直接影响，从而直接提高文化生产的精神生产力。因此，文化生产工艺学批判首先关注的是"文化—机器"关系，而文化生产的现代性与物质生产一样也表现为"机器生产"。由此，我们把马克思文化理论体系初步大致勾勒如下：

表 1 马克思文化理论体系

文化生产			物质生产	关系	学科	
		关系				
怎样生产	工艺方式	文化—机器	机器生产	人—物	工艺学	
	社会方式	文化—经济	←剩余价值的流转	人—人	经济学	社会学
生产什么	观念特性	文化—政治	←生产关系的反映		政治学	

从学科格局上看，意识形态论涉及的只是"文化—政治"关系，只是一种从文化"生产什么"角度展开的观念性的"文化社会政治学批判"。这当然是马克思文化理论体系的一个方面，但绝非其全面。从"怎样生产"角度看，马克思还讨论了"文化—经济"关系，可以说"文化社会经济学批判"也是其文化理论的一个重要方面；而"文化生产工艺学批判"则可以说是一种文化的"社会工艺学批判"理论。从马克思后马克思主义文化理论的发展看，意识形态论的"文化社会政治学批判"获得了较大发展，但"文化经济学批判"和"文化生产工艺学批判"则被严重忽视了。面对当今 AI 的严峻挑战，对此加以重构，将使马克思文化思想的极大丰富性更充分展示出来。

其二，重构文化生产工艺学批判，还有助于更全面、更深刻地理解马克思文化理论的基本精神。

对理论体系的理解不完整，还导致对马克思文化理论基本精神的认识不全面。一般认为，马克思强调文化的"社会性"，但意识形态论只是揭示了文化的"社会性"的一个方面：物质生产中存在的是人—人之间的现实的社会关系，即生产关系，而文化产品的"社会性"则体现为对这种现实社会关系的"观念反映"。因此，在意识形态框架中，文化的社会性只体现为文化产品的"观念性"的"社会性"，而这只是从文化"生产什么"角度展开的。马克思所说的印刷术则变成"对精神发展创造必要前提的最强大的杠杆"、恩格斯所说的印刷术改变了"只有僧侣才能读书写字的状况""只有僧侣才能受较高级的教育的状况"等，则是从文化"怎样生产"的工艺学角度揭示了自动印刷机对文化活动中人与人社会关系的直接影响，所揭示的不是文化的"观念性"而是"现实性"的社会性——这是文化意识形态论所不能揭示的。因此，重构文化生产工艺学批判，不是否定意识形态论所揭示的文化的社会性，而恰恰是为了更充分、更全面地揭示文化的社会性，因而也是为了更充分、更全面地揭示马克思文化理论的基本精神。

其三，认识论范畴的"意识形态"论有助于我们"认识世界"，而马克思的文化生产工艺学批判则更直接有助于我们探讨如何在实践上"改造世界"。

马克思文化经济学批判揭示了文化生产与物质生产是通过"剩余价值的流转"联系在一起的，而流转可以有两种非常不同的方向，马克思在讨论"非物质生产领域中的资本主义表现"中对此有所涉及："同一种劳动可以是生产劳动，也可以是非生产劳动"，"密尔顿创作《失乐园》得到 5 镑，他是非生产劳动者。相反，为书商提供工厂式劳动的作家，则是生产劳动者。密尔顿出于同春蚕吐丝一样的必要而创作《失乐园》。那是他的天性的能动表现。后来，他把作品卖了 5 镑。但是，在书商指示下编写书籍（例如《政治经济学大纲》）的莱比锡的一位无产者作家却是生产劳动者，因为他的产品从一开始就从属于资本，只是为了增加资本的价值才完成的"。① 为书商工作的作家，可以"增加"资本的价值即"剩余价值"，其文化精神劳动是"生产性的"，或者说，体现的是由物质生产流转到文化生产中的剩余价值的一种"生产性"支出；而不能直接"增加"剩余价值的密尔顿的创作则是一种"非生产性"支出。马克思强调，只有在历史地发展着的物质生产的基础上，"才能够既理解统治阶级的意识形态组成部分，也理解一定社会形态下自由的精神生产"，"例如资本主义生产就同某些精神生产部门如艺术和诗歌相敌对"。② 因此，密尔顿的诗歌创作作为一种不能增加剩余价值的劳动恰恰是"自由的精神生产"，与资本主义生产是相敌对的；而为书商工作并能"增加"

①《马克思恩格斯全集》第 26 卷第 1 册，第 432 页。
②《马克思恩格斯全集》第 26 卷第 1 册，第 296 页。

剩余价值的作家的劳动则相对而言是不自由的，因而与资本主义生产并不敌对；但是，"从事各种科学或艺术的生产的人，工匠或行家，为书商的总的商业资本而劳动，这种关系同真正的资本主义生产方式无关，甚至在形式上也还没有从属于它"，因此，"资本主义生产在这个领域中的所有这些表现，同整个生产比起来是微不足道的，因此可以完全置之不理"。[1]在此状况下，"资本主义生产就同某些精神生产部门如艺术和诗歌相敌对"就表现为：资本主义拒绝让越来越多的剩余价值从物质生产中游离出来，这一方面阻碍了艺术和诗歌等精神生产的发展，另一方面让越来越多的剩余价值滞留在物质生产中，所产生的恶果是物质产品的生产过剩。这是马克思时代资本主义内在对抗性的重要体现，不解决这种物质产品生产过剩问题，资本主义将在一轮又一轮周期性经济危机中被葬送。

那么，马克思之后，资本主义为什么没有在物质产品生产过剩的危机中被葬送呢？这是因为第三产业或服务业转型把越来越多的剩余价值从"物质生产"中转移到产业化"文化生产"等"非物质生产领域"中了。这种转型、转移，一方面一定程度上解决了物质生产本身的产品生产过剩问题，使资本主义躲过了灭顶之灾；另一方面使马克思所描述的"从事各种科学或艺术的生产的人，工匠或行家，为书商的总的商业资本而劳动"同"整个生产"相比不再是"微不足道"的，而恰恰成为资本主义"整个生产"中的"支柱产业"。产业化文化生产不仅在"形式上"而且在"实际上"也从属于"资本"了。但是，资本主义的内在对抗性并未被彻底克服，而只是发生了"转移"，即由"物质生产领域"转移到"非物质生产领域"了。以上分析如表2所示：

表2　物质生产与非物质生产的关系

物质生产领域	剩余价值的流转	非物质生产领域（文化生产等）	
		剩余价值的生产性支出	服务业（文化产业等）
		剩余价值的非生产性支出	自由的精神生产等

[1]《马克思恩格斯全集》第26卷第1册，第443页。

厘清以上分析框架，我们就可以把当今 AI 对艺术文化进而对人类每个个体及其生命创造活动的影响，更清晰地纳入马克思生产工艺学批判框架：以剩余价值增殖为目的的"资本生产"是现代化的"社会方式"，而自动化"机器生产"则是现代化的"工艺方式"。马克思在此框架中考察了现代机器第一次能量自动化革命对物质生产及社会生活的广泛而深刻的影响，而我们也可以在此框架中展开对现代机器第二次智能自动化革命对精神生产及社会生活的广泛而深刻的影响的考察。

| 第五章 |

超越主体沦落与鲁德谬误：脑工平等、自由与劳动解放

引　言

最直观地看，在 AI 出现之前，"智能"生产的"主体"始终是"人"，而 AI 的出现表明："机器"（计算机）似乎正在成为智能生产的"主体"。这至少使人在智能生产中的主体地位变得不那么确定无疑了，智能或文化研究传统的"人学"范式至少开始受到冲击和挑战。

AI 正在引发诸多社会文化新现象，在资本框架下，成为"智能主体"的"机器"（计算机）似乎也在成为艺术"生产主体"，标志着文化智能生产之自动机器体系正在走向成熟，艺术文化哲学诸多旧范式已无法再对此做充分有效解释，亟待新转型。马克思生产工艺学批判关注"怎样生产""生产工具"而非"生产什么""产品特性"，强调生产工艺方式与社会生产关系的相互作用。与物质生产之现代机器体系经历的能量、智能自动化两大阶段相伴随，文艺、文化生产之现代机器体系经历了"机械复制"和"机械原创"或"机器再生产"和"机器生产"两大阶段。现代印刷机、电影、电视等使其进入动能自动化机械复制的半自动阶段或"机器再生产"阶段，文化产品的物质

部分被大规模复制，文化消费大众化被不断推进；作为现代科学技术和机器体系不断革命性、累积性发展的最终成果，当今 AI 计算机则正在使文化生产机器体系进入智能自动化机械原创的全自动阶段或"机器生产"阶段，作为生产工具而被资本占有、垄断的智能机器，正在成为智能主体和艺术生产主体，对艺术智能活动中人的主体地位形成挑战。而通过扬弃资本主义私有制，推动生产工具的大众化、民主化，AI 将成为每个人发挥自身生物性智力的脑工劳动及使其释放出的个人精神生产力获得解放并自由发展的客体手段。

"鲁德谬误"概括了对现代自动机器的一种常见认知理念。这种理念产生于现代机器第一次能量自动化革命中，而在当今 AI 引发的第二次智能自动化革命中依然存在。作为人的体力器官延伸的自动化机器直接影响的是物质生产，而作为人的智力器官延伸的当今 AI 则开始直接影响精神生产，继现代印刷与机械复制技术革命之后，正在引发大众文化生产方式第三次工艺革命，"机器再生产"正在向自动化的"机器生产"飞跃：机器正在成为文艺"工艺生产主体"而开始自动化生产作品，呈现出威胁乃至取代文艺精英和文艺职业的趋向，而借助人工智能以及移动互联网社交平台等技术，大众正在由文艺"观念生产主体"向"工艺生产主体"转变。作为对自动化的本能反应和抵触，"鲁德谬误"把机器对人的职业的威胁乃至取代，归咎于机器本身而非其社会使用形式，这产生于第一次能量自动化革命，在当今 AI 革命中依然存在。超越这种"鲁德谬误"，扬弃私有制，变革其资本主义应用方式，人工智能对人的职业的取代，将转化为对人的劳动的解放，劳动与游戏（艺术）、工作与休闲之间的对立将被消除，文艺生产将从雇佣形式和等级秩序中解放出来，成为人人全面发展而实现自身生命价值的自由创造活动。

从历史和发展趋势看，能量高度自动化的机器曾经终结手工时代，未来的通用人工智能将成为高度发达的社会大脑所生成的高度自动化的社会机械通用智能，脑工终结时代正在来临，人类有望彻底征服自然力，使物质和精神生产力从人身生物性限制下全面解放出来，摆脱人类物种与自然关系的动物性；扬弃资本之后，人与人社会关系不平等的动物性也将被超越，每个人的手工、脑工劳动将从资本支配下的雇佣性、竞争性中解放出来，手工、脑工劳动面前人人平等，体力、智力自由发挥人人所求，每个人的手工、脑工劳动将从必然王国中解放出来而转移到自由王国中，每个人的体力、智力将得到全面、自由发展，每个人的生命意义将在平等与自由、人道主义与自然主义高度统一中得到全面实现。人类社会发展的这种客观的必然的大势，必将消除现代经济自由主义与平等主义的抽象对立，而专业、职业艺术家等精英脑工劳动者，只有看穿经济自由主义的意识形态谎言，同时超越自身狭隘的文化精英主义立场，才能在顺应历史发展必然大势中真正实现自身价值。

第一节　文化精英主义式微、主体沦落及其超越

前已分析指出，使用文字、艺术、科学等符号的精神劳动属于"脑工生产"方式，而当今 AI 计算机则开始超越这种传统脑工方式，使人类艺术文化精神劳动开始进入自动化的"机器生产"时代，而这种机器生产方式的发展又首先是从"机器再生产"开始的。这种"机器再生产"又大致经历了三个时代：自动印刷机开启了"机械复制"时代，广播、电影、电视及其相关机器设备则开启了"电子复制"时代，非智能化的计算机和互联网等开启了"数字复制"时代。在此发展进程中，现代艺术文化的大众化、平等化逐步推进，相应地，文化精英主义受到越来越大的挑战和冲击。当今 AI 则使艺术文化精神劳动的"机器再生产"进入了全新的"机器生产"时代，随着"机器助手"的出现，普通大众与专业艺术家之间的差距大大缩小，艺术文化大众化、平等化将被提升到前所未有的高度，脑工劳动面前人人平等的时代正在来临，文化精英主义终将式微。在资本框架下，AI 正在使艺术家等专业脑工劳动者的"主体"地位受到冲击，从而似乎正在导致艺术文化生产活动中主体的沦落，但是，扬弃资本之后，每个人发挥自身生物性智力的脑工劳动又会从不自由中解放出来。

一

　　AI 奇点临近，"机器（计算机）"将成为"智能主体"，这将引发文论基本范式的转向。"人"之外，正在成为"智能主体"的"机器"也正在成为艺术作品的"生产主体"——这当是当今 AI 计算机对文艺、文化最具革命性的划时代影响。下面将这种影响纳入现代印刷机发明以来的文化生产之"机器体系"逐步成熟的历史脉络中加以考察和定位。

　　从当下状况看，AI 正在引发人类社会一场划时代的革命，这次革命与以往历次技术革命非常不同。美国学者巴拉特将 AI 称作人类"最后的发明"，并认为 AI 将引发"人类时代的终结"。现代科学技术早已赋予"机器"以"智能"，但这些"智能"是由"人"外加给"机器"的，总体来说，"智能主体"依然是"人"，而物化了人的智能的"机器"还只是"客体"，而当今 AI 则是由计算机这种"机器"自动生产出的，或者说是由"机器"内生的，在资本框架下，"机器"正在成为"智能主体"从而威胁人的主体地位——以往历次技术革命从来没有这种效果，当然，这也恰恰是现代科学技术和机器体系在资本框架下不断革命性、累积性发展的最终结果。

　　当然，更具理论性的概括，是用"奇点"来描述 AI 的终结性影响，库兹韦尔甚至为这种奇点来临的进程开出了非常明确的时间表：2045 年奇点来临，而"未来的计算机便是人类——即便他们是非生物的。这将是进化的下一步：下一个高层次的模式转变。那时人类文明的大部分智能，最终将是非生物的。到了 21 世纪末，人机智能将比人类智能强大无数倍"[1]，"人"是一种生物性"智能主体"，而 AI 计算机将成为比"人"强大无比的非生物性"智能主体"。比尔·盖茨、霍金、马斯克等一干名流"一致认为人们在较长时期都对机器智能化和不断提升的能力抱有持续的紧张情绪，而且创造这些机器的人也担心它们有一天会替代自己"[2]。而 19 世纪创造蒸汽机的瓦特们并不担心自己被

_____

① 库兹韦尔：《奇点临近》，李庆诚等译，机械工业出版社 2017 年版，第 15 页。
② 希尔：《经济奇点：共享经济、创造性破坏与未来社会》，苏京春译，中信出版社 2017 年版，第 266 页。

替代，担心被动能自动化机器替代的只是蓝领工人；同样，当今创造非智能化计算机、互联网的人，也不担心自己被替代；而创造 AI 这种智能自动化机器的人则开始担心自己被替代了，那些不是作为 AI 机器的创造者和拥有者的人（依靠出卖自身体力、智力而获得收入的所有蓝领与白领工人）更是担心自己被替代了，并且实际上 AI 已开始越来越多替代白领工人所从事的种种工作……"奇点"到来之时，AI 作为一种新型"智能主体"似乎将全面超越乃至替代人的主体地位，这看上去足以引发全人类全面恐慌。

从现象上看，AI 已在诸多智能活动中战胜人类，并且还必将在越来越多领域中捷报频传：计算机深蓝早已大胜人类国际象棋高手，最近智能机器 AlphaGo 又击败人类围棋高手，机器人索菲亚在电视直播中说要消灭人类，某国还煞有介事地要赋予索菲亚公民身份，据说智能机器人还要结婚生子……凡此种种商业噱头在全球大众媒体上疯传，刺激着全球大众脆弱的神经，而好莱坞电影工业其实早就在制造着一部又一部智能机器人消灭人类的科幻大片而大发横财。在大众传媒的鼓噪下，面对 AI 或真或假、或实或虚的威胁，全球大众忧心忡忡。极一般地说，文艺生产也是一种"智能活动"，而 AI 确实也已开始侵入这种文艺智能生产，AI 已开始自动作画、作曲等，并且据说如此"创作"出的作品还可以拍卖，引发了文化产业研究者关于文艺作品知识产权的无限遐想；AI 也可以自动作诗了，比如微软公司的 AI 机器小冰就开始自动创作现代诗了，并且还出版了一本像模像样的现代诗集，赚足了全球大众的眼球；而 AI 对于"创作"格律严整的中国古诗当是更为便捷的利器，事实上，很多人将一款相关 AI 软件下载到自己的智能手机上，不亦乐乎地在人机互动中玩着"创作"古诗的游戏……

AI 对文艺活动的最大的影响是：其作为一种"机器"（计算机）也正在成为文艺产品的"生产主体"而开始自动化生产。这对只把"人"视作文艺唯一生产主体的"人学"范式（如 20 世纪 80 年代中国文论界热议的命题"文学是人学"）显然是一种挑战。当然，文论界现在所直接面对的是在西方大众文化研究中形成的"传播工艺学"范式，尽管也注意到了电视机等现代机器对文艺的影响，但其关注点主要是文艺作品的"复制""传播""消费"等环节，而现在 AI 直接影响的是其"原创"或初始生产环节，因此，这种"传播工艺学"范式也亟待转换。马克思生产工艺学考察了现代机器体系在物质生产活动中的影响，并且也考察了"机器"尤其是现代印刷机在文化生产活动中的影响，其后，本雅明、麦克卢汉等考察了电影、电视等"机器"对文化的影响，这些应可以成为考察当今 AI 对文艺影响的理论资源，当然也需有所转换、拓展和重构。

前已分析指出，极一般地说，文艺作品包括"精神"（或"观念"）与"物质"两种因素，其生产过程也就是"观念部分"与"物质部分"生产双重交融的过程，而传统艺术观念往往轻视作品的"物质部分"及其工艺生产流程，关注"怎样生产""生产工具"而非"生产什么""产品特性"的马克思生产工艺学，对于批判性反思这种艺术传统观念有针对性指导作用。马克思揭示：革命性、累积性发展的现代科技锻造出自动化"机器体系"，引发人类物质生产一场划时代的生产工具革命，使"机器生产"取代传统"手工生产"。而仅仅从"生产什么""产品特性"角度，无法揭示其划时代意义，比如现代自动纺纱机（机器生产）纺出的纱与传统手摇纺纱机（手工生产）纺出的纱在基本特性上并无大的不同。马克思、恩格斯还揭示了现代机器尤其是自动印刷机对文艺、文化活动的革命性影响，同样，仅仅从"生产什么""产品特性"角度，也无法充分揭示其重大意义。比如，同一部文学作品，是手抄（手工生产）出来的还是由自动印刷机印刷（机器生产）出来的，其"精神或观念特性"并无大的变化。而现代印刷机对文化活动的革命性影响体现为对文化活动中人的社会关系的改塑，即它使文化产品大规模的快速生产和传播成为现实，使传统上只能被少数人享用的文化产品，开始被越来越多的人享用，从而推动文化产品消费，以及生产工具的大众化、民主化。

创构一种新理论范式并不是为了创新而创新，而是为了更有效地阐释新现实，而后起的新理论范式往往还具有更强的涵盖性，有助于我们重新发现那些重要性被忽视的历史现象和发展脉络。现代技术和"机器"对文艺、文化活动的影响，在西方大众传媒文化研究中还是被提及了，但并未作为主线被加以重视和梳理，而从生产工艺学范式尤其是从现代"机器体系"的发展进程上，则可以对此做出较为清晰的历史梳理——本雅明的"机械复制"概念对于这种历史梳理有重要助益。从总体上看，现代文化精神劳动之"机器生产"方式经历了半自动的"机械复制"或"机器再生产"和全自动的"机械原创"或真正的"机器生产"两个阶段：

（1）自动印刷机开启了文化机器再生产的"机械复制"阶段。作为一种文化产品尤其是文字产品的机械复制技术，自动印刷技术使文字产品等大规模快速生产、传播成为现实，使传统上只被少数人享用的文字产品，开始被越来越多的大众所消费，开启文化产品消费的大众化进程；同时，自动印刷机的大规模运用产生的另一成果，是大众识字率的大幅度提高，而"文字"可以说也是一种重要的文化生产工具，越来越多的人识字，也就意味着"文字"这种文化生产工具也越来越大众化。

（2）其后出现的广播、电影、电视等，则使文化机器再生产进入"电子复制"阶段。相对于此前的"印刷资本主义"，西方学者将这一阶段称作"电子资本主义"时代。自动印刷机所复制的文化产品的载体是文字和纸张，而电子技术所复制的则是包括图像、声音在内的电子信号，进一步大大提高了机械复制的速度，无线电技术则大大提高了传播速度，使文化产品消费大众化得到大大推进，于是，一种真正意义上的"大众文化""消费（者）文化"的时代到来了。此外，相对于"文字"，照相机、录像机、录音机等是大众更容易掌握的文化生产工具，因而文化生产工具的大众化也得到进一步推进。

在电视机等之后出现的计算机、互联网使文化机器再生产进入了新的"数字复制"阶段，"电子资本主义"时代走向"数字资本主义"时代，但是，计算机、互联网发展到第二阶段才更具划时代的革命意义，因此，把它们分成两个阶段细加考察非常必要。

（3）总体来说，"非智能化"计算机、互联网Web1.0，依然处在文化生产机器体系之半自动化的机械复制和传播阶段，或者说依然处于"机器再生产"

阶段。从生产工艺看，计算机成为文化产品的新型生产工具，比如画家可以直接在计算机上设计出构图软件程序，然后打印出很多但同样的"作品"，因此总体上还只是一种"复制"技术，再如音乐家也可以在计算机上合成电子音乐作品，如此等等。总体来说，在这种工艺生产流程中，"生产主体"还主要是"人"。从传播工艺看，在其 Web1.0 阶段，互联网像广播、电视一样还主要只是一种文化信息产品的传播工艺或工具——这对于大众来说尤其如此。计算机、互联网数字技术所复制和传播的是图像、声音、文字和软件程序等数字信号，其在文化信息产品的复制、传播的规模和速度上已使电视等无法望其项背，文化大众化发展到崭新高度——但是，计算机和互联网更具划时代性的革命意义并不在此。

（4）计算机发展到"智能化"新阶段，才真正引发了一场更具划时代意义的革命，即使文化生产之机器体系由半自动化"复制"进入全自动化"原创"阶段，或者由"机器再生产"进入真正的"机器生产"阶段。比如智能机器"小冰"尽管依然是一种计算机软件程序，但"她"不是在"复制"同一篇诗歌作品，而是可以不断地"原创"出一篇篇不同作品。这种智能自动化使"机器"在资本框架下成为文艺作品的"生产主体"，不再像此前的机器那样只复制文化产品的"物质部分"，而是既原创文化产品的"物质部分"，也原创其"观念部分"，因而开始在整体上对文化产品进行"全自动化"生产了。这更堪称一场"划时代"的革命。因为在此前的一切时代，文艺"生产主体"总体上还只是"人"，当今 AI 已使这种"人学"大范式不合时宜，AI 奇点临近所引发的文论基本范式的转型，恐怕是此前历史上任何一次文论转型都无法比拟的，用西方 AI 研究者常用的话语来表述，这将是一场"奇点"临近的"终极性"范式转换。

同样，互联网发展到 Web2.0 阶段，也才真正引发了一场更具划时代意义的革命：互联网社交平台技术，使大众不再仅仅只是文化信息产品的受众或"消费者"，而成为其直接的"传播者"乃至"生产者"。移动互联网社交平台技术与计算机智能技术的融合，锻造出了现代大众终极性的文化生产和传播工具，即智能手机。从手机本身的发展看，非智能化手机还只是一种单纯的通信工具，而智能手机则成为大众直接的文化生产工具，此前的照相机、录像机、录音机、文字复印机等众多机器功能皆汇聚到智能手机上，而且智能手机也更容易普及，文化生产工具的大众化得到进一步推进。此外，大众用照相机、录像机、录音机等也可以生产出文化产品，但这些产品往往很难传播出去，移动互联网社交平台则使其传播出去变得容易而便捷——文化大众化、民主化得到了更全面提升。

以上我们勾勒了现代机器体系的发展及其推进文化产品消费、生产工具大众化的历史进程，并在此历史脉络中对当今 AI 对文艺的影响做了初步定位。由现代印刷机直至非智能化的计算机，机器对文化活动的影响还主要体现在对文化产品的"物质部分"的自动化复制上，因而总体上还处在"半自动化"的"机器再生产"阶段，机器总体上还只是文化生产的"客体"手段。而既生产文化产品的"物质部分"也生产其"观念部分"的当今 AI，则使文化生产机器体系进入"全自动化"的"机器生产"阶段，在资本框架下，"机器"正在从整体上成为文化产品生产的"主体"。这对千百年来"人"在文化智能生产中所形成的"主体"地位，显然是一种挑战乃至威胁。

"机器"成为"智能主体"，乃是在资本框架下现代科学技术和机器体系不断革命性、累积性发展的最终结果，在此之前，能量自动化已首先使机器体系成为"动能主体"——马克思研究机器自动化的生产工艺学批判，对此有很多经典分析。马克思强调：传统的非自动化生产工具始终只是人的"客体"手段，"自动化"乃是使"机器"成为"主体"的前提条件之一，而另一前提条件是自动化机器被"资本"所占有和垄断，只是在资本框架下或在"机器的资本主义应用"中，"机器"才成为"主体"，而只有也只要扬弃这种资本主义应用进而扬弃私有制，"机器"才会成为"客体"（详论见后）。这对当今 AI 机器来说同样如此。面对 AI 作为"智能主体"必将日益加剧的威胁，许多中西学者提出了人—机互动、并生、共存等方案，但是，不缓解资本及其少数拥有者对 AI 技术及其发展的垄断，这种美妙的方案将难以实现。

因此，准确理解和把握当今 AI 对人的文艺活动乃至全部社会活动的影响，需要回到马克思生产工艺学批判和机器自动化理论并对其加以当代重构。

二

把物质生产工艺学与文化生产工艺学联系在一起，我们就可以重构马克思的相关理论。

关注"怎样生产"而非"生产什么"的物质生产工艺学，把自动化"机器体系"视作人类生产现代化的重要标志。这是马克思政治经济学进而是历史唯物主义、科学社会主义思想体系中极其重要的有机组成部分，但在传统研究中却被严重忽视了。马克思、恩格斯还讨论了"精神生产资料"和现代印刷机的革命性意义。实际上把文化生产也纳入现代"机器体系"发展中加以考察，已初步涉及"文化生产工艺学"问题，对于我们今天探讨 AI 对文艺的影响有重要指导作用。

其一，马克思物质生产工艺学揭示，作为"社会人的生产器官"的自动化"机器体系"，把现代化生产方式与传统"手工生产"区分开来，与人的体力器官相对应的"动能"的自动化运转，乃是第一次机器革命所锻造出的机器体系的基本特征。而当今 AI 所引发的第二次机器革命所锻造出的机器体系的基本特征是：与人的智力器官相对应的"智能"的自动化运转。

研究 AI 革命的西方学者蔡斯指出："人类生活和人类社会会因为宗教、文化和新经济体系的实施而发生变革，也会因为某个大人物的激情和信仰而改变，不过，深刻而持久的变革通常都是因为我们发现了新的做事方法，亦即新技术。因此，我们用其主导技术为很多历史时代冠名，比如铁器时代、青铜时代，等等。"[①]《资本论》第一卷的一个注释中有相近描述："尽管直到现在，历史著作很少提到物质生产的发展，即整个社会生活以及整个现实历史的基础，但是，至少史前时期是在自然科学研究的基础上，而不是在所谓历

---

① 蔡斯：《经济奇点：人工智能时代，我们将如何谋生？》，任小红译，机械工业出版社 2017 年版，第 1 页。

史研究的基础上，按照制造工具和武器的材料，划分为石器时代、青铜时代和铁器时代的。"与这个注释相关的正文内容是："各种经济时代的区别，不在于生产什么，而在于怎样生产，用什么劳动资料生产。劳动资料不仅是人类劳动力发展的测量器，而且是劳动借以进行的社会关系的指示器。在劳动资料中，机械性的劳动资料（其总和可称为生产的骨骼系统和肌肉系统）比只是充当劳动对象的容器的劳动资料（如管、桶、篮、罐等，其总和一般可称为生产的脉管系统）更能显示一个社会生产时代的具有决定意义的特征。"[①]研究"怎样生产"而非"生产什么"乃是"工艺学"最基本思路，其中，"劳动者直接掌握的东西，不是劳动对象，而是劳动资料（这里不谈采集果实之类的现成的生活资料，在这种场合，劳动者身上的器官是唯一的劳动资料）。这样，自然物本身就成为他的活动的器官，他把这种器官加到他身体的器官上，不顾圣经的训诫，延长了他的自然的肢体"[②]。"劳动对象"主要关乎"生产什么"，而"劳动资料"尤其是生产工具关乎"怎样生产"。第一次工业革命所创造出的机器体系，就是一种作为"生产的骨骼系统和肌肉系统"的"机械性的劳动资料"，即动能自动化机器体系，正是它决定着资本主义社会生产时代的"具有决定意义的特征"。

角度不同对当今 AI 做出的历史定位也不同，前面引蔡斯"铁器时代、青铜时代"语表明了一种从"生产工具"角度所做出的历史定位，而美国学者布莱恩约弗森、麦卡菲更是非常明确地从两次"机器革命"角度对 AI 做了历史定位：蒸汽机引发了第一次机器革命，而"现在，第二次机器革命时代到来了。就像蒸汽机及其他后来的技术发展克服并延展了肌肉力量一样，计算机和其他数字技术——那种用我们的大脑理解和塑造环境的能力，正在对金属力量做着同样的事情"[③]。马克思生产工艺学的重大理论贡献，就是对"第一次机器革命"及其社会影响做了系统而深入的考察。马克思当然不可能预测

[①]《马克思恩格斯全集》第 23 卷，人民出版社 1972 年版，第 204 页。
[②]《马克思恩格斯全集》第 23 卷，人民出版社 1972 年版，第 202 页。
[③] 布莱恩约弗森、麦卡菲：《第二次机器革命》，蒋永军译，中信出版社 2016 版，第 10—11 页。

到当今 AI 所引发的第二次机器革命，但是由其相关论述，我们又可以推导出当今 AI 革命出现的必然性：

（1）马克思指出，"达尔文注意到自然工艺史"，而"批判的工艺史"要研究"社会人的生产器官的形成史，即每一个特殊社会组织的物质基础的形成史"。①机器就是一种"社会人的生产器官"，而人的生产器官主要包括体力和智力两种要素，与此相对应，作为"社会人的生产器官"的机器也应当包括这两个方面。动能自动化标志着其"体力"器官的发育成熟，而其完全发育成熟必然还有待"智力"器官的发育。由此，我们可以把当今 AI 置于马克思所讲的"社会人的生产器官的形成史"或发育史中来加以历史定位：它标志着现代机器体系之"智力"器官也开始发育而走向全面成熟。

（2）关于作为人类生产现代化重要标志的机器体系，马克思有非常经典的论述："自然界没有制造出任何机器，没有制造出机车、铁路、电报、走锭精纺机等等"，"它们是人类的手创造出来的人类头脑的器官；是物化的知识力量"，"它表明，社会生产力已经在多么大的程度上，不仅以知识的形式，而且作为社会实践的直接器官，作为实际生活过程的直接器官被生产出来"②。而"自动的机器体系（即机器体系；自动的机器体系不过是最完善、最适当的机器体系形式，只有它才使机器成为体系），它是由自动机，由一种自行运转的动力推动的。这种自动机是由许多机械的和有智力的器官组成的"，它"代替工人而具有技能和力量"③。第一次机器革命所锻造出的机器体系已经是"人类的手创造出来的人类头脑的器官"或"有智力的器官"，但这种器官中所物化的"智力"尚未"自行运转"，自行运转的还主要是"体力"，它代替了工人的智力和力量，工人是机器的"使用者"，而机器的"智力"是其"创造者"或"设计者"，比如瓦特等人所赋予的，或者说是人"外加"于机器的，因此，这种动能自动化运转的机器并不代替其创造者及其智力。而当今

①《马克思恩格斯全集》第 23 卷，人民出版社 1972 年版，第 409—410 页注释（89）。
②《马克思恩格斯全集》第 46 卷下册，人民出版社 1980 年版，第 219—220 页。
③《马克思恩格斯全集》第 46 卷下册，人民出版社 1980 年版，第 207—208 页。

的 AI 机器则使"创造这些机器的人也担心它们有一天会替代自己"，智能不再是人"外加"于机器而是"内生"于机器的，或者说，机器器官所物化的"智力"或"智能"也开始"自行运转"。这是当今第二次机器革命所取得的重要成果。由此可以说，作为人类生产现代化的重要标志，"机器体系"经历了"能量"和"智能"自动化两个阶段，而如果说动能自动化对文化生产的影响还是间接的话，那么，智能自动化对作为一种智能活动的文化生产的影响则是直接的。这是考察当今 AI 对文艺影响的一个基本点。

其二，如果着眼于"生产什么""产品特性"，那么，产品具有精神性的文化生产与物质生产差别就很大；但是，如果着眼于"怎样生产""生产工具"，那么，文化产品的"物质部分"的生产与物质生产就存在相通之处。马克思、恩格斯对现代印刷机及其社会文化影响的研究表明，他们实际上也把文化生产纳入现代"机器体系"发展中加以考察。

"各种经济时代的区别，不在于生产什么，而在于怎样生产"，将这一思路引入文化生产工艺学就可以说，"各种文化时代的区别"也是"不在于生产什么，而在于怎样生产"。与此相关，《德意志意识形态》提出了"精神生产资料"这一重要概念："统治阶级的思想在每一时代都是占统治地位的思想。这就是说，一个阶级是社会上占统治地位的物质力量，同时也是社会上占统治地位的精神力量。支配着物质生产资料的阶级，同时也支配着精神生产的资料，因此，那些没有精神生产资料的人的思想，一般是受统治阶级支配的。"[1]由此来看，能显示资本主义文化时代的"具有决定意义的特征"的"精神生产资料"就是现代印刷机，并且这也是一种自动化运转的"机械性的劳动资料"，并成为当时"机器体系"一个重要有机组成部分。马克思、恩格斯对此多有分析。

在这方面，常被引用的是马克思这段话："火药、指南针、印刷术——这是预告资产阶级社会到来的三大发明。火药把骑士阶层炸得粉碎，指南针打

---

[1]《马克思恩格斯全集》第 3 卷，人民出版社 1960 年版，第 52 页。

开了世界市场并建立了殖民地，而印刷术则变成新教的工具，总的来说变成科学复兴的手段，变成对精神发展创造必要前提的最强大的杠杆"，而"最伟大的发明——火药、指南针和印刷术——属于手工业时期"。① 因此，早期的印刷术在文化生产工艺学上还处于"手工生产"阶段，还只是一种"预告"，而真正"宣告"资产阶级社会到来的是进入自动化"机器生产"阶段的现代印刷机。对此，恩格斯提到了"机器印刷"与"手工印刷"的不同，马克思区分了"手摇印刷机"与"自动印刷机"的不同（见前），并强调："像现代印刷机、现代蒸汽织机和现代梳棉机这样的机器，就不是工场手工业所能制造的。"② 由此来看，更能显示资本主义社会文化生产时代的"具有决定意义的特征"的就是自动化的现代印刷机，它与物质生产工艺方式自动化基本同步而成为现代"机器体系"的有机组成部分，其重大历史意义在于超越了"手工业"阶段。

关于现代印刷机等机器的革命性，恩格斯、马克思多有论述，前已有论。恩格斯指出："只要了解和重视我们时代的异常革命的性质，——在这个时代里，蒸汽和风力、电力和印刷机、大炮和金矿的联合作用在一年当中引起的变化和革命要多过以往整整一个世纪。"③——高度强调了印刷机的革命性。马克思强调："封建制度也随着城市工业、商业、现代农业（甚至随着个别的发明，如火药和印刷机）而没落了。"④ 恩格斯指出："蒸汽机、机械化的纺纱机和织布机、蒸汽犁和蒸汽脱粒机、铁路和电报、现代化的蒸汽印刷机使得这种荒唐的倒退已经成为不可能的事情；相反，它们正在逐渐地和坚定不移地消灭封建关系和行会关系的一切残余，并且把前一时期遗留下来的一切小的社会矛盾溶解到资本和劳动之间具有全世界历史意义的唯一对抗之中。"⑤ 如果

①《马克思恩格斯全集》第 47 卷，人民出版社 1979 年版，第 472 页。
②《马克思恩格斯全集》第 23 卷，人民出版社 1972 年版，第 420—421 页。
③《马克思恩格斯全集》第 9 卷，人民出版社 1961 年版，第 37 页。
④《马克思恩格斯全集》第 46 卷下册，人民出版社 1980 年版，第 34 页。
⑤《马克思恩格斯全集》第 16 卷，人民出版社 1964 年版，第 77—78 页。

说"手工业"阶段的"手摇印刷机"等还不能绝对保证阻止向封建关系倒退的话，那么，"大工业"阶段的"自动印刷机"或"现代化的蒸汽印刷机"等使这种倒退已绝无可能。这正是现代自动化机器体系的革命性所在。

关于印刷技术对文化活动中人与人之间社会关系的变革，恩格斯在《论封建制度的瓦解和民族国家的产生》中指出："印刷术的推广，古代文化研究的复兴，从 1450 年起日益强大和日益普遍的整个文化运动，所有这一切都给市民阶级和王权反对封建制度的斗争带来了好处。"①这就是前面引马克思的话所强调的"印刷术则变成新教的工具，总的来说变成科学复兴的手段，变成对精神发展创造必要前提的最强大的杠杆"，而随着印刷生产由"手工生产"进入自动化"机器生产"阶段，教育和文化普及率如识字率等得到更大程度的提高，文化大众化、民主化得到更进一步发展。

其三，马克思主义的普遍生产工艺学实际上涵盖了文艺、文化生产，对于考察当今 AI 对文艺的影响更具基础性指导意义。

《资本论》第二卷把社会的"总生产"分成"生产资料"与"消费资料"的生产两大部类，又把消费资料的生产分成"必需品"和"奢侈品"的生产两小部类——从不是满足人维持基本生存的意义上说，包括文艺在内的文化产品就是一种"奢侈品"而非"必需品"，因此，艺术文化精神产品的生产实际上也构成了社会"总生产"的一个有机组成部分。当今 AI 等新技术革命所产生的一个重要影响是使文化生产与物质生产更趋融合，马克思考察社会"总生产"的广义的"普遍生产工艺学"就具有针对性更强的指导意义。

生产工艺学考察的是"怎样生产"，而这种"生产"又有广义、狭义之分。《资本论》第一卷考察的主要是狭义的"生产"，即商品或产品的生产，第三卷则考察"资本主义生产的总过程"，由此来看，第二卷所考察的"流通"也是这种"总过程"的一个重要环节。这种细分，对于考察现代印刷机的历史定位以及其后发展起来的各类文化生产机器等，有重要理论启示。总

---

① 《马克思恩格斯全集》第 21 卷，人民出版社 1965 年版，第 457 页。

体来说，现代印刷机主要在文化产品的"复制"环节发挥作用，其后发展起来的与广播、电影、电视等相关的机器也是如此。这对文化产品的传播、消费等环节发挥重要作用，而这也会反过来影响文化产品的"原创"或初始生产方式。因此，广义上也可以把这些机器视作文化的"生产工艺方式"，但狭义上它们主要只是文化产品的"传播工艺方式"，而当今 AI 机器革命的划时代影响体现在：也开始对文化产品的"原创"环节产生影响，进而也成为狭义的"生产工艺方式"，"传播工艺学"范式也亟待转型。

以上主要从联系的角度，考察了现代文化生产与物质生产同时作为"机器生产"的相通之处，但两者毕竟也存在区别：相对而言，物质产品的生产中也包含智力或智能因素，但还是以体力、动力或动能因素为主，总体上表现为是一种"能量驱动的生产"。因此，能量的自动化总体上就标志着物质产品的自动化生产机器体系的成熟。与之相比，文化产品在构成要素上也包含物质部分，因而其生产过程中也包含体力或动能因素——文化产品的自动化机器生产的第一步就是与物质生产同步的动能自动化；但是，文化生产毕竟以智力或智能因素为主而总体上表现为是一种"智能驱动的生产"，能量自动化还只是使文化机器生产进入"半自动"阶段，只有现代机器体系进一步发展到第二步即智能自动化，才使其实现"全自动"，进而才标志着文化智能生产自动化机器体系正在走向成熟。因此，进一步梳理文化产品由动能自动化机械复制到智能自动化机械原创的进程，对于理解不同于物质产品机器生产的文化智能生产机器体系的发展、成熟过程，是非常必要的。

三

AI 正在引发文艺由"机器再生产"向"机器生产"的飞跃。

前已指出，现代印刷机主要作用于文化产品生产总过程中的"复制"环节——马克思、恩格斯对此并未特别强调，而到了文化新的"复制"机器如电影、电视等出现的时代，本雅明才开始提炼出"机械复制"范畴——这一范畴大致可以概括此前文化生产"半自动"阶段的基本特点；而当今 AI 则使文化机器生产进入"机械原创"的"全自动"阶段，在资本框架下，"机器"

正在成为艺术文化的"生产主体"，或者说，艺术文化生产作为一种"智能生产"，也开始被纳入作为"社会人的生产器官"而趋于完全发育成熟的当代"机器体系"之中。准确理解这一历史发展进程及其重大社会意义，还需要重新回到马克思的机器自动化理论和生产工艺学批判中。

其一，相对于其他西方马克思主义者对现代技术总体上所持的消极态度，本雅明机械复制理论对技术和机器对文艺的影响持积极态度，并实际上从马克思"物质生产工艺学"中引申或推导出了一种"文化生产工艺学"：

> 当马克思着手分析资本主义生产方式时，这种生产方式尚处于初级阶段。马克思努力使他的研究具有预言价值。他揭示了资本主义生产的基本状况，并通过对这种基本状况的描述使人们由之出发能看到资本主义未来发展的东西。于是人们看到，资本主义不仅越来越增强了对无产者的剥削，而且最终还创造出了消灭资本主义本身的条件。
>
> 上层建筑的变革要比基础的变革缓慢得多，它用了半个多世纪才使生产条件方面的变化在所有文化领域中得到体现。只是在今天，我们才能确定这一变革以怎样的形态实现。要做出这个说明，就必然会提出某种程度的预言性要求。①

大多数西方马克思主义者只看到现代技术所塑造的生产方式巩固资本主义的一面，却忽视其"最终还创造出了消灭资本主义本身的条件"的一面。这对于物质生产和精神生产来说皆是如此。本雅明指出："技术这个概念是这样一种概念，它使文学作品接受一种直接的社会的因而也是唯物主义的分析"，"文学的倾向性可以存在于文学技术的进步或者倒退中"，"他（作家）的工作从来不只是对产品的工作，而同时总是对生产工具加工"，"首先

---

① 本雅明：《机械复制时代的艺术作品》，王才勇译，中国城市出版社 2002 年版，第 79—80 页。

是引导别的生产者进行生产，其次是给他们提供一个改进了的器械，生产的这种模范性才是具有权威性的。而且这个器械使参加生产的消费者越多，越能迅速地把读者和观众变为共同行为者，那么这个器械就越好"。① "机械复制技术"就是这样一种进步而先进的文艺生产技术、工具或器械，它推动文化产品消费的大众化、民主化，能够显示资本主义社会文化生产时代的"具有决定意义的特征"的就是这种"机械复制技术"——本雅明文化生产工艺学由此考察了其对文艺活动中人的社会关系的影响。

其二，在文化机械复制生产中，生产主体总体来说依然是艺术精英或专业人士。但机械复制工具一方面改变了大众对艺术的关系，艺术产品消费的大众化颠覆了传统艺术消费中的等级秩序，另一方面，它也推动着文化生产工具及其相关技能的大众化，大众也正在一定程度上成为艺术的"生产主体"，而当今智能手机则更进一步推进了这一进程。

关于本雅明"艺术作品的机械复制性改变了大众对艺术的关系"的讨论，前已有论。本雅明还从艺术品"生产环节"，揭示机械复制技术在推动文化生产工具及其相关技能的大众化所发挥的积极作用："几百年以来，文献中的情形都是很少的一部分作者与成千上万倍的读者相对峙。在20世纪末出现了一个变化。随着新闻出版业的日益发展，新闻出版业不断地给读者提供了新的政治、宗教、科学、职业和地方的喉舌，越来越多的读者——首先是个别的——变成了作者。这肇始于日报向读者开辟了'读者信箱'。"自动印刷技术使大众由单纯的"读者"（消费主体）同时变成了"作者"（生产主体），而作为更先进的机械复制技术，"电影可轻而易举地摄下所有这一切，而文学在几百年以来所经历的演变，在电影中则只经过10年的历程就实现了"，"电影技巧也同体育运动技巧一样，每个人都是作为半个行家而沉浸于展示技巧的成就中"，本雅明还特别以苏联电影为例加以分析："在俄罗斯的电影实践中这种演变已经部分地实现了。在俄罗斯电影中的有些演员并不是我们意义上

---

① 本雅明：《作为生产者的作家》，何珊译，《新美术》2013年第5期。

的演员，而是扮演自己——首先在他们的劳动过程中——的大众。"①劳动大众的"电影技巧"或表演得到一定程度的发挥。

本雅明大段引用了胡克斯勒的相关说法：

> 技术的进步导致了……简单化……机械复制和轮转印刷能对文字和图片进行无限复制。普遍教育和相对富足的薪金创造了一大批这样的读者，他们能进行读而且能搞到阅读材料和图片资料。为了提供这些材料，便兴起了一种重要工业。然而富有艺术天赋的人却很少；由此就导致这样的结果……在任何时间内和任何地方，艺术创造物的绝大部分都贬值了。而整个艺术创造物中所含渣滓的百分比在今天比以往任何时期都要高……对音响材料的消费也同样如此。留声机和收音机的繁荣就导致了这样一些听众的出现，这些听众对听觉材料的消费，超越了与居民构成的增长比例，和与有天赋音乐家构成的一般增长比例，这就说明，在所有艺术中，不管是从绝对还是从相对而言，对渣滓的生产要比以前来得多；只要人们继续像现在这样不按比例地大量消费阅读材料、形象资料和听觉材料，那么，情形就必定如此。

本雅明引用这段话后下的结论是："这种考察方法显然并不是进步的。"②这可以说是对文化精英主义的基本定位。以上可以说是对现代人众文化生产机器体系发展史极好的描述，而把"为"大众和"由"大众生产的巨量文化消费品视作"渣滓"或"垃圾"，乃是与这种发展史一直相伴随的一种基于艺术文化精英主义立场的主流论调。

如果说电影导致艺术"有关技巧的特权性质消失了"的话，那么，当今

---

① 本雅明：《机械复制时代的艺术作品》，王才勇译，中国城市出版社2002年版，第108—111页。
② 本雅明：《机械复制时代的艺术作品》，王才勇译，中国城市出版社2002年版，第144—145页。

智能手机更进一步导致了各类艺术技巧的特权性质的消失，"文学在几百年以来所经历的演变，在电影中则只经过 10 年的历程就实现了"，而智能手机在更短时间内更充分地实现了。前面已指出，智能手机汇聚了照相机、录像机、录音机、文字复印机等众多机器的功能，而相关 AI 技术也使大众更容易掌握声音、图像等形式方面的创作"技巧"。比如在当今中国特别火并据说已走向世界的"抖音"，已成为普罗大众"发布""传播"自己音像产品的平台，而智能手机则成为大众音像产品的"生产工具"。尽管基于精英立场，你会指出，这种音像产品不够"专业"，甚至是垃圾或渣滓，但"这种考察方法显然并不是进步的"！

　　其三，本雅明由马克思物质生产工艺学推导出文化生产工艺学，而准确、全面把握当今 AI 对文艺乃至整个人类社会的影响，需要重新回到马克思尤其是回到他的机器自动化理论和生产工艺学批判上。

　　本雅明说电影等导致"有关技巧的特权性质消失了"，这种发生在文化生产领域的事，其实早已发生在物质生产领域。马克思指出，"各种特殊的手艺直到 18 世纪还称为秘诀，只有经验丰富的内行才能洞悉其中的奥妙"[①]，而"使用劳动工具的技巧，也同劳动工具一起，从工人身上转到了机器上面。工具的效率从人类劳动力的人身限制下解放出来。这样一来，工场手工业分工的技术基础就消失了。因此，在自动工厂里，代替工场手工业所特有的专业工人的等级制度的，是机器的助手所要完成的各种劳动的平等或均等的趋势"。[②] 这种发生在手工劳动中的事情，其实也出现在传统艺术劳动中：艺术精英更会把自己的创作技能或天赋视作某种神秘的"秘诀"或独得之秘，并以此建构艺术生产中的"等级制度"，以维护他们与普罗大众之间"专业—业余"的等级秩序。如果说动能自动化机器体系标志着"使用劳动工具的技巧"从工人身上转到了机器上面的话，那么，当今 AI 则标志着"思维技巧""艺

①《马克思恩格斯全集》第 23 卷，人民出版社 1972 年版，第 533 页。
②《马克思恩格斯全集》第 23 卷，人民出版社 1972 年版，第 460 页。

术创作技能"等也由人身上转移到"机器"上面，这同样将逐步颠覆各类智能活动中的"等级制度"，引发艺术等智能活动"平等或均等的趋势"。比如智能手机里的美图等软件，可以说就是由人身上转移到"机器"上的艺术技巧，作为智能手机这种"机器"的"助手"，普罗大众现在也可以制作出非常漂亮的图片艺术品了，从而拉近了与专业图片艺术品制作者的距离。当然，你可以基于精英立场像胡克斯勒那样认为，这种"拉近"恰恰"拉低"了图片艺术品创作的整体水平。

　　但是，对于动能自动化机器体系对传统手工劳动中等级制度的颠覆及其带来的各种劳动平等化、均等化趋势的描述，马克思丝毫没有染上玫瑰色，因为均等化的人的各种劳动对于不断发展的机器体系来说，恰恰将变得越来越无足轻重而被排挤，从而对蓝领工人形成威胁。同样，当今智能自动化机器体系对传统艺术劳动中"专业—业余"等级秩序的颠覆及其带来的"拉平"各种人的艺术制作能力的趋势，也绝不意味着一种美妙前景，因为 AI 机器实际上也正在使"人"的艺术生产能力变得越来越无足轻重而被排挤——当然，这首先是对包括文艺"专业人士"在内的白领工人形成威胁。而在资本主义生产关系框架下，无论是在物质生产还是在文化生产中，除了"机器"与"人"之外，其实还存在第三种更强势要素，即"资本"。

　　"使用劳动工具的技巧"从人身上转到了机器上所形成的结果是"工具的效率从人类劳动力的人身限制下解放出来"。这同样适用于分析"思维技巧"从人身上转移到机器上的当今 AI 革命：智能化计算机作为一种"工具"的"效率"也体现在把"智能"从人类智力的人身限制下解放出来，或者说，做出一种物理性智能把智能从人的生物性限制中解放出来——一般用"智能爆炸"来描述这种解放效果。库兹韦尔则用"奇点"来临来描述这种解放的最终结果，并强调"未来的计算机便是人类——即便他们是非生物的""那时人类文明的大部分智能，最终将是非生物的"——那么，这种将"比人类智能强大无数倍"的 AI 机器是否会成为"智能主体"而替代人的主体地位呢？这是当今中西关于 AI 及其社会影响研究中的一个重要议题，而一种流行观点认为，人类可以克服与智能机器之间的对立乃至对抗而走向人—机互动、并生、共存。但是，这种流行认知忽视了对人—机对抗的社会根源的深入挖掘，或者说，忽视了当今智能活动中除了"机器"与"人"外还存在第三种更为强势要素，即"资本"，因而提出的化解对抗的方案的有效性恐怕要大打折扣，而马克思生产工艺学对机器自动化的批判性分析，对探讨这一议题有重要理论启示：

> 尤尔博士，这位自动工厂的品得，一方面把工厂描写成"各种工人即成年工人和未成年工人的协作，这些工人熟练地勤勉地看管着由一个中心动力（原动机）不断推动的、进行生产的机器体系"；另一方面，又把工厂描写成"一个由无数机械的和有自我意识的器官组成的庞大的自动机，这些器官为了生产同一个物品而协调地不间断地活动，因此它们都受一个自行发动的动力的支配"。这两种说法绝不是相同的。在前一种说法中，结合总体工人或社会劳动体是积极行动的主体，而机械自动机则是客体；在后一种说法中，自动机本身是主体，而工人只是作为有意识的器官与自动机的无意识的器官并列，而且和后者一同受中心动力的支配。第一种说法适用于机器的一切可能的大规模应用，第二种说法表明了机器的资本主义应用以及现代工厂制度的特征。因此，尤尔也喜欢把产生运动的中心机器不仅描写成自动机〔Automat〕，而且描写成专制君主〔Autokrat〕："在这些大工场里，仁慈的蒸汽力量把无数臣民聚集在自己的周围。"①

尤尔描述了由"自行发动的动力"驱动的动能自动化机器体系所可能出现的两种不同形象："主体"或"客体"。而马克思强调：自动机成为"主

---

① 《马克思恩格斯全集》第23卷，人民出版社1972年版，第459—460页。

体"的必要前提条件是"机器的资本主义应用"。他还分析指出："资本不创造科学，但是它为了生产过程的需要，利用科学，占有科学。这样一来，科学作为应用于生产的科学同时就和直接劳动相分离。"①这种"分离"，在动能自动化机器体系中表现为"使用劳动工具的技巧"从人身上"转移"到了机器上，在智能自动化机器体系中表现为"思维技巧"从人身上"转移"到机器上。这种"分离"和"转移"并不必然导致机器与人的对抗，或者说，并不必然导致"机器"成为"主体"而威胁人的主体地位。马克思实际上揭示了"机器"成为"主体"两个缺一不可的必要条件：

（1）机器之"自动化"。在传统手工劳动中，非自动化的生产工具始终只是人的"客体"手段，"人"始终是使用生产工具的"主体"；而在现代机器自动化体系中，不是"人"把"机器"当作工具手段来使用或支配，而是机器体系这种"自行发动的动力"在"支配"人，从而成为"主体"。这可以说是"机器"成为"主体"的工艺学上的必要条件。

（2）机器之"资本化"即"资本主义应用"，或"资本"对科学的占有、垄断。这是"机器"成为"主体"的社会学上的必要条件或社会根源。

以上两个方面是复杂交织在一起的，即机器自动化是在资本主义生产关系框架下实现的，而马克思强调："决不能从机器体系是固定资本的使用价值的最适当形式这一点得出结论说，从属于资本的社会关系这样一种情况，是采用机器体系的最适当和最完善的社会生产关系。"②这正是马克思生产工艺学的"批判性"所在。从逻辑角度看，所谓"必要条件"就是：无之必不然，但有之未必然。"自动化"只是"机器"成为"主体"的必要条件，但自动化并不必然导致"机器"成为"主体"。再从发展角度看，扬弃其"资本化"后，自动化"机器"将不再是"主体"而只是"客体"。这是把逻辑与历史统一在一起的马克思工艺学批判所暗含的基本思路。

---

①《马克思恩格斯全集》第 47 卷，人民出版社 1979 年版，第 570 页。
②《马克思恩格斯全集》第 46 卷下册，人民出版社 1980 年版，第 212 页。

马克思生产工艺学批判，同样适用于对当今智能自动化机器体系及其社会影响的分析：马克思讲的是动能自动化中"机器"如何成为"动能主体"而支配主要作为体力支出者的蓝领工人，由现代印刷机而非智能化的计算机，人类文艺、文化也进入自动化的机器生产阶段。但是，即使发达的非智能化的计算机，因为未能实现智能自动化运转，总体上也还只是人的文化生产的"客体"手段，而当今 AI 的出现，则使"机器"成为"智能主体"并支配作为智力支出者的白领工人乃至全人类成为可能。但这只是工艺学方面的条件，而社会学方面的条件是智能机器的"资本主义应用"或资本对 AI 技术的占有、垄断。同样，当今机器的智能自动化，总体上也是在资本主义生产关系框架下实现的，但同样绝不能由此得出结论说，资本主义社会关系是采用智能机器的"最适当和最完善的社会生产关系"——而当前中西有关 AI 社会影响的研究并未充分意识到这一点。

自人类采用现代自动化机器生产方式以来，就一直有一种流行甚广、甚深的意识形态，认为人与自己所创造的生产工具之间关系的异化，是由科学技术通过自动化机器造成的。这种意识形态观念其实依然流布于当今有关 AI 及其社会影响的诸多理论中。而马克思则揭示，这种异化是由占有、垄断科学技术的资本造成的。当然，也有不少西方理论家已经意识到这一点，比如希尔在讨论应对 AI 挑战时指出：

> 卡尔·马克思曾经想象的共产主义社会中，"没有一个专属的活动领域"，这让"我可以今天做一件事，早晨打猎，下午捕鱼，傍晚喂牛，晚饭后批判，当然这只是我的一个想法，所以我没有成为猎人、渔夫、牧人或评论家"。显而易见，暴怒的共享经济倡导者采取了一种新的马克思主义信条，但这是颠倒了的马克思主义。在

巨大的不平等和所有权被驯服后，马克思设想了他的新社会。①

技术悲观主义者只看到 AI 作为"智能主体"威胁人的消极面，所谓"共享经济倡导者"作为技术乐观主义者却只看到积极面，即 AI 技术正在推动物质和文化产品消费、生产工具的共享化，但是问题在于，从现状看，无论西方还是中国，由 AI 和互联网等技术锻造出的所谓"共享经济"模式，在其发展中也出现越来越多的乱象。在希尔看来，这正是由"巨大的不平等和所有权"没有被"驯服"造成的，要改变这种现实状况和发展趋势，就必然还需要对所有权等社会制度进行全面变革。到了共产主义社会，每个人的体力和智力都将得到全面解放和充分自由发展，以此来看，扬弃资本主义私有制、推动生产工具的大众化、民主化，使作为"社会人的生产器官"完全发育成熟的动能、智能自动化的"机器体系"为每个人所共享——AI 将成为每个人精神生产力获得解放并自由发展的客体手段。在当今 AI 使人类文化精神劳动由"机器再生产"飞跃到真正的"机器生产"时代时，重构马克思文化生产工艺学批判，具有重大现实和未来意义。

第二节　机器的助手、文化生态去区隔化与脑工平等

AI 所引发的文化精英主义权力的衰落，在移动互联网平台如抖音等上有突出体现：在平台上，智能手机是普通大众进行文化生产的有利、有力工具，而当大众使用各类 AI 软件进行写作、制作音像作品时，他们颇类似马克思所说的"机器的助手"。

一

柏拉威尔《马克思与世界文学》在"意识形态与精神生产"这一论题下，

---

① 希尔：《经济奇点：共享经济、创造性破坏与未来社会》，苏京春译，中信出版社 2017 年版，第 367—368 页。

先引用马克思相关论述，然后评述道："有人说，马克思这样区分阶级的意识形态和自由的精神生产，似乎是再一次表示，即使受到一种意气不合的社会秩序的限制，艺术可能仍是一个比较自由的领域。"①前已指出，作为数字机器即计算机自动生产或制作的艺术，AI 艺术正在引发人类艺术的终极革命，由于这场终极革命主要发生在艺术的"生产"环节，着眼于艺术"传播"（流通）环节的"媒介"范式已不再能充分揭示其终极性革命意义。AI 引发的是艺术的生产方式的终极革命。我们古人用"刀耕火种"描述农业生产的原始方式，并且用"笔耕心织"描述写作活动。直观地看，同为写作的工具，AI 计算机之于"笔"，就像现代自动耕田机器之于"锄头"：面对当今 AI，传统写作"笔耕心织"的方式正在成为"刀耕火种"式的原始生产方式。影像艺术等传统生产方式也是如此。而 AI 划时代的革命意义也就在于：将终结艺术生产的这种传统方式。

　　这场生产方式革命同时也是艺术生产的"主体"革命：照相、影视拍摄等机器只是艺术生产的"客体"手段，而能够自动生产出艺术作品的 AI 机器，似乎正在成为艺术生产的"主体"，冲击着"人"在艺术生产中的"主体"地位。顺着西方文化理论"后现代"范式的惯性，当前理论界往往用超越"人类主体中心论"的所谓"后人类"来描述这种冲击，而从马克思考察物质和精神生产工具现代化的"机器生产工艺学批判"这个角度，则会做出与"后人类"范式不同的描述——"机器的助手"。马克思指出：

　　　　使用劳动工具的技巧，也同劳动工具一起，从工人身上转到了机器上面。工具的效率从人类劳动力的人身限制下解放出来。这样一来，工场手工业分工的技术基础就消失了。因此，在自动工厂里，代替工场手工业所特有的专业工人的等级制度的，是机器的助手所

---

① 柏拉威尔：《马克思和世界文学》，梅绍武等译，生活·读书·新知三联书店 1980 年版，第 423—424 页。

要完成的各种劳动的平等或均等的趋势……①

　　马克思讲的是现代机器第一次"能量"自动化革命，主要引发了"物质生产"方式的工艺革命，"平等"的"机器的助手"，是"物质劳动者"在自动机器生产体系中基本的形象定位；当今 AI 正在引发现代机器第二次"智能"自动化革命，把"物质劳动"置换为"精神劳动"，马克思以上描述同样适用于分析 AI 对艺术精神劳动的影响：使用（艺术精神）劳动工具的技巧，也同劳动工具一起，从艺术家身上转移到了机器（AI 计算机）上面；工具的效率从人类（艺术精神）劳动力的人身限制下解放出来——人类整体的艺术精神生产力由此将获得大发展。

　　在传统手工业生产中，师傅通过存在于自己身体内的高超的使用物质劳动工具的技巧，建立起与徒弟之间的等级，而"能量"自动化机器则打破了这种不平等，同为劳动者的师傅与徒弟都成为"机器的助手"，迎来了使用物质劳动工具技巧的平等时代；智力劳动与体力劳动等分工出现之后，就出现了相对"专业"的艺术家，像手工业大师傅一样，专业艺术家通过存在于自己身体内的高超的使用艺术劳动工具（文字、音符、画笔等）的技巧，建立起与普通大众之间的"专业艺术劳动者的等级制度"，而当今 AI 自动化机器则将打破这种不平等，专业艺术家与普通业余爱好者都将成为 AI"机器的助手"，使用艺术劳动工具技巧的平等时代正在来临。比如，如果都以智能手机、AI 软件为艺术生产工具，专业艺术家就很难拉开与普通大众在艺术质量上的差距等。

　　在传统手工业生产中，"徒弟"是"师傅的助手"，师傅对徒弟的支配，体现的是人对人的支配；而在机器自动化生产中，所有劳动者皆是"机器的助手"，机器对人的支配，似乎体现的是"机器"这种"物"对"人"的支配。而马克思生产工艺学批判揭示，这最终体现的是：掌握资本、垄断机器

①《马克思恩格斯全集》第 23 卷，人民出版社 1972 年版，第 460 页。

的资本家对工人即"人"对"人"的支配。从现象上看，作为"能量"自动化机器"助手"的蓝领工人极容易被机器代替而失业，同样，作为"智能"自动化机器"助手"的职业艺术家等白领工人也极容易被 AI 机器代替而失业，而造成失业的根源不是自动机器这种"物"，而是资本及掌握资本的"人"。

试图超越"人类主体中心论"的所谓"后人类"表述似乎在暗示：AI 机器将成为一种不同于人类物种的新的"主体"。关于自动机器与人的关系，前面已引马克思之语指出，存在两种不同的说法，只有在"机器的资本主义应用"中，"自动机本身"才成为"主体"，而工人似乎成了"客体"，而"尤尔也喜欢把产生运动的中心机器不仅描写成自动机，而且描写成专制君主"。所谓"专制君主"极容易让我们联想到好莱坞科幻大片《黑客帝国》《终结者》等，某种"非人类"或"超人类"的机器将统治乃至消灭人类，乃是有关 AI 科幻文艺的常见主题，但这种设想并不科学。只有在"机器的资本主义应用"中，"自动机本身"才成为"主体"，而作为"机器助手"的工人似乎反而成为"客体"。但这种状况不是由自动机本身造成的，而是由"资本"及垄断资本的"人"造成的。扬弃了资本的控制之后，"机械自动机"就不再可能成为"主体"，而始终只能是"客体"，但是，成为"积极行动的主体"的也不是个体工人，而是"结合总体工人或社会劳动体"或者"社会人"。结合智能活动看，在 AI 机器自动化生产中，发挥主导作用的是马克思所说的"社会智力"，而不是"个人智力"，具有智力的个体人只是发挥次要作用的 AI 机器的"助手"。由此可以推论：作为"机器助手"的个人与个人之间是"平等"的，但却不是"自由"的。

在有关 AI 可以"代替"人的智力劳动的认知上，国际学界大致不存在分歧，分歧在于这种"代替"对人究竟意味着什么。马克思指出，这种"代替"可以意味着"人不再从事那种可以让物来替人从事的劳动"。（参见前引）马克思这里讲的"物"主要指能量自动化机器，代替的主要是体力劳动，但同样适用于分析当今 AI 自动机器及其对人的智力劳动的代替：在这种"可以让物来替人从事的劳动"中，"积极行动的主体"是"社会人"，而"个体人"只是"机器的助手"。在马克思看来，这种劳动始终处在"必然王国"而不自由，而"在这个必然王国的彼岸，作为目的本身的人类能力的发展，真正的自由王国，就开始了"。在这种"自由王国"中，"个体人"体力、智力的发挥成为"目的本身"，并因而获得充分自由、全面发展，"个体人"将成为"积极行动的主体"。

但马克思同时也指出了问题的另一面：能量自动化机器这种"物"代替人从事体力劳动，却造成了作为"机器助手"的出卖体力的蓝领工人失业。同样，AI 自动机器代替人从事智力劳动，也将造成作为"机器助手"的出卖智力的职业艺术家等白领工人失业。

总之，用马克思生产工艺学批判来分析：AI 作为由人身上转移到机器上的智能，确实不再是"个体人"的智能，但依然是"社会人"的智能，即"社会智力"；或者说，AI 是一种"非个人"或"超个人"的智能，但绝非"非人类"或"超人类"的智能；并且，个人与作为"社会智力"的 AI 之间的冲突，也绝非具体的"个人"与抽象化的"社会"之间的冲突，而是控制 AI 的极少数"个人"与绝大多数"个人"之间的冲突——总之，不是人类与人类之外的 AI 机器这种"物"之间的冲突，而是人类内部的个人与个人之间的冲突。把 AI 描述成"非人类"或"超人类"的东西的"后人类"表述，则会有意无意之间掩盖这种基本社会现实。

成为 AI 机器的助手，职业精英艺术家与普通人众之间的艺术等级将日益被颠覆，一个艺术平等或脑工平等的时代正在来临。这对于精英艺术家来说确实是个有失"面子"的事情，但更糟糕的事情是他们也将失去"里子"，即他们的"职业"也将受到 AI 机器的威胁。但是，在职业性或雇佣性的艺术创作中，精英艺术家所获得的并非充分、全面的自由，因此，AI 所将消灭的并非他们艺术创作的"自由性"，而是其"雇佣性"的"非自由性"。每个人都成为 AI 机器的助手，会带来人人平等，却并不会直接带来人人自由；但是，在作为机器助手的劳动之外的"自由王国"中，每一个人的体力、智力将获得充分自由、全面发展，前提是消灭资本。当我们把焦虑的目光只锁定在 AI 机器上并将其视作一种"非人类"或"超人类"的东西时，我们就会看不到人类未来发展的这种可能性。

最后，从自由与平等的关系看，人类社会已有的历史状况是：少部分人"自由"而绝大多数人"不自由"。这可以说是一种更为根本性的"不平等"。作为"一切人（或'社会人'）的自由发展的条件"，"每个人的自由发展"则将是一种更普遍而全面的"平等"。这是当今 AI 革命所昭示出的历史发展必然大势，可以成为我们思考人类艺术未来发展趋向的一个重要切入点。

二

从中国现状看，抖音、快手等短视频平台正在迅速发展、大幅扩张，而且抖音已远征海外并初露锋芒，正在社会生活中产生广泛而深刻的影响，并将进一步产生更广泛而深刻的影响。与新技术及其社会影响的指数级发展速度相比，人文社会科学的发展已显得非常滞后，许多热衷于这些新技术现象的研究又往往旧瓶装新酒，知识框架、理论范式等已显陈旧。比如许多文化研究者依然局限于观念论、文化精英主义立场，突出表现是依然在套用实质上是建立在电视技术基础上的西方后现代范式等，缺乏对后现代文化理论潜在的技术基础的自觉反思，相应地，也就缺乏对与抖音等相关的移动互联网社交平台等技术与电视技术之间"差异"的敏锐洞察。而不洞悉并揭示这种"差异"、将相关分析建立在这种"差异"上，对于抖音短视频平台等种种新技术文化现象的解释，或流于泛泛而论，或难免有方枘圆凿之弊。

抖音等正在快速重塑文化整体生态，借用布迪厄"区隔"概念，这种重塑作用体现为正在使文化外部的文化—非文化、文化内部的精英—大众、纯文艺—非文艺等关系"去区隔化"。"区隔化"使文化生态等级化、垄断化、封闭化，而"去区隔化"则使文化生态去等级化或平等化、共享化、开放化。一般认为，当前互联网平台存在 3 种生产模式：UGC（User Generated Content，用户生成内容）、PGC（Professionally Generated Content，专业生成内容）、OGC（Occupationally Generated Content，职业生成内容）。三种平台模式皆具有开放性：与 PGC 相关的生产主体是专业精英（如爱奇艺视频平台等），而 UGC 中的 USER 则还包括普通大众，因此 UGC 具有更强平等性；OGC 模式下由职业人士生产出的信息产品往往要收费（如"知识收费"等），UGC 模式下生产出的信息产品则大多免费，因而具有更强共享性——而抖音、快手等之所以能异军突起，正是因为采用了 UGC 这种开放性尤其是平等性、共享性更强的平台模式，或者说正是因为顺应了互联网平台去等级化或平等化、共享化、开放化的发展大势。从现象上看，在抖音平台上，平头百姓既可以展示自己的文艺等"精神产品"，普通农民也可以展示、推销自己的农产品等"物质产品"，并且已有取得成功的案例。而当普通农民能以比较艺术化的短视频方式——像传统广告那样——展示、推销农产品时，这种短视频同时也就具有一定的"艺术性""文化性"等，文化与经济等非文化、纯文艺与非文艺之间的去区隔化特点就非常突出了。从文化内部看，精英—大众之间的去区隔化，在建立在电视等技术基础上的电子资本主义时代就已呈现出来，其实在更早的印刷资本主义时代就已开启，那么，抖音等互联网社交平台与传统的印刷、电视等技术的"差异"何在？我认为只有从文化或信息的"生产工具"及其掌握者的角度，才能清晰地揭示这种"差异"及其社会意义。

也先从现象上看，平头百姓作为 USER 在抖音、快手"平台"上展示、传播自己的文艺产品，而他们的生产工具是智能手机，没有这种便捷、智能化的生产工具，就不可能形成 UGC 模式；在电视技术范式下，诚如菲斯克等所指出的，文艺产品的物质、文本部分及其生产工具（摄影录音等设备）总体上不是由大众掌握的，当然，大众也无法借助电视这种平台展示、传播自己的作品。总体来说，电视模式只是一种 PGC 或 OGC 模式：大众能掌握的工具只是电视遥控器，通过选择频道影响收视率等。大众对文化生产确实有重大影响，并且对电视产品如电视剧、广告等的"意义"的解读、生成是由大众完成的——也是在此意义上，菲斯克等认为，大众是文化商品的"意义"或"观念"的生产者或生产主体，但毕竟不是文化商品物质性文本的生产主体，而现在，智能手机（兼具摄影录音等功能）也成为大众可以掌控的文化产品物质性文本的生产工具，从而使大众也成为这方面的生产主体，抖音等平台又为大众直接发布、传播自己的文化产品提供了便捷渠道，由此引发的革命性转折意义，绝不亚于电子资本主义取代印刷资本主义那种转折意义。但是，总体来看，学界对于这种"差异"和"转折"及其重大社会意义，关注和认识得并不够充分和深入。

前已指出，传统马克思主义文化研究所特别强调的意识形态观念论，其实只涉及文化的"生产什么"，即产品的内容方面，而没有涉及文化"怎样生产"。在此意义上，文化生产的"工艺学"又首先是相对于"观念论"范式而言的。从这个角度看，现在许多对有关抖音等短视频作品的批评，其实采用的主要是"观念论"范式，或者说只关注其"生产什么"，认为平头百姓在抖音等平台上发布的短视频作品内容格调或思想水平不高等，但抖音等平台在文化发展上的划时代意义，首先并不在"生产什么"，而在"怎样生产"。

马克思生产工艺学的"批判性"体现在不是就工具论工具，而是进一步揭示不同生产工具及其使用所引发的人与人之间社会关系的变化："随着一旦已经发生的、表现为工艺革命的生产力革命，还实现着生产关系的革命。"取代传统"手工生产"的"机器生产"实现了人类生产方式的现代化，作为一场现代化"工艺革命"引发了资本主义生产关系革命，封建主义生产关系被彻底淘汰。而作为现代机器体系的重要组成部分之一，自动印刷机昭示的则是人类文化生产工具和方式的现代化。"文字"可谓人的最基本的文化生产工具，在漫长的历史上，这种工具曾经只被少数人掌握和垄断，自动印刷机这种文化"生产工具"的现代化，则打破了这种垄断，带来的是"文字"这种生产工具的普及化，即识字率，从而使大众阅读、书写等能力普遍提高，从而使现代文化的平等化、大众化进程得以开启，而其后的"电子资本主义"直至今天与抖音等相关的"平台资本主义"，使这种大众化进程得以进一步推进（详论见前）。

西方后现代文化研究往往只关注文化的传播、消费、观念（意识形态）等，相应地就不特别关注文化的物质性的生产技术、工艺、工具及其社会影响，其中本雅明、麦克卢汉等则相对而言较为关注。本雅明强调作家"对生产工具加工"的重要性，揭示机械复制技术颠覆了传统文化生产"等级秩序"。本雅明引述了胡克斯勒相关说法："机械复制和轮转印刷能对文字和图片进行无限复制"，造成的结果是"整个艺术创造物中所含渣滓的百分比在今天比以往任何时期都要高"；"对音响材料的消费也同样如此"，"留声机和收音机的繁荣"导致"对渣滓的生产要比以前来得多"。（详论见前）——现代大众文化产生、发展以来，就一直伴随着这种基于精英和观念论立场的批评，当今诸多对抖音、快手短视频作品的批评，所采用的还是类似胡克斯勒的思路和说法，而本雅明强调"这种考察方法显然并不是进步的"。马克思指出：现代自动化机器使"使用劳动工具的技巧"从"工人身上"转到了"机器上面"，从而使"工具的效率从人类劳动力的人身限制下解放出来"，"在自动工厂里，代替工场手工业所特有的专业工人的等级制度的，是机器的助手所要完成的各种劳动的平等或均等的趋势"。现代机器颠覆了"工场手工业所特有的专业工人的等级制度"从而造成了"各种劳动的平等或均等的趋势"。这对于采用现代机器进行生产的文艺、文化生产来说同样如此：作为抖音等平台上大众的短视频作品的生产工具，智能手机的美颜等智能自动化功能，实际上也使传统的"艺术技巧"等转移到机器上，所挑战和冲击的也是文艺、文化生产领域的"专业工人"如专业摄影师、专业作家、专业艺术家、专业电影创作者等的"等级制度"，所造成的是各种文化精神劳动的或文化整体生态"平等或均等"的趋势，而抵触这种趋势，是文化精英的本能反应。

"使用劳动工具的技巧"从"工人身上"转到了"机器上面"所提升的，并非工人的而是社会整体的物质生产力水平；同样，"艺术技巧""思想技巧"转移到互联网、智能手机等机器上所提升的，也非特定群体而是社会整体的文化精神生产力水平。与现代史上曾出现的艺术家、思想家异峰突起、群星璀璨相伴随的，其实是当时从事艺术、思想生产较少的人口数量——当代新技术则使这方面的人口数量大大增加，"平等或均等的趋势"使从事艺术、思想生产的专业精英人士在整体文化生态中作用和地位相对下降，但这并不意味着社会整体文化精神生产力水平的下降，物联网平台研究专家本科勒指出：

> 就在不久以前，面对通过电视和报纸等传统媒体进行传递的信息，"观众"还处于被动接受的地位，而评估信息价值的标准，则是信息能给做广告的人带来多少"眼球"。即便在互联网的发展初期，很多内容也是按这种模式进行价值评估的（有些内容今天仍采用这种评估方法，尽管并不十分准确）。但是，如果"观众"不再是被动的，而创造内容的人就是这些"眼球"，那会怎么样呢？"过去被称为'观众'的那些人"一旦具备了创造能力，并且具有彼此分享成果、知识见解等的内在动机，那么，就搭建个平台吧？对于"精英"创造者——职业作家、新闻记者、摄影师等来说，这是难以接受的事情，但不可否认，由不付报酬的"业余爱好者"创造出来的内容，也是有价值的。YouTube 的巨大成功，也是就是最好的例证……一旦人们不仅将网络作为创造个人内容的平台，而且还不图回报地把它们的成果、知识和资源分享给大家，那么，它们的创造力就无可限量。①

物联网平台的突出作用在于：使传统的普通"观众"（消费者、用户等）也成为文化信息产品的生产主体，从而给文化生产带来无可限量的创造力。相对于 YouTube 等，抖音、快手等平台无疑取得了更巨大的成功，对文艺、文化整体生态起到了更大的改塑作用，对于"精英"创造者——职业作家、新闻记者、摄影师等来说，这将是更难以接受的事情。

立足于文化生产工艺学批判，着眼于大众个体、文化生产工具，可以将抖音等 UGC 模式概括为"智能手机＋平台"。邵征锋《抖音传播的特征、挑

_____

① 本科勒：《企鹅与怪兽》，简学译，浙江人民出版社 2013 年版，第 215—216 页。

战及未来发展趋势探析》①指出："抖音迎合了人们表达自我价值和快节奏、碎片化阅读的需求，具有草根原创内容、智能算法推送、即时演绎互动和本土化等传播特征。"而"草根原创内容"的生产工具就是智能手机。黄晓音、邱子昊《技术赋能与情感互动：抖音平台的视觉化音乐传播研究》②分析指出："技术催生了媒介的同时也变革了传播形态，视觉化的音乐传播形式也随着移动化、智能化的媒介形态趋于成熟"，"技术赋能而泛化短视频生产主体，扩大短视频生产力，经由传播者复制、模仿将音乐短视频演变为网络米姆（meme，也被中国网民翻译为'梗'——引者注）；作为米姆的音乐短视频作用于其他用户（受众）时主要通过情感互动实现动员，促进音乐视频的传播"。将技术赋能于普通大众个体，正是抖音等平台的重要特点，它解放了大众的文化生产力，或提升了大众在文化活动中的生产性——这带来的是社会整体文化生产力水平的提高，而不是下降。赋能于大众个体带来的是抖音平台上文化产品的共创性、共享性。国秋华、孟巧丽《抖音的互动仪式链与价值创造》③指出："抖音走红的根本原因在于它成功建构了互动仪式链，使平台建设者、利益相关者、用户建立起高度紧密的合作共享关系，在互动与分享中创造了价值。"王玖河、孙丹阳《价值共创视角下短视频平台商业模式研究——基于抖音短视频的案例研究》④将这种"共享关系"称作"价值共创"，"短视频以其智能化、社交化引领新媒体时代潮流，短视频行业规模迅速增长"，"整合价值网络，形成短视频平台商业生态，最终实现多方价值共赢"。这种共创、共享不仅改塑着抖音平台上的商业生态，也正在急速改塑着其上的文化生态。

　　当然，也有不少文章对抖音平台上出现的负面性的乱象做了考察和分析，但这些批评性的文章往往只关注平台上短视频产品在"内容"上的低俗化等

---

①《现代教育技术》2018 年第 12 期。

②《西南民族大学学报》（人文社会科学版）2019 年第 8 期。

③《中国编辑》2018 年第 9 期。

④《出版发行研究》2018 年第 10 期。

问题，而熊茵、季莹莹《从"内容平台"到"关系平台"：抖音短视频的属性变迁探析》①分析指出，"'抖音'短视频 APP 已发展成为现象级应用，数据显示，抖音国内的日活用户突破 2.5 亿"，而"'抖音'对用户间'关系'与'社交'的积极建构与激活才是其发展之根本原因"，因此，"移动短视频建设应该不仅止于内容建设，'关系'与'社交'建设应该是重要战略"——这种认识无疑更为深刻，抖音等平台对文化活动方式或文化生态的改塑，总体来说首先不是体现在"生产什么"的"内容"上，而是体现在"怎样传播"尤其是"怎样生产"上，体现在文化产品生产、传播、消费全流程中的人与人尤其是大众与精英之间关系的改塑上：在传统 PGC 或 OGC 模式中，专业精英创作出产品然后大众消费，主要是一种"点到面"的模式，大众作为"面"只是文化产品单纯的"消费者"；而抖音等利用的 UGC 模式所形成的则是一种"点到点"（P2P）模式，大众也成为文化产品的"生产者"，从而总体上成为"产消者"，大大提升了文化生态的平等性、大众性。众多文章往往只局限于对抖音本身的研究，并且主要是从文化、传播等方面展开分析，而王水莲、李志刚、杜莹莹《共享经济平台价值创造过程模型研究——以滴滴、爱彼迎和抖音为例》②则将抖音置于物联网革命所开启的"共享经济"这一大背景下展开探讨：

> 平台在共享经济中起着非常重要的作用，但学术界对共享经济平台的研究关注有限。共享经济平台是整合过剩产能，匹配供需，承载人人参与的复杂系统。共享平台价值创造过程有三个环节，依次是资源整合、供需匹配和共创驱动。资源整合包括平台组织资源、供需资源和第三方资源三个层面的整合。共享经济平台供需匹配有多种方式和机制，选择哪种匹配方式取决于用户行为的信息化程度。

①《编辑学刊》2019 年第 4 期。
②《管理评论》2019 年第 7 期。

> 共创驱动是平台驱动用户参与行为和公民行为为平台及其他用户创
> 造价值，从而进一步提高平台整合资源的能力，并创造创新价值，带
> 动行业转型升级。

这种整体性的宏观研究思路无疑具有更高的学术理论价值，即使从文化角度探讨抖音等短视频平台，也应置于平台整体生态文化与非文化（经济等）关系去区隔化中来进行。

科学认知抖音平台等对文艺整体生态的重塑及其社会意义，要有一种物联网研究中常用的"O2O"（Online to Offline，线上到线下）意识：平台主要影响的是"线上"的文艺生态，在此生态中活动和成长的主体是大众；而在"线下"，以精英为主体的文艺创作依然在继续发展。这两方面构成了当今中国乃至全球社会文艺、文化的整体生态。两相比较，线下精英创作在艺术和思想上的价值依然比较大，但这只是从"生产什么"角度看，而从"怎样生产"的工艺学角度看，大众的"线上"创作、传播、接受方式，无疑是新技术条件下更"先进"的方式——一方面，我们既不能因为这种生产方式的先进性而无视抖音平台上存在的"文艺作品"艺术和思想水平总体上不够高的现状，另一方面，也不能因为线下精英创作的水平高而无视大众平台、线上文艺生产方式的先进性。从当下社会整体生态看，"线上"生态具有革命性，"线下"生态则相对具有保守性，"线下"的经济、文化垄断权会阻碍"线上"技术潜能的充分释放，而"线上"的技术力量也会冲击"线下"的经济、文化垄断权。从总体现状看，传统经济、文化精英试图在使"线下"与"线上"的"区隔化"中，在社会整体生态上，继续维持自己垄断权力和地位；而从总体大势看，随着互联网、人工智能等数字技术的不断发展，"线上"及其"去区隔化"进而赋能大众个体的力量必然逐步增强，经济、文化等领域的等级制、垄断性必然受到越来越大的冲击。

像经济权力的垄断者不会自愿放弃自己的经济垄断权一样，其实现代文化精英也从来不会自愿放弃自己的文化垄断权。现代文化生产工具的不断发

展及其引发的文化大众化、平等化的不断提升，又不断冲击着精英的文化垄断权力和地位，而文化精英又不断通过各种"区隔化"试图维持自己的文化垄断权。这种"区隔化"首先发生在文艺、文化与经济或者说精神生产与物质生产之间：在不排斥经济精英对物质生产垄断权的基础上，文化精英以自由、独立为名宣称文化生产是一种不同于经济、物质生产的具有自主性的领域，用大写的 Art 取代小写的 art，使非功利的纯审美与经济功利、纯艺术与技艺等区隔开来，文艺生产以此获得一种自主性、独立性，其实也由此成为一种不同于经济等活动的独特的"专业"或"职业"，"区隔化"也就表现为"专业化""职业化"，而文化精英也由此获得并维持在文艺生产领域的垄断权以及与所谓"业余爱好者"之间的等级秩序。布迪厄《区隔》等书对此有充分揭示和分析。马克思指出：各种特殊的手艺直到 18 世纪还称为"秘诀"，"各种自然形成的分门别类的生产部门彼此成为哑谜"，而"大工业撕碎了这层帷幕"。（引文见前）马克思讲的是小写的 art（手艺），对于近代以来的大写的 Art（纯艺术）来说同样存在类似状况：在艺术纯化、自主化的进程中，精英艺术家也宣称各种特殊的艺术技巧、灵感、天赋等，也是"秘诀""奥妙""哑谜"，如此，艺术家及其创作过程、作品就被掩盖上了一层神秘莫测的"光晕"（本雅明语）：传统手艺高超的手工业大师傅用神秘莫测的"秘诀"维护着手工生产的等级秩序及自己在其中的垄断地位，而现代精英艺术家则用这种"光晕"维护着艺术精神生产的等级秩序及自己在其中的文化垄断地位。现代大工业创造出大机器体系，并用机器生产取代传统手工生产，传统手艺作为"使用劳动工具的技巧"就被转移到"机器"上，神秘的帷幕就被撕碎，传统手工生产的等级秩序和制度就被颠覆。本雅明揭示了在现代艺术生产中所发生的类似的进程：机械复制技术（其实就是文艺的机器生产方式）使"光晕"褪去，掩盖在艺术生产上的神秘帷幕也就被撕碎，艺术或所谓高雅艺术生产的等级秩序和制度也将被颠覆。从自动印刷机直至当今的智能手机、互联网，就昭示这一不断推进的发展进程和大势——我们今天也应在这种历史脉络和大势中审视抖音等平台所引发的新的文化现象。

马克思生产工艺学批判揭示：越来越先进的机器生产工艺方式，将对经济垄断权形成越来越大的冲击，经济平等化乃是不以人的意志为转移的人类进步大势。同样，从自动印刷机到智能手机等文化现代生产工具的发展进程也表明：文化平等化也是不以人的意志为转移的人类进步大势。马克思指出："亚当·斯密比蒲鲁东先生所想象的要看得远些。他很清楚地看到：'个人之间天赋才能的差异，实际上远没有我们所设想的那么大；这些十分不同的、看来是使从事各种职业的成年人彼此有所区别的才赋，与其说是分工的原因，不如说是分工的结果。'搬运夫和哲学家之间的原始差别要比家犬和猎犬之间的差别小得多，他们之间的鸿沟是分工掘成的。"①而精英文化和文化精英还会进一步夸大这种"鸿沟"：掌握玄妙"思想技巧"的精英哲学家、掌握神奇"艺术技巧"的精英艺术家等，会认为自己与普通人似乎是不同物种。其实这与手工业大师傅把自己的手艺视作"秘诀""奥妙"没什么两样。基于这种貌似有理、实则虚妄的判断，文化精英首先在自己的主观意识中把自己与非专业的普通大众"区隔"开来而形成等级观念。而布迪厄"区隔""文学场"等理论的深刻之处在于揭示：文化精英还要仰赖制度或者使等级观念制度化，才能获得文化或象征资本。在社会实际生活中获得并维持自己的文化垄断权力和地位，比如某人成为"画家"，首先并非决定于该人本身高妙的"绘画技巧"，而是决定于批评界、画廊、拍卖行等社会建制。所以，精英与普通大众在文化创造力上确实存在一定差异，但并没有精英主观想象中的那么大，"搬运大和哲学家之间的原始差别要比家犬和猎犬之间的差别小得多"，而通过社会建制维持精英的文化垄断权力和地位，更难说是天经地义的。不断高速发展的现代文化生产工具的革命性意义也就在于：不断冲击、瓦解着文化领域的区隔和等级制，使人类文化朝着越来越平等化的方向发展，这种平等化其实才更接近人性本来面貌；而当今文化精英面对抖音等物联网平台、赋能大众个体的智能手机等文化生产工具的急速发展大势，想通过维持"线下"与

---

① 《马克思恩格斯全集》第 4 卷，人民出版社 1958 年版，第 160 页。

"线上"的区隔进而继续维护自身文化垄断权力和地位，将变得越来越困难，文化精英主义的式微已不可避免。

三

抖音等物联网平台及其对文化的影响尚处在发展之中，中国学界的相关研究也处于起步阶段，总体上存在纵向深度、横向广度不够而理论系统性不足的问题。有鉴于此，首先要在纵向历史维度上，把抖音等平台新实践，特别是其所正在营造的新的文艺、文化生态，置于人类尤其是现代以来文艺、文化生产工具的不断发展及其引发的文化生态的不断变化的历史脉络中加以审视：

（1）在"印刷资本主义"时代，自动印刷机以及纸张的机器自动化生产等，大大提升了文字性文化产品所需基本材料的生产力水平，进而也降低了文字产品的生产成本，大众也就相对较容易地获得这些文字产品，明显的表现是识字率的提高，相应地，大众对文字产品的阅读、欣赏能力以及初步的写作能力也得到一定程度的提高，报纸、期刊等又进一步加快了文字产品的传播速度，扩大了传播范围，但总体来说，大众还主要是文字产品的"消费者"或消费主体，生产主体主要是专业精英人士。大众即使能生产出文字产品也只能在私人之间传播，这反过来也大大限制了大众在文字产品上的生产性的提升——这是从文化生产角度说的，而联系物质生产来看，大众能够从事文字产品的消费、生产的必要物质条件是：能够以相对较短的劳动时间获得必需的物质消费品并拥有一定的闲暇时间。而物质生产的自动化机器生产方式为此提供了初步可能，现代文化的大众化得以初步开启。

（2）进入"电子资本主义"时代，广播、电影尤其是电视等成为文化产品新的生产工具和传播方式，与书籍、报纸、期刊等文字产品相比，电子音像产品传播速度更快，传播范围更大，并且成为大众更容易消费的文化产品。但是，面对这些电子音像产品，大众依然主要是"消费者"，生产主体依然主要是专业精英人士，由此形成的主要是 PGC 或 OGC 模式：大众中的一部分人也可以掌握与广播、电影、电视相关的新型文化生产工具，如照相机、录音机、摄影机等，因而也可以初步生产一些音像产品，但这些音像产品依然主要只在私人之间传播，这反过来同样大大限制了大众在音像产品上的生产性的提升。联系物质生产看，机器自动化生产方式的进一步发展（如出现"流水线"等），使大众能在相对更短的劳动时间内获得相对更多的必需品并且拥有相对更长的闲暇时间。所以，与"电子资本主义"相伴随的社会转型，也被描述为"闲暇（休闲）社会"的来临，还被描述为"消费（者）社会"的来临，大众在文化产品上的消费能力得到更大程度的提高，一种真正意义上的"大众文化"逐步形成，现代文化的平等化得到更大程度提升。

（3）此后又进入了"数字资本主义"时代，而在笔者看来，现在许多相关研究所常用的"数字资本主义"这个概念过分宽泛，更细致地看，"数字资本主义"时代应再分为两个阶段，第二阶段所出现的文化生产方式革命才真正具有划时代的意义：

①互联网 Web1.0 阶段：基于数字技术的计算机尤其是互联网等成为文化产品新的生产、传播工具，大众文化产品的传播速度进一步加快、传播范围进一步扩大。但是，在 Web1.0 框架下，大众在互联网上只能浏览网页，而不能发布、传播自己的产品，因而总体上依然是文化产品的"消费者"，生产主体依然是专业精英人士——在此意义上，互联网 Web1.0 与传统的电视等只有程度上的不同，基本范式没变，没有超越 PGC 或 OGC 模式。

②互联网 Web2.0 阶段：互联网社交平台技术在某种程度上可以说引发了"平台资本主义"的到来，其新特点是"数字资本主义"这一概念所无法完全涵盖的，现代文化生产方式一场堪称"范式革命"的划时代转型由此开启：在互联网平台上，大众不再仅仅是浏览、消费文化信息，同时也在生产、发布、传播自己的文化信息产品，从而不再是单纯的"消费者"，还成为文化产品的"产消者"，在传统专业精英之外成为现代文化产品新的"生产主体"，由此形成 UGC 新模式，为大众在文化产品"生产性"上的大幅度提升提供了可能。随着互联网进一步无线化、移动化、智能化等，智能手机正在成为当代大众在文化生产上的利器。历史比较看，基于"电视范式"的西方伯明翰

学派等揭示：在文化活动中，作为"消费者"的大众并非完全被动的，其能动性可以通过"电视遥控器"等表现出来。大众通过遥控器换台可以影响电视产品的收视率，这种收视率又反过来影响以专业精英为主体的电视产品的生产，不符合大众口味的电视产品会因为没有足够高的收视率而在商业上失败。因此，大众对电视产品的生产是有一定影响力的。但是不管怎么说，电视遥控器毕竟还只是直接在电视文化产品的"消费领域"行使自己的选择权、表现自己的影响力，当今智能手机则使大众直接在文化产品的"生产领域"形成初步影响力——大众借助智能手机开始生产自己的文化产品，与印刷资本主义时代大众借助纸和笔、电子资本主义时代大众借助摄影和录像等设备的生产似乎没有太大不同，关键在于在当今"平台资本主义"时代大众还可以进一步通过互联网"平台"这一公共空间发布、传播自己的文化产品，而不是像此前时代那样只能在私人空间传播。用马克思的话说，大众个体的文化生产开始获得"直接的社会性"，这为大众自身在文化产品上的生产性的提升提供了客观技术手段，由此形成了成熟的 UGC 模式。联系物质生产看，互联网社交平台技术等不仅影响文化生产，而且也影响物质生产，物质生产力的大幅度提高，又为大众文化生产性的提升提供了更加厚实的物质基础。

总而言之，立足生产工艺学批判而着眼于文化生产工具、大众个体等，在抖音等"智能手机＋平台"UGC 新模式下，文艺、文化生产、发布、传播、消费等全流程或全生态都正在被改塑：被新技术赋能的大众成为具有一定的"直接的社会性"的文化产品的"生产主体"，在现代文化发展史上引发了一场真正意义上的划时代的"生产主体"革命；平台上大众文化生产"直接的社会性"又决定其文化产品的"共享性"，因而也在文化领域引发了一场社会价值革命，对资本主义传统的"反共享"价值原则（如所谓的知识产权或版权等）形成冲击；大众成为具有一定的"直接的社会性"的"生产主体"，必然对传统文化生产方式中专业精英人士的垄断性的生产主体地位形成挑战，生产、传播、消费"点（精英）到面（大众）"的传统模式正在被"点到点"新模式所替代，文艺、文化整体生态中人与人的关系结构正在被重塑。

物联网平台研究专家里夫金认为，公司、政府与大众个体三种力量影响着当今互联网平台的发展，或者说形塑着互联网平台的整体生态。与传统的文化平台如报刊、影视等相比，抖音、快手等移动互联网平台 UGC 模式突出的新特点是：赋能或赋权大众个体，并具有高度的开放性、共享性。当然不必过分夸大这种新特点，通过雇用水军、买粉等手段，"线下"资本等对互联网"线上"平台生态依然具有较大操纵力量，但是也不能只抽象、宽泛地讨论资本的操纵力量，而应具体、历史、比较地加以审视。比如，以前的电视选秀需要经过诸多中间环节，这些环节无疑给商业力量的操纵留下很多空间，而现在像抖音这样的移动互联网平台的"点对点"等特性，则消灭了诸多中间环节，大众个体相对更容易不经中间环节、脱颖而出而成为网红，如此等等。当然，公司、政府在形塑平台生态上依然处于主导地位，但是，这两种"线下"力量只有顺应互联网"线上"平台生态发展大势，才能实现自己的目的，比如掌管抖音、快手的公司，正是采用 UGC 模式而顺应了移动互联网平台开放、共享并赋能大众个体的发展大势，才取得成功的。同样，出于维护公序良俗、社会稳定、文化安全等目的，政府对平台的管理是必要的，但是，如果不充分认识并顺应互联网平台的新特点和发展大势，而采用对纸质报刊、电子影视等平台的传统管理方式，是很难实现对互联网平台的有效管理的。对于传统专业文化精英来说，面对抖音等这种赋能大众个体的"智能手机＋平台"UGC 的文化发展新模式和新生态，如果只是本能地抵触，使"线上"与"线下"等区隔化，在"线下"的文化主导权或许还可以维持一时，但从发展大势看难免要被淘汰。

第三节　超越鲁德谬误：脑工自由与经济自由主义的衰落

现代自动机器是在资本框架下诞生的，以蒸汽机为代表的第一次能量自动化革命产生的实际的社会后果是：使蓝领工人出卖、支出自身体力的手工劳动者的职业受到威胁，当时就出现了打砸机器的所谓"鲁德运动"。后来西方学者就将对待自动机器的认知概括为"鲁德谬误"或"鲁德主义"，而这种"鲁德谬误"在当今 AI 引发的第二次智能自动化革命中依然存在：AI 正在威胁出卖、支出自身智力的专业艺术家等脑工劳动者或白领工人的职业。许多人将这种威胁的根源归咎于 AI 机器本身——这就是一种新的"鲁德谬误"。马克思强调：在资本框架下诞生的自动机器对劳动者形成威胁，但威胁根源不在"机器"本身，而在"资本"。——对于当今 AI 机器对脑工劳动者的影响来说同样如此。对于维护资本统治的经济自由主义者来说，是非常乐见职业艺术家等脑工劳动者把自身受到的威胁的根源归咎于 AI 机器本身的，因为这样就会转移劳动者斗争的焦点。但是，当今 AI 革命必然导致经济自由主义的衰落，一旦脑工劳动者或所有劳动者觉醒，经济自由主义的意识形态谎言就会被戳破，必将随着资本一起退出历史舞台。

一

首先，可以用人的智能器官（大脑）的延伸、机器的智能自动化，来为 AI 定位。现代机器动能自动化可以取代人的体力，主要对蓝领工人的职业形成威胁；而当今 AI 正在开启机器智能自动化革命，初步呈现出取代人的智力进而全面取代人的可能。笛卡儿说"我思故我在"；帕斯卡尔说人是"自然界最脆弱的东西"，但却是"能思想的苇草"，"我们全部的尊严就在于思想"；而麦克卢汉说，作为人的"意识（大脑）的延伸"的计算机似乎也能够"思考"，人的"全部的尊严"正在被冒犯，并且，作为"思想的苇草"的人的生物性血肉之躯依然脆弱不堪，而 AI 机器人的钢铁之躯则牢不可破——这对人的生命似乎也将形成威胁——好莱坞电影工业早就充分恶意地利用人的本能恐惧，不断生产出一部又一部智能机器人威胁乃至取代、毁灭人类的科幻大片而大赚其钱。近年来，随着 AI 的爆炸性发展，智能机器 AlphaGo、索菲亚等商业噱头已赚足全球大众眼球，而 AI 也正在侵入颇能体现人的尊严的艺术领域。电脑自动作画早已不是什么新鲜事儿了，现在 AI 也可以作曲了，诗歌号称是文学皇冠上的明珠，而微软 AI 机器"小冰"竟然也开始作诗了，并且还出版了一本像模像样的诗集。更要命的是，AI 潜能无限，必将在一个接一个新领域里不断打败人而捷报频传，奇点来临、人类终将被全面取代的全面恐慌正在蔓延。各类大众媒体不断煽风点火，法学、伦理学等已闻风而动，文艺学也应该有所作为。在考察 AI 对文艺的影响之前，我们先对 AI 的技术、历史、哲学、社会定位等略做梳理。

其一，AI 在当今技术体系中的结构定位。生物性基因技术、物理性人工智能技术，是关乎人类未来命运的两大终极性技术。目前，基因技术主要只能改塑人的身体，还不能直接影响人的智能，要提升人的智能还无法直接借助基因这种"生物性"手段，而只能借助"物理性"手段，比如把智能芯片植入人脑。这两大终极性技术在未来或许可以合流，但目前来看，种种技术瓶颈使这种合流还遥遥无期。因此，比较严谨的技术专家和学者认为："物理性"的"机器智能（机器学习、深度学习等等）"等较之通行的"人工智能"的表述更为准确，而具有"生物性"智能的主体迄今依然还只是"人"。但这并不足以维护人的尊严而平复人对 AI 的恐惧，因为物理性智能可以强大到取代人的生物性智能。

其二，在技术上把 AI 定位为物理性"机器智能"，有助于理解其历史定位。关于这方面国际学界有不同说法，其中美国学者布莱恩约弗森、麦卡菲的《第二次机器革命》一书从机器自动化角度对 AI 做了历史定位：由 AI 引发的当今"第二次机器革命"涉及的是机器之"智能"自动化，而马克思讨论的"第一次机器革命"涉及的则是机器之"能量"自动化（详论见前）。

其三，结合现代机器两次革命，马克思、马歇尔·麦克卢汉（Marshall McLuhan）的"人的延伸"和"自动化"理论，可以把 AI 在哲学上定位为人的"智力"器官的延伸正在开启机器智能自动化革命——而第一次动能自动化革命所形成的大机器体系则可谓是人的"体力"器官的延伸。

麦克卢汉描述了"机械时代"向"电力时代"的转型："凭借分解切割的、机械的技术，西方世界取得了三千年的爆炸性增长"，"我们完成了身体在空间范围内的延伸"，而"经过了一个世纪的电力技术发展之后，我们的中枢神经系统又得到了延伸"，"我们正在迅速逼近人类延伸的最后一个阶段——从技术上模拟意识的阶段。在这个阶段，创造性的认识过程将会在群体中和在总体上得到延伸，并进入人类社会的一切领域，正像我们的感觉器官和神经系统凭借各种媒介而得以延伸一样"；而"从技术上模拟意识"的是计算机，"计算机似乎能'思考'问题"而成为"意识的延伸"。① 这大抵可用作当今 AI 的基本定位，即人的"思维"（意识）器官的延伸。此外，麦克卢汉还提到了"人体器官的延伸""肢体的技术性延伸"等，但《理解媒介：论人的延伸》主要讨论的是人的"感觉"器官在"媒介"中的延伸。

　　更早讲"人的延伸"的其实是马克思。与麦克卢汉相比，马克思主要是在物质生产中展开讨论的："为了在对自身生活有用的形式上占有自然物质，人就使他身上的自然力——臂和腿、头和手运动起来"，"除了从事劳动的那些器官紧张之外，在整个劳动时间内还需要有作为注意力表现出来的有目的的意志"，而"自然物本身就成为他的活动的器官，他把这种器官加到他身体的器官上，不顾圣经的训诫，延长了他的自然的肢体"，"达尔文注意到自然工艺史"，而"批判的工艺史"要研究"社会人的生产器官的形成史，即每一个特殊社会组织的物质基础的形成史"。② 而"工人自己的体力和智力，他个人的生命（因为，生命如果不是活动，又是什么呢？），就是不依赖于他、不属于他、转过来反对他自身的活动"，"不仅五官感觉，而且所谓精神感觉、实践感觉（意志、爱等），一句话，人的感觉、感觉的人性，都只是由于它的对象的存在，由于人化的自然界，才产生出来的"。③ 马克思所说"生产器官"，既包括麦克卢汉所说的"肢体"即"体力"器官（臂、腿、手等）的延伸，也包括"意识"即"智力"器官（头、意志等）的延伸，由此引发的是人的"实践感觉"；相对而言，麦克卢汉主要关注的其实只是人的"感觉"器官（眼、耳等）的延伸及由此引发的"五官感觉"。第一次机器革命所锻造出的现代大机器体系，就是人的生产的"体力"器官的延伸，"它是由自动

① 麦克卢汉：《理解媒介：论人的延伸》，何道宽译，商务印书馆 2000 年版，第 20 页，第 431 页。
② 《马克思恩格斯全集》第 23 卷，人民出版社 1972 年版，第 202—203 页，第 409—410 页注释 89。
③ 《马克思恩格斯全集》第 42 卷，人民出版社 1979 年版，第 95 页，第 126 页。

机，由一种自行运转的动力推动的"。① 由此来看：

一方面，麦克卢汉说"凭借分解切割的、机械的技术，西方世界取得了三千年的爆炸性增长"，把第一次机器革命置于"三千年"历史中统而论之，忽视了机器体系之"动力"的"自行运转"或生产之"体力"器官自动化延伸的划时代的革命意义，因为，现代机器与传统生产工具如锄头等，皆可谓人的"体力"器官的延伸，但总体来说，非自动化的锄头不会取代人的体力及其活动，而自动化的现代机器则具有取代人的体力及其活动的可能。

另一方面，麦克卢汉把"自动化时代"与"电力时代"囫囵论之，也无助于充分揭示融入实体制造的当今 AI 所引发的生产之"智力"器官自动化延伸或机器之"智能"自动化革命的划时代意义，因为，作为"电力时代"媒介标志物的"电视"与当今 AI，皆可谓人的智力器官的延伸，但电视主要是展示、传播人的智力产品，因而不会取代人的智力及其活动，而当今 AI 如微软"小冰"则开始自动化生产智力产品，因而就具有了取代人的智力及其活动的可能。总之，当今 AI 之于电视，就如机器体系之于锄头，建立在电视范式上的麦克卢汉的媒介理论，已不再适用于分析当今 AI 时代的文化整体状况，而马克思工艺学批判的生产器官、自动化理论，则对这方面考察具有重要启示。

其四，AI 的社会定位。马克思工艺学批判将"人与自身延伸物（机器）"之间的关系，置于"人与人"之间社会关系结构中加以分析，一方面强调机器自动化生产工艺对人的社会关系尤其是生产关系的革命性影响，另一方面也强调社会关系尤其是生产关系保守性的反作用。麦克卢汉充分注意到了机器自动化对人的感知结构和社会关系的积极影响，但相对忽视了这种保守性反作用。他说："与自动化相联系的电力变化，与意识形态或社会规划毫无关系。倘若有关系，电力变化就可以被人为地拖延或控制起来。"②《理解媒介》

---

① 《马克思恩格斯全集》第 46 卷下册，人民出版社 1980 年版，第 208 页。
② 麦克卢汉：《理解媒介：论人的延伸》，何道宽译，商务印书馆 2000 年版，第 37 页，第 432 页。

有一处提到马克思主义："大家注意到煤、钢和汽车对日常生活安排的影响。我们的时代把研究对象最后转向语言，研讨语言媒介如何塑造日常生活。其结果是：社会仿佛成为语言的回声，成为语言规范的复写。这个情况使俄国共产党人深感不安。他们与 19 世纪的工业技术结婚，其阶级解放的基础正是这个技术。语言媒介和生产资料一样塑造社会发展进程，这个思想对马克思主义辩证法的颠覆作用，是再严重不过了。"①

麦克卢汉关注语言、电子媒介等中人的延伸及其社会作用，马克思更关注物质生产中人的延伸及其社会作用，两人相通之处是皆重视现代技术在其中的积极作用。马克思指出："自然科学却通过工业日益在实践上进入人的生活，改造人的生活，并为人的解放做准备，尽管它不得不直接地完成非人化。"②而西方马克思主义却只看到"非人化"的消极面。马克思"工艺学批判"的基本命题是："随着一旦已经发生的、表现为工艺革命的生产力革命，还实现着生产关系的革命。"③机器动能自动化革命是在资本主义所有制和生产关系框架下发生的，但是，马克思强调："绝不能从机器体系是固定资本的使用价值的最适当形式这一点得出结论说，从属于资本的社会关系这样一种情况，是采用机器体系的最适当和最完善的社会生产关系。"④建立在私有制基础上的资本主义生产关系，不仅不是采用机器体系的"最适当和最完善的社会生产关系"，而且还会阻碍机器革命及其释放出的生产力的进一步发展。这对于当今互联网、物联网和智能自动化机器体系来说，同样如此。麦克卢汉也初步意识到了这一点："一旦拱手将自己的感官和神经系统交给别人，让人家操纵——而这些人又想靠租用我们的眼睛、耳朵和神经从中渔利，我们实际上就没有留下任何权利了"，"阿基米德说过：'给我一个支点，我将移动地球。'今天，他一定会指着我们的电力媒介说：'我要站在你们的眼睛、耳朵、

---

① 麦克卢汉：《理解媒介：论人的延伸》，何道宽译，商务印书馆 2000 年版，第 83 页。
②《马克思恩格斯全集》第 42 卷，人民出版社 1979 年版，第 128 页。
③《马克思恩格斯全集》第 47 卷，人民出版社 1979 年版，第 473 页。
④《马克思恩格斯全集》第 46 卷下册，人民出版社 1980 年版，第 212 页。

神经和脑子上，让世界按我的意愿以任何速度或模式运动.'我们已经把这些'支点'租借给私营大公司了"。[①]从现实看，当今更高程度的智能自动化，也未能实现"全球经济的有机结构"。用麦克卢汉的话来说，当今 AI 发展所面临的问题是智能技术作为"支点"依然被"租借给私营大公司"而为其垄断，AI 作为公众的智力器官的延伸依然被资本巨头所操纵而从中渔利——这正是资本主义私有制对当今 AI 革命的保守性反作用。

二

前已指出，AI 对文艺的划时代影响体现在使现代文艺的"机器再生产"转变为"机器生产"。以上在现代机器所引发的物质生产方式两次工艺革命中对 AI 做了初步定位，而如果说作为人的体力器官延伸物的机器自动化直接影响的是物质生产的话，那么，作为人的智力器官延伸物的 AI 则开始对包括文艺在内的人的精神生产或"智能"活动产生直接影响。这种影响，置于现代技术所引发的大众文化生产方式三次工艺革命历史脉络中，会得到清晰揭示。

前已指出，本雅明把马克思物质生产工艺学批判引入对大众文化生产方式的工艺分析中，揭示机械复制技术对文艺的革命性影响。现代技术已引发大众文化三次划时代革命：继现代印刷技术（对应于所说的"印刷资本主义"）、机械复制技术（"电子资本主义"）革命后，当今 AI 技术已引发大众文化生产方式第三次划时代"工艺革命"，使本雅明所说的"机械复制"时代正在转向"机械原创"（Mechanical Production）时代——我们则将这种转型描述为由"机器再生产"转向自动化的"机器生产"。AI 已既不再像传统印刷技术，也不再像信息时代的电子、数字技术那样只是文艺作品"传播"之"媒介"，而且也正在成为文艺作品"生产"之"工艺"。机器正在由文艺产品"再生产者"（Reproducer）向"生产者"（Producer）转变而成为"工艺生产主体"，呈现出威胁乃至取代传统文艺精英及其职业的趋向；而借助 AI 以及移动互联网社交平台等，大众也正在由文艺"观念生产主体"向"工艺生

---

① 麦克卢汉：《理解媒介：论人的延伸》，何道宽译，商务印书馆 2000 年版，第 105 页。

产主体"转变，进一步颠覆艺术等级秩序。

其一，相对于西方其他文化研究者更多关注大众文化之消费方式，受马克思物质生产工艺学批判影响，本雅明更关注其"工艺生产方式"："当马克思着手分析资本主义生产方式时，这种生产方式尚处于初级阶段。马克思努力使他的研究具有预言价值。他揭示了资本主义生产的基本状况，并通过对这种基本状况的描述使人们由之出发能看到资本主义未来发展的东西。于是人们看到，资本主义不仅越来越增强了对无产者的剥削，而且最终还创造出了消灭资本主义本身的条件。""上层建筑的变革要比基础的变革缓慢得多，它用了半个多世纪才使生产条件方面的变化在所有文化领域中得到体现。只是在今天，我们才能确定这一变革以怎样的形态实现。要做出这个说明，就必然会提出某种程度的预言性要求。"[1] 马克思指出："各种经济时代的区别，不在于生产什么，而在于怎样生产，用什么劳动资料生产"，"在劳动资料中，机械性的劳动资料（其总和可称为生产的骨骼系统和肌肉系统）比只是充当劳动对象的容器的劳动资料（如管、桶、篮、罐等，其总和一般可称为生产的脉管系统）更能显示一个社会生产时代的具有决定意义的特征"。[2] 能显示资本主义物质生产时代"具有决定意义的特征"的，是作为"机械性的劳动资料"的大机器体系，这在人类历史上具有真正划时代意义。

在精神生产方面，各种"文化"时代的区别也"不在于生产什么，而在于怎样生产"，用什么技术手段进行生产。能显示资本主义社会精神生产时代"具有决定意义的特征"的，首先是现代印刷技术（"印刷资本主义"时代）；然后是本雅明所说的"机械复制"技术（"电子资本主义"时代），本雅明揭示的就是这种机械复制技术在资本主义文化精神生产方式"工艺"变革上的划时代意义。从大众文化研究整体格局看，许多西方学者关注的是大众文化产品之传播、消费方式，这种"媒介学""消费学"范式主要关注的是"生产

---

[1] 本雅明：《机械复制时代的艺术作品》，王才勇译，中国城市出版社 2002 年版，第 79 页，第 79—80 页。

[2]《马克思恩格斯全集》第 23 卷，人民出版社 1972 年版，第 204 页。

什么"，即文化产品的"观念"部分；而本雅明则关注其生产的工艺方式，因而也就不仅关注文化活动中"生产什么"，而且也关注"怎样生产"，并因而也关注文化产品的"物质"部分——这体现的是西方文化研究中比较少见的"工艺学""生产学"范式。从技术观看，马克思揭示了现代技术"最终还创造出了消灭资本主义本身的条件"的革命性积极面，而大多数西方马克思主义者却只看到技术及其所塑造的生产方式巩固资本主义的消极面，本雅明则强调现代机械复制技术在大众文化生产领域革命性积极面（详论见前）。

其二，机械复制技术的革命性，体现为对传统文艺精英作品"光韵"和"膜拜价值"的排除，改变了大众对艺术的关系，颠覆了艺术传统的等级秩序，艺术文化精英主义受到冲击。

在勾勒艺术"复制史"的基础上，本雅明指出："最富有启发意义的是它的两种不同表现形式——对艺术品的复制和电影艺术——都反过来对传统艺术形式产生了影响"，"原作在碰到通常被视为赝品的手工复制品时，就获得了它全部的权威性，而碰到技术复制品时就不是这样了"，技术复制对"原作"的冒犯又集中体现在对"光韵"的排除上，"人们可以把在此排除的东西纳入光韵这个概念中，并指出，在对艺术作品的机械复制时代凋谢的东西就是艺术品的光韵"，比如，由画报和新闻影片展现的复制品，"把一件东西从它的外壳中撬出来，摧毁它的光韵，是这种感知的标志所在。它那'世间万物皆平等的意识'增强到了这般地步，以致它甚至用复制方法从独一无二的物体中去提取这种感觉"。① 　而所谓"光韵"可谓艺术精英主义者维护文化等级的护罩。

机械复制技术的冒犯，还表现为对艺术及其生产者"膜拜价值"的抑制和对"展示价值"的解放："对艺术作品的接受有着不同方面的侧重，在这些不同侧重中有两种尤为明显：一种侧重于艺术品的膜拜价值，另一种侧重于艺术品的展示价值。艺术创造发端于为膜拜服务的创造物"，而"随着单个艺

---

① 本雅明：《机械复制时代的艺术作品》，王才勇译，中国城市出版社 2002 年版，第 84—87、91 页。

术活动从礼仪这个母腹中的解放，其产品便增加了展示的机会"，"由于对艺术品进行复制方法的多样，便如此大规模地增加了艺术品的可展示性"，比如"在照相摄影中，展示价值开始整个地抑制了膜拜价值"。[①] 在传统艺术观念中，不仅"创造物"（艺术作品）受到膜拜，而且"工艺生产主体"（艺术家）也受到膜拜，比如传统的舞台演员容易产生膜拜价值，而"电影演员的成就受制于一系列视觉检测机械"，并且观众也采取了摄影机的态度，"他对演员进行着检测。这就不是一种能产生膜拜价值的态度"。当代资本依然开发着艺术及其专职从业者的膜拜价值，但已无法遏止一场艺术价值观念革命："由电影资本支撑的明星崇拜保存了那种'名流的魅力'，而这种魅力向来只在于其商品特质的骗人玩意儿中。只要电影资本规定了电影的基调，那么，当代电影一般来说就具有了一种革命贡献，即对传统的艺术观念进行革命的批判。"[②] 最终，"艺术作品的机械复制性改变了大众对艺术的关系"，如"在中世纪的教堂和寺院以及直至 18 世纪末的宫廷中所存在的对绘画的群体接受，并不是共时的，而是分成次第，由等级秩序所传递的"。[③] 机械复制技术所冒犯的就是精英艺术（具有光韵和膜拜价值的创造物）和艺术精英（工艺生产主体），而对大众来说这恰意味着颠覆不平等的艺术"等级秩序"的一种解放，艺术精英主义终将走向衰落。

其三，接着本雅明所说的"机械复制"说，可以把由当今 AI 所引发的大众文化生产工艺革命定位为"机械原创"或自动化的"机器生产"革命，智能化机器正在成为文艺新的"工艺生产主体"，这无疑是对文艺精英垄断地位的进一步冒犯；而借助 AI 及移动互联网社交平台等技术，大众也正在由机械复制时代文艺的"观念生产主体"向"工艺生产主体"转变，对艺术等级秩序的颠覆由"接受（消费）"进一步推进到"生产"——这体现的正是 AI 对

---

① 本雅明：《机械复制时代的艺术作品》，王才勇译，中国城市出版社 2002 年版，第 94—96 页。

② 本雅明：《机械复制时代的艺术作品》，王才勇译，中国城市出版社 2002 年版，第 102—103、108 页。

③ 本雅明：《机械复制时代的艺术作品》，王才勇译，中国城市出版社 2002 年版，第 114、116 页。

文艺的划时代影响。

　　机械复制技术对大众的解放还主要发生在艺术品的"接受方式"或"观念消费"中，进一步的解放还需推进到"工艺生产"领域。当今具有"机械原创"功能的 AI 就正在发挥着这种推进作用。当 AI 这种冷冰冰的机器也成为艺术的"工艺生产主体"而能生产出"艺术作品"之时，无论如何这种艺术创造物更难有"光韵"而让大众膜拜。但从事艺术创作和理论研究的精英们可能忽视了：这可能一点儿也不影响大众欣赏或消费这种机器文艺产品的乐趣。AI 开始生产艺术作品，对艺术精英主义者是一种冒犯，但对普罗大众来说或许并不是一种冒犯——这还是从大众作为艺术的"消费主体"的角度来说的。若从大众作为艺术的"生产主体"的角度来说，AI 技术比如移动智能手机技术等也正在助推大众成为艺术的"工艺生产主体"。已有的西方大众文化研究都注意到了现代技术对"大众对艺术的关系"的重塑，并认为大众也是当代艺术活动的"生产主体"。但是，如果更细致推究的话，就会发现，在机械复制时代的电影、电视活动中，大众作为"生产主体"所生产的主要是艺术文本的"观念"部分从而只是一种"观念（意义）生产主体"（费斯克强调了这一点），而文本的"物质"部分则是由文化厂商及其主导的专职从业者生产，在互联网 Web1.0 阶段这种状况依然没有改变。而以社交平台技术为代表的 Web2.0 的革命性则表现为：大众也已成为文化产品"物质"部分的生产者，其后的移动智能手机则使这种革命性得到进一步加强。比如在当今中国特别火爆并且据说已走向世界的"抖音"，已成为普通人众发布、传播自己视频产品的平台，而智能手机则成为大众视频产品的"生产工具"，普罗大众已实实在在地生产视频产品"物质"部分而成为"工艺（物质）生产主体"（详论见前）。尽管基于文化精英主义立场，有人会指出这种视频产品不够"专业"，而且受到大资本操控，只有"展示价值"而且影响力有限，但是无论怎么说，借助 AI 和互联网社交平台等，大众正在由机械复制或消费时代的"观念生产主体"转变为智能移动手机（终端）时代的"工艺生产主体"，昭示着对文化等级秩序的进一步颠覆，文化精英主义受到进一步冲击。

从字面上看，把 Reproduction 翻译为"复制"还是颇能达意的。用"原创"与"复制"对应，也是考虑到汉语的表达习惯，但这个"原创"只是相对于 Reproduction（再生产）的 Production（生产或初始生产）。本雅明把"作家"称作"生产者"已意味着对传统艺术"膜拜价值"的贬低，用"原创者"（生产者）来描述智能机器，与本雅明所说的传统意义上的"原作"没有直接关系，也不指传统精英所推崇的那种具有膜拜价值的"原创性"或"独创性"——尽管两者并非毫无关联。从人—机互动角度看，"大众"与"机器"这两种"工艺生产主体"的联姻，或者说，大众进一步充分利用 AI 这种文艺生产工具，对传统精英在文艺生产中的垄断地位和等级秩序及其精英主义意识形态将形成更大冲击。

三

超越"鲁德谬误"，我们就会发现 AI 将带来劳动的解放与文艺生产雇佣性的扬弃。

文艺生产的全面解放，既需要颠覆其"等级秩序"，也需要扬弃其"雇佣形式"。以上在"精英—大众"关系框架中，揭示了 AI 等当代技术有望把大众从艺术等级秩序中解放出来——这对精英似乎是一种冒犯和威胁，而究竟威胁了精英的哪些方面则需细加辨析。研究 AI 社会影响的蔡斯区分了两个关键词："做工（work）是通过消耗能量达到某个目标"，而"工作（job）是指获得报酬的劳动"。蔡斯认为 AI 所能取代的其实只是人的 job（中译为"职业"似更能达意）。由此来看，成为文艺"工艺生产主体"的 AI 所威胁的其实只是精英能获得报酬的"职业"，"现在人们就算知道人工智能在诸多方面都胜过他们，也会很高兴地参加体育运动、写作、演讲、设计大厦"。[1]AI 在"写作"能力上胜过人，也不影响人从事写作的乐趣，精英们即使失去获得报酬的 job，也并不直接影响其在 work 中继续发挥艺术创造力而获得乐趣。在当今新技术条件下，"精英—大众"其实已非主要社会对立面，用麦克卢汉的

---

[1] 蔡斯：《经济奇点：人工智能时代，我们将如何谋生？》，任小红译，机械工业出版社 2017 年版，第 134、177 页。

话来说，当大众把自己对艺术品的"消费器官"租借给私营大公司时，作为专职从业者的艺术精英其实也把自己的"生产器官"租借给私营大公司了，其艺术生产也受到资本的操控而成为"雇佣劳动"。扬弃资本主义私有制，AI 等新技术对精英的冒犯将转化为解放，即将其文艺生产从"雇佣形式"中解放出来。但在现有私有制条件下，智能机器成为文艺"工艺生产主体"，难免对艺术精英的"职业"形成威胁。

一切技术和生产工具皆可谓是人的延伸物，但只有自动化运转的生产工具（机器）才可能产生"取代"人的威胁：动能自动化可以取代人的"体力"及活动，这对主要发挥体力的蓝领工人的职业形成威胁，"鲁德运动"体现的就是对这种威胁的本能反应和抵触，而把威胁的根源归咎于"机器本身"而非其"社会使用形式"即"资本主义应用"方式，就形成了所谓"鲁德谬误"；作为智能自动化机器，当今 AI 可以取代人的"智力"及其活动，这将对主要发挥智力的包括文艺专职从业者在内的白领工人（知识劳工）的职业形成威胁，于是就形成一种更加精致的当代"鲁德谬误"。超越这种"鲁德谬误"，扬弃私有制而变革其资本主义应用方式，AI 对人的职业的威胁乃至取代将转化为对人的劳动的解放，劳动与游戏（艺术）、工作与休闲之间的对立将被消除，文艺生产将从雇佣形式和等级秩序中解放出来，成为人人全面发展自身智力和体力而实现自身生命价值的自由创造活动。

其一，如果说麦克卢汉等技术乐观主义者只看到机器自动化技术对人的社会关系结构的重塑作用而忽视社会关系结构的反作用的话，那么，"鲁德谬误"则把机器自动化技术对人的反作用尤其是对人的职业的威胁乃至取代，归咎于"机器本身"而非其社会使用形式。这首先出现在现代机器第一次动能自动化革命中，且在当今 AI 引发的第二次智能自动化革命中依然存在。

马克思分析了第一次机器动能自动化革命中所出现的"鲁德谬误"："19世纪最初十五年，英国工场手工业区发生的对机器的大规模破坏（特别是由于蒸汽织机的应用），即所谓鲁德（Ludd）运动，为西德默思、卡斯尔里等反雅各宾派政府采取最反动的暴力行动提供了借口。工人要学会把机器和机器的资本主义应用区别开来，从而学会把自己的攻击从物质生产资料本身转向物质生产资料的社会使用形式，是需要时间和经验的。"同机器的资本主义应用不可分离的矛盾和对抗是不存在的，因为这些矛盾和对抗不是从机器本身产生的，而是从机器的资本主义应用产生的。"①"鲁德运动"体现了劳动者对技术自动化威胁自身职业的本能反应和抵触。在马克思看来，对劳动者造成威胁的根源在于机器的"社会使用形式"即"资本主义应用"，而将其归咎于"机器本身"，就形成后来西方学者所谓的"鲁德谬误"或"鲁德主义"——这在当今第二次机器智能自动化革命中依然存在，西方就出现了反对 AI 自动化发展的"新鲁德主义"。

　　准确理解 AI 对人的取代，还需要了解 AI 的基本分类——"弱人工智能（ANI）""强人工智能（AGI）""超人工智能（ASI）"，但相关认知对此往往不加区分。比尔·盖茨、霍金、马斯克等"一致认为人们在较长时期都对机器智能化和不断提升的能力抱有持续的紧张情绪，而且创造这些机器的人也担心它们有一天会替代自己"②，这里讲的是 AGI 甚或 ASI；而蔡斯指出，"事实上，机器不需要变成强人工智能就能夺走我们大多数人的工作"③，也就是说 ANI 已足以夺走包括文艺职业在内的人的智能工作。（详见陈红兵：《新卢德主义评析》，东北大学出版社 2008 年版）从现状看，影响人的文艺活动的主要是 ANI，比如微软"小冰"主要是通过对人所输入的人的诗歌作品的学习、总结、概括等大数据处理技术进行自动化创作的。计算机也开始有听觉、视觉乃至触觉等感觉识别能力，如果能够像人那样在外界事物触动感觉下开始文艺创作，那么，文艺领域的 AGI 甚或 ASI 就可能出现，但这有待克服的技术瓶颈还有太多太多。蔡斯在分析 AI 影响时提到了"勒德（Ludd）谬误"：

---

① 《马克思恩格斯全集》第 23 卷，人民出版社 1972 年版，第 469、483 页。

② 希尔：《经济奇点：共享经济、创造性破坏与未来社会》，苏京春译，中信出版社 2017 年版，第 266 页。

③ 蔡斯：《经济奇点：人工智能时代，我们将如何谋生？》，任小红译，机械工业出版社 2017 年版，第 228—229 页。

"反对机器将造成广泛的结构性失业这一说法的主要理由是：过去不曾发生过这样的事。换句话说，这一看法是勒德谬误"，而"前几轮工业革命中自动化并没有造成长期失业"，资本主义走出停滞而走向新一轮繁盛时，工人的失业率又会下降。①——这是当今许多技术乐观主义者批驳"鲁德谬误"的重要理由之一，他们声称：AI确实正在"消灭"一些工作，但也将会不断"创造"出新型工作。但是，蔡斯强调"这次有所不同"，如果说动能自动化只是对人形成部分威胁而产生周期性、暂时性失业的话，那么，当今AI革命所产生的则是结构性、普遍性乃至永久性的失业，对人形成全面威胁："机器不但能从事体力劳动，而且逐渐开始具有认知能力，它们会把目前只有人类才能胜任的工作偷走吗？"大规模技术性失业"尚未发生（就算有也不多），但在接下来的几十年中将会发生"，"我们获得薪酬的技能在未来20年到40年内就会被机器掌握"，"机器不一定要让每个人都失业才能达到经济奇点。如果大多数人——永远失去工作，我们将需要建立不同类型的经济体制"。② 这大致也可用来分析AI对文艺职业的影响，蔡斯已经意识到"建立不同类型的经济体制"的迫切性。

其二，机器动能、智能自动化革命既有取代人的职业的消极面，也有改变"工作"性质的积极面，为劳动与游戏（艺术等）、工作与闲暇之间割裂、对立的消除进而为个人全面发展等提供了潜在的可能性，而将这种可能性转化为现实性的前提条件是私有财产的扬弃。

麦克卢汉注意到了自动化技术有望消除工作与闲暇之间割裂、对立的一面："自动化是信息。它不仅结束了劳动中的职业分工，而且结束了学习中的专业分化……电力技术结束了陈旧的二分观念，即文化与技术、艺术与商务、工作与闲暇的二分观念。在肢解分割的机械时代，闲暇时不干工作、无

① 蔡斯：《经济奇点：人工智能时代，我们将如何谋生？》，任小红译，机械工业出版社2017年版，第156页，第134页。
② 蔡斯：《经济奇点：人工智能时代，我们将如何谋生？》，任小红译，机械工业出版社2017年版，第25页，第4页，第157页。

所事事，电力时代的情况与此相反。因为在信息时代里我们要同时使用一切官能。所以我们发现：非常强烈地调动官能的时候，正是感到最悠闲的时候，我们的感觉酷似过去一切时代的艺术家的感觉。"①而马克思则强调："私有制使我们变得如此愚蠢而片面"，"私有财产的扬弃，是人的一切感觉和特性的彻底解放"。②对造成人的割裂的主要根源认知的不同，决定着所提出的解决方案的不同。麦克卢汉认为："由于自动化这一媒介的诞生，人的组合的新型模式往往要淘汰一些就业机会，这是事实，是其消极后果。从其积极因素来说，自动化为人们创造了新的角色；换言之，它使人深深卷入自己的工作和人际组合之中……人的工作的结构改革，是由切割肢解的技术塑造的，这种技术正是机械技术的实质。自动化技术的实质则与之截然相反。正如机器在塑造人际关系中的作用是分割肢解的、集中制的、肤浅的一样，自动化的实质是整体化的、非集中制的、有深度的。"③马克思在讨论第一次机器革命时早有相近分析："我们已经看到，大工业从技术上消灭了那种使整个人终生固定从事某种局部操作的工场手工业分工"，机器自动化"破坏着工人生活的一切安宁、稳定和保障，使工人面临这样的威胁：在劳动资料被夺走的同时，生活资料也不断被夺走，在他的局部职能变成过剩的同时，他本身也变成过剩的东西……这是消极的方面"，而积极的方面是"用那种把不同社会职能当作互相交替的活动方式的全面发展的个人，来代替只是承担一种社会局部职能的局部个人"。④"全面发展的个人"不正是麦克卢汉所说的"自动化为人们创造的新角色"吗？但是，在马克思看来，机器自动化生产只是为"全面发展的个人"的生成提供了潜在的可能性，将其转化为现实性的前提条件是私有财产的扬弃。

其三，机器动能、智能自动化对劳动与游戏（艺术等）、工作与闲暇之间

---

① 麦克卢汉：《理解媒介：论人的延伸》，何道宽译，商务印书馆 2000 年版，第 426 页。
②《马克思恩格斯全集》第 42 卷，人民出版社 1979 年版，第 124 页。
③ 麦克卢汉：《理解媒介：论人的延伸》，何道宽译，商务印书馆 2000 年版，第 33 页。
④《马克思恩格斯全集》第 23 卷，人民出版社 1972 年版，第 530—531 页，第 535 页。

对立的消除，最终意味着劳动的解放。如果说动能自动化可以解放人的体力的话，那么，当今智能自动化解放的就是人的智力，而前提条件是要扬弃资本主义私有制。

麦克卢汉说："'工作'这一概念在无文字的世界中是不存在的。原始的猎手和渔夫无所谓'工作'，这一点与今日的诗人、画家和思想家并无不同。只要全身心地介入从事的活动，都无所谓工作不工作。'工作'的出现始于劳动分工和职能的专门化，发端于不再游徙的农业社区的任务之中。在电脑时代，'工作（job of work）'让位于献身和承诺，部落时代也是如此。"[①]而希尔在讨论应对 AI 挑战时指出："卡尔·马克思曾经想象的共产主义社会中，'没有一个专属的活动领域'，这让'我可以今天做一件事，早晨打猎，下午捕鱼，傍晚喂牛，晚饭后批判，当然这只是我的一个想法，所以我没有成为猎人、渔夫、牧人或评论家'。显而易见，暴怒的共享经济倡导者采取了一种新的马克思主义信条，但这是颠倒了的马克思主义。在巨大的不平等和所有权被驯服后，马克思设想了他的新社会。"[②]在马克思所构想的共产主义社会，劳动与游戏（艺术等）、工作与闲暇等之间的割裂将被消除，而其前提条件是希尔所说的"巨大的不平等和所有权被驯服"。马克思指出，机器自动化生产会缩短人的劳动时间、减少人的体力和智力的支出："由于固定资本通过提高劳动的生产力，使劳动能在较短的时间内生产出更大量的维持活劳动能力所必需的产品，从而提高剩余劳动对必要劳动的比例……通过这个过程，生产某种物品的必要劳动量会缩减到最低限度，但只是为了在最大限度的这类物品中实现最大限度的剩余劳动。第一个方面所以重要，是因为资本在这里——完全是无意地——使人的劳动，使力量的支出缩减到最低限度。这将有利于解放了的劳动，也是使劳动获得解放的条件。"[③]麦克卢汉指出："伺服

① 麦克卢汉：《理解媒介——论人的延伸》，何道宽译，商务印书馆 2000 年版，第 179 页。
② 希尔：《经济奇点：共享经济、创造性破坏与未来社会》，苏京春译，中信出版社 2017 年版，第 367—368 页。
③《马克思恩格斯全集》第 46 卷下，人民出版社 1980 年版，第 214 页。

机械的电力时代，把人从刚过去的机械时代中那种机械的、专干一门的奴性中解放出来。机器和汽车解放了马，把它弹射到娱乐业的高度，自动化对人的解放，亦是如此。"①其实，汽车解放的可以说首先是人的腿脚，但是，汽车"取代"了人的腿脚并且早就跑得比人快了，这丝毫不影响人跑步竞赛的乐趣——这讲的是动能自动化机器，对于智能自动化机器来说同样如此。AI 比你更聪明，也不影响你用智力进行游戏的乐趣：AlphaGo 打败了人类围棋高手，绝不会使围棋这种游戏从人类生活中绝迹，丝毫不影响我们棋艺不高的普通人下棋的乐趣；AI"小冰"写出或许比我们普通人还高明的诗歌，丝毫不影响我们普通人创作或许并不太高明的诗歌（比如情诗）的乐趣。

　　但是，面对当今急速发展的 AI 技术，人们感受到的为什么不是"解放"而是"威胁"？里夫金分析指出："我们的工作性质正在发生跨时代的变化"，"智能技术对有偿人力劳动和有偿专业工作的大量取代开始打破资本主义制度的运作模式……对此，我们现在看到的是将生产力从雇佣劳动力中解放出来"。②AI 技术所要剥夺的其实只是包括艺术家在内的白领工人依靠支出自身智力而赚钱的"职业"，但却可能使艺术生产力"从雇佣劳动力中解放出来"，或者说使文艺生产从"雇佣形式"中解放出来。"要不是每一个人都得到解放，社会本身也不能得到解放"，共产主义的"生产劳动给每一个人提供全面发展和表现自己全部的即体力的和脑力的能力的机会，这样，生产劳动就不再是奴役人的手段，而成了解放人的手段，因此，生产劳动就从一种负担变成一种快乐"③，手工劳动与脑工劳动、劳动与游戏、工作与闲暇之间的对立也就趋于消除。精英脑工劳动者维持自身艺术"工艺生产主体"垄断地位和等级秩序，既无助于大众的解放，也无助于自身脑工劳动的解放。"劳动"与"游戏"的相通之处在于都是人发挥自身体力和智力的活动，即手工劳动和脑工劳动；不同之处在于"游戏"以人的体力和智力的发挥本身为"目的"，而

①　麦克卢汉：《理解媒介：论人的延伸》，何道宽译，商务印书馆 2000 年版，第 438 页。
②　里夫金：《零边际成本社会》，赛迪研究院专家组译，中信出版社 2014 年版，第 133—134 页。
③　《马克思恩格斯全集》第 20 卷，人民出版社 1971 年版，第 318 页。

"劳动"则以人的体力和智力的发挥为"手段"。在为自身"全面发展和表现自己全部的即体力的和脑力的能力"而创造物质条件的过程中，劳动者不得不以自身体力和智力的发挥为"手段"，而作为人的延伸物的机器及其产生的利润等反而成为"目的"——对于作为雇佣劳动者的精英艺术家来说也是如此。

从意识形态上看，维护资本统治的经济自由主义也竭力为手工劳动、脑工劳动的"雇佣性"辩护，似乎这种"雇佣性"是自然产生的，从来就有，也将永世长存——正如资本是从来就有，也将永世长存一样——而马克思的劳动哲学则戳破了这一意识形态谎言，强调这种"雇佣性"是在人类劳动生产发展特定历史阶段即资本主义阶段形成的，不是从来就有的（在资本主义之前雇佣劳动即使部分存在，也并不占主导地位），也不会永世长存；而只有消灭资本、扬弃这种"雇佣性"，每个人发挥自身生物性体力、智力的手工劳动、脑工劳动，才能从不平等、不自由中解放出来而获得充分自由而全面的发展——专业、职业艺术家等文化精英只有看穿经济自由主义的意识形态迷雾，同时超越自身狭隘的文化精英主义立场，才能在顺应人类社会历史发展进步大势中，真正实现自身价值。

总之，超越"鲁德谬误"，扬弃私有制而变革其资本主义应用方式，AI对人的职业的取代，将转化为对人的劳动的解放，手工劳动与脑工劳动、劳动与游戏（艺术）、工作与闲暇之间的对立将被消除，文艺生产将从雇佣形式和等级秩序中解放出来，每个人的脑工和手工劳动将从不平等、不自由中解放出来，从而成为每个人全面发展而实现自身生命价值的自由创造活动。

第四节 资本奇点与劳动解放

经过前面的分析，总体上可以把 AI 定位为"机器智能"（Machine Intelligence），由此就可以在"机器"和"智能"的发展进程中来为当今 AI 做历史定位。AI 是由"机器"自动输出的"非生物性"智能，"人脑"输出的则是一种"生物性"智能，"机器"与"人"的关系，首先体现为"非生物性"与"生物性"力量之间的关系。从"机器"发展史看，蒸汽机等引发现代机器第一次"能量"自动化革命，机器自动输出的物质性力量（能量）可以"代替"人手输出的物质性力量（身体性能量、体力），而传统物质生产工具如锄头等只能"传导"人的体力；当今 AI 计算机等正在引发现代机器第二次"智能"自动化革命，机器自动输出的精神性力量（智能、智力）将可以"代替"人脑输出的精神性力量，而传统精神生产工具如文字符号等则只能"传导"人的智力。从"智能"的整体发展史看，作为智能生产工具的人脑神经元系统又是漫长的自然进化的产物——这是从"工艺学"的人与物（自然）关系看的，而从社会学的人与人（社会）关系看，人手、人脑输出的"生物性"的体力（体能）、智力（智能）又是"个人性"的，而机器自动输出的"非生物性"能量、智能则是"非个人性"的，因而是"社会性"的。由此就可以把"机器"与"人"的关系，概括为"非生物性"的"社会性"与"生物性"的"个人性"之间的关系，如表 3 所示：

表 3　机器与人的关系

		智能		能量	
		精神生产力		物质生产力	
		生物性	非生物性		生物性
工艺学	自动化	人脑等	机器		人手等
			（←代替）AI 计算机等	蒸汽机等（代替→）	
	非自动化		（→传导）文字等符号系统	传统工具（传导←）	
社会学		个人性	社会性		个人性

马克思考察了以蒸汽机为代表的现代机器第一次"能量"自动化革命，并对机器所释放出的社会性、非生物性的能量与劳动者个人性、生物性的能量（体力、体能）之间的关系，进行了非常系统、深入的分析。这种理论思路可以在对当今 AI 所引发的现代机器第二次"智能"自动化革命及其社会文化影响的分析中加以引用。

一

首先，我们从劳动的转移与解放、平等与自由的角度对 AI 终结脑工劳动做一些辨析。

总体上，没有人否认 AI 会"代替"人的智能，但是，有关这种"'代替'对个人、社会乃至人类究竟意味着什么"的认识，却存在很大分歧。自动机器之所以可以"代替"人的体能、智能，是因为人的体能尤其智能"转移"到机器上了，"转移"是"代替"的前提："使用劳动工具的技巧，也同劳动工具一起，从工人身上转到了机器上面。工具的效率从人类劳动力的人身限制下解放出来。这样一来，工场手工业分工的技术基础就消失了。因此，在自动工厂里，代替工场手工业所特有的专业工人的等级制度的，是机器的助手所要完成的各种劳动的平等或均等的趋势。"① "转移""代替"首先使"工具的效率从人类劳动力的人身限制下解放出来"，这种"解放"又将带来劳动的"平等"和"自由"。

其一，劳动的"平等"。我们从加工"物品"的物质劳动方式发展的"手工业—工场手工业—机器劳动"三个阶段展开分析：

（1）在手工业阶段，是一个"发展直接手工劳动的特殊本领、训练人类从事劳动的双手等等"②的阶段，"他作为手工业师傅在同业工会中，从而在对帮工和学徒的关系上，处于较高的等级地位，这种地位是以他自身的手工业技艺为基础的"③——手工大师傅通过存在于自己"身"上的"手艺""技艺"确立或维持自己与帮工、学徒之间的等级，这是一种"生物性"等级，大师傅对帮工、学徒的支配就是一种"生物性"支配。

（2）在工场手工业阶段，"工场手工业发展了劳动力的等级制度"，"各种劳动操作，也要适应这种由先天的和后天的技能构成的等级制度"。④ 工场

① 《马克思恩格斯全集》第 23 卷，人民出版社 1972 年版，第 460 页。
② 《马克思恩格斯全集》第 46 卷下册，人民出版社 1979 年版，第 86 页。
③ 《马克思恩格斯全集》第 48 卷，人民出版社 1985 年版，第 8 页。
④ 《马克思恩格斯全集》第 23 卷，人民出版社 1972 年版，第 388 页。

手工业依然没有超越人的技能的生物性，因而劳动中依然存在生物性的技术等级。

（3）在机器劳动阶段，"技能上的等级在不同程度上是手工工场的特点，而在这里却被消灭了"，能量自动化机器的作用就是"消灭技能的等级，摧毁'分工'背后建立起来的专业"[①]，如此，就使"特殊技能"成为多余的，并使"手工劳动"成为多余的[②]——"手工劳动"被终结，如此也就引发"各种（手工）劳动的平等或均等的趋势"，或者说迎来了"手工"平等的时代。

如果说物质生产是对"物质产品"的加工的话，那么我们可以把精神生产宽泛地视作对非物质的"信息产品"的加工。里夫金指出："除了创建软件外，人们几乎不需要参与任何操作，软件将生产过程全包了。这就是将这一过程定义为'信息化制造（infofacture）'而不是'人工制造（manufacture）'的原因。"[③]manufacture 就是马克思所说的 Manufaktur，对应于加工"物品"的物质劳动的 Handarbeit—Manufaktur—Maschinenarbeit 的三个阶段，加工"信息"的精神劳动方式也将大致经历"脑工（Kopfarbeit）—信息化制造（infofacture）—AGI"三个阶段：

（1）脑工阶段。社会通用智能主要就是使用文字这种智能工具的技巧。文字不普及、识字率不高，使用文字的智能就被少数人垄断，由此形成智能上的等级。

（2）信息化制造阶段。正如加工物品方式由手工业向工场手工业过渡的重要标志是"机器"越来越多地加入物质劳动中一样，人类加工信息方式由脑工向信息化制造过渡的重要标志也是"机器"越来越多地加入精神劳动中。首先是马克思时代的自动印刷机等，大大提高了识字率，使用文字这种工具的技能（智能）的等级性开始削弱。但是，像工场手工业阶段一样，信息化制造阶段的精神劳动也要求划分等级，并且也是通过提升使用精神劳动工具

[①]《马克思恩格斯全集》第 47 卷，人民出版社 1979 年版，第 524—526 页。

[②]《马克思恩格斯全集》第 46 卷下册，人民出版社 1980 年版，第 86 页。

[③] 里夫金：《零边际成本社会》，赛迪研究院专家组译，中信出版社 2014 年版，第 88—89 页。

的技巧的"专业性"来形成并维持这种等级的，比如："专业"作家使用文字的技巧比业余作者高，"专业"摄影师使用照相机的技能比普通的人高，"专业"科学家使用科学符号的能力比业余科学爱好者高，等等。

（3）未来 AGI 阶段。"在自动工厂里，代替工场手工业所特有的专业工人的等级制度的，是机器的助手所要完成的各种劳动的平等或均等的趋势"，正是工人只是"机器"的"助手"这种状况，打破了"专业工人的等级制度"：在传统手工劳动中，大师傅是能工巧匠，"帮工"只是其"助手"，没有也不需要特别高的手艺；在自动工厂里，"机器"本身成为能工巧匠而代替了传统手工大师傅的地位，而作为"机器"的"助手"的工人，同样不需要特别高的手艺，由此引发了"各种劳动的平等或均等的趋势"。同样，AGI 也将使人在精神劳动中成为"机器"的"助手"，由此也必然引发精神领域"各种劳动的平等或均等的趋势"，从而也必将打破"专业精神劳动者的等级制度"，AGI 必将在精神劳动领域"消灭技能的等级，摧毁'分工'背后建立起来的专业"：普通人作为 AI 机器"小冰"的"助手"也可以写诗作画，艺术家靠"专业"维持的等级地位就开始受到冲击；当 AI 机器也可以自动进行科学实验（如 DeepMind 的 AlphaFold 2 已可自动进行生物学实验并取得重大突破）时，普通人作为其"助手"也就可以参与到这种科学实验中，科学家靠"专业"维持的等级地位也将受到冲击——"脑工"平等时代必将来临。

其二，劳动的"解放"与"自由"：

> 通过这个过程（资本采用机器），生产某种物品的必要劳动量会缩减到最低限度……资本在这里——完全是无意地——使人的劳动，使力量的支出缩减到最低限度。这将有利于解放了的劳动，也是使劳动获得解放的条件。[1]

---

[1]《马克思恩格斯全集》第 46 卷下册，人民出版社 1980 年版，第 214 页。

> 自由王国只是在由必需和外在目的规定要做的劳动终止的地方才开始……像野蛮人为了满足自己的需要，为了维持和再生产自己的生命，必须与自然进行斗争一样，文明人也必须这样做……在这个必然王国的彼岸，作为目的本身的人类能力的发展，真正的自由王国，就开始了。①

人类在与自然不断斗争的过程中最终创造出自动化的社会机械大脑，它将在"必然王国"中"使力量的支出缩减到最低限度"，由此，人不是不再支出自身力量，不是不再使用手和脑这种生产工具，而只是"转移"到"自由王国"中去支出、使用。这也就意味着把手工、脑工劳动从"必然王国"中"解放"出来了，由此也就带来了手工、脑工劳动的自由，或者说人的体力、智力支出和手、脑使用方式的"非自由性"将被消除。"人不再从事那种可以让物来替人从事的劳动，——一旦到了那样的时候，资本的历史使命就完成了。"②其中的"物"就是指高度自动化的机器：人之所以能在自由王国中进行自由的手工、脑工劳动，是因为自动机器"替"人从事处在必然王国中的手工、脑工劳动了。

其三，劳动"自由"与"平等"的关系。前面所讨论的"平等"也意味着"解放"，即把人从劳动中劳动者与劳动者之间的"等级"中解放出来——这是从劳动中人与社会关系看的，而把手工、脑工劳动从必然王国中解放出来，则是从劳动中人与自然关系看的。恩格斯又用"在社会关系方面把人从其余的动物中提升出来"与"在物种关系方面把人从其余的动物中提升出来"③来描述这两种解放：自动机器已做到"在物种关系方面把人从其余的动物中提升出来"，并把人从劳动的等级中解放出来。但是，资本却建立并维持"非劳动者"与"劳动者"之间的等级：传统手工大师傅或成为"非劳动者"，

①《马克思恩格斯全集》第 25 卷，人民出版社 1974 年版，第 926—927 页。
②《马克思恩格斯全集》第 46 卷上册，人民出版社 1979 年版，第 287 页。
③《马克思恩格斯全集》第 20 卷，人民出版社 1971 年版，第 375 页。

即资本家，或成为与徒弟一样的劳动者，而劳动者在机器劳动中作为机器的"助手"所获得的只是一种"不自由"的平等，受到垄断这些机器的"非劳动者"权力的支配——基于生产资料私有化和竞争自由化的资本，依然没有在社会关系方面"把人从其余的动物中提升出来"而摆脱"动物性"。

解放人类，归根到底要解放劳动，但《德意志意识形态》却提出："现在的问题不在于解放劳动，而在于消灭这种自由的劳动"，而"劳动的自由是工人彼此之间的自由竞争"，"劳动在所有文明国家中已经是自由的了"；"在大工业和竞争中，各个个人的一切生存条件、一切制约性、一切片面性都融合为两种最简单的形式——私有制和劳动"。①——建立在私有制基础上的普遍自由竞争，使每个人都屈从于一种抽象的社会力量即金钱的力量——"这和个人屈从于分工是同类的现象，这种现象只有通过消灭私有制和消灭劳动本身才能消除"；"过去的一切革命始终没有触动活动的性质"，而"共产主义革命则反对活动的旧有性质，消灭劳动"。② 消灭劳动就是改变劳动的"旧有性质"——包括"竞争性"和受资本支配的"雇佣性"——这又与消灭私有制互为前提。宽泛地说，劳动得到解放而获得自由，意味着劳动摆脱外在的支配——这种外在支配最初来自自然力量，而现代自动机器则使劳动摆脱了自然力量的支配，但却使劳动受到资本、金钱这种外在的社会力量的支配——劳动的进一步解放，就必须摆脱资本权力的支配。

前已指出，社会机械大脑所物化和生成的是社会通用智能，具有社会性、物化性、非生物性，而人脑及其生成的智能则具有个人性、生物性。个人生物大脑与社会机械大脑之间的关系，就既包含个人与"物"的关系，又包括个人与个人的社会关系：在机器劳动中，"由于劳动资料变成了自动机……生产过程的智力同体力劳动相分离，智力变成资本支配劳动的权力，是在以机器为基础的大工业中完成的"③。自动化机器这种物化的社会通用智能对劳动的

---

① 《马克思恩格斯全集》第 3 卷，人民出版社 1960 年版，第 223—224 页，第 74 页。
② 《马克思恩格斯全集》第 3 卷，人民出版社 1960 年版，第 61 页，第 78 页。
③ 《马克思恩格斯全集》第 23 卷，人民出版社 1972 年版，第 464 页。

支配，体现的就是垄断资本进而支配机器的资本家对工人的支配——机器这种"物"对"人"的支配，最终体现的就是"人"对"人"的支配。从经验现象上看，能量自动化机器带来蓝领工人的失业，而当今 AI 机器则将带来白领工人的失业，但根源不在自动化机器本身，而在资本和"智力变成资本支配劳动的权力"及掌握这种权力的资本家。

二

AI 的再一革命性意义是将扬弃自由主义与平等主义的抽象对立。以上分析已初步揭示：现代机器第一次能量自动化革命把每个人发挥生物性体力的手工劳动从不平等、不自由中解放出来，当今 AI 所代表的现代机器第二次智能自动化革命将把每一个人发挥生物性智力的脑工劳动从不平等、不自由中解放出来。而这种解放进程的主要阻碍力量来自资本，资本作为一种非生物性的权力与个人的自由、平等之间的关系就成为一个重要问题。

"自由主义"是对资本主义核心意识形态或价值观的一种通行表述，这种似是而非的表述容易使人联想到：与资本主义价值观针锋相对的共产主义似乎反对"自由"。但共产主义绝非不要"自由"，而是所追求的"自由"恰恰比资产阶级自由主义所追求的"自由"要多，因为共产主义追求的是"每个人的自由"，并且这种"自由"同时也意味着人与人之间的真正"平等"，是一种消灭了"不平等"的"自由"。从另一个角度来说，如果人与人之间的关系也可用"自由"来描述的话，那么，这种自由同时也意味着平等：己所不欲，勿施于人，人不想被别人的权力支配，那么，也就应该不要用自己的权力去支配别人。资产阶级用"物"（金钱）支配作为人的劳动者，就掩盖了有产者作为"人"对作为"别人"的无产者的权力支配或支配权力。自由的消极含义是摆脱外在力量对人的束缚、奴役。人与自然关系中的自由体现为人支配物而不被物支配——如果将此引申到人与人的关系中，自由就表现为人支配别人而不被别人支配——这种引申恰恰把别人（他者）视作"物"；当把人对物的支配说成是一种"权力"时，貌似是把人与人的权力关系引申到了人与物的关系中，其归结点也是把别人（他者）视作"物"。而在资本框架下，人对人的权力支配表现为"物"（金钱）对人的权力支配——这进步意义在于：超越了人对人权力支配的"生物性"，但依然没有摆脱人与人关系的权力支配性。"物"（金钱）对人的权力支配，归根结底体现的是人（掌握金钱多的人）对人（掌握金钱少的人）的权力支配关系。这正是拜物教的秘密所在，而如果只把金钱对人的支配视作抽象的物对人的支配，就会掩盖其人支配人的权力关系的实质。以此来看，在当今 AI 的流行认知中，赋予智能机器人以人格而将这种"物"当作"人"，只不过一种滥情，掩盖了"人"而且是绝大多数人被当作"物"的现实状况——所谓"后人类"等表述也存在近似倾向。为此，我们要回到马克思对这些问题的审视上。

马克思指出：

> 流通是这样一种运动，在这种运动中，一般转让表现为一般占有，一般占有表现为一般转让。这一运动的整体虽然表现为社会过程，这一运动的各个因素虽然产生于个人的自觉意志和特殊目的，然而过程的总体表现为一种自发的客观联系；这种联系尽管来自自觉个人的相互作用，但既不存在于他们的意识之中，作为总体也不受他们支配。他们本身的相互冲突为他们创造了一种凌驾于他们之上的他人的社会权力；他们的相互作用表现为不以他们为转移的过程和强制。流通是某种社会过程的总体，所以它也是第一个这样的形式，在这个形式中，表现为某种不以个人为转移的东西的，不仅是社会关系（就像在一块货币或交换价值上那样），而且是社会运动的总体本身。个人相互间的社会联系作为凌驾于个人之上的独立权力，不论被想象为自然的权力，偶然现象，还是其他任何形式的东西，都是下述状况的必然结果，这就是：这里的出发点不是自由的社会的个人。①

---

① 《马克思恩格斯全集》第 46 卷上册，人民出版社 1979 年版，第 144—145 页。

资本主义商品生产、流通的"出发点"也是"个人"，但却不是"自由的社会的个人"，而"自由的社会的个人"生成过程，就是从资本主义生产、流通方式中解放出来的过程。货币、资本代表的是"凌驾于他们之上的他人的社会权力""凌驾于个人之上的独立权力"，不消灭这种支配性的权力，"自由的社会的个人"就无法得以现实地生成。

> 在个人创造出他们自己的社会联系之前，他们不可能把这种联系置于自己支配之下……全面发展的个人——他们的社会关系作为他们自己的共同的关系，也是服从于他们自己的共同的控制的——不是自然的产物，而是历史的产物。要使这种个性成为可能，能力的发展就要达到一定的程度和全面性，这正是以建立在交换价值基础上的生产为前提的，这种生产才在产生出个人同自己和同别人的普遍异化的同时，也产生出个人关系和个人能力的普遍性和全面性。[1]

而资本主义被扬弃并被共产主义取代之后，"人终于成为自己的社会结合的主人，从而也就成为自然界的主人，成为自己本身的主人——自由的人"[2]。个人支配"自己的社会结合"或"个人相互间的社会联系"而成为其"主人"，才会成为"自由的社会的个人"。而在资本主义社会中，"个人相互间的社会联系作为凌驾于个人之上的独立权力"却"不受他们支配""不以他们为转移"，并且个人反而受其强制、支配——这表明个人在这种"个人相互间的社会联系"中是不自由的，而这种不自由又集中体现为人与人之间关系的不平等。"生产力和社会关系——这二者是社会的个人发展的不同方面——对于资本来说仅仅表现为手段。"[3]而扬弃资本之后，"社会的个人"的"生产力

[1]《马克思恩格斯全集》第46卷上册，人民出版社1979年版，第108—109页。
[2]《马克思恩格斯全集》第19卷，人民出版社1963年版，第247页。
[3]《马克思恩格斯全集》第46卷下册，人民出版社1980年版，第219页。

和社会关系"的发展就成为目的本身。"社会的个人"的"生产力"又包括体力与智力两个方面，作为"自由的社会的个人"或"全面发展的个人"总是具体的生物性的个体存在，因此，个人的全面发展也就意味着个人生物性体力、智力的全面、自由、平等的发展——现代自动机器为这种发展创造物质条件，而资本作为一种凌驾于个人之上的非生物性权力则阻碍着这种发展。

自由、平等也是现代资产阶级的重要理念，但在意识形态上总体又表现为：无限的、绝对的经济自由主义与有限的、相对的平等主义。这种意识形态承认每个人人身、人格、政治、法律或形式上的平等，但坚决拒绝经济上的平等。因为这种意识形态认为：经济上的平等必然导致经济上的自由的丧失——以维护这种"自由"为借口，坚决反对经济的实际的"平等"，就成为经济自由主义的基本理念。

作为现代资产阶级思想家重要代表之一，卢梭认为每个人都生而自由、平等，却无往不在枷锁之中。恩格斯对卢梭有高度的评价："甚至卢梭关于历史的看法：原始的平等——被不平等所破坏——建立更高阶段上的平等，也是否定的否定。"[1]恩格斯自己和马克思实际上也把这种"否定的否定"的历史结构运用到社会发展之中，在他们看来，"原始的平等"是建立在原始社会的公有制基础上的，而从奴隶社会开始，这种平等被私有制所造成的不平等破坏，而共产主义则将在更高的阶段上重建这种平等。恩格斯分析指出：

> 甚至卢梭的平等说（朴林的平等说只是它的贫乏的和歪曲的复写）没有黑格尔的否定的否定来执行助产婆的职务，也不能建立起来——而这还是黑格尔诞生前几乎二十年的事。卢梭的学说远没有因此而觉得可耻，它在自己的最初的阐述中，几乎是堂而皇之地把自己的辩证起源的印记展示出来。人在自然和野蛮的状态中是平等的；由于卢梭已经把语言看作自然状态的伪造，所以他完全有理由

---

[1]《马克思恩格斯全集》第20卷，人民出版社1971年版，第674页。

把同一物种范围所及的兽类的平等也加到这些兽人的身上，近来海克尔在分类中把这种兽人假定为 Alali——没有语言的原始人。但是这些彼此平等的兽人有一种比其他兽类优越的特性，这就是趋于完善化的能力，即往前发展的能力；而这种能力就成了不平等的原因。因此，卢梭把不平等的产生看作一种进步。但是这种进步是对抗性的，它同时又是一种退步。

"以后的〈越过原始状态的〉一切进步同样是表面上走向个人完善化而实际上走向人类的没落的步骤……金属加工和农业是两种技艺，它们的发明引起了这一巨大的革命〈把原始森林变为耕地，但是也由于私有制而引起了贫困和奴役〉。使人文明起来并使人类没落下去的东西，在诗人看来是金和银，在哲学家看来是铁和谷物。"

文明每前进一步，不平等也同时前进一步。随着文明产生的社会为自己建立的一切机构，都转变为它们原来的目的的反面。

打破原始平等的因素有：（1）"语言"尤其是文字的发明，作为一种在人身之外创造的精神生产的非生物性智能工具，使人的智力获得了大发展而越来越使人远离其他动物；（2）金属加工而成的物质生产工具；（3）恩格斯还特别强调了"私有制"。"文明每前进一步，不平等也同时前进一步"，现代资本主义使"文明"登峰造极，同时也使"不平等"登峰造极：

"人民拥立国君是为了保护自己的自由，而不是为了毁灭自由，这是无可争辩的事实，而且是整个国法的基本原则。"

但是这些国君必然成为人民的压迫者，而且他们把压迫加重到这样的地步，使得登峰造极的不平等又重新转变为自己的反面，成为平等的原因：在暴君面前人人平等，就是说大家都等于零。

"这里是不平等的极限，是封闭一个圆圈的终点，它和我们所由出发之点相遇：在这里一切个人都是平等的，因为他们恰恰什么都不是，臣民除了君主的意志以外再没有别的法律。"但是暴君只有当他拥有暴力的时候才是君主，因此当人们"驱逐他的时候，他是不能抱怨暴力的……暴力支持他，暴力也推翻他；一切都按照自己的正确的自然进程前进"。

这样，不平等又重新转变为平等，但不是转变为没有语言的原始人所拥有的旧的自发的平等，而是转变为更高级的社会契约的平等。压迫者被压迫。这是否定的否定。[1]

封建社会个人性、人身性、生物性的"国君"，到了现代资本主义就转化为非个人性、非人身性、非生物性的"国君"，即"金钱"，"在暴君面前人人平等，就是说大家都等于零"，同样，"在金钱面前人人平等，就是说大家都等于零"，因为金钱并不代表每个具体的个人的生物性的力量。当然，"不平等"的支配性权力由人身性、生物性的转化为非人身性、非生物性的，毕竟是一种进步：

一旦社会的经济进步，把摆脱封建桎梏和通过消除封建不平等来确立权利平等的要求提到日程上来，这种要求就必定迅速地获得更大的规模……由于人们不再生活在像罗马帝国那样的世界帝国中，而是生活在那些相互平等地交往并且处在差不多相同的资产阶级发展阶段的独立国家所组成的体系中，所以这种要求就很自然地获得了普遍的、超出个别国家范围的性质，而自由和平等也很自然地被宣布为人权。可以表明这种人权的特殊资产阶级性质的是美国宪法，它最先承认了人权，同时确认了存在于美国的有色人种奴隶制：阶级特权被置于法律保护之外，种族特权被神圣化了。[2]

---

[1]《马克思恩格斯全集》第20卷，人民出版社1971年版，第152—153页。
[2]《马克思恩格斯全集》第20卷，人民出版社1971年版，第116页。

而这种"阶级特权"是靠金钱来维护的：

> 资产阶级的力量全部取决于金钱，所以他们要取得政权就只有使金钱成为人在立法上的行为能力的唯一标准。他们一定得把历代的一切封建特权和政治垄断权合成一个金钱的大特权和大垄断权。资产阶级的政治统治之所以具有自由主义的外貌，原因就在于此。资产阶级消灭了国内各个现存等级之间一切旧的差别，取消了一切依靠专横而取得的特权和豁免权。他们不得不把选举原则当作统治的基础，也就是说在原则上承认平等；他们不得不解除君主制度下书报检查对报刊的束缚；他们为了摆脱在国内形成独立王国的特殊的法官阶层的束缚，不得不实行陪审制。就这一切而言，资产者真像是真正的民主主义者。但是资产阶级实行这一切改良，只是为了用金钱的特权代替已往的一切个人特权和世袭特权。
>
> 这样，他们通过选举权和被选举权的财产资格的限制，使选举原则成为本阶级独有的财产。平等原则又由于被限制为仅仅在"法律上的平等"而一笔勾销了，法律上的平等就是在富人和穷人不平等的前提下的平等，即限制在目前主要的不平等的范围内的平等，简括地说，就是简直把不平等叫作平等。这样，出版自由就仅仅是资产阶级的特权，因为出版需要钱，需要购买出版物的人，而购买出版物的人也得要有钱。陪审制也是资产阶级的特权，因为他们采取了适当的措施，只选"有身分的人"做陪审员。①

现代资产阶级的经济自由主义具有民主主义、平等主义的外貌，而恩格斯则揭露了其内在实质："用金钱的特权代替已往的一切个人特权和世袭特权"并千方百计维护"金钱的大特权和大垄断权"；法律上的平等以及所谓人

---

① 《马克思恩格斯全集》第 2 卷，人民出版社 1957 年版，第 647—648 页。

格上、形式上的平等，最终都表现为经济上的实际不平等。

因此，资本主义的不平等首要的是经济、金钱上的不平等，而消灭资本主义社会、政治等方面的不平等，最终就要落实到对这种经济、金钱上的不平等的消灭。马克思对此多有辨析："本段末尾'消除一切社会的和政治的不平等'这一不明确的语句，应当改成：随着阶级差别的消灭，一切由此差别产生的社会的和政治的不平等也就自行消失。"[1] 而"阶级"首先是个经济范畴，消灭阶级差别，才能消灭经济上的不平等，由此产生的社会、政治的不平等也就自行消失：

> 在"我们这个时代"作为全世界历史性问题的这个财产问题，只是在现代资产阶级社会中才有意义。这种社会愈发达，一个国家的资产阶级在经济上就愈发展，因而国家的权力就愈具备资产阶级性质，那么社会问题就愈尖锐：法国比德国尖锐，英国比法国尖锐，君主立宪的国家比君主专制的国家尖锐，共和制的国家又比君主立宪的国家尖锐。例如，信用制度和投机等等引起的冲突在北美比任何地方都更为尖锐。同样，社会的不平等在北美东部各州也表现得比任何地方都突出，因为在这里社会的不平等不像在别的地方那样为政治的不平等所掩盖。至于说这里的赤贫现象还没有发展到像英国的那种程度，自有其经济上的种种原因，我们不能在此一一阐述。不过，这里的赤贫现象也是很可观的。
>
> 这里没有特权等级，社会上的一切阶级都有平等的权利（但是困难正在于阶级的存在）。[2]

说北美资本主义"没有特权等级"主要是在血缘性或生物性意义上而言

---

[1]《马克思恩格斯全集》第19卷，人民出版社1963年版，第28页。
[2]《马克思恩格斯全集》第4卷，人民出版社1958年版，第335—336页。

的——而资本主义不平等恰恰主要并不表现在这个方面，而主要表现在由占有金钱数量的多少而形成的"阶级差异"上——而权力愈具备"资产阶级性质"，这种由金钱决定的阶级差异的不平等就越突出而严重。金钱的权力性又集中体现在对生产资料的支配上，恩格斯指出："我们必须摆脱土地所有者和资本家，使掌握了一切生产资料如土地、工具、机器、原料和在生产所需的时间内为维持生活所必需的一切资料的农业工人和工业工人的联合阶级来代替他们的地位，并且促进这个阶级的发展。其结果，不平等必将消灭。"[1]历史地看：

> 　　平等的要求在无产阶级口中有双重的意义。或者它是对极端的社会不平等，对富人和穷人之间、主人和奴隶之间、骄奢淫逸者和饥饿者之间的对立的自发的反应——特别是在初期，例如在农民战争中，情况就是这样；这种自发的反应，就其本身而言，是革命本能的简单的表现，它在这上面，而且也只有在这上面找到了它成立的理由。或者它是从对资产阶级平等要求的反应中产生的，它从这种平等要求中吸取了或多或少正确的、可以进一步发展的要求，成了用资本家本身的主张发动工人起来反对资本家的鼓动手段；在这种情况下，它是和资产阶级平等本身共存亡的。在上述两种情况下，无产阶级平等要求的实际内容都是消灭阶级的要求。[2]

　　平等是资产阶级早期就提出的鲜明口号，而在反对封建制的人身性不平等上，早期无产阶级与资产阶级是一致的；而当获得统治地位以后，资产阶级将不平等建立在由金钱决定的阶级差异上。——而无产阶级平等要求也将进一步消灭这种阶级差异，进而彻底消灭建立在私有制上的一切阶级。

---

[1]《马克思恩格斯全集》第 33 卷，人民出版社 1973 年版，第 267 页。
[2]《马克思恩格斯全集》第 20 卷，人民出版社 1971 年版，第 117 页。

马克思还用"三位一体"来描述资本主义建立在交换价值（金钱）基础上的所有权与自由、平等的关系："建立在这一基础上的所有权、自由和平等的三位一体，不仅在理论上首先是由 17 和 18 世纪的意大利的、英国的和法国的经济学家加以论述的，而且这种三位一体也只是在现代的资产阶级社会中才得到实现。古代世界不是以交换价值为生产的基础。"①——而"古代世界"的私有制也不是建立在交换价值（金钱）基础上的。"交换价值，或者更确切地说，货币制度，事实上是平等和自由的制度，而在这个制度更详尽的发展中对平等和自由起干扰作用的，是这个制度所固有的干扰，这正好是平等和自由的实现，这种平等和自由证明本身就是不平等和不自由。"②——这种干扰尤其对抗性也必将导致建立在交换价值上的自我扬弃。马克思还对交换价值或价值做了历史的考察：

亚里士多德不能从价值形式本身看出，在商品价值形式中，一切劳动都表现为等同的人类劳动，因而是等同意义的劳动，这是因为希腊社会是建立在奴隶劳动的基础上的，因而是以人们之间以及他们的劳动之间的不平等为自然基础的。价值表现的秘密，即一切劳动由于而且只是由于都是一般人类劳动而具有的等同性和同等意义，只有在人类平等概念已经成为国民的牢固的成见的时候，才能揭示出来。而这只有在这样的社会里才有可能，在那里，商品形式成为劳动产品的一般形式，从而人们彼此作为商品所有者的关系成为占统治地位的社会关系。亚里士多德在商品的价值表现中发现了等同关系，正是在这里闪耀出他的天才的光辉。只是他所处的社会的历史限制，使他不能发现这种等同关系"实际上"是什么。③

①《马克思恩格斯全集》第 46 卷下册，人民出版社 1980 年版，第 477 页。
②《马克思恩格斯全集》第 46 卷上册，人民出版社 1980 年版，第 201 页。
③《马克思恩格斯全集》第 49 卷，人民出版社 1982 年版，第 161 页。

马克思始终结合"劳动"来讨论平等、自由问题："从这种简单流通本身（它是资产阶级社会的表面，这里掩盖了产生简单流通的各种较深刻的过程）来考察，除了形式上的和转瞬即逝的区别以外，它并不暴露各个交换主体之间的任何区别。就是自由、平等和以'劳动'为基础的所有制的王国。"①资本主义最核心的交换发生在货币与劳动力之间，这种交换是建立在平等、自由买卖基础上的；而由交换、流通转到生产劳动领域后，其不自由、不平等就充分暴露出来了：掌握生产资料的资本家支配工人劳动，而这种权力性支配既是最大的不自由，也是最大的不平等。

那么，如何消除这种不平等、不自由呢？《共产党宣言》分析道：

> 这样就产生了小资产阶级的社会主义。西斯蒙第不仅在法国而且在英国，就是这类文献的头面人物。
>
> 这种社会主义很会揭示现代生产关系中的矛盾。它揭穿了经济学家的伪善的辩护伎俩。它确凿地证明了机器生产和分工的破坏作用，资本和地产的集中，生产过剩，危机，小资产者和小农的必然没落，无产阶级的贫困，生产的无政府状态，财富分配的极不平等，各民族之间的歼灭性的工业战争，以及旧道德、旧家庭关系和旧民族性的解体等。
>
> 可是，按其积极内容来说，这种社会主义不是力谋恢复旧的生产和交换资料，从而恢复旧的所有制关系和旧的社会，就是力谋重新把现代的生产和交换资料硬塞进已被这些资料突破而且必然要突破的那种旧的所有制关系的框子里去。在前后两种场合，它都既是反动的，又是空想的。②

---

① 《马克思恩格斯全集》第 29 卷，人民出版社 1972 年版，第 305 页。
② 《马克思恩格斯全集》第 4 卷，人民出版社 1958 年版，第 494 页。

　　"空想的"社会主义对资本主义的不平等状况有充分的揭示，而其"恢复旧的所有制关系和旧的社会"的方式则是反动的、倒退的；与之不同，马克思、恩格斯创建的"科学的"社会主义则强调进一步推进"现代的生产和交换资料"的发展来化解这种不平等，尤其是通过推进生产资料的现代化工艺形式即自动机器的发展来化解这种不平等——而这正是马克思生产工艺学批判的重要主题。

　　恩格斯指出："我们在卢梭那里不仅已经可以看到那种和马克思《资本论》中所遵循的完全相同的思想进程，而且还在他的详细叙述中可以看到马克思所使用的整整一系列辩证的说法：按本性说是对抗的、包含着矛盾的过程，每个极端向它的反面的转化，最后，作为整个过程的核心的否定的否定。"[1] 这种"否定的否定"的历史结构，尤其突出体现在《资本论》所勾勒的生产资料的"劳动者的私有制—非劳动者的私有制—劳动者的个人所有制"这个历史结构上：（1）建立在"劳动者的私有制"基础上的是"手工生产"，劳动者个人的生物性体力、智力获得一定程度的自由发挥和发展，但建立在使用手工工具基础上的劳动却是不平等的——这体现的可以说是一种"不平等"的"自由"；（2）"非劳动者的私有制"即建立在交换价值基础上的资本主义私有制，依靠代替传统手工生产的"机器生产"才真正得以建立，它消灭了传统手工劳动中的不平等，但却在垄断机器的资本家与被机器支配的劳动者之间形成了更大的不平等，并且还使从事机器生产的劳动者彻底丧失发挥自身体力、智力的自由，因此，对于劳动者本身来说这体现的是一种"不自由"的"平等"——机器面前人人平等，而人人也都丧失了自由；（3）"劳动者的个人所有制"将同时扬弃手工生产的"不平等"的"自由"和受资本支配的机器生产的"不自由"的"平等"。这主要说的是物质生产，而对于精神生产的发展进程来说同样如此：（1）在"脑工生产"阶段，专业精神劳动者凭借使用精神劳动工具的技巧，在与物质劳动者之间建立起不平等的等

──────────

[1]《马克思恩格斯全集》第20卷，人民出版社1971年版，第153页。

级——这体现的同样是一种"不平等"的"自由"；（2）而当今 AI 使精神劳动也进入"机器生产"时代，传统精神劳动的不平等被打破，但专业的和业余的精神劳动又都同时受资本制约而丧失自由——智能机器面前人人也平等，同时人人也都丧失自由——这同样也是一种"不自由"的"平等"；（3）而也只有精神文化生产领域的"劳动者的个人所有制"（即使智能自动机器为每个人所有），才能同时扬弃传统脑工生产的"不平等"的"自由"和受资本支配的机器生产的"不自由"的"平等"。

如果说"私有制"是造成不平等的一个社会根源的话，那么，与此密切相关的"分工"则是不平等的另一个重要社会根源，并且尤其是造成精神劳动（脑工劳动）与物质劳动（手工劳动）之间不平等的重要根源，而维护这种不平等的意识形态就是文化精英主义，它与维护经济上的不平等的经济自由主义是缠绕在一起的。马克思指出：斯密"在自己的著作中一开头就专门把分工歌颂了一番，只是顺便地提到分工是社会不平等的根源"①。前已指出马克思多次引述斯密"搬运夫和哲学家之间的原始差别要比家犬和猎犬之间的差别小得多"的话，他是同意斯密这种判断的：分工所造成的不平等不是"生物性"的而是"社会性"的。马克思强调"这种不劳动的富和为生活而劳动的贫之间的对立，又造成了知识的对立。知识和劳动彼此分离，于是知识作为资本或富人的奢侈品同劳动相对立"，然后引述了奈克尔的以下论述：

认识和理解的能力是一般天赋，但这种能力只有通过教育才能发展；如果财产是平等分配的，那么每个人就会适度地劳动（可见，起决定作用的又是劳动时间的量），并且，每个人都会有一些知识，因为每个人都剩下一定量的时间〈空闲的时间〉来学习和思考；但是在社会制度所造成的财产不平等的情况下，所有那些生下来就没有财产的人，根本没有受教育的机会。因为一切生存资料都掌握在

①《马克思恩格斯全集》第 23 卷，人民出版社 1972 年版，第 401 页注释 70。

占有货币或土地的那部分国民手里。因为谁也不会白给东西，所以生下来除了自己的力气之外便没有别的储备的人，不得不在刚有点力气的时候，就用来为所有者服务，并且要一天又一天地干一辈子，每天从日出一直干到筋疲力尽，干到为了恢复精力必需睡眠时为止。

最后，为了维持所有那些造成知识不平等的社会的不平等，这种知识的不平等已经成了必要的了，这一点难道不是无可怀疑的吗？①

而维持这种"知识不平等"并为之辩护的理由是："两个意志以及与之相伴的智慧在质量上的任何区别，都是为可以一直上升到压服的那种不平等辩护的。既然杜林先生这样从根本上破坏了他自己的平等建筑，那我们还要求什么呢？"②——即将这种不平等归因于生物性"智慧"上的差别。

从正面来说，"共产主义的最重要的不同于一切反动的社会主义的原则之一就是下面这个以研究人的本性为基础的实际信念，即人们的头脑和智力的差别，根本不应引起胃和肉体需要的差别；由此可见，'按能力计报酬'这个以我们目前的制度为基础的不正确的原理应用——因为这个原理是仅就狭义的消费而言的——变为'按需分配'这样一个原理，换句话说，活动上，劳动上的差别不会引起在占有和消费方面的任何不平等，任何特权"。共产主义是不承认任何特权的彻底、全面的平等主义，而"我们的先知不能同意这一点，因为先知的欲望是力图成为有特权的、出人头地的、特等的人。'但是，某种类似的东西必然要表现出来而且成为看得见的，否则它是不可能的。'如果没有实际的特权，没有感觉得到的欲望，先知就不成为先知，他就不是实际上的而仅仅是理论上的神人，他就会是哲学家。所以先知应当使共产主义者懂得，活动上，劳动上的差别会引起价值和幸福（或者消费、工资、

---

① 《马克思恩格斯全集》第 26 卷第 1 册，人民出版社 1972 年版，第 321—322 页。
② 《马克思恩格斯全集》第 20 卷，人民出版社 1971 年版，第 112—113 页。

欢乐，这些都是一个东西）的差别，因为每个人自己决定自己的幸福和自己的劳动，所以由这里得出的结论是，他，即先知，理应比普通的手工业者生活得好——启示的实际意义正在于此"①——这也正是历史上一切文化精英主义者为自身特权进行辩护的常见理由。

> "选择是自由的并取决于每个人的爱好。而人的爱好则取决于他的天资。"
>
> "如果在社会上，——圣格奥尔格武断地说，——每个人都遵循自己的爱好，那么这个社会上所有的一切天资就会彻底得到发展，如果是这样，那么经常会生产出大家所需要的东西——无论是在精神王国或是在物质王国。因为社会所拥有的天资和力量永远与社会的需要相适应。"……"志向和才干成正比例"，也可以参看蒲鲁东。
>
> 在这里，库尔曼先生与社会主义者和共产主义者的区别仅仅在于他的那些误解，误解的原因是他追求自己的实践目的，以及，毫无疑问，由于他目光短浅。他把天资和能力方面的差别同占有的不平等和由于占有不平等而产生的满足需要的不平等混淆起来，因而同共产主义进行论战。②

马克思、恩格斯并不否认人在"天资和能力"上的生物性差别，但是这种差别"不会引起在占有和消费方面的任何不平等，任何特权"。更为重要的是，人在精神劳动或脑工劳动上的实际差别，不仅是"社会性"的，而且是"历史性"的：它在特定的历史阶段必然产生，而到了发展高的历史阶段也必然被消灭。而当今 AI 革命的终极性意义也就在于：将消灭传统脑工劳动上的不平等，进而也将消灭脑工劳动与手工劳动的分工。

---

①《马克思恩格斯全集》第 3 卷，人民出版社 1960 年版，第 637—638 页。
②《马克思恩格斯全集》第 3 卷，人民出版社 1960 年版，第 634—635 页。

体力、智力自由发挥人人所求，手工、脑工劳动面前人人平等。经历了现代机器的第二次自动化革命之后，这一美好愿景有望得到实现，前提是扬弃资本；而一旦扬弃资本，人类自由与平等在实践上的悠久对抗就将被扬弃，同时现代资本主义在意识形态上的自由主义与平等主义的对抗也将被扬弃，作为一种掩盖金钱也是一种支配性权力的意识形态，经济自由主义终将衰落，依靠社会体制维护的文化精英主义也终将式微。

三

AI 的又一革命性意义是：将使"自然主义"与"人道主义"达到高度统一。平等、自由与人的存在的生物性、自然性的关系，其实也是马克思关注的重要问题：个人自由就是个人禀赋自自然的生物性体力、智力的充分自由发挥、发展的自由，而人人平等又是建立在每个人禀赋自自然的生物性体力、智力的差异并不太大基础上的。作为现代资本主义的主流意识形态，经济自由主义的历史进步性体现在对人与人之间人身性、生物性权力支配关系的否定上，或者对权力的人身性、生物性的否定上，但依然为金钱所代表的非人身性、非生物性的权力竭力辩护——尽管如此，自由主义所要维护的不平等也不是建立在生物性基础上的，而现在 AI 和基因等技术，使权力精英们看到了把自身改造为不同于普通人的超强的"新物种"的希望——如果说奴隶主、封建地主阶级及统治者所强调的自身的血缘性、生物性优势还只是某种意识形态虚妄的话，那么，经过 AI 和基因等技术改造的这些"新物种"与普通人类"旧物种"相比，其优势则将是实实在在的——人与人之间的不平等权力统治关系将被建立在生物性或物质性基础上——这对反对人身性、生物性不平等的现代经济自由主义来说，是一种瓦解。但是，这种技术改造出的"新物种"显然是一种既反自然，又反人性的权力怪胎，是权力欲望所导致的严重的人性迷失。要避免这种人性迷失，就必须从消灭经济自由主义所鼓吹和崇拜的非生物性权力开始。

现在的巨型公司谷歌说已经可以通过技术使人永生或不死，而马克思早就说在货币制度下拥有货币的个人可以"不死"：

甚至遗产继承以及使由此引起的不平等永久化的类似的法律关系，都丝毫无损于这种天然的自由和平等。只要个人A的最初状况同这个制度并不矛盾，那么这种矛盾也绝不会由于个人B代替了个人A并使A的最初状况永久化而产生出来。相反地，这种情况却会使社会规定的效力超过个人生命的自然界限，即巩固这种社会规定以对抗自然的偶然作用（自然的影响本身反而会消灭个人的自由）。此外，因为个人在这种关系中只是货币的个体化，所以这样的个人同货币一样也是不死的，而个人通过继承人来代表自己倒可以说是这种社会规定的贯彻。[①]

有钱人可以通过遗产继承法等维护不平等的永久化，如此，也就可以做到"不死"，而这体现的毕竟是"社会规定的效力"，作为"自然的影响"，有钱人作为生物性个体总是要死的，如此他作为生物性个人的自由也总是要被消灭的，而现在谷歌告诉有钱人：你作为生物性个体也可以"不死"了，如此，你的"个人的自由"就可以永远保持了。那么，货币给个人带来的是一种什么样的"自由"呢？

贮藏货币的活动是英雄主义的癖好，是禁欲主义的狂热，当然不像血液那样是继承下来的。因为交换的只是等价物，所以继承人必须把货币重新投入流通，才能使货币作为享受品来实现。如果他不这样做，那么他对社会来说就只不过继续成为一个有用的成员，他从社会取得的并不能多于他给予社会的。但是，事物的性质带来的结果是——挥霍，用斯图亚特的话来说，是"令人惬意的平等派"，它使不平等重新变成平等，因而这种不平等本身只不过是转

---

①《马克思恩格斯全集》第46卷上册，人民出版社1979年版，第199—200页。

瞬即逝的东西。①

　　"挥霍"是货币带来的一种个人自由——但这并非作为人格化资本的资本家所追求的个人自由。"货币首先是表现一切交换价值的平等关系的东西"②，就是说"交换价值"与"交换价值"之间是"平等"的（等价交换），但"交换价值"与"使用价值"之间却实际上是"不平等"的："与使用价值并存的交换价值反映个人支配他人的使用价值的权力。"③而这种"权力"既包括对他人的普通商品的支配，也包括对他人的特殊商品即工人活劳动力的支配：在"工人和资本家的交换是简单交换"中，资本家得到的是"对别人劳动的支配权"；而"工人让出的是对自己劳动的支配权"④。那么，工人为什么会自由、自愿地向别人让渡"对自己劳动的支配权"？商品是已经"物化"的劳动，而劳动力则是"非物化"的商品——即使把劳动力视作"商品"，它也是一种不同于以物品形式存在的一般商品，而出卖劳动力的"自由工人""没有别的商品可以出卖，自由得一无所有，没有任何实现自己的劳动力所必需的东西"⑤，而工人在这种交换中获得的"不是交换价值，不是财富，而是生活资料，是维持他的生命力的物品"⑥。马克思引资产阶级政治经济学反对派、"平等交换"空想学说倡导者布雷之语指出："直到今天，我们一直在遵循这种最不公正的交换制度：工人们交给资本家一年的劳动，但只换得半年的价值。财富和权力的不平等就从这里产生，而决不是由人们所说的个人的体力和智力的不等产生。"⑦——在资本主义的交换制度中，在出卖自身劳动力的雇佣劳动中，工人劳动力、生命力无法获得自由发挥，这是最大的不自由；工人及

①《马克思恩格斯全集》第46卷下册，人民出版社1980年版，第477页。
②《马克思恩格斯全集》第46卷上册，人民出版社1979年版，第137页。
③《马克思恩格斯全集》第46卷下册，人民出版社1980年版，第459页。
④《马克思恩格斯全集》第46卷上册，人民出版社1979年版，第240页，第243页。
⑤《马克思恩格斯全集》第23卷，人民出版社1972年版，第191—192页。
⑥《马克思恩格斯全集》第46卷上册，人民出版社1979年版，第243页。
⑦《马克思恩格斯全集》第4卷，人民出版社1958年版，第112页。

其劳动被垄断货币和生产资料的资本家支配，这是最大的不平等。而对于资本家来说这体现的是支配他人及其劳动的"权力欲"，较之"挥霍欲"，这种权力欲体现了资本家历史性的本质——在此意义上，货币不死，也就意味着权力不死。

"个人只有作为交换价值的生产者才能存在，而这种情况就已经包含着对个人的自然存在的完全否定，因而个人完全是由社会所决定的……交换价值这个前提绝不是从个人的意志产生，也不是从个人的直接自然产生，它是一个历史的前提，它已经把个人当作是由社会决定的人了。"①这表明："交换价值"相对于"个人的自然存在"来说是"非自然性"的。与交换价值相对的"使用价值"则与"个人的自然存在"密切相关而具有"自然性"："商品就它是使用价值来说，不论从它靠自己的属性来满足人的需要这个角度来考察，或者从它作为人类劳动的产品才具有这些属性这个角度来考察，都没有什么神秘的地方。"从生产产品使用价值的劳动来看，"不管有用劳动或生产活动怎样不同，它们都是人体的机能，而每一种这样的机能不管内容和形式如何，实质上都是人的脑、神经、肌肉、感官等等的耗费。这是一个生理学上的真理"②。劳动总是人的生理性或生物性大脑及其产生的生物性智力、生物性肌肉及其产生的生物性体力的支出或发挥，因而具有自然性、生物性。"对交换者来说，商品的使用价值包含着生产（劳动）的特殊的、个人的方面；但在他的作为交换价值的商品中，一切商品都同样表现为社会的、无差别的一般劳动的物化。"③——生产使用价值的劳动又总是个人的、特殊的、具体的，交换价值则是社会的、抽象的。

从作为使用价值的产品来看，恩格斯实际有一种三分法："一有了生产，所谓生存斗争便不再围绕着单纯的生存资料进行，而要围绕着享受资料和发展资料进行。在这里——在社会地生产发展资料的情况下——从动物界来的

---

① 《马克思恩格斯全集》第46卷上册，人民出版社1979年版，第200—201页。
② 《马克思恩格斯全集》第23卷，人民出版社1972年版，第87—88页。
③ 《马克思恩格斯全集》第46卷下册，人民出版社1980年版，第476页。

范畴完全不能应用了。最后，在资本主义生产方式下，生产达到了这样的高度，以致社会不再能消费所生产出来的生活资料、享受资料和发展资料了，因为绝大多数生产者都被人为地和强制地同这些资料隔绝起来。"①——"生存资料—享受资料—发展资料"所满足的是人的三种需要："生存需要—享受需要—发展需要"。马克思指出："在一方产生剩余劳动时间，同时在另一方产生自由时间。整个人类的发展，就其超出对人的自然存在直接需要的发展来说，无非是对这种自由时间的运用，并且整个人类发展的前提就是把这种自由时间的运用作为必要的基础。"②——"人的自然存在直接需要"即"生存需要"，是马克思强调的要超越人的自然存在的"直接"需要，但不是超越人的"自然"需要，因为在"自由时间"中人自由发挥出自身力量同样也是人的"自然"需要："人直接地是自然存在物。人作为自然存在物，而且作为有生命的自然存在物"是"具有自然力、生命力，是能动的自然存在物；这些力量作为天赋和才能、作为欲望存在于人身上"。③——这种"天赋和才能"又主要包括体力、智力这两种存在于"人身"上的生物性力量，使这些力量、天赋、生命力发挥出来，同样是"人作为自然存在物"的"自然"的欲望或需要——这也就是"劳动需要"，而劳动不再是"谋生的手段"——这表明劳动已"超出对人的自然存在直接需要"，劳动本身成了"生活的第一需要"，即每个人使自身天赋的自然性、生物性的体力、智力自由发挥出来已成为"生活的第一需要"——而这正是共产主义的基本特征之一。

因此，"交换价值"（货币、金钱、资本）代表社会性的权力，而"使用价值"则代表人的自然性的需要，"个人只有作为交换价值的生产者才能存在，而这种情况就已经包含着对个人的自然存在的完全否定"。在这种情况下，金钱所代表的权力的社会性与个人存在的自然性、生物性总体上还是分离的，而现代技术尤其是 AI、基因技术则有可能消除这种分离，使社会性

---

① 《马克思恩格斯全集》第 20 卷，人民出版社 1971 年版，第 653 页。
② 《马克思恩格斯全集》第 47 卷，人民出版社 1979 年版，第 216 页。
③ 《马克思恩格斯全集》第 42 卷，人民出版社 1979 年版，第 167 页。

的权力生物性化——赫拉利《未来简史》所认为的未来超级 AI 将使 "homo sapiens"（智人）进化出 "homo deus"（神人）的描述，就对此有所揭示。

　　赫拉利认为现在的"智人"物种将进化为新物种，即"神人"，但能进化为这种"神人"的是极少数人（超级精英和超级资本巨头等），而绝大多数人则将成为"无用阶级"并将被抛弃或奴役。这种科学预测或科学幻想，其实毫无新意，自从私有制诞生以来，这种情况其实早就存在，而已有的历史经验是：同样具有自由意志的绝大多数人，绝不会甘于被奴役和抛弃的命运。让绝大多数人甘于这种命运，又不过是同样历史悠久的维护私有制的意识形态宣教而已。这种意识形态神话的实际效果其实非常有限：迄今为止的私有制发展史，就是一部被奴役者反抗奴役者的阶级革命史。

　　首先看赫拉利所谓庞大的"无用阶级"，一般而言，有"用"意味着有"价值"，而恩格斯指出："马克思第一次阐明了劳动不能有任何价值，以及为什么不能有任何价值"，"对于要把人的劳动力从它作为商品的地位解放出来的社会主义来说，极其重要的是要认识到，劳动没有任何价值，也不能有任何价值"。① 工人如果把自己劳动力作为商品成功卖出去，其劳动力就有了"价值"或"用"：这对于工人来说是获得收入而维持自身生存之用，而对于资本家来说则是使资本增殖之用。在此意义上，说工人及其劳动力有"用"或"价值"，绝非美誉，而恰恰意味着工人被奴役。马克思强调："由劳动时间衡量的相对价值注定是工人遭受现代奴役的公式，而不是蒲鲁东先生所希望的无产阶级求得解放的'革命理论'"，"现在我们来看看，把劳动时间作为价值尺度这种做法和现存的阶级对抗、和劳动产品在直接劳动者与积累劳动占有者之间的不平等分配是多么不相容"。② ——后世西方学者多以现代发达科技、先进机器等赋值劳动及其产品为由，来证明马克思劳动价值论之不成立，却不知马克思这种"价值"论，恰恰并不是为了"赞美"而是为了

---

① 《马克思恩格斯全集》第 20 卷，人民出版社 1971 年版，第 218 页。
② 《马克思恩格斯全集》第 4 卷，人民出版社 1958 年版，第 95 页。

"解放"工人及其劳动：以"把人的劳动力从它作为商品的地位解放出来"为目标的社会主义，恰恰要消灭这种"价值"或"用"，也就是要消灭劳动力的商品化和劳动的雇佣性——前提是要反抗并消灭资本对劳动的奴役。

再看极少数精英如何进化为"神人"，库兹韦尔、赫拉利等高人现在所能想到的进化方案是：通过基因、身体强化或不断换器官等，精英们获得"永生"；通过在大脑植入智能芯片或通过基因技术改进人脑神经元系统等，精英们获得超级智能，再通过脑机结合技术，具有超级智能的精英们还会获得运用自如的强大机械力（像"钢铁侠"那样）；实在不济，还可以把人脑拷贝进计算机，身体不在，智能会在计算机中继续进化，通过脑机结合技术，这个超强的"机械脑"还可以继续统治人间——"奇点"来临，"神人"将由此诞生并更快进化——只是不知道这种通过"人工"进化而诞生的智能超强的永生的"神人"，还残存几分"人性"。一种"反自然"的进化，必然导致"反人性"的结果。

许多西方学者关于 AI 未来发展趋势尤其是所谓"奇点"的种种奇思妙想，其实都有一个基本预设："资本"将永远存在下去。果真如此，确实有可能出现赫拉利所构想的"神人—无用阶级"社会，但是那样的社会既不合理（绝大多数人被奴役），而且反人性。"神人"不过是私有制下人的支配欲无限膨胀的一种权力怪胎而已。而马克思机器生产工艺学批判则揭示：在机器／资本二重性辩证运动中，资本必将退出历史舞台，而只有扬弃资本，能量、智能自动化机器才会成为解放全人类及其每一个成员的手段。"只有通过发达的工业，也就是以私有财产为中介，人的激情的本体论本质才能在总体上、合乎人性地实现"[1]，"这种共产主义，作为完成了的自然主义，等于人道主义，而作为完成了的人道主义，等于自然主义"[2]。只有在"自然主义"与"人道主义"的高度统一中，人的本质才能"合乎人性地实现"；而赫拉利等所臆想

---

① 《马克思恩格斯全集》第 42 卷，人民出版社 1979 年版，第 150 页。
② 《马克思恩格斯全集》第 42 卷，人民出版社 1979 年版，第 120 页。

的"人工"进化的"神人"，首先反自然主义，进而必然走向反人道主义或反人性。

从自然主义角度看，人作为自然存在物而"具有自然力、生命力，是能动的自然存在物；这些力量作为天赋和才能、作为欲望存在于人身上"。这种"天赋和才能"又主要包括体力、智力这两种存在于"人身"上的生物性力量，"个人的、他所固有的力量，即他的智力和从事一定劳动的特殊素质或能力"①，而智力及人脑神经元系统，是漫长的自然进化史的产物，在改造自然中使自身固有的智力、体力发挥出来，乃是人的一种"欲望"，人在劳动中满足这种欲望，就会使自身本质得以"合乎人性地实现"。绝对地片面地提升人的智力（智能），绝非"合乎人性"的欲望，也绝非人的智能本身发展"合乎人性"的目标——把智能芯片植入人脑，首先"反自然"，进而也"反人性"，其实与体育竞赛中为了提升体能而服用兴奋剂没什么两样。总之，使人身固有的生物性体力、智力全面、和谐而同时自由、充分发挥出来、发展起来，从而成为"全面发展的个人"，才是人类合乎人性的发展目标，片面的"超级智能人"（无论是生物性的还是机械性的）绝非符合人性的发展目标。

赫拉利指出："早在一个世纪前，进化人文主义就希望创造出超人类，而现在的科技人文主义则可以说是这个梦想的新形态。希特勒等人的想法，是要通过选择性育种和种族清洗来创造超人，但21世纪科技人文主义则希望通过基因工程、纳米技术和脑机界面，以更和平的方式达成这个目标。"当然，只有"人数极少的特权精英阶层"能升级为"超人类""神人"；而"人类与动物之间的关系，很有可能就是未来超人类和人类之间的关系"②。这体现的是鼓吹过度竞争的露骨的社会达尔文主义，与希特勒的想法没什么两样，这种"神人"既是反自然、反人性的人工怪胎，也是私有制下信奉社会达尔文主义的人的统治、支配欲无限膨胀所催生出的反人道的权力怪胎。再看绝大多数

---

① 《马克思恩格斯全集》第42卷，人民出版社1979年版，第149页。
② 赫拉利：《未来简史》，林俊宏译，中信出版社2017年版，第59—60页。

人，"19 世纪，工业革命创造出庞大的都市无产阶级"，"到了 21 世纪，我们可能看到的是一个全新而庞大的阶级：这群人没有任何经济、政治或艺术价值"[①]。而恩格斯指出："对于要把人的劳动力从它作为商品的地位解放出来的社会主义来说，极其重要的是要认识到，劳动没有任何价值，也不能有任何价值。"[②] 赫拉利所谓"经济价值"无非就是使资本增殖，体现的是资本支配下劳动的商品性、雇佣性和竞争性——这恰是社会主义要消灭的。

赫拉利已经意识到"神人—无用阶级"社会结构，将冲击资本主义传统"自由主义"意识形态："如果科学发现和科技发展将人类分为两类，一类是绝大多数无用的普通人，另一类是一小部分经过升级的超人类，又或者各种事情的决定权已经完全从人类手中转移到具备高度智能的算法，在这两种情况下，自由主义都将崩溃"；"人类如果从生物定义上分裂成不同阶级，就会摧毁自由主义意识形态的根基。有自由主义的地方，仍然可能有各种社会及财富差距，而且因为自由主义把自由看得比平等更为重要，所以甚至也觉得有差距是理所当然"。[③] 自由主义不否认社会主义所追求的"平等"的价值，但认为会限制"自由"，而为了捍卫私有财产的"自由"，就要维护"不平等"并认为这是"理所当然"的。"平等"与"自由"确实会产生对立，在私有制条件下，"不平等"又集中体现在"自由"上的不平等：绝大多数劳动者没有体力、智力发挥的自由。但这种不平等，以及"平等"与"自由"的实际对立、"平等主义"与"自由主义"的观念对立，随着生产力的高度发展，必然被消除——前提是消灭资本私有制，而赫拉利以及许多 AI 研究者所预想的人类未来的黯淡前景，其实都有一个共同预设：资本将永世长存。

如果不扬弃资本，未来 AI 尤其是所谓 AGI 和基因技术等确实有可能塑造出"神人—无用阶级"这种既反人道，又反自然的畸形社会结构——这显然不应是 AI 科学发展、合理应用的方向，而要改变这种畸形方向，就必须消

---

① 赫拉利：《未来简史》，林俊宏译，中信出版社 2017 年版，第 295 页。

②《马克思恩格斯全集》第 20 卷，人民出版社 1971 年版，第 218 页。

③ 赫拉利：《未来简史》，林俊宏译，中信出版社 2017 年版，第 313、317 页。

灭资本主义而代之以共产主义，"这种共产主义，作为完成了的自然主义，等于人道主义，而作为完成了的人道主义，等于自然主义"①。结合劳动来看，人类的全面平等、自由，首先就是劳动的平等、自由。人人平等意味着手工、脑工劳动面前人人平等——这是合乎人道主义的全面平等：一个人从事手工、脑工劳动就不再是与另一个人在体力、智力上竞争，而只是为了使自身固有的体力、智力自由发挥出来——体力、智力自由发挥人人所求，这是合乎自然主义的真正自由——平等与自由、人道主义与自然主义将达到高度的统一，每个人的生命意义将得到全面实现。

　　人使自身固有体力、智力充分自由发挥出来，确实是合乎人性的发展目标，但要实现这一目标，又需要一定的客观条件：人作为像动物一样的自然存在物，首先要维持自己生存，而在为维持生存、满足生存欲望的劳动中，人的体力、智力不可能获得自由发挥，"像野蛮人为了满足自己的需要，为了维持和再生产自己的生命，必须与自然进行斗争一样，文明人也必须这样做；而且在一切社会形态中，在一切可能的生产方式中，他都必须这样做"②——即使在未来共产主义"社会形态""生产方式"中也是如此。但是，到了那时，人"维持和再生产自己的生命"的必要劳动时间会不断缩短，相应地能够从事自由劳动的时间会不断增加，自由王国会不断拓展，每个人固有的生物性体力、智力，就很大一部分不是在维持生存的必然王国中支出，而是"转移"到自由王国中自由发挥，最终，被能量、智能自动化机器在必然王国中所终结的"手工""脑工"，只是被转移到自由王国中进行而已；而处在必然王国中的不自由劳动，就很大一部分交给"物"即能高度自动化的机器去"替"人从事了。资本的历史使命就是创造这种"物"，而"人不再从事那种可以让物来替人从事的劳动，——旦到了那样的时候，资本的历史使命就完成了"，由此资本就必将退出历史舞台。也只有扬弃资本，人类自由王国的

①《马克思恩格斯全集》第42卷，人民出版社1979年版，第120页。
②《马克思恩格斯全集》第25卷，人民出版社1974年版，第926页。

疆域才会不断拓展——这就是马克思机器生产工艺学批判，立足机器 / 资本二重性历史辩证运动，所勾勒出的人类发展必然大势。

以上就是把研究能量自动化的马克思机器生产工艺学批判，应用到分析当今 AI 及其社会影响中得出的基本结论。在这种应用中，引入"脑工"一词，有助于清晰勾勒出相关历史脉络：能量自动化机器终结"手工"时代，把人类物质生产力从人身生物性限制下解放出来，带来体力活动的平等时代；当今 AI 所引发的机器智能自动化，则将终结"脑工"时代，把人类精神生产力从人身（人脑）生物性限制下解放出来，将带来智力活动的平等时代，并将消除精神劳动与物质劳动的分工。只有把人类一般物质和精神生产力从人身生物性下解放出来并扬弃资本，每个人所固有的生物性体力、智力才能由必然王国转移到自由王国中全面、自由发展，每个人的生物性本质才能得到"合乎人性"的自由实现。引入"脑工"一词，也就有助于消除当今有关 AI 未来发展趋势的宗教式玄想和人们对 AI 的不必要的恐惧，为 AI 进一步科学发展、合理应用扫清障碍。

四

最后再回到 AI"奇点"论——前面第一章第一节已对此有所讨论，这里再加以贯通性分析：AI 将引发"资本奇点"从而使劳动获得全面解放。蔡斯《经济奇点》一书副标题是"Artificial Intelligence and the Death of Capitalism"，揭示了 AI 革命所形成的"技术奇点"还将导致"经济奇点"，进而导致"资本主义的灭亡"——这大致可称作"资本奇点"。库兹韦尔指出，物理学上的"奇点"指黑洞，处在黑洞之外的我们很难理解黑洞内部的世界，"有人会说，至少在目前的认识水平上它（奇点）很难理解。正是出于这个原因，我们不能以看待过去的视野，去理解必须超越它的事物"，而"理解奇点，将有利于我们改变视角，去重新审视过去发生的事情的重要意义，以及未来发展的走向"①。蔡斯也指出："自动化可能导致一个经济奇点。'奇点'一词源于数学和物理学，达到奇点状态时，一般规律将不再适用，对于事件视界一侧的人来说，另一侧的世界是无法知晓的。"②我们可以以此来描述 AI 所正在塑造的社会世界的"走向"。从人类悠久的发展史看，文字的发明标志着人的智能发展开始超越自身的生物性限制并由此获得大发展，同时，文字又与私有制一起标志着人类告别"野蛮时代"的史前期而进入"文明时代"——由此来看，人类已有的文明史，在智能工具上就是文字等符号的发展史，在生产资料上就是私有制的发展史——而当今 AI 作为一种自动化智能生产工具正在超越文字等符号所创造的文明，而"我们不能以看待过去的视野，去理解必须超越它的事物"。资本是私有制最成熟也是最后的形式，人类已有文明史同时就是私有制发展史，而当今 AI 的社会影响就表现为将超越这种私有制文明史——消灭资本后的社会就是共产主义社会，作为人类社会文明的全新形态，它将超越已有悠久历史的私有制文明的对抗性，同样，"我们不能以看待过去的视野，去理解必须超越它的事物"，私有制文明的一般规律将不再适用，而沉陷在私有制世界的西方许多研究者，往往无法"去理解必须超越它的事物"，即共产主义。而正如天文物理学家根据自然规律推导出黑洞内部的基本特性一样，马克思也根据社会尤其是经济发展规律推导出了共产主义社会的基本特性。沉陷在已有私有制传统的西方学者，在对 AI 所将锻造出的新社会文明形态的预测上往往缺乏想象力，因此，回到马克思，有助于我们在当今 AI 时代科学地"去重新审视过去发生的事情的重要意义，以及未来发展的走向"。

　　在数学上，"奇点"的基本含义是：当一个函数的分母趋零，函数值将趋于无穷大。这同样适用于对"资本奇点"的分析。研究物联网和 AI 的里夫金就用"边际成本趋零"来描述这种资本奇点，而马克思那里，恰恰有一

---

① 库兹韦尔：《奇点临近》，李庆诚等译，机械工业出版社 2017 年版，第 10 页，第 286—287 页，第 15 页，第 1 页。

② 蔡斯：《人工智能革命》，张尧然译，机械工业出版社 2017 年版，"前言"第 XI 页。

个描述资本的函数：剩余价值量 = 剩余劳动时间 / 必要劳动时间。追求剩余价值量最大化的资本家，会调动一切手段来缩短必要劳动时间："因为剩余劳动等于总工作日减去必要劳动，所以剩余劳动将以必要劳动减少的同一〔算术〕比例而增加。但是，如果必要劳动等于零，那么，剩余劳动也就等于零，因为剩余劳动只是必要劳动的函数"[1]；"如果（真正的）雇佣劳动被缩减到零，那么，利润以及资本本身连同剩余价值就不再存在"[2]——当"必要劳动（时间）等于零"，资本所追逐的剩余价值量这个函数值就无穷大，但与此同时"利润以及资本本身连同剩余价值就不再存在"——这就是资本自我扬弃、反噬自身的"奇点"。"如果资本所支配的全部劳动时间达到最大限度，比如说，达到无限大的量 ∞，结果必要劳动时间成了这个 ∞ 中的无限小的部分，而剩余劳动时间成了这个 ∞ 中的无限大的部分，那么这就是资本价值增殖的最大限度，而这也就是资本努力追求的趋势。"[3]——而资本是通过创造并使用自动机器来实现这个追求的："提高劳动生产力和最大限度否定必要劳动，正如我们已经看到的，是资本的必然趋势。劳动资料转变为机器体系，就是这一趋势的实现……物化在机器体系中的价值表现为这样一个前提，同它相比，单个劳动能力创造价值的力量作为无限小的量而趋于消失。"[4]——马克思实际上描述了这样的"函数"及其"比例"变化：

资本价值增殖量 = 剩余劳动时间 / 必要劳动时间

= 物化在机器体系中的价值 / 单个劳动能力创造的价值

资本增殖量与剩余劳动时间、机器价值成正比，与必要劳动时间、人力（价值）成反比，而机器自动化产生的重要后果是：使人力（单个劳动能力创造价值的力量）进而必要劳动时间趋于无限小或接近于零、机器价值进而剩余劳动时间趋于无限大，从而使资本增殖量（利润量）趋于无限大。"最大限

①《马克思恩格斯全集》第 47 卷，人民出版社 1979 年版，第 623—624 页。
②《马克思恩格斯全集》第 48 卷，人民出版社 1985 年版，第 432 页。
③《马克思恩格斯全集》第 46 卷下册，人民出版社 1980 年版，第 32 页。
④《马克思恩格斯全集》第 46 卷下册，人民出版社 1980 年版，第 209 页。

度否定必要劳动"而使"必要劳动（时间）等于零"，乃是生产领域所体现出的"资本的必然趋势"，而流通领域所体现的"资本的必然趋势"则是"使流通时间等于零"："资本的必然趋势是力求使流通时间等于零，即扬弃自身，因为只是由于资本的缘故，流通时间才成为生产时间的决定要素。这等于扬弃交换、货币和以交换与货币为基础的分工的必要性，即等于扬弃资本自身。"①同样，在生产领域使必要劳动时间等于零的结果也是"扬弃资本自身"，或资本的自我扬弃：必要劳动时间与剩余劳动时间是一种紧密联系在一起的"函数"关系，"如果必要劳动等于零，那么，剩余劳动也就等于零"，由此，"利润以及资本本身连同剩余价值就不再存在"而退出历史舞台——这就是"资本奇点"（Capital Singularity）。

当今 AI 作为一种机器智能，凸显出了智能的"生物性"与"非生物性"的关系问题，由此来看，马克思所说的"单个劳动能力创造价值的力量"所指的就是单个人的"生物性"力量，而机器所包含的则是"非生物性"力量：个人生物性力量包括体力与智力，与之对应，机器的非生物性力量包括能量和智能。由此，以上描述的"函数"就可以细化为：

资本增殖量 = 机器力（能量、智能）/ 人力（体力、智力）

以此来看，马克思所说的"单个劳动能力创造价值的力量"还主要指单个人生物性的体力，而能量自动化机器所代表的非生物性动能代替人的生物性体力而使之"作为无限小的量而趋于消失"或接近于零——这涉及的是现代机器的第一次革命，而作为当今第二次机器革命代表的 AI 作为一种非生物性智能将代替人的生物性智力而使之"作为无限小的量而趋于消失"或接近于零——由此资本增殖量函数中作为分母的全部"人力"（体力、智力）就将趋于零——这表现为：未来智能机器人将既全面、彻底代替个人生物性的手工、体力劳动，也全面、彻底代替个人生物性的脑工、智力劳动，所有生物性劳动者都将成为"无用阶级"。但是，剩余价值的源泉恰恰是人的生物

①《马克思恩格斯全集》第 46 卷下册，人民出版社 1980 年版，第 133 页。

性的劳动力，即个人生物性的体力、智力。当这些被全面、彻底代替时，资本所追逐的剩余价值的源泉也就将彻底枯竭。这体现的同样是资本的自我扬弃、自我否定和反噬自身。因此，只有经历能量、智能自动化两次革命，机器才能使"单个劳动能力创造价值"的包括体力、智力在内的全部力量被全面代替，进而使之"作为无限小的量而趋于消失"，资本的"奇点"才能真正来临。

"物化在机器体系中的价值表现为这样一个前提，同它相比，单个劳动能力创造价值的力量作为无限小的量而趋于消失。"马克思进一步分析指出："只有在机器使工人能够把自己的更大部分时间用来替资本劳动，把自己的更大部分时间当作不属于自己的时间，用更长的时间来替别人劳动的情况下，资本才采用机器。的确，通过这个过程，生产某种物品的必要劳动量会缩减到最低限度，但只是为了在最大限度的这类物品中实现最大限度的剩余劳动。第一个方面所以重要，是因为资本在这里——完全是无意地——使人的劳动，使力量的支出缩减到最低限度。这将有利于解放了的劳动，也是使劳动获得解放的条件。"①——"必要劳动量会缩减到最低限度"所引发的资本奇点，同时也会带来"劳动的解放"——《资本论》第三卷快结束处勾勒了这种劳动解放的状况："自由王国只是在由必需和外在目的规定要做的劳动终止的地方才开始；因而按照事物的本性来说，它存在于真正物质生产领域的彼岸"，"在这个必然王国的彼岸，作为目的本身的人类能力的发展，真正的自由王国，就开始了。但是，这个自由王国只有建立在必然王国的基础上，才能繁荣起来。工作日的缩短是根本条件"②。只有转移到"自由王国"中的劳动才能获得真正自由的解放，或者说从不自由中解放出来。自动机器使"生产某种物品的必要劳动量会缩减到最低限度"，表明"人不再从事那种可以让物（自动机器）来替人从事的劳动"；自动机器"使人的劳动，使力量的支出缩减到

---

① 《马克思恩格斯全集》第 46 卷下册，人民出版社 1980 年版，第 214 页。
② 《马克思恩格斯全集》第 25 卷，人民出版社 1972 年版，第 926—927 页。

最低限度"并不表明人不再劳动、不再支出自身的力量了，而是把存在于必然王国中的必要劳动很大一部分交给自动机器去做了，而每个人的生物性体力、智力则转移到自由王国去自由地支出和发挥、发展了。由此，每个人的生物性的手工劳动、脑工劳动也就从不自由中解放出来了，而这意味着人的劳动的全面解放，同时也意味着全人类的全面解放。

　　总之，能量高度自动化的机器曾经终结手工时代，而正在生成的通用人工智能将成为高度发达的社会大脑所生成的高度自动化的社会机械通用智能，脑工终结时代正在来临。人类有望彻底征服自然力，使物质和精神生产力从人身生物性限制下全面解放出来，在物种关系方面超越人类与自然关系的动物性；扬弃资本之后，人与人社会关系过度竞争的动物性也将被超越，每个人的手工、脑工劳动将从资本支配下的竞争性、商品性、雇佣性中解放出来。手工、脑工劳动面前人人平等，体力、智力自由发挥人人所求，每个人的手工、脑工劳动将从必然王国中解放出来而转移到自由王国中进行，每个人的体力、智力将得到全面、自由发展，每个人的生命意义将在平等与自由、人道主义与自然主义高度统一中得到全面实现。

| 参考文献 |

［1］维纳.控制论［M］.郝季仁，译.北京：科学出版社，1963.

［2］麦克卢汉.理解媒介：论人的延伸［M］.何道宽，译.北京：商务印书馆，2000.

［3］本雅明.机械复制时代的艺术作品［M］.王才勇，译.北京：中国城市出版社，2002.

［4］海德格尔.康德与形而上学疑难［M］.王庆节，译.上海：上海译文出版社，2011.

［5］康德.康德著作全集［M］.北京：中国人民大学出版社，2013.

［6］里夫金.零边际成本社会［M］.赛迪研究院专家组，译.北京：中信出版社，2014.

［7］巴拉特.我们最后的发明：人工智能与人类时代的终结［M］.闾佳，译.北京：电子工业出版社，2016.

［8］沙纳汉.技术奇点［M］.霍斯亮，译.北京：中信出版社，2016.

［9］布莱恩约弗森，麦卡菲.第二次机器革命［M］.蒋永军，译.北京：中信出版社，2016.

［10］库兹韦尔.奇点临近［M］.李庆诚，董振华、田源，译.北京：机械工业出版社，2011.

[11] 瑞德．机器崛起：遗失的控制论历史［M］．王晓，郑心湖，王飞跃，译．北京：机械工业出版社，2017.

[12] 蔡斯．经济奇点：人工智能时代，我们将如何谋生？［M］．任小红，译．北京：机械工业出版社，2017.

[13] 蔡斯．人工智能革命：超级智能时代的人类命运［M］．张尧然，译．北京：机械工业出版社，2017.

[14] 扎卡达基斯．人类的终极命运：从旧石器时代到人工智能的未来［M］．陈朝，译．北京：中信出版社，2017.

[15] 赫拉利．未来简史［M］．林俊宏，译．北京：中信出版社，2017.

[16] 希尔．经济奇点：共享经济、创造性破坏与未来社会［M］．苏京春，译．北京：中信出版社，2017.

[17] 米歇尔．AI 3.0［M］．王飞跃，李玉珂，王晓，等．译．成都：四川科学技术出版社，2021.

| 后 记 |

写完"自序"，还要写"后记"，确实感觉有些为难，不知该写些什么。好在"序"无定法，"跋"亦当无定式，就再唠叨几句。我写了十几本书，好像只有一本书有后记，觉得写所谓"后记"不妨写成"谢辞"。首先，应该感谢浙江工商大学出版社及其相关人士，出版学术专著肯定很难赚钱，愿意支持出版，实在是泽被学林之大德大业。其次，要感谢吴子林兄，不计繁难，组织书稿。我自己生性疏懒，怕麻烦，虽然已经发表了一系列讨论人工智能社会文化影响方面的文章，也形成了比较系统的整体思路，一部书稿比较规整的结构大致已具雏形，但是，如果没有子林兄的催促，恐怕还不会这么快将这些文章加工、整理成理论专著。所以，这本书的面世，确实要感谢子林兄。

还要感谢我的三位恩师——王先霈、孙映逵、钱中文先生。没有他们的教育、引导，我很难在困顿生活中在学术研究的道路上走这么远，并多少还取得了一定成绩。久未见王先霈先生，这两三年一直想与先生相聚一次，无奈疫情至今未歇，深以为憾，也感慨颇多。我曾跟随孙映逵先生做古典文学研究，而先生知我强项是理论研究，每每多加鼓励，今天在理论研究上取得的一些成绩，是离不开先生的慧眼和鼓励的。虽同在京城，但也很久未与钱中文先生见面了。好在三位恩师身体健康，略感欣慰。要感谢的师友很多，这里就不一一罗列了。我这人仪式感极差，在已有出版物中从未提到养育自己的父母。母亲朱月琴女士不辞辛劳一直支撑着我们家，现在虽已年迈，但还代我这个不能尽孝的儿子照管我老父亲的生活。父亲刘玉根先生，务过农，当过兵，后来成为煤矿工人。我经常开玩笑说我是典型的工农兵子弟，而在我少年时父亲年代感极强的"不忘本""不变修"的教诲，至今记忆犹新。我在初中毕业时，有机会成为吃"计划粮"的煤矿工人，在那个时代，应该是个不错的机会，而父亲则鼓励我继续读书，于是最终走上学术理论研究之路，现在觉得父亲还是颇具慧眼的。为了我能专心研究，我的妻子朱作梅女士承担了大量家务，在此也表示感谢。

　　最后，要感谢的人是马克思。我现在在物联网、人工智能等新技术及其社会文化影响研究方面取得一定成绩，主要受惠于马克思的伟大思想，我始终把自己的理论研究定位为：接着马克思说。好像拉拉杂杂又说了不少了，就此打住。是以为记。

2022 年 4 月于全球大疫未歇之时